河北省奶业竞争力
提升路径与对策研究

李 彤等 著

中国农业出版社

北 京

图书在版编目（CIP）数据

河北省奶业竞争力提升路径与对策研究 / 李彤等著
. —北京：中国农业出版社，2021.12
ISBN 978-7-109-29022-8

Ⅰ.①河… Ⅱ.①李… Ⅲ.①乳品工业－产业发展－
研究－河北 Ⅳ.①F426.82

中国版本图书馆 CIP 数据核字（2022）第 004521 号

中国农业出版社出版

地址：北京市朝阳区麦子店街 18 号楼
邮编：100125
责任编辑：赵 刚 肖 杨
版式设计：杨 婧 责任校对：刘丽香
印刷：北京中兴印刷有限公司
版次：2021 年 12 月第 1 版
印次：2021 年 12 月北京第 1 次印刷
发行：新华书店北京发行所
开本：700mm×1000mm 1/16
印张：22.5
字数：410 千字
定价：118.00 元

本书得到以下项目支持

河北新型智库河北省三农问题研究中心

河北省现代农业产业体系奶牛产业创新团队

河北省农业农村经济协同创新中心

河北省科技厅重点研发计划项目（19227511D）

河北省教育厅人文社会科学研究重大课题攻关项目（ZD201916）

河北省省级科技计划软科学研究专项（205576173D）

前　言
FOREWORD

　　奶业是健康中国、强壮民族不可或缺的产业，事关国计民生和民族未来。近年来，我国奶业发展水平大幅提升，为保障乳品供给、促进奶农增收做出了积极贡献，但也存在产业竞争力不强等突出问题。为推进奶业振兴，提升奶业竞争力，作者团队进行了长达9年的调查研究，发表了38篇相关论文，特别是对河北省奶业发展及存在的问题进行了深入研究，多篇报告被省政府采纳，为政府决策起到了理论支撑和智库作用。河北是传统奶业大省，2008年的"三聚氰胺"事件，使河北省奶业乃至全国奶业遭受了沉重打击。近年来，河北省委省政府高度重视奶业振兴工作，奶源基地建设、乳制品加工、乳品品质和品牌等都有长足发展，整体达到全国一流水平，有的甚至进入世界先进行列。乳品产量多年位居全国第一，连续5年婴幼儿乳粉产能在全国增速最快。但是，河北奶业竞争力不强的问题依然制约着奶业的健康发展。

　　本书以河北省奶业竞争力提升为主要研究对象，得出如下结论：

　　河北省奶业全产业链竞争力提升的制约因素主要表现在：奶牛养殖退出加剧、奶牛存栏锐减；饲料依赖进口，成本缺乏竞争力；乳企结构与产品供需结构不平衡，消费者对河北省乳制品的信心不足；乳企管控过多，养殖场持续低迷，乳企和养殖场的利益联结机制脆弱。

　　奶牛的适度规模养殖是奶业发展的趋势和竞争力提升的必然选择，河北省应以绿色协调、量质并重为目标，积极引导奶牛养殖场开展适度规模经营，使养殖规模与资源禀赋相适应，提升奶业在资源和环境约束日益严峻情况下的竞争力。

　　实现粗饲料供应本土化是奶业节本增效的关键环节。河北省应大力发展饲草料产业，加速饲草种植从单一苜蓿向青贮玉米、燕麦、小黑麦等多元结构延伸，着力扶持种养结合的家庭牧场。根据奶牛养殖规模，配套种植青贮玉米、苜蓿等优质牧草，力促饲草料种植与奶牛养殖密切链接，科学有效降低奶成本，提升奶牛养殖环节的竞争力。

增强乳制品企业科技创新能力，优化乳制品产品结构，支持本土乳品企业开发特色产品，培植做强本土企业品牌，打破市场垄断。引导消费升级、合理调控进口奶粉量，创新销售渠道，加大营销力度，提升河北省乳制品加工和消费环节的竞争力。

推进奶业全产业链一体化发展，创新产业链利益联结机制。乳制品加工企业是乳业发展的核心主体，应充分发挥乳制品加工企业的带头作用，实现乳业产业链的多主体联动，构建生产联合体，实现产、供、销利益联结，实现种养加销一体化，提升河北省奶业全产业链竞争力。

本书由河北农业大学李彤负责全书的内容设计，李彤、赵慧峰、赵君彦、祝丽云负责统稿和审定工作，其中各章的具体分工如下：第一章：李彤、祝丽云、安达；第二章：马泽鹏、杨柏、李彤；第三章：王洁、赵慧峰；第四章：赵君彦；第五章：胡宇虹、李彤；第六章：祝丽云、王洁；第七章：王洁、赵慧峰；第八章：王洁；第九章：刘宇鹏、马颖、张晓忠；第十章：权聪娜、赵慧峰；第十一章：祝丽云、王艳阳、黄靖鑫、王洁、马颖、张晓忠；第十二章：王洁、刘佳丽、张艳新；第十三章：祝丽云、刘希；第十四章：安达、李彤、李建芳、谷粟锟；第十五章：刘秉华、赵君彦；第十六章：王洁、祝丽云；第十七章：赵慧峰、李彤；第十八章：李彤、王洁、张艳新、刘宇鹏；第十九章：祝丽云、胡宇虹、刘秉华。

由于作者水平所限，书中定有不妥甚至错误之处，恳请读者批评指正。

目 录
CONTENTS

前言

第一部分　奶牛养殖篇

第一章　河北省奶牛养殖现状及退出问题研究 ···································· 2

第一节　河北省奶牛养殖现状 ···································· 2

一、奶牛养殖规模 ···································· 2

二、奶牛单产水平 ···································· 2

三、生鲜乳产量与品质 ···································· 3

四、养殖场规模化、信息化、智能化水平 ···································· 4

五、生鲜乳收购价格 ···································· 4

六、奶牛养殖效益 ···································· 4

第二节　河北省奶牛养殖资源和环境约束 ···································· 5

一、土地资源约束 ···································· 5

二、饲草饲料资源约束 ···································· 6

三、水资源约束 ···································· 7

四、科技创新资源约束 ···································· 7

五、环境约束 ···································· 8

六、环保政策约束 ···································· 9

七、环境对生鲜乳和乳制品质量的影响 ···································· 9

第三节　河北省奶牛养殖退出现状 ···································· 10

一、退出奶牛养殖场状况分析 ···································· 10

二、退出意愿分析 ···································· 11

三、退出后资产处理状况分析 ···································· 12

第四节　河北省奶牛养殖场退出原因分析 ···································· 12

一、交售乳企对奶牛场的管制 ···································· 13

二、奶牛养殖行业利润低 ···································· 14

三、奶牛养殖场自身原因 ···································· 17

四、补偿政策原因 ……………………………………………………… 18

第五节　促进河北省奶牛养殖业可持续发展的对策建议 ……………… 18

一、乳制品明确标示原料性质，实行以质论价 ………………………… 18

二、构建第三方检测制度，缓解乳企与奶牛场的矛盾 ………………… 19

三、调整大包粉进口政策 ………………………………………………… 19

四、鼓励中小型乳企采用差异化发展战略 …………………………… 19

五、实现规模化适度经营 ………………………………………………… 20

六、组建集产加销于一体的奶业合作社 ……………………………… 20

七、鼓励发展鲜奶自营模式 …………………………………………… 20

八、调整养殖结构，发展乳肉兼用牛 ………………………………… 21

九、建立和完善社会化服务体系 ……………………………………… 21

十、建立奶牛政策性保险制度 ………………………………………… 21

第二章　河北省智能化奶牛养殖问题研究 ……………………………… 22

第一节　河北省智能化奶牛养殖发展现状 ……………………………… 22

一、河北省智能化奶牛养殖场建设情况 ……………………………… 22

二、河北省智能化养殖发展现状 ……………………………………… 24

第二节　河北省智能化奶牛养殖对成本收益的影响 …………………… 25

一、智能化养殖对饲料成本的影响 …………………………………… 25

二、智能化养殖对人工成本和管理费用的影响 ……………………… 26

三、智能化养殖对固定资产折旧的影响 ……………………………… 26

四、智能化养殖对奶牛单产水平的影响 ……………………………… 27

五、智能化养殖对奶牛繁殖水平的影响 ……………………………… 28

六、智能化养殖对生鲜乳质量的影响 ………………………………… 29

第三节　河北省智能化奶牛养殖发展存在的问题 ……………………… 31

一、智能奶牛场建设固定成本较高 …………………………………… 31

二、智能化建设没有结合养殖规模开展 ……………………………… 31

三、生鲜乳没有结合生鲜乳质量定价 ………………………………… 32

四、设备利用率低，员工缺乏专业培训 ……………………………… 32

第四节　河北省智能化奶牛养殖发展的对策建议 ……………………… 32

一、加强智能化推广力度，降低智能化改造成本 …………………… 32

二、完善对智能化奶牛场的经济激励和优惠政策 …………………… 33

三、进一步提升科技创新能力，提高管理水平，降低管理成本 …… 33

四、发展农户适度养殖规模，为智能化实施提供保障 ……………… 33

　　五、实施以质议价的生鲜乳收购政策 ·············· 34

　　六、加强专业人才的引进和对现有人员的培训 ·············· 34

第三章　河北省奶牛养殖循环经济模式研究 ·············· 35

　第一节　河北省奶牛养殖循环经济模式发展中存在的问题 ·············· 35

　　一、循环经济意识需进一步强化 ·············· 35

　　二、奶牛粪污处理方式单一 ·············· 35

　　三、环保饲料和除臭技术滞后 ·············· 36

　　四、政府监管不到位、资金投入不足 ·············· 36

　第二节　河北省奶牛养殖循环经济发展的模式选择 ·············· 37

　　一、直接堆肥模式 ·············· 37

　　二、制作生物有机复合肥料模式 ·············· 37

　　三、奶牛废弃物生产食用菌模式 ·············· 38

　　四、牛场粪污用于沼气工程模式 ·············· 38

第四章　河北省奶牛养殖业金融支持问题研究 ·············· 40

　第一节　金融支持奶业发展的机理与现状 ·············· 40

　　一、机理分析 ·············· 40

　　二、现状调研 ·············· 42

　第二节　奶牛养殖金融支持存在的问题 ·············· 46

　　一、信贷服务无法满足奶牛养殖场的需求 ·············· 46

　　二、保险赔偿的补偿作用有限 ·············· 47

　　三、地方政府的支持方式有待完善 ·············· 47

　第三节　对策建议 ·············· 48

　　一、完善金融支持体系，创新金融支持产品 ·············· 48

　　二、完善抵押担保机制，提高畜牧业融资效率 ·············· 49

　　三、建立养殖业保险体系，提高养殖业抗风险能力 ·············· 49

　　四、创新农村互助金融，发展联保信贷模式 ·············· 49

第五章　河北省奶牛生物资产计量属性研究 ·············· 51

　第一节　河北省奶牛养殖企业历史成本计量现状 ·············· 51

　　一、X 企业经营状况简介 ·············· 51

　　二、X 公司生物资产现状简介 ·············· 51

　　三、X 企业实际发生业务 ·············· 52

四、X企业奶牛生物资产计量现状 ……………………………… 55

五、X企业当前奶牛生物资产计量的缺陷 ……………………… 58

第二节 奶牛养殖企业奶牛生物资产计量属性优化 ……………… 59

一、X企业计量属性优化的必要性 ……………………………… 59

二、X企业优化生物资产计量属性的可行性分析 ……………… 61

三、X企业奶牛生物资产计量属性优化方案 …………………… 62

四、X企业奶牛生物资产公允价值计量属性的具体应用 ……… 63

第三节 不同计量属性所造成的经济后果的分析 ………………… 65

一、生物资产价值方面 …………………………………………… 65

二、企业状况方面 ………………………………………………… 66

第二部分 乳制品加工消费篇

第六章 河北省乳制品加工业经营状况分析 ……………………… 70

第一节 河北省乳制品加工业生产经营状况 ……………………… 70

一、乳制品生产变化情况 ………………………………………… 70

二、乳制品行业经营状况分析 …………………………………… 74

第二节 河北省乳制品加工业存在的问题 ………………………… 75

一、乳制品以液态奶为主，产品结构不合理 …………………… 75

二、全国知名品牌较少，品牌价值较低 ………………………… 76

三、区域型乳品企业发展缓慢，缺乏差异化战略 ……………… 76

第三节 河北省乳制品加工业发展对策 …………………………… 77

一、引导消费升级，优化产品结构 ……………………………… 77

二、加大营销力度，创建名优品牌 ……………………………… 77

三、加快区域型乳品企业兼并重组步伐，引导错位竞争 ……… 78

四、构建"奶农＋合作社＋乳品企业"的利益联结机制 ……… 78

五、开拓消费市场，扩大"学生奶"的实施范围 ……………… 79

第七章 河北省乳制品加工业SCP范式分析 ……………………… 80

第一节 河北省乳品加工业行业结构分析 ………………………… 80

一、原奶收购市场集中度高，属寡占型市场 …………………… 80

二、市场壁垒较高，其他资本难以进入 ………………………… 80

三、产品差异化小，同质化程度高 ……………………………… 81

第二节 河北省乳品加工业市场行为分析 ………………………… 82

一、竞争手段多以低价促销为主 ·················· 82

二、外埠品牌的广告力度远胜于本土品牌 ············ 82

三、兼并重组多为外埠大型乳企行为 ··············· 82

第三节　河北省乳品加工业市场绩效分析 ················· 83

一、奶牛养殖环节收益得不到保证 ················ 83

二、本土乳制品企业品牌盈利能力低 ··············· 83

三、本土乳制品企业创新能力不足 ················ 83

第四节　河北省乳品加工业发展瓶颈分析 ··············· 84

一、原奶收购市场集中度高，出现寡占型市场 ········· 84

二、产品差异化小，同质化程度高 ················ 84

三、乳品企业与养殖环节的利益联结机制不够紧密 ······ 84

第五节　河北省乳品加工业发展路径 ················· 85

一、培植做强本土企业品牌，打破市场垄断 ·········· 85

二、支持本土乳品企业开发特色产品，引领市场消费 ····· 85

三、鼓励技术创新，提高市场绩效 ················ 86

四、引导消费者树立科学消费观念，合理调控进口奶粉量 ·· 86

五、引导养殖环节联合建厂，创新产业组织模式 ········ 86

第八章　乳制品行业冷链物流状况分析 ·················· 87

第一节　巴氏奶与冷链物流 ····················· 87

一、巴氏奶的概念 ·········· 87

二、冷链物流的概念 ·········· 88

三、我国巴氏奶冷链物流发展状况 ················ 89

第二节　巴氏奶冷链物流发展问题分析 ··············· 89

一、巴氏奶冷链物流成本较高，物流企业资金投入不足 ··· 89

二、缺少专业的第三方巴氏奶冷链物流企业 ·········· 90

三、巴氏奶的质量安全难以保证 ················· 90

四、消费者对巴氏奶认识不足 ·················· 91

第三节　发展巴氏奶冷链物流的对策建议 ··············· 91

一、加大资金投入与引进外资相结合 ··············· 91

二、加速第三方巴氏奶冷链物流企业的介入和发展 ······ 92

三、加大管控力度，保证巴氏奶的质量安全 ·········· 92

四、加大对巴氏奶的宣传推广力度 ················ 92

第九章　河北省乳制品消费问题研究 ······················· 94

第一节　河北省乳制品消费现状 ······················· 94
一、乳制品消费品种分析 ······················· 94
二、乳制品消费品牌选择 ······················· 95
三、乳制品消费渠道分析 ······················· 96

第二节　河北省农村乳制品消费行为影响因素 ··········· 97
一、河北省农村居民乳品消费情况调查结果分析 ····· 97
二、河北省农村乳制品消费影响因素分析 ··········· 100
三、研究结论与政策建议 ······················· 103

第三节　河北省巴氏奶消费问题研究 ··················· 104
一、巴氏奶消费市场现状 ······················· 104
二、巴氏奶消费市场中存在的问题 ··············· 106
三、培养河北省巴氏奶消费市场的对策建议 ········· 107

第四节　河北省居民液态奶消费影响因素城乡差异分析 ··· 108
一、问卷设计与数据来源 ······················· 109
二、变量选取及模型的设定 ····················· 109
三、模型结果分析 ····························· 110
四、结论及启示 ······························· 111

第五节　河北省乳粉消费问题研究 ····················· 112
一、河北省乳粉业发展现状 ····················· 112
二、乳粉业发展的制约因素 ····················· 114
三、促进乳粉业发展的对策建议 ················· 116

第十章　河北省乳制品质量安全评价与预警问题研究 ········· 119

第一节　乳制品质量安全内外部风险分析 ··············· 119
一、基于 PEST 分析法的外部风险因素分析 ········· 119
二、内部风险因素分析 ························· 119

第二节　河北省乳制品质量安全监测指标体系设计 ······· 123
一、理想监测指标 ····························· 123
二、监测指标选取 ····························· 123

第三节　河北省乳制品质量安全监测 ··················· 125
一、河北省乳制品监测定量指标体系 ············· 125
二、监测指标评价 ····························· 125

　　三、监测指标评价结果分析 ················· 126

第四节　河北省乳制品质量安全预警 ·············· 127

　　一、单指标趋势预测 ···················· 127

　　二、定量指标预警分析 ··················· 137

　　三、河北省乳制品质量安全综合评价及预警 ······· 138

第五节　提升河北省乳制品质量安全的对策建议 ······· 139

　　一、继续推进奶牛适度规模化养殖 ············ 139

　　二、提升奶农合作社的实力，矫正生鲜乳定价权的过度倾斜 139

　　三、提升乳制品加工业科技创新能力，保障乳制品加工业长期发展 ······ 140

　　四、推广 HACCP 体系，提升乳制品加工企业质量管理水平 140

　　五、充分发挥媒体监督功能 ················ 140

第三部分　奶业竞争力篇

第十一章　河北省奶业产业经济效益问题研究 ·········· 144

第一节　我国生鲜乳生产的成本效益分析 ············ 144

　　一、生鲜乳生产的成本项目分类 ············· 144

　　二、生鲜乳生产成本构成及变化趋势分析 ········· 145

　　三、生鲜乳生产成本效益变化分析 ············ 147

　　四、不同饲养规模生鲜乳生产的成本效益分析 ······ 147

第二节　规模化奶业养殖场成本核算存在的问题及对策 ····· 151

　　一、规模化奶牛养殖场现状 ················ 151

　　二、规模化奶牛养殖成本核算体系分析 ·········· 152

　　三、规模化奶牛养殖场成本核算问题分析 ········· 155

　　四、改进规模化奶牛养殖场成本核算的对策建议 ····· 157

第三节　河北省奶牛养殖经济效益分析 ············· 163

　　一、奶牛养殖成本利润分析 ················ 163

　　二、奶牛养殖成本结构分析 ················ 164

　　三、主要成本项目变动的影响分析 ············ 166

第四节　河北省乳制品加工经济效益分析 ············ 166

　　一、全国乳制品加工业经济效益分析 ··········· 166

　　二、河北省乳制品加工业经济效益分析 ·········· 169

第五节　河北省奶牛养殖与乳制品加工利益博弈分析 ····· 172

　　一、河北省奶牛养殖场与乳制品企业利益博弈现状 ···· 172

　　二、河北省奶牛养殖场与乳制品企业利益博弈调整 ················ 174

　第六节　河北省奶业经济效益提升的对策建议 ················ 177

　　一、政府协调，规范市场 ················ 177

　　二、拓宽销路，深度加工 ················ 178

　　三、合作联盟，组织协调 ················ 178

　　四、长期合作，互利共赢 ················ 178

　　五、信息共享，共同进步 ················ 179

第十二章　河北省奶业产业竞争力问题研究 ················ 180

　第一节　基于成本控制的河北省奶牛养殖竞争力分析 ················ 180

　　一、河北省奶牛养殖竞争优势 ················ 180

　　二、河北省奶牛养殖竞争劣势 ················ 181

　　三、河北省奶牛养殖竞争力实证分析 ················ 183

　第二节　基于钻石模型的河北省乳制品加工业竞争力分析 ········ 193

　　一、生产要素分析 ················ 193

　　二、需求要素分析 ················ 195

　　三、相关行业及支持行业分析 ················ 196

　　四、战略、结构和竞争对手分析 ················ 197

　　五、机会因素分析 ················ 199

　　六、政府因素分析 ················ 200

　第三节　中美贸易战对河北省奶业竞争力影响分析 ·············· 200

　　一、中美贸易战对上游奶牛养殖业的影响 ················ 200

　　二、中美贸易战对下游乳制品加工业的影响 ·············· 202

　第四节　河北省奶业竞争力提升的对策建议 ················ 203

　　一、完善社会化服务体系，提高奶牛养殖效益 ·············· 203

　　二、组建河北省奶业研究院，打造协同创新平台 ············ 203

　　三、强化主体培育，提升奶农养牛的积极性 ·············· 203

　　四、扩大优质饲草料生产，实现粗饲料本地化 ·············· 204

　　五、增强创新能力，丰富产品结构 ················ 204

　　六、建立生产联合体，创新产供销利益联结机制 ············ 204

第十三章　河北省奶业产业经济绩效评价问题研究 ·············· 206

　第一节　环境约束下我国奶业全要素生产率评价 ·············· 206

　　一、全要素生产率测算模型 ················ 206

　　二、投入、产出变量选取及样本选取 ……………………… 207

　　三、我国奶业全要素生产率变化分析 …………………… 208

　　四、环境约束下我国奶业全要素生产率影响因素分析 ……… 213

　第二节　河北省不同规模奶牛养殖场经济效率分析 ………… 215

　　一、不同规模奶牛养殖场的单要素生产率分析 ………… 215

　　二、不同规模奶牛养殖场的技术效率分析 ……………… 216

　　三、不同规模奶牛养殖场的配置效率分析 ……………… 227

　第三节　促进河北省奶业经济绩效提升的对策建议 ………… 234

　　一、适度规模化经营，推进标准化专业化生产 ………… 234

　　二、加强职业技术培训，加快技术推广进程 …………… 234

　　三、密切养殖场与乳企关系，共建"利益共沾，风险共担"新机制 … 235

　　四、完善多元化补贴政策，健全社会化服务体系 ……… 235

　　五、发挥高效养殖场示范带头作用，拓宽交流学习渠道 … 235

　　六、采用多种环境规制方式，提高环境规制效果 ……… 236

第十四章　河北奶业振兴重大技术创新专项绩效评价研究 …… 237

　第一节　河北奶业振兴重大技术创新专项实施现状 ………… 237

　　一、河北奶业振兴重大技术创新专项实施现状 ………… 237

　　二、河北省省级科技计划项目绩效评价现状 …………… 238

　第二节　河北奶业振兴重大技术创新专项绩效评价指标体系的构建 … 238

　　一、绩效评价指标体系构建的目标和原则 ……………… 238

　　二、绩效评价指标的选择 ………………………………… 240

　　三、基于层次分析法的指标各级权重的计算 …………… 242

　第三节　基于模糊综合评价法的 T 项目绩效评价 ………… 248

　　一、模糊综合评价法基本原理介绍 ……………………… 249

　　二、T 项目基本概况 ……………………………………… 249

　　三、T 项目的模糊综合评价 ……………………………… 252

第十五章　生鲜乳价格风险测度与管理 …………………… 261

　第一节　生鲜乳价格波动特征 ……………………………… 261

　　一、生鲜乳价格波动整体情况 …………………………… 261

　　二、生鲜乳价格波动季节特征分析 ……………………… 262

　　三、生鲜乳价格波动随机特征分析 ……………………… 264

　第二节　基于 H－P 滤波法的生鲜乳价格波动趋势分析 …… 264

一、长期趋势分析 ……………………………………………………… 264

二、周期循环分析 ……………………………………………………… 266

三、基于 ARIMA 模型的生鲜乳价格预测 ………………… 267

第三节　基于 VAR 模型的生鲜乳价格风险测度 …………… 269

一、生鲜乳价格风险的概念界定 ……………………………… 269

二、生鲜乳价格风险的因素分析 ……………………………… 269

三、生鲜乳价格风险的测度 ……………………………………… 272

第四节　奶业市场风险管理的策略选择 ………………………… 277

一、奶业市场风险管理的目标 ………………………………… 277

二、奶业市场风险内部抑制策略 ……………………………… 277

第四部分　奶业振兴综合篇

第十六章　河北省奶业振兴模式研究 ……………………………… 282

第一节　河北省奶业经营模式现状分析 ………………………… 282

一、一体化经营的奶吧模式 ……………………………………… 282

二、奶牛合作社模式 ……………………………………………… 283

三、合作牧场模式 ………………………………………………… 284

第二节　辉山乳业全产业链一体化发展模式的启示 ………… 285

一、种养加销全产业链一体化发展模式 …………………… 285

二、全产业链一体化发展模式的优势 ……………………… 286

三、河北省乳业种养加销一体化发展模式借鉴 ………… 286

第三节　威县奶业振兴的金牛模式 ……………………………… 287

一、威县奶业振兴的基本做法 ………………………………… 287

二、威县奶业振兴实践的启示 ………………………………… 289

第十七章　河北省奶业振兴的 SWOT 分析与战略研究 …… 293

第一节　河北省奶业 SWOT 分析 ………………………………… 293

一、优势分析（Strength） ……………………………………… 293

二、劣势分析（Weakness） ……………………………………… 293

三、机会分析（Opportunity） ………………………………… 294

四、威胁分析（Threaten） ……………………………………… 295

第二节　河北省奶业振兴的战略选择 …………………………… 296

第三节　促进河北省奶业振兴的对策建议 …………………… 296

目　录

一、以降成本、补短板为重点，提高奶牛养殖水平 ……………………… 296

二、以生产生态协调为目标，引导家庭牧场适度规模经营 …………… 297

三、以优化产业、产品结构为突破口，加快发展乳品加工业 ……… 297

四、以科技创新为支撑，提升奶业信息化智能化水平 …………………… 297

五、实行以质论价，强化乳业利益联结机制 ………………………………… 297

六、借鉴国际经验，推行奶牛政策性保险制度 …………………………… 297

七、重塑消费者信心，推广奶制品文化 ……………………………………… 298

第十八章　新冠肺炎疫情对河北省奶业振兴的影响 ………………… 299

第一节　新冠肺炎疫情对河北省奶牛养殖业的影响及对策建议 ………… 299

一、调研对象的基本情况 ……………………………………………………… 299

二、疫情对河北省奶牛养殖业的影响 ………………………………… 300

三、对策建议 ……………………………………………………………………… 303

第二节　奶牛养殖场复工复产难的问题研究 …………………………………… 304

一、调研对象的基本情况 ……………………………………………………… 304

二、复工复产后面临的难题 ………………………………………………… 305

三、保障奶业顺畅运行的政策建议 ………………………………………… 306

第三节　新冠肺炎疫情对河北省乳制品消费的影响 …………………………… 308

一、调查问卷的基本情况 …………………………………………………… 308

二、疫情对乳制品消费情况的影响程度 …………………………………… 309

三、促进河北省乳制品消费的对策建议 …………………………………… 312

第十九章　国内外奶业发展案例 ……………………………………………… 314

第一节　荷兰奶业高质量发展成功案例 ………………………………………… 314

一、基本情况 ……………………………………………………………………… 314

二、荷兰奶业高质量发展打造过程 ………………………………………… 314

三、推广经验与做法 ……………………………………………………………… 316

第二节　国外生鲜乳价格风险管理成功案例 ……………………………………… 318

一、美国 ………………………………………………………………………… 318

二、日本 ………………………………………………………………………… 319

三、澳大利亚 ……………………………………………………………………… 322

四、奶业发达国家经验对我国奶业市场的启示 …………………… 323

第三节　中欧奶业政策发展比较研究 ………………………………………… 324

一、欧盟奶业政策发展历程 ………………………………………………… 324

二、中国奶业政策发展历程 ……………………………………………… 326

三、中欧奶业政策比较分析 ……………………………………………… 328

四、对我国奶业发展的启示 ……………………………………………… 329

第四节　中荷奶业补贴政策发展比较研究 ……………………………… 330

一、荷兰奶业补贴政策改革发展历程 …………………………………… 330

二、荷兰奶业补贴政策的特征 …………………………………………… 332

三、我国奶业产业补贴政策演化历程 …………………………………… 332

四、荷兰奶业补贴政策发展经验对我国的启示 ………………………… 333

参考文献 ……………………………………………………………………… 335

第一部分

奶牛养殖篇

第一章 河北省奶牛养殖现状及退出问题研究

第一节 河北省奶牛养殖现状

一、奶牛养殖规模

从纵向来看，近十年来受禁止放牧、环保压力、养殖成本高、进口大包粉冲击、乳企管控等因素的影响，部分小规模奶牛养殖场开始减少奶牛养殖数量，甚至退出奶牛养殖行业，从而导致奶牛存栏量减少。河北省奶牛存栏量整体呈现下降趋势，有7年曾出现负增长。2018年来河北省积极落实奶业振兴政策，全力提高奶牛养殖规模，政策效果显现。2018年河北省奶牛存栏量105.9万头，与2017年相比，减少了18.7万头，奶牛存栏数量减少态势没变，但是降幅有所减缓。2019年由于奶价持续回升，牧场盈利大幅度改善，奶农对奶业振兴政策预期加强，奶牛养殖意愿增强，养殖存栏数开始回升。以张家口市为例，2019年9月全市奶牛存栏28.9万头，较上年同期增长2.2万头。从横向来看，河北省作为奶牛养殖大省，在全国的地位越来越重要。2018年河北省奶牛存栏量在全国位居第三位，占全国奶牛存栏总量的14.71%，比2017年所占比重上升5.41个百分点，是近10年来最高值（表1-1）。

表1-1 河北省奶牛存栏量以及在全国中的占比

单位：万头

年份	2009	2010	2011	2012	2013	2014	2015	2016	2017	2018
全国	1 260	1 420	1 440	1 494	1 441	1 499	1 507	1 425	1 340	720
河北	165.7	153.4	153.7	153.4	143.5	142.6	135.7	119.8	124.6	105.9
占比	13.15%	10.80%	10.67%	10.27%	9.96%	9.51%	9.00%	8.41%	9.30%	14.71%

数据来源：国家统计局和河北畜牧业数据核定表。

二、奶牛单产水平

2018年河北省成母牛日均产奶量约为23千克，各市养殖水平差异较大，如图1-1所示。其中保定成母牛日均产奶量最高，为27千克左右，邢台最低，为18千克左右。不同的奶牛养殖规模成母牛日均产奶量呈现明显差异化，0～500

头的养殖场为 21 千克左右、500～1 000 头的养殖场为 23～30 千克（衡水最高、沧州最低）、1 000～5 000 头以上的养殖场为 27～30 千克，5 000 头以上的养殖场为 30 千克左右，日均产奶量比 1 000～5 000 头增长幅度不大。随着奶牛养殖机械化与规模化程度的发展，河北省奶牛养殖单产水平会继续提高。

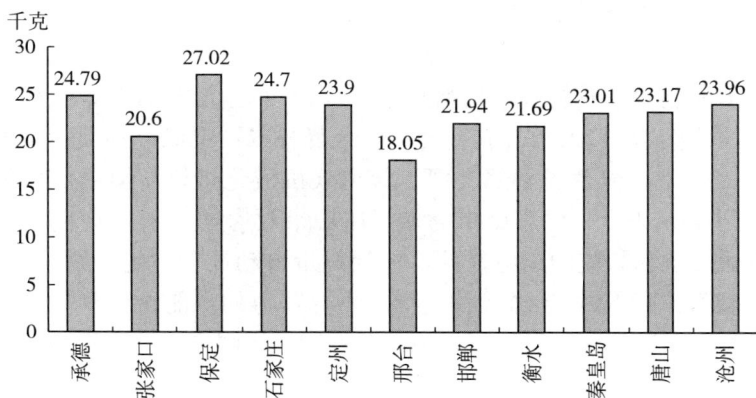

图 1-1　河北省各地级市成年母牛日均产奶量

三、生鲜乳产量与品质

2018 年河北省生鲜乳产量 384.8 万吨，同比下降了 16%，居全国第三位，占全国生鲜乳产量的比重约为 13%（表 1-2）。由于奶牛存栏量企稳回升以及奶牛单产水平的提高，2019 年生鲜乳产量 428.7 万吨，比 2018 年增加 43.9 万吨，同比增长 11.4%。生鲜乳品质不断提升，近年来规模牧场生鲜乳质量达到发达国家水平，位居食品行业前列。根据河北省奶牛生产性能测定数据，截至 2019 年 8 月底，河北省完成奶牛生产性能测定 176 825 头，测定场 328 个，全省奶牛测定日平均单产 31.23 千克，乳脂率 3.91%，乳蛋白率 3.34%，群体平均体细胞数达到 24.82 万/毫升。与上年同期相比，群体测定日平均单产提高 0.68 千克，乳脂率和乳蛋白率变化不明显，体细胞数下降了 4.77 万/毫升。2019 年河北省生鲜乳抽检合格率达 99% 以上。

表 1-2　河北省和全国生鲜乳产量及其占比

单位：万吨、%

年份	2010	2011	2012	2013	2014	2015	2016	2017	2018
河北	439.76	458.9	470.37	458	487.77	473.1	440.5	458.1	384.8
全国	3 576	3 656	3 744	3 531	3 725	3 755	3 602	3 039	3 075
占比	12	13	13	13	13	13	12	15	13

数据来源：河北省奶业统计资料。

四、养殖场规模化、信息化、智能化水平

目前河北省规模养殖率达到 100%，300 头以上规模养殖比例达 98%。依据《河北省人民政府关于加快推进奶业振兴的实施意见》，全省规模养殖场到 2022 年全部实行智能化管理，并与国际先进奶牛养殖方式接轨。在政策支持和强力推进下，河北省奶牛养殖场硬件设施以及智能化水平大幅提高，建设步伐加快。据河北省农业农村厅数据显示，2018 年河北省奶牛养殖场（区）网络视频监控比例达到 70%，高于全国 40 个百分点；全混合日粮、奶牛卧床占比均在 90% 以上，养殖场全部实现了管道式机械化挤奶；使用信息化管理软件比例达到 40% 以上。以唐山市为例，唐山市政府通过引导规模奶牛养殖场配套信息化设备和相应的设施软件，包括奶量自动计量、奶牛发情自动提示、环境自动监测、TMR 自动监控等，推动奶牛养殖的智能化信息化发展，从而实现"智慧牧场"的建设目标。据测算，智能化饲喂方式能使得每千克奶成本降低 1 元以上，按照唐山市奶牛存栏 28 万头，泌乳牛占其中二分之一即 14 万头计算，仅智能化饲喂这一项就可以使得成本每年降低 10 亿元以上。

五、生鲜乳收购价格

2018 年 1—7 月生鲜乳收购价格环比下跌，从 8 月份开始，在中秋、国庆节日效应的带动下，生鲜乳收购价格开始上涨，8 月份全月均价 3.39 元/千克，环比上涨 0.5%；9 月份和 10 月份仍然呈现连续环比上涨的趋势，10 月份均价 3.51 元/千克，环比上涨 1.7%。2018 年 1—9 月份生鲜乳收购价格同比均呈现下跌趋势，且均低于 2016 年、2017 年同期价格，奶农盈利空间有所下降。但在 10 月份生鲜乳价格却出现了逆袭，同比增长 0.85%。表 1-3 为 2018 年各季度河北省生鲜乳交易协调价格，整体呈上涨趋势。

表 1-3　2018 年河北省生鲜乳交易协调价格

单位：元/千克

第 1 季度		第 2 季度		第 3 季度		第 4 季度	
参考价	最低价	参考价	最低价	参考价	最低价	参考价	最低价
3.59	3.30	3.59	3.30	3.5～3.8	3.4	3.5～3.8	3.4

资料来源：河北省畜牧兽医局。

六、奶牛养殖效益

生鲜乳收购价格连续上涨，奶农养殖盈利明显增加。2018 年下半年以来，尤其是 2019 年以来，进口奶粉的数量下降，增长幅度减缓，国内本土生鲜乳

的需求量增长，生鲜乳价格呈现上涨的态势。据图 1-2 和表 1-4 数据显示，2019 年下半年生鲜乳收购价格上涨趋势明显，全年价格在 3.53～3.85 元/千克波动。全年环比增幅最高为 1.9%，同比增幅最高为 8.0%。11 月份同比增长幅度自 2015 年以来达到了最大值。由表 1-4 可以看出，2019 年第 3 和第 4 季度河北省鲜乳平均销售价格较上半年上涨明显，反映了河北省生鲜乳生产成本、需求量的变化和奶业利好趋势。同时，2019 年全年奶牛养殖主要饲料玉米和豆粕价格稳定，波动幅度小，奶牛养殖效益出现明显好转，乳企不再限收拒收，争抢优质奶源，奶牛养殖企业盈利大幅改善。根据调研，2018 年以前，50%～60% 的企业都处于亏损状态，目前 95% 左右奶牛养殖场都能赚钱，养殖效益普遍在 3 000～5 000 元/头，是自 2013 年以来五年中形势最好的一年。

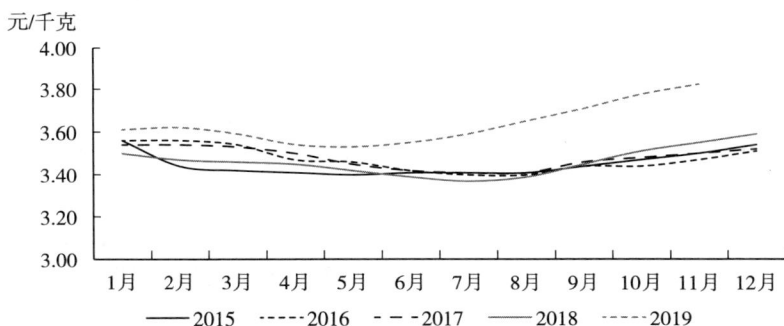

图 1-2　2015—2019 年主产省生鲜乳价格走势

表 1-4　2019 年河北省养殖户平均牛奶销售价格

单位：元/千克

月份	1	2	3	4	5	6	7	8	9	10	11	12
价格	3.6	3.65	3.61	3.54	3.53	3.51	3.55	3.61	3.7	3.8	3.82	3.85

数据来源：微信公众号河北牧业。

第二节　河北省奶牛养殖资源和环境约束

一、土地资源约束

河北省的国土面积不足全国 2%，土地资源比较紧张。地表总面积 18.77 万千米²，地形以高原、山地、丘陵和平原为主，其中山地和丘陵面积最大，占全省总面积的 42.2%，平原面积占全省 35.5%。奶牛养殖主要分布在坝上高原、太行山山麓和河北平原地区，而这些地区也是人口聚集、工业发展和农业生产的主要地区，众多人类活动都在极大地占用着土地，使当地土地资源十分紧张。

根据河北省 2018 年第三次全国农业普查主要数据公报显示，2016 年末全省耕地面积 9 781 万亩①，实际经营的林地面积（不含未纳入生态公益林补偿面积的生态林防护林）4 409.43 万亩，实际经营的牧草地面积（不含天然草地面积）1 373.76 万亩。农业、林业占据了城市活动以外留给第一产业发展的大部分土地资源，而奶牛养殖作为畜牧业中的一部分，分得的土地少之又少。

奶牛养殖离不开土地，且土地成本与养殖规模呈正相关，规模越大成本越高。2007—2013 年，大规模养殖环境下，土地成本快速上涨，年均增幅达 21.68%。2016 年我国小规模奶牛养殖场一头奶牛的平均土地成本为 50.24 元，地广人稀的奶业大省内蒙古和黑龙江分别为 18.25 元和 16.36 元，河北省为 34.76 元，而与河北省相邻且土地资源更加紧张的河南省土地成本为 38.44 元。由此可见，稀缺的土地资源影响着奶牛养殖的土地成本，是河北省奶业发展的一大障碍。

二、饲草饲料资源约束

河北省奶牛养殖的饲料供给主要是苜蓿、燕麦和全株青贮玉米，饲料成本占养殖成本的 70% 以上。河北省稀缺的土地资源不仅影响着土地成本，还影响着奶牛养殖所需的饲草饲料资源。河北省北部有辽阔的坝上草原，适合种植苜蓿、燕麦等牧草，提供了大量奶牛养殖所需的饲草资源。但在河北省中部和东南部的平原地带为城市聚集区，其余地区多为山地和丘陵，总体上土地资源紧张，可供种植饲草的土地更加稀缺。2018 年河北省青贮玉米的种植面积达到 22.33 万公顷，全省收储量逐年上升，青贮玉米在奶牛养殖的饲料占比也逐渐提高，但是苜蓿和燕麦的种植和需求情况不容乐观。2018 年河北省商品苜蓿种植面积约为 2.27 万公顷，干草产量为 27 万吨。其中，苜蓿干草产量为 24.41 万吨，而全省奶牛养殖需求量为 38.38 万吨，缺口高达 13.97 万吨。燕麦种植面积 2.33 万公顷，且基本用于种植农户自家生产需要，用于出售的燕麦干草仅为 8.32 万吨，而全省需求量为 24 万吨，缺口为 15.68 万吨。因此，河北省每年都会从其他省调配购买和从国外进口大量苜蓿和燕麦。2018 年全国进口苜蓿总量 138.36 万吨，其中从美国进口 115.89 万吨，占总进口量的 83.76%，进口金额为 38 335.384 万美元。2018 年全国燕麦进口 29.36 万吨，全部从澳大利亚进口，进口金额 7 972.62 万美元。由此可见，紧张的土地资源导致饲草种植满足不了实际需求，从而大量购买饲草饲料，使饲料成本上升，奶价也随之升高。

---

① 亩为非法定计量单位，1 亩≈667 米²。下同。

三、水资源约束

河北省 2018 年水资源总量 164.1 立方米，其中地表水资源量 85.3 亿立方米，地下水资源量 124.4 亿立方米，全省年用水总量 182.4 亿立方米，水资源总量能满足总需求的 89.97%。奶牛养殖过程中对水的需求很大，奶牛每生产 1 千克的牛奶，就需要饮用 3.5~5 千克的纯净水，饮水充足的奶牛比缺乏饮水的奶牛体重增长速度快 50%。此外，牛舍的清洁、挤奶大厅的清洗和奶牛洗澡都需要一定量的水。在奶牛的养殖成本中，水费也和养殖规模呈正相关，规模越大，水费越高。2016 年全国小规模奶牛养殖场一头奶牛的平均水费为 38.18 元，河北省为 22.82 元。与另外两个奶业大省相比，内蒙古自治区大部分地区水资源紧缺，奶牛平均水费 39.25 元，而黑龙江省拥有黑龙江、松花江、乌苏里江三大水系，河流众多，水资源丰富，奶牛平均水费仅为 18.66 元。值得一提的是，内蒙古自治区奶业发展最好的区域就是其东部与黑龙江省相邻的大兴安岭西麓黑龙江流域。由此可见，水资源时空分布决定了我国奶业的整体布局，区域水资源总量及可利用率决定了当地奶业的规模。河北省的奶牛养殖场如果想扩大规模实现更大的发展，需要克服水资源的制约，保护水资源，节约用水。

四、科技创新资源约束

目前，我国的奶牛养殖规模和乳制品产量虽位于世界前列，但发展质量还不够高，低附加值的传统乳品多，高端乳制品不足，与发达国家相比，奶业竞争力整体不强。这主要体现在科技创新能力不足，导致奶酪等高端产品品质差，产量不足。我国的乳制品生产以液态奶为主，干酪、炼乳等干乳制品产量较少。2017 年液态奶产量 2 691.66 万吨，干乳制品产量 243.38 万吨，产品结构极度不平衡。干乳制品的产量低下导致进出口情况出现严重逆差（表 1-5），奶粉、乳清、炼乳、奶油和干酪的进口量都大大高于出口量，其中乳清的进口量是出口量的 2 870 倍，干酪的进口量是出口量的 690 倍。进出口量巨大的差值体现了我国干乳制品在国际市场上的被动地位，与其他奶业强国相比十分缺乏竞争力。河北省作为奶业大省，干乳制品产量在全国属于"拖后腿"水平。2017 年河北省液态奶产量 362.03 万吨，干乳制品产量仅为 10.82 万吨，差距较大。干乳制品出口情况同样不容乐观，虽然河北省液态奶产量位居全国第三，但如表 1-6 所示，干乳制品出口量仅为全国第十一名，占全国总出口量的 0.4%，出口金额占总出口额的 0.15%，且与前十省份差距明显，排名第一的江苏省出口量是河北省的 61 倍，出口金额是河北省的 197 倍。干乳制品的制造比液态奶生产环节更加繁多，所要求的科技水平更高，河北省虽然有蒙牛、伊利这样的国际乳制品企业，但大多数中小规模的乳制品企业科技水平较

低，科技创新能力不足，很难大规模生产高质量的干乳制品，这极大地影响了
河北省奶业的全面发展。

表 1-5　2017 年中国干乳制品进出口情况

	奶粉	乳清	炼乳	奶油	干酪
进口（吨）	718 100	529 600	25 564.87	91 600	108 002.19
出口（吨）	2 842.95	184.47	2 341.39	1 721.16	156.34

数据来源：2018 年中国奶业统计资料。

表 1-6　2017 年全国干乳制品出口货源地情况

	数量（吨）	金额（万美元）
全国合计	7 246.30	2 348.39
江苏	1 830.45	707.99
山东	1 610.35	380.19
辽宁	1 138.41	237.90
浙江	782.90	126.94
广东	759.39	435.21
上海	458.57	121.64
云南	370.00	190.21
天津	117.65	50.33
陕西	65.00	72.58
北京	50.09	7.05
河北	30.00	3.59
黑龙江	29.47	12.32
其他	4.03	2.44

数据来源：2018 年中国奶业统计资料。

五、环境约束

（一）对空气的影响

　　奶牛养殖对空气影响极大，其中奶牛的粪便是最大的污染源。有资料显
示，一头成年奶牛每天会排放 30～50 千克的粪便，每 1 万吨牛粪就会产生
0.2 吨有害气体，河北省奶牛养殖场一年会至少产生 4 236 吨牛粪。牛粪散发
的有害气体包含氨、硫化氢、甲烷、二氧化硫和二氧化碳等，都会对空气造成
污染。其中，二氧化碳和甲烷等，会引发温室效应导致全球温度上升，冰川融
化，海平面升高，极大地破坏了生态平衡。氨和二氧化硫形成的酸雨会造成土

壤酸化，影响植物和农作物生长，腐蚀建筑物，降低其使用寿命。随着城市化进程的不断扩大，城市逐渐向周边的郊区和农村延伸，奶牛养殖场产生的恶臭气体也在影响着周边居民的生活，损害人的嗅觉神经和三叉神经，造成呼吸中枢的损伤。与此同时，臭气会使奶牛精神不振，抵抗力下降，进而影响到奶牛的产奶能力。

（二）对水的影响

奶牛养殖场产生的污水如果得不到正确的处理，被奶牛养殖场随意排放，就会对地表水、地下水造成污染。污水主要来源于奶牛自身产生的尿液、粪便和冲洗牛舍、挤奶大厅等清洁活动。奶牛的尿液和粪便中未消化的纤维素、蛋白质和氮磷等营养物质流入水中，会使水富营养化，从而产生大量有毒藻类和浮游生物，使水体溶解氧量下降，导致鱼类和其他大量生物死亡，水质恶化。如果人类长期饮用被污染的水，也会对人的健康造成危害。

（三）对土壤的影响

未经无害化处理的粪便和污水还会对土壤造成污染。奶牛养殖中产生的粪便和污水，含有高浓度的氮和磷，还有大量钠盐和钾盐，如果直接返田，将造成土壤板结，影响农作物的生长。粪污直接返田会使肥沃的土地变为贫瘠的土地，使河北省原本就相对匮乏的土地资源变得更加紧张，进而影响农作物的种植，威胁到全省粮食和饲料的供应，对奶业造成不良影响。

六、环保政策约束

奶牛养殖业成败在防疫，生死在环保。近年来我国先后出台了《畜禽规模养殖污染防治条例》《水污染防治行动计划》《土壤污染防治行动计划》《畜禽粪污资源化利用行动方案 2017—2020 年》，分别提出了禁养限养区域划分，要求奶牛养殖场建设粪污储存、处理、利用设施，对粪污进行集中处理等相关规定。为贯彻落实以上环保政策，加快推进畜禽粪污治理和资源化利用工作，促进农牧业与生态环境协调发展，河北省划定了奶牛养殖禁养限养区，并在2017 年印发了《河北省畜禽养殖废弃物资源化利用工作方案》。2019 年相继发布《河北省农业农村污染治理攻坚战实施方案》和《河北省严厉打击畜禽养殖粪污乱排乱放专项执法行动方案》。面对日益严格的环保政策和禁养限养区域的划分，奶农养殖成本居高不下，大量散户和小规模奶牛养殖场纷纷退出，中大型奶牛养殖场也面临巨大环保压力，这极大地打击了奶牛养殖人员的积极性，使其成为奶业产业链中最薄弱的环节。

七、环境对生鲜乳和乳制品质量的影响

奶业发展造成的大气污染、土壤污染和水污染也在影响着生鲜乳和乳制品

质量。前几年，河北省邯郸、邢台、石家庄、保定等地的空气污染指数在全国名列前茅。糟糕的空气危害人类健康的同时，也会使奶牛呼吸道受损，引发呼吸道和心脑血管等疾病，从而导致产奶量下降，牛奶质量变差。如果种植饲草的土壤受到污染，势必会影响饲草的质量。当奶牛所食用的饲料存在有害物质未达到卫生标准时，将会对奶牛健康以及所生产出牛乳的卫生质量造成潜在危害。

第三节　河北省奶牛养殖退出现状

一、退出奶牛养殖场状况分析

自 2016 年 1 月至 2017 年 10 月，全省共有 148 家奶牛养殖场发生退出或减少规模的情况，其中，唐山市 41 家，张家口市 29 家，保定市 14 家，石家庄市 13 家，廊坊市 11 家，邯郸市 10 家，定州和邢台各 7 家，衡水市 5 家，沧州市 4 家，承德市 3 家，秦皇岛和辛集市各 2 家。课题组采用问卷调查和访谈相结合的方式，调查问卷总量为 148 份，其中有效问卷 64 份、无效问卷 84 份。调查地区较广泛，共计调查河北省 10 个市养殖场，能够较全面反映河北省奶牛养殖情况。调查内容主要包括河北省奶牛养殖场的运营信息和退出前后的变化情况，详见表 1-7 和表 1-8。

表 1-7　退出奶牛养殖场基本情况

特征变量	均值	最大值	最小值
场长年龄（岁）	48	63	31
员工数（人）	18	100	6
养殖时间（年）	9.76	20	3
养殖面积（亩）	92.40	300	10
固定资产（万元）	637.44	2 000	80
养殖收入占家庭收入比重（%）	80	100	10
总存栏数（头）	423	2 200	100
泌乳牛数（头）	195	1 000	10

表 1-8　奶牛养殖场退出前经营情况描述

变量	均值	最大值	最小值
成母牛单产（千克/头）	23.61	30	8
原奶交售价格（元/千克）	3.07	4	1.6
千克奶成本（元/千克）	2.77	3.5	1.4

（续）

变量	均值	最大值	最小值
日产奶量（吨）	4.8	35	05
月均拒奶次数	2.31	6	0
每次拒奶量（千克）	2 375.99	8 000	0

（一）基本情况

从回收样本的基本特征来看，90%的奶牛养殖场场长年龄集中在40～60岁，养殖场场长的文化水平为：大专及以上学历的占24.53%，高中的占49.05%，初中及以下的占26.42%。6家奶牛养殖场位于禁养区，14家位于限养区，剩下的44家位于适养区。7家租用养殖场，57家自建养殖场。40.9%的奶牛养殖场占地面积在100亩以上，养殖时间在10年以上的占45%，固定资产投资在500万元以上的占41.86%。73.68%的养殖场养殖收入占场长家庭收入的比例在80%以上。存栏数在400头以上的奶牛养殖场占43.10%，其中泌乳牛200头以上的养殖场占比47.16%。交售生鲜乳到伊利、蒙牛、光明、三元、完达山和乡遥的奶牛养殖场占比分别为50.98%、31.37%、5.88%、3.92%、5.88%和1.97%。

（二）退出前经营状况

从样本奶牛养殖场的生产经营指标看，72.73%的养殖场成母牛单产水平较低，仅有27.27%的养牛场能达到25千克/头以上。河北省2016年1—12月生鲜乳价格均值为3.47元/千克，2017年1—9月生鲜乳价格均值为3.49元/千克。而被调研的样本奶牛养殖场2016年1月至2017年10月的月均交奶价格在3.4元/千克以上占比仅为36.73%，就是说有63.27%的退出奶牛养殖场交奶价格低于河北省平均生鲜乳价格。42.22%的养殖场核算的千克奶成本在3元以上，且该成本中一般没有考虑贷款利息和家庭人工成本。退出牛场的日产奶量整体较低，73.33%的养殖场日产奶在5吨以下。所有的交售乳企都有不同程度的拒收和限收现象，统计结果显示月均拒奶1～6次，平均每次拒奶量达2 375.99千克。

二、退出意愿分析

问卷显示，共51家养殖场现已经完全退出奶牛养殖行业。其中，24家养殖场自愿退出，27家养殖场不想退出但迫于无奈只能退出。还有13家养殖场尚未完全退出，只是调整了养殖规模和结构。其中，廊坊市4家牛场和承德市3家牛场均将现有奶牛转到下属分场或总公司，或与当地其他牛场合并，继续从事养殖行业。张家口市4家牛场将成母牛全部出售，只留有后备牛和犊牛继续养殖，定州市的 2 家养殖场将奶牛逐步淘汰，开始转养肉牛。张家口沽源县和怀安县近 17 家奶牛养殖场被迫退出的主要原因是现代牧业与蒙牛签订了框架供应协议，从而缩减了蒙牛对中小型牧场奶源的需求量。蒙牛对所有不按照其规定标准进行升级改造的奶牛养殖场将奶价降低为 2.5 元/千克，造成奶牛养殖场亏损严重，被迫退出。一些牛场无法支付要求升级改造的成本而不得不退出。

三、退出后资产处理状况分析

完全退出的企业，将奶牛全部低价出售，厂房等硬件固定资产暂时闲置，土地也暂时闲置，场长和原工作人员均自谋职业，如种地、外出打工、服务行业等。

缩减养殖规模的企业，出售了所有成母牛，只留有后备牛和小牛犊继续饲喂，或者拟转向肉牛养殖，厂房、土地等固定资产部分闲置，部分继续运转使用，辞退部分员工。一些还留有部分成母牛的养殖场，由于蒙牛或伊利拒收限收，开始四处寻找不知名的中小型乳企交奶。一般采用将鲜奶交给收奶中间商的方式，奶价在 3.4 元/千克左右，但是存在不能按时结算奶款的问题。还有极个别养殖场留有一小部分成母牛开始创办集养殖、挤奶、酸奶、奶酪制作体验等为一体的观光畜牧业。

第四节 河北省奶牛养殖场退出原因分析

奶牛养殖场退出的原因很多，经调研主要包括奶牛养殖行业本身原因、奶牛养殖场自身原因、交售乳企原因以及政策原因四大类，共 15 种具体原因。调研采用李克特量表法来测量奶牛养殖场对退出原因重要程度的主观评价。具体采用不重要、一般重要、重要、比较重要、非常重要 5 级量表形式，分别对应 1～5 分值，分值越高影响越大，2 分以上对养牛场退出有影响，3 分以上则具有重要影响。统计结果见表 1-9。

表 1-9 奶牛养殖场退出原因及其重要性得分

原因	具体原因	得分
奶牛养殖业本身原因	生鲜乳价格太低	4.14
	饲料价格太高	3.52
	养牛亏损	4.16
	利润太低	4.07
	对行业失去信心	2.94
	平均得分	3.77

（续）

原因	具体原因	得分
奶牛养殖场自身原因	有意向经营非农项目	1.98
	技术落后，单产低	2.19
	生产成本居高不下	2.82
	环保欲达标投资较大	2.48
	平均得分	2.37
交售乳企原因	拒收限收严重	3.98
	评级标准频繁更改	4.01
	造成的精神压力大	4.21
	平均得分	4.07
政策原因	处于禁养限养区	2.27
	得不到技术和资金支持	2.39
	得不到粮改饲、青贮等补贴	2.07
	平均得分	2.24

由表 1-9 可知，上述 4 大类原因中，交售乳企原因平均得分为 4.07，是主要因素；其次是奶牛养殖行业自身原因，平均得分为 3.77。奶牛养殖场自身原因和政策导向原因的平均得分分别为 2.37 和 2.24。该结果表明了交售乳企和奶牛养殖场的关系以及奶牛养殖行业的发展是导致中小型奶牛养殖场退出的主要原因。具体分析如下：

一、交售乳企对奶牛场的管制

（一）乳企给奶牛养殖场场长带来了很大的精神压力

64.28％的退出奶牛养殖场场长认为乳企给他们带来的精神压力是导致其退出养牛行业非常重要的因素。由于乳企对养殖场的每次评级直接影响着交售奶价的高低，每次评级检查前，养殖场场长就开始焦虑、担心。蒙牛、伊利在各养殖场装有监控设备，随时监控各养殖场是否按照规定的饲料、配方饲喂奶牛，是否按照各种评级的标准规范实施。当乳企奶源富余、不想收奶时，会找各种不合规的理由拒奶。同一批奶交售的各指标都一样的奶，乳企认为一部分合格，一部分就不合格。实在找不到拒收理由时，就会以原奶的颜色不好、口感不好、味道不好拒收。奶牛养殖场和乳品加工企业处于乳业供应链的上下游，双方之间完全没有形成良好的、健康的战略合作伙伴关系，地位、权利不对等相当严重，被访谈的养殖场主一致表示养牛人没有了尊严和人格，心理都存在不同程度的抑郁状况。按照马斯洛的需求层次理论，每个人都有受人尊重和自我实现的需求。从事养牛行业平均 10 余年，甚至长达 20 年的养殖场主，得不到起码的尊重，相反却是各种压榨、管制，精神上的压抑和摧残，随之而来的是对该行业日渐失去信心。

（二）乳企设定的奶牛养殖场评级标准变化频繁

统计结果显示，51.78%的退出奶牛养殖场场长认为乳企频繁变化的评级标准是导致其退出养牛行业非常重要的因素。奶牛养殖场的发展变化自始至终完全由乳企引导。2013年奶荒时，乳企让奶牛养殖场扩大养殖规模，扩建厂房。2014年奶源过剩时，乳企则提高奶牛场的评级标准，不达标就限量限价以减少收奶量。从最初的奶牛小区改造转型为中小型牧场时起，牛舍、卧床、青贮窖、TMR机等硬件设施改造，需要投资几十万到几百万元，虽然政府一次性给了一小部分改造资金补贴，但是大部分资金问题都是养殖场自己解决的。当青贮来临时，奶牛场需要100万～300万元的资金集中支付，这也给他们带来了巨大的资金压力。乳企实行差异化定价策略，基础条件较差的牧场和标准化牧场生鲜乳收购价格每千克相差0.3～0.4元，因此没有实力投入改造的养殖场首当其冲成为限收拒收的对象；对于已经完成转型的中小型牧场，由于前期投资较大、沉没成本较高，他们刚刚喘口气，乳企又频繁更改牧场评级标准，牧场必须继续投入大量的资金改造硬件和软件，刚刚购置两三年的硬件不得不淘汰，比如，罐车刚用了两三年，又要更换成高标准的价值10万元左右的罐车。养殖场难以获得银行贷款，只得寻找利息高的民间借贷。给伊利、蒙牛交售原奶的奶牛养殖场主纷纷表示，由于无资金来源，无力满足乳企频繁变化的牧场评级标准，无力跟上其要求的升级改造速度。即便再投入几百万元的资金进行升级改造，还面临再次被淘汰的危险，否则就会因不符合乳企规定标准而终止续签收奶合同或者以2.5元/千克的奶价收购。因此，很多养殖场被迫选择退出。

（三）乳企限收拒收现象严重

在奶源富余时，不同的乳企采用不同方式的限收拒收手段。有的乳企提出将陆续淘汰日产奶3吨以下的养殖场；对于没有达到其标准化改造要求的养殖场，蒙牛每月固定拒奶3天，拒奶量是当天的奶产量。其他时间生鲜乳限收比例是合同规定量的3%～5%。限收的合格生鲜乳大多以每千克1.6元的低价收购或者拒收。伊利则主要是限量收购。很多单产在28千克经营还不错的奶牛场选择自愿退出，一方面是因为要达到乳企的标准化牧场改造要求，资金缺口很大；另一个重要原因是，即便加大投入，在奶源富余时，乳企仍旧会限量收购，养殖场亏损会更加严重。

二、奶牛养殖行业利润低

（一）奶牛养殖利润较低

整个乳制品供应链上下游企业呈跷跷板行情，即使上游中小牧场不断退出、大型牧场巨额亏损，下游乳企仍继续保持稳定增长。分别将全国排名靠前的牧业和乳业上市公司 2017 年上半年利润，以及河北省小型奶牛养殖企业和乳制品制造业近 5 年的利润进行对比分析，结果见表 1 - 10、图 1 - 3 和图 1 - 4。

表 1 - 10 我国牧业和乳业上比市公司 2017 年上半年净利润变化对比

奶牛养殖企业	净利润同比变化	乳制品企业	净利润同比变化
现代牧业	−17.78%	伊利	4.75%
中鼎牧业	−53.3%	蒙牛	4.7%
原生态牧业	−87.33%	光明乳业	52.17%
中地牧业	−131.96%	三元	−80.79
中国圣牧	−98.41%	新希望	−20.94%
西部牧业	−74.04%	澳优	50.95%
赛科星	−95.05%	燕塘	23.81%
光明荷斯坦	−65%	天润	17.24%

资料来源：Wind 资讯。

由表 1 - 10 可知，与 2016 年上半年相比，全国各大牧业上市公司利润都出现了较大幅度的降低。而各乳业上市公司除了三元和新希望外，利润都有不同程度的增长。对比图 1 - 3 和图 1 - 4，就河北省而言，与 2012 年相比，2013 年每头牛利润和每 50 千克生鲜乳净利润有了很大幅度的提升，2012—2015 年则呈现逐年下降趋势。而河北省乳制品制造业利润和收入在 2011—2015 年却呈现逐年上升趋势。

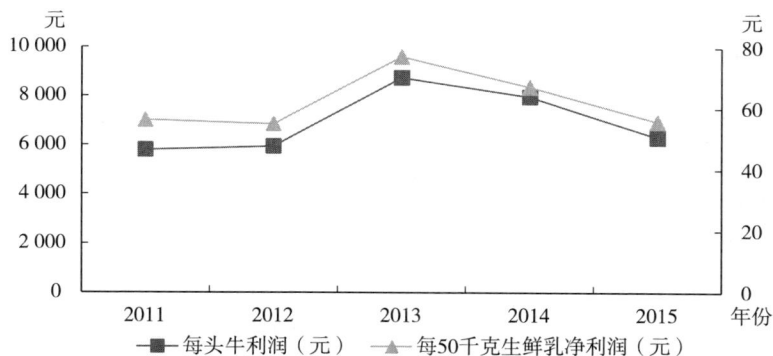

图 1 - 3 2011—2015 年河北省小规模奶牛养殖场利润变化

调研访谈中，退出奶牛养殖场场长也纷纷表示，2013 年期间由于奶荒，乳企高价收购原奶，存栏量在 500～600 头的养殖场年收入在 100 万元左右。自 2014 年下半年开始，整年利润也就 20 万～30 万元，2015 年开始陆续出现

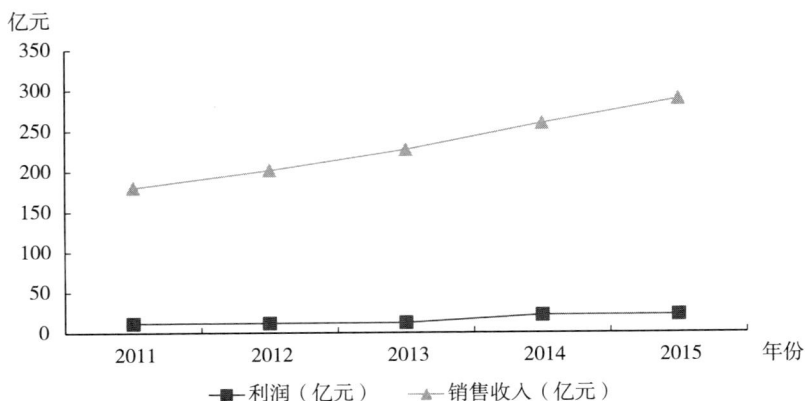

图 1-4 2011—2015 年河北省乳制品制造业利润及收入变化

亏损，为及时止损，只能被迫退出。

（二）生鲜乳价格低

目前，我国生鲜乳价格不是由完全市场竞争定价，而是由处于行业寡头垄断地位的乳企制定的价格。乳制品企业在收购价格和收购量等方面都掌握话语权，导致规模较大的、管理较好的奶牛养殖场通常被控制在微利或者盈亏平衡的经营状态。各个方面都较差的奶牛养殖场则处于亏损状态。

大量进口低价大包粉是造成生鲜乳需求降低的重要原因。由图 1-5 可知，2011—2016 年，河北省乳制品企业的液态奶产量和奶粉产量基本上呈现逐年上升趋势，而奶牛养殖原奶产量自 2014 年开始则呈现逐年下降趋势。乳制品产量多了可生鲜乳却过剩了，原因是乳企进口了大量的奶粉。按 1 吨奶粉可以

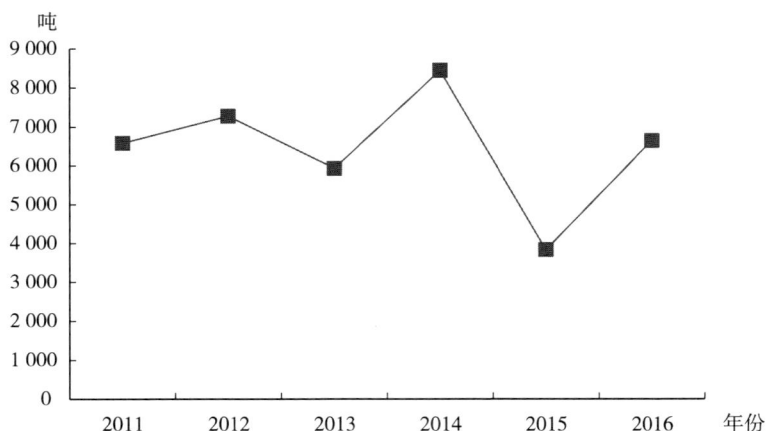

图 1-5 2011—2016 年河北省乳制品企业原奶产量

折合成 8 吨原奶计算，河北省乳制品企业 2016 年生产液态奶和奶粉所需要原奶量达 401.66 万吨，若再考虑其他干乳制品的折合率，则乳品企业需求的原奶量更多。2016 年全省的原奶产量仅为 440.5 万吨，且还存在大量的拒奶限奶现象。图 1-6 显示了河北省奶粉进口量在 2013 年和 2015 年有大幅下降外，其他年份都有所上升。2011—2016 年年均进口量达 0.643 万吨，折合成原奶为 5.15 万吨。蒙牛、伊利原来依托国内的原料和市场，现在开始在国外加工国内销售，进一步加大了国内乳制品市场竞争压力，部分乳企为获得更多利润不得不转向使用进口低价奶源。据说某乳企对各分厂有利润考核，为了盈利，分厂必须使用部分进口大包粉以降低成本，其结果是拒收生鲜乳成为常态。

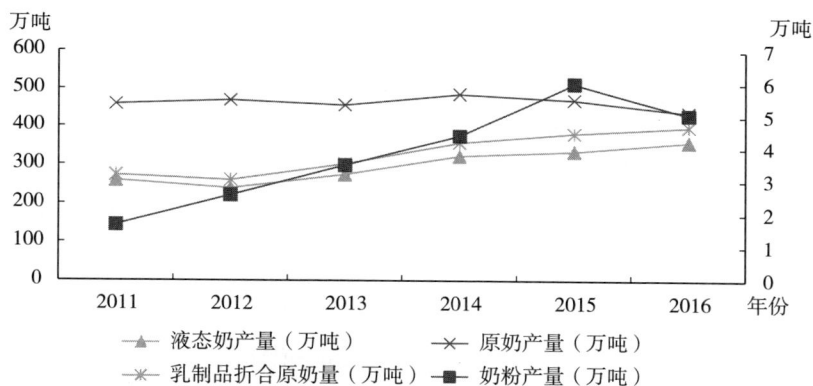

图 1-6　2011—2016 年河北省奶粉进口量变化

三、奶牛养殖场自身原因

退出的养殖场基本是总存栏量在千头以下的中小牧场，其中一部分 700～1 000 头的牧场是原来盈利最好的，700 头以下的牧场则普遍存在"三低三高"问题，即养殖水平低、单产低、效益低，成本高、管理难度高和风险高。调研显示，仅有 21.42% 的奶牛场认为单产低、生产成本高是导致其退出养牛行业非常重要的因素。图 1-7 显示河北省小规模奶牛养殖场千克奶生产成本从 2013 年的 2.279 元上升到 2015 年的 2.408 元，而千克奶出售价格则从 2013 年的 3.644 元下降到 2015 年的 3.373 元。2011—2015 年河北省小规模奶牛养殖场千克奶的平均成本为 2.27 元，退出养牛场千克奶平均成本为 2.77 元，最大值高达 3.5 元。千克奶成本居高不下的主要原因是乳品企业强行向牧场售卖饲料、TMR 搅拌机、排风扇等设备，搭售药浴、消毒液、兽药、苍蝇药等日常消耗品，且均比市场价高出很大幅度，许多养殖场买了他们的劣质饲料放在库房不使用，还要自己购买合格的饲料，这样就大大推高了养殖成本。比如

1 吨奶有 500 元的兽药配额，500 元一箱的青贮发酵剂，而市场价格仅 300 元一箱。据很多牧场反映，每年向乳企交奶的各种不合理费用达 10 万元左右，因为乳企的各种强买强卖行为导致千克奶生产成本提高了 1/3 左右。

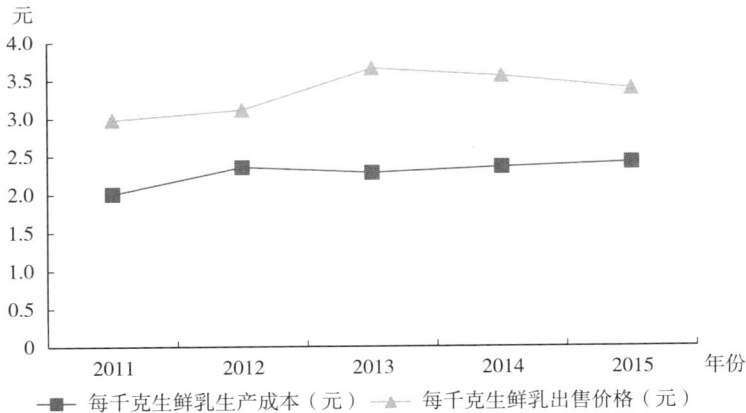

图 1-7　2011—2015 年河北省小规模奶牛养殖场千克奶成本及价格变化

四、补偿政策原因

自 2016 年 10 月以来，河北省各地市根据环境保护部、农业部制定得到的《畜禽养殖禁养区划定技术指南》开展禁养区划定工作。退出的养殖场处于禁养区的共有 5 家，只有张家口市沽源县 1 家养牛场认为处于禁养区对其退出有非常重要影响。其他地区的奶牛场均认为这并不重要。据了解，保定市处于禁养区内及白洋淀上游支流河道外延 200 米范围内的奶牛养殖场近 10 来家，被限期分批完成关停或搬迁，涉及的奶牛养殖场同意搬迁，但前提是有合理的赔偿。政府相关部门的补贴政策是每头牛 1 000 元、厂房建设等硬件设施按评估值 10% 的比例进行补偿，相关养牛场认为不能接受。他们对粮改饲、青贮种植补贴，以及育种、繁殖等养牛技术支持政策给予肯定。

第五节　促进河北省奶牛养殖业可持续发展的对策建议

一、乳制品明确标示原料性质，实行以质论价

台湾在 20 世纪 80 年代也曾遇到过大包粉冲击生鲜乳市场情况，基于此，采取的是明确标识的做法，针对复原乳和生鲜乳这两种产品采取不同的醒目标识，实行价格差异化，同时加大宣传，倡导消费者多食用生鲜乳。这些举措有

效地抑制住了大包粉对奶牛养殖业的冲击。我国目前用复原乳和生鲜乳生产乳制品的价格基本相同，消费者不了解复原乳与生鲜乳的区别因此无法辨别产品的质量差异。1 吨生鲜乳相当于 8 吨复原乳的成本，乳制品没有实行以质论价，乳企选择复原乳生产是可以理解的。为了从根本上解决该问题，应借鉴台湾地区的做法，采用标识法区分复原乳和生鲜乳，以质论价，同时加强对消费者的引导和教育。多管齐下，才可以从根本上解决大包粉代替生鲜乳的问题。

二、构建第三方检测制度，缓解乳企与奶牛场的矛盾

成立独立于奶牛养殖场和乳制品加工企业的第三方检测组织，作为中间组织，负责检测生鲜乳各项指标是否达标，根据养殖场和乳企签订的合同完成原奶收购、调度工作。这在一定程度上制约乳制品企业随意找借口拒收限收原奶现象的发生。同时，能够促进生鲜乳价格逐步由乳企制定到由市场供需决定的转型，使乳业市场供需结构趋于合理化。这对进一步完善河北省乳业供应链上下游利益主体的共生关系，实现奶业稳步、可持续发展，顺利完成河北省奶业的转型升级起着重要的作用。

三、调整大包粉进口政策

（1）调整大包粉进口时间以化解中国奶业季节性供需失衡的结构性矛盾。我国生鲜乳供给的旺季是 3—5 月，淡季是 7—9 月；生鲜乳需求的旺季是春节、五一、端午、中秋等几大节日和 7—9 月。而进口大包粉的旺季是 1—2 月，正好与我国生鲜乳的供给旺季相重合，其结果是对收购生鲜乳造成冲击。如果把进口大包粉的季节调整为秋季，就能够弥补我国生鲜乳生产的淡季。

（2）规定进口大包粉的条件，限制大包粉的使用。在大包粉的使用数量上可以借鉴印度尼西亚的做法，使用进口大包粉的乳企必须有签约的生鲜乳奶源供应，两者的比例应进行规定，大包粉的使用比例不能超过 20％。

四、鼓励中小型乳企采用差异化发展战略

从乳业发展进程来看，乳制品消费呈现了新的特点，乳制品消费结构越来越趋向于多元化。目前河北省常温奶市场已经相对成熟，且市场垄断集中度高，蒙牛、伊利占比最高，增长空间非常有限，没有太大的发展潜力。在此背景下，河北省本地的中小型乳企应走差异化发展之路，才能获得市场竞争优势。面对外埠大型乳制品企业以常温奶和酸奶为主的产品结构，河北省地方型乳业应该因地制宜，发展适销对路的低温乳制品，尤其应该发展以"低温乳制

品"为代表的巴氏奶，通过宣传引导消费，通过优质服务满足一定区域内的乳品供应，进而实现产品差异化战略。鼓励中小型乳企向"专、精、特、新"的方向发展，以多样化的产品占据当地市场，提高与大企业的配套能力。中小型乳企的发展有利于中小规模奶牛养殖场摆脱大型乳企的盘剥。

五、实现规模化适度经营

适度规模化经营需要奶牛养殖场从企业自身、生态环境、社会环境及行业环境等多个方面来考虑，是一个系统化的问题。调研结果显示，奶牛养殖成本与养殖规模呈正相关，且养殖规模扩大容易加剧环境污染。河北省奶牛养殖场投入产出比从高到低依次为，奶牛养殖小区 98.9%、家庭牧场 92.7%、规模化牧场 78%、租赁牧场 73.1%、万头牧场 73%，可见适度规模的家庭牧场应该成为未来奶业发展的主要模式。建议中小规模奶牛养殖场发展与其饲养规模配套的家庭牧场，按照每头成年奶牛 0.002 千米^2 标准，因地制宜进行标准配置，规划设计牧草种植、奶牛养殖、粪污还田等种养一体化模式，以养带种，生态循环，进行适度规模化经营，充分调动可用资源，做到低成本、高收益，实现奶牛养殖的良性发展。政府扶持政策方面也应改变当前对大规模牧场的偏向，以家庭牧场为重点完善奶业补贴政策，促进河北省中小型奶牛养殖场向家庭牧场改扩建和设施设备改造升级。

六、组建集产加销于一体的奶业合作社

鼓励中小型奶牛养殖场在自愿基础上组建奶业合作社，兴办乳品加工厂，或者与小规模乳品加工厂一起组建奶业合作社，发展以"低温乳制品"为代表的巴氏奶，通过宣传引导消费、通过优质服务满足一定区域内的乳品供应，进而实现产品差异化战略。奶农在奶业合作社和乳品加工厂中都扮演着重要角色，拥有共同目标，利益高度一致，这不仅实现了利润的增值，还解决了原料奶的市场销路问题，使中小型奶牛养殖场发展进入良性循环。

七、鼓励发展鲜奶自营模式

鼓励奶牛养殖场通过纵向一体化来建设完整的产业链条，发展服务本土的鲜奶自营模式，通过本土服务的优势，大力发展巴氏鲜奶产业。同一县、区可以扶持几家中小规模奶牛养殖场投入巴氏鲜奶生产设备，创立仅在区域销售的鲜奶品牌，由相关畜牧、防疫部门对生产过程进行指导，检测，提供质量安全保障，发展奶牛养殖场自营的鲜奶配送上门服务，或者通过设置取奶点或投入自动售奶机等方式进行乳品的自营销售，改变奶牛养殖场没有话语权的现状，增加奶牛养殖场利润收入。

八、调整养殖结构，发展乳肉兼用牛

肉牛养殖不必受上游乳制品企业的管制和压榨，牛肉价格相对市场化、合理化，目前肉牛行情看好。为进一步规避原奶富余时出现大量拒奶现象的风险，保障养殖场的基本生存状况，建议中小型牧场优化养殖结构，淘汰低产奶牛，保证优质奶牛数量的基础上，养殖适当规模的肉牛。养殖品种多元化在一定程度上能够降低中小型牧场的养殖风险，提高养殖收益。

九、建立和完善社会化服务体系

改变国内奶牛养殖场饲喂、繁育、挤奶、兽医、保健、全日粮制作等全方位统筹统管、效率低、竞争力弱的模式，建立牧场社会化服务体系。可以借鉴以色列的"整合＋托管"模式，牧场只负责饲喂和挤奶工作，其他诸如配种繁育、粪污处理、兽医保健等由社会化服务体系中的繁育中心、粪污处理中心、兽医服务中心等专业化组织提供完善的服务。通过饲料统一采购供应、原料奶统一收购销售、繁育兽医技术统一提供升级，可以保障中小型牧场的养殖繁育的科学合理性，在很大程度上提高了单产，降低了千克奶生产成本，减少了生存压力。

十、建立奶牛政策性保险制度

河北省可借鉴美国的"牛奶利润保护计划"等保护奶农收入的政策措施，建立奶牛政策性保险制度。对于因奶业市场形势波动导致的奶农利润大幅度波动时，可以采用利润保护计划应对，其实质为养殖场的利润进行保险。奶牛养殖场自行选择投保的利润门槛和产量比例，当实际利润低于投保的利润门槛时，按门槛利润与实际利润的差额、奶牛养殖场选定的产量补贴比例以及历史产量核算补贴金额。同时，按照自己选定的保费标准承担与投保产量成正比的保费。该措施能在一定程度上能实现牛奶生产利润相对稳定和波动幅度下降的效果。

第二章 河北省智能化奶牛养殖问题研究

第一节 河北省智能化奶牛养殖发展现状

一、河北省智能化奶牛养殖场建设情况

河北省相关部门对智能奶牛场建设提出了相应的验收标准，也就是按照要求建立起一个全程智能化自动化的系统，在该系统中能够实现挤奶、发情、环境等各方面的监测和控制，并对整个过程中涉及的数据进行收集，随后上传到省级养殖平台，实现全面的信息化管控。因此，智能化养殖在奶牛场主要体现在以下几个方面：

（一）奶厅管理

研究证明，生鲜乳当中所含有的体细胞数量越多，给产奶量造成的损失越大，如果在饲养的奶牛当中，生鲜乳中体细胞数在 20 万/毫升的基础上增加 10 万/毫升，那么奶牛的产奶量将会下降 2.5%。如今社会对于生鲜乳质量十分重视，设定了诸多指标来控制生鲜乳的质量，这些指标包括乳脂乳蛋白、体细胞和细菌数等。而挤奶厅的管理是控制体细胞和细菌数的最重要环节。

挤奶自动计量和奶量自动读取在智能化发展下得以实现。部分奶牛养殖场即使用上了自动挤奶设备，却无法摆脱计量瓶计量，这样既增加了养殖工作人员的劳动强度，也无法保证生鲜乳的卫生质量，更不适应现代化管理。除此之外，奶厅管理的智能化还体现在针对每头牛实现每天奶量的读取并可追溯。通过对奶量的监控可以提前发现奶牛存在的问题，实现疾病的提前预警，方便奶牛场对成母牛的淘汰做出决策。

（二）发情检测设备

发情的检测在奶牛养殖环节至关重要。效率低下的发情检测会延长母牛产犊间隔，从而间接导致奶量的损失以及饲养成本的增加，直接影响了奶牛养殖场的经济效益。从目前河北省奶牛养殖的现状来看，对于母牛发情的检测有五种方式：人工自然观察法、直肠检查法、涂蜡笔法、计步器自动检测以及独立式发情探测系统检测。其中，前三种方法不仅需要观察人员具备一定的经验，而且劳动量巨大，很难确保发情奶牛的最佳配种时间，不适于单独用于规模牧场。因此，计步器自动检测和独立式发情探测系统监测便在智能化的发展下应运而生。

英国科研人员曾经做过一组对照实验，实验结果发现发情期奶牛的运动量比非发情期奶牛的运动量多上四到五英里。这一实验为判断母牛是否有发情现象的存在又提供了一个强有力的证明，比较适合应用于具有较大规模的奶牛场。而对于独立式发情系统监测是指利用奶牛运动量与发情之间存在的一定关系，研发出的由项链、ID 单元和控制箱组成的全天候监控奶牛活动的智能设备，牛号的识别、奶牛的发情监控和反刍状况都会被该系统记录，它不仅能够判断奶牛是否处于发情期，在最佳时间为奶牛授精，还可以帮助管理者及时发现奶牛的健康问题。

（三）TMR 混合自动监控

TMR（全混合日粮）技术已经有 50 余年的发展历史，它是一种通过对精、粗饲料按一定比例配比，从而使日粮获得足够的营养以满足奶牛需要的饲养技术，由于该项技术具备克服环境复杂、气候变化和饲料种类多样等困难的明显优势，被认为是最有效最科学的饲养方式。全面混合日粮技术能够具体到为每一头牛制定影响目标，并规划精细化喂养计划，有效促进了牛奶的高质高产。

与 TMR 技术相配套的自动监控设备应运而生，用以指导和监控全混合日粮的配置和 TMR 日粮投喂车的精准投喂。TMR 自动监控设备是在该技术的指导下，在饲料搅拌车上增加无线通讯设备，通过无线通讯设备将所需信息输送到技术室，从而实现对搅拌车信息的实时掌控。输送信息包括配料的重量、每头奶牛的饲料需求等相关信息，通过技术控制保障混合日料配方的准确性。利用 TMR 技术之后，技术操作人员的工作效率会明显提高，同时工作准确率也能够提高约 30%，减少饲料浪费约 10%，在成本控制和效率提高方面取得了明显成效。此外，在饲料的转化率、产奶量、产奶品质等方面，TMR 技术的应用效果也有明显体现，应用 TMR 技术的奶牛养殖场收益明显提高。在TMR 技术的基础上，技术公司又进行了完善，提出了 TMR 饲喂监控系统。该饲喂监控系统修复了 TMR 喂养的弊端，加强了后台技术监管，提高了技术喂养的准确性和科学性。

（四）环境监控设备

在对奶牛场的环境进行调控管理上，目前的做法是将新兴的物联网感知传输和控制技术应用到以前的单一因素环境控制技术中，达到智能监测养殖环境，并根据需要调整奶牛场的环境指标达到奶牛生存的最佳环境。在系统中以传感器为中介，感应奶牛场内的诸如温度、光照等环境信息数据，上传到控制中心，通过控制中心对收集到的数据进行汇总分析，发出操作指令控制奶牛场内的环境参数达到最适宜水平，使奶牛场内环境能够持续处于最佳状态，其及时性、准确性是人工环境监测所不能企及的，这能够为动物生存生产提供一个舒适的环境，使奶牛的生产能力处于最佳状态。目前河北奶牛养殖场环境自动监测方面应用最广泛的在于防暑降温方面，通过在采食通道及奶厅待挤区实时调控风扇和喷淋，进而提升奶牛的舒适度。

二、河北省智能化养殖发展现状

现代奶业的健康发展离不开健全的社会化服务体系保障，在乡村振兴、中美贸易摩擦以及产业融合的大背景下，实现奶业振兴，建设世界一流奶源基地，促使河北省智能化奶牛养殖场建设步伐明显提速。2018年，河北省重点建设172家奶牛养殖场，随着以奶牛生产性能测定（DHI）为主的奶业科技创新体系的稳步构建，综合服务水平也在显著提升。因此，通过智能化、信息化技术来管理奶牛养殖场的观念已深入人心。

2018年6月，河北省现代农业产业技术体系奶牛创新产业团队随机抽取了河北省范围内的奶牛养殖场进行智能牛场建设现场情况调查。通过本次调查数据，能够对河北省奶牛养殖场的智能化养殖的现状有初步的了解。本次调查共涉及河北省的63家奶牛养殖场开展，调查表于2018年7月全部收回，基本情况见表2-1。

表2-1 智能牛场调查对象基本情况

存栏	石家庄	保定	唐山	邢台	邯郸	沧州	廊坊	张家口	承德	合计
499头以下	2	0	2	0	0	0	2	1	2	9
500～999头	9	3	4	6	1	1	5	1	3	33
1 000～1 499头	2	2	1	1	0	0	1	2	3	12
1 500～1 999头	0	1	0	0	0	1	0	4	0	6
2 000头以上	0	0	1	0	0	0	0	2	0	3
合计	13	6	8	7	1	2	8	10	8	63

数据来源：由调研资料整理。

通过表2-1可以发现，本次问卷的调查对象的奶牛存栏数大部分集中在500～1 499头规模的奶牛养殖场。通过对数据进行整合分析，在本次调查所抽取的63家奶牛养殖场中，共计奶牛存栏数为68 828头，工人总数为1 966人，由此可以计算，目前平均每位养殖场员工需要管理35头奶牛。调研得到的奶牛养殖场智能化建设情况见表2-2。

由表2-2可知，河北省奶牛养殖场对于四个方面的智能化建设进程参差不齐。挤奶自动计量和奶量自动读取的普及率最高达到74.6%；其次是环境自动检测设备，其应用率为63.5%；再次是TMR混合自动技术，应用率为36.5%；利用计步器来自动提示奶牛发情的使用率最少，为30.2%。由此可见，虽然河北省在大力开展奶业振兴计划，但是奶牛养殖场的智能化建设目前还在初级探索阶段，探究智能化养殖对奶牛场成本效益方面的影响，发现智能化发展过程中出现的问题势在必行。

表 2-2　河北省奶牛场智能化建设情况

智能化投入	挤奶自动计量和奶量自动读取	发情自动提示	TMR 混合自动监控	环境自动检测
数量	47	19	23	40
占比	74.6%	30.2%	36.5%	63.5%

数据来源：由调研资料整理。

第二节　河北省智能化奶牛养殖对成本收益的影响

一、智能化养殖对饲料成本的影响

TMR 混合自动监控能够实现对每头泌乳牛在需要时间投喂需要的饲料数量以及种类，这可以有效地降低饲料的浪费，避免多喂或者少喂饲料情况的发生，满足母牛的最佳饲料需求，节约投喂成本。本节以智能牧场 A2018 年 6 月至 2019 年 1 月每个月的饲料用量以及千克奶饲料成本数据为依据，对其进行进一步的阐述。

通过 TMR 搅拌数据和养殖场员工手动填写的栋舍日饲喂单数据，可以得到牧场 A 每日的饲料用量以及每日的产奶总量，从而计算出千克奶的饲料成本。计算一个月内每日发生的饲料用量和饲料金额的平均值，作为该月饲料用量及饲料金额的参考数据。由图 2-1 可知，在未进行智能化建设之前 4 个月

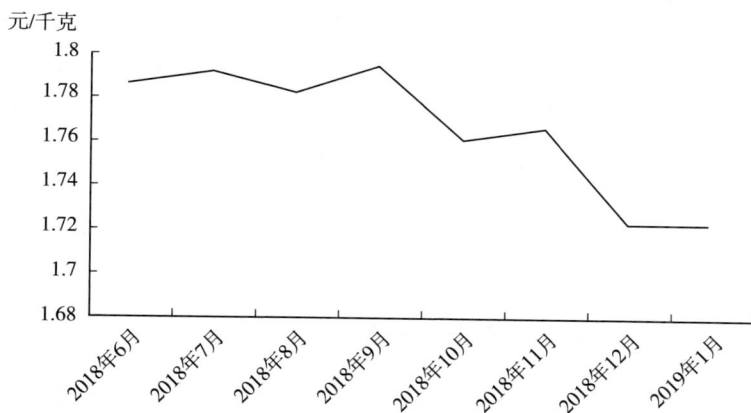

图 2-1　牧场 A 每月千克奶饲料成本情况

数据来源：取自 TMR 搅拌数据和养殖场员工手动填写的栋舍日饲喂单数据。

的千克奶饲料成本分别为：1.786 元/千克、1.793 元/千克、1.784 元/千克、1.796 元/千克，在 2018 年 10 月进行全面智能化改造之后四个月的饲料成本分别为：1.762 元/千克、1.766 元/千克、1.723 元/千克、1.724 元/千克。因此，前四个月发生的千克奶成本均值为 1.790 元/千克，之后四个月发生的千克奶成本均值为 1.744 元/千克。

结合图表和计算结果的分析，可以得出，牧场利用 TMR 混合自动监控实现饲料的精准投喂，确实减少了饲料的损耗，从而降低养殖场的养殖成本。千克奶的饲料成本下降 1.790－1.744＝0.046 元/千克，降幅达到 2.57%。

二、智能化养殖对人工成本和管理费用的影响

根据对智能牧场 A 的调研发现，牧场自 2016—2018 年，员工人数基本保持不变，均在 25～30 人，员工总工资均在 12 万元左右。虽然员工总工资在金额上并没有发生太大的变化，但是据了解，通过对养殖场的智能化改造，牧场员工的人员结构产生了一定的变化，新增三名数据员及设备管理人员，对智能化设备及软件进行记录和分析。因此，包含生鲜乳成本中的管理费用总额较之前会略有增加，每月增加额度为 1.3 万元，同时人工成本总额减少额为 1.3 万元，为 10.7 万元。

牧场 A 在经历智能化建设之前，即 2018 年 6 月、7 月、8 月、9 月，四个月的生鲜乳月平均产量为 488 851.73 千克（除去奶牛热应激产生的影响）；实现智能化建设之后，即 2018 年 10 月、11 月、12 月及 2019 年 1 月，四个月的生鲜乳月平均产量为 530 588.25 千克。因此包含在生鲜乳成本中的员工工资总额，即人工成本加管理人员工资在智能化建设之前为 120 000/488 851.73＝0.245 5 元/千克；在智能化建设之后为 120 000/530 588.25＝0.226 2 元/千克。由此可见，通过智能化建设，分摊到千克奶成本中的养殖场人工成本和管理人员工资下降 0.245 5－0.226 2＝0.019 3 元/千克，降幅达 7.86%。

此外，就 2017 年数据可知，2017 年牧场 A 的奶牛总存栏数为 1 010 头，2018 年牧场 A 的奶牛总存栏数达到 1 207 头，员工总人数保持 27 人不变。因此，2017 年平均每位员工负责 37 头奶牛，2018 年平均每位员工可负责 44 头奶牛。由此可见，通过智能化的发展以及信息技术的运用，能够节约千克奶的人工总成本，降低工人劳动强度，提升人工工作效率。

三、智能化养殖对固定资产折旧的影响

智能牛场的建设离不开智能设备以及智能软件的使用，这些都与奶牛的养殖以及生鲜乳的生产密不可分。因此，在计算千克奶成本时，也应计算实现奶牛场智能化建设所投入的固定资产折旧。首先，确定智能化奶牛场相关固定资

产的账面价值（表2-3）。

表2-3 牧场A智能化投入的账面价值

单位：万元

智能化投入	挤奶厅在位识别	繁殖数据管理软件	计步器（颈圈）	TMR自动监控	环境监测系统
账面价值	20	40	66	16	3

数据来源：由调研资料整理。

目前绝大多数奶牛养殖场均以5％提取固定资产净残值，并以10年计算折旧年限，用直线法计提奶牛养殖场的固定资产所发生的折旧。

智能化奶牛场购入的软硬件的月折旧额计算结果为：

挤奶厅在位识别系统每个月提取的折旧费为200 000×（1-5％）/10/12＝1 583.33元

繁殖数据管理软件每个月提取的折旧费为400 000×（1-5％）/10/12＝3 166.67元

计步器每个月提取的折旧费为660 000×（1-5％）/10/12＝5 225元

TMR自动监控每个月提取的折旧费为160 000×（1-5％）/10/12＝1 266.67元

环境监测系统每个月提取的折旧费为30 000×（1-5％）/10/12＝237.5元

因此，智能化奶牛场每个月新增的固定资产折旧费总计为：

1 583.33＋3 166.67＋5 225＋1 266.67＋237.5＝11 479.17元

将每月发生的固定资产折旧费分摊至千克奶成本，即每千克生鲜乳新增固定资产折旧11 479.17/530 588.25＝0.022元/千克。

四、智能化养殖对奶牛单产水平的影响

获取最大的效益是每个奶牛养殖场所追求的目标。由于我国乳企的垄断，奶农无法左右交给乳企的生鲜乳价格。因此，提升奶牛的单产水平是奶农提升养殖场经济效益的最直接途径之一。奶牛单产水平的提升是智能化养殖的综合体现，无论是对奶量、反刍的监测；或是通过对奶牛饲料的精准投喂，最大限度地保证三料相同；抑或是通过环境温度的调控，增加奶牛舒适度，提高奶牛卧床率都会对养殖场的奶牛单产起到积极影响。以奶牛场A数据为例，分析奶牛场智能化养殖对奶牛单产水平的影响。2018年6月至2019年1月牧场A单头奶牛每月日均产奶量情况如图2-2所示。

折线图反映出了奶牛场A 8个月以来奶牛单产水平的走势。其中，2018年8月及2018年9月奶牛场A的奶牛单产水平明显下降。由于8月和9月天气比较炎热，奶牛产生热应激效应，导致产奶量的明显下降。因此，在计算智

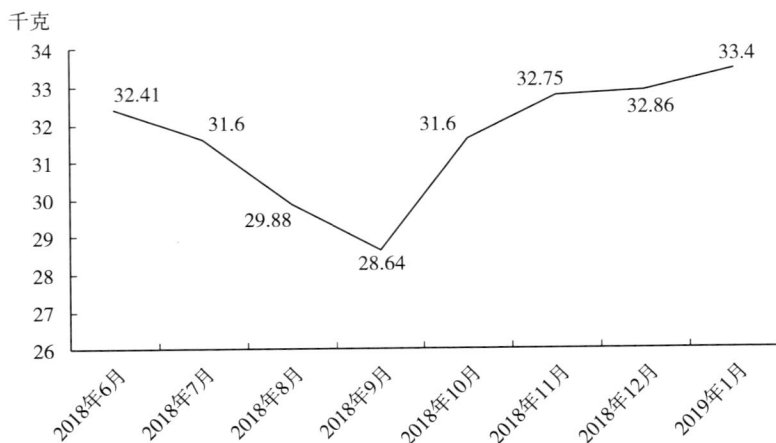

图 2-2　牧场 A 单头奶牛每月日均产奶量情况

数据来源：由调研资料整理。

能化建设前后奶牛单产水平的变化时，应去除 2018 年 8 月和 2018 年 9 月的数据的影响，以保证数据的真实性和代表性。

因此，在智能化建设前的单头奶牛的日均产奶量＝（32.41＋31.60)/2＝32 千克

智能化建设后的单头奶牛的日均产奶量＝（31.6＋32.75＋32.86＋33.4)/4＝32.65 千克

平均单头奶牛每日增加产奶量 32.65－32＝0.65 千克，较之前增长 2％。

五、智能化养殖对奶牛繁殖水平的影响

奶牛场的繁殖水平会对其今后的经济效益提升带来很大影响。在奶牛养殖场业中，有公认的衡量奶牛"生产力"的指标，即奶牛的繁殖能力，只有奶牛的繁殖能力处于较高的水平，才能使整个奶牛场的产奶量得到提升，开展有效生产。如果奶牛繁殖力低下，无论奶牛养殖场的管理水平多高都无法创造价值。实现奶牛场的智能化建设，能够更加精准地掌握奶牛的发情时间，缩短成母牛的胎间距和泌乳天数，为奶牛场维持和扩大生产规模，进一步提升经济效益提供帮助。奶牛场 A 2016—2018 年的奶牛平均胎间距及泌乳天数如表 2-4 所示。

智能化养殖对于其繁殖水平的提升也有明显的作用，通过智能化建设，奶牛场中奶牛的平均胎间距由 2016 年的 386.5 天下降至 2018 年的 385.61 天，减少了 0.89 天；平均泌乳天数由 2016 年的 171 天下降至 2018 年的 161.81天，减少了 9.19 天。因此，奶牛的繁殖水平进一步提升，提升奶牛场的生产

潜能，有利于今后奶牛养殖场效益的进一步提升。

表 2 - 4　2016—2018 年繁殖指标的变化情况

单位：天

年份	2016	2017	2018
平均胎间距	386.5	387	385.61
平均泌乳天数	171	170.77	161.81

数据资料：由调研资料整理。

六、智能化养殖对生鲜乳质量的影响

自 2008 年三鹿奶粉事件以来，消费者对于乳品的质量安全越来越重视，由于生鲜乳质量安全是乳品质量安全的基础，因此生鲜乳的质量安全成为社会关注的焦点。此外，目前奶企拒收原料奶的现象仍时有发生。因此，奶牛养殖场所关注的效益提升不仅应该放在经济效益，还应该关注生鲜乳质量的提升。本节通过牧场 A 2016—2018 年的乳脂率和体细胞数来分析牧场的智能化改造对生鲜乳质量的影响情况。

由表 2 - 5 可知，牧场 A 生鲜乳的乳脂率 2016 年与 2017 年数据相近，而 2018 年生鲜乳的乳脂率达到了 3.97%，与前两年相比有了较为明显的提升，增幅约为 3.1%。生鲜乳中的乳脂率受饲料影响较大，而在智能化奶牛场中，TMR 混合自动监控可以最大程度保证混合日粮配方，通过 TMR 得到的全混合日粮与奶牛最终吃到的饲料保持一致，使全混合日粮发挥最大的作用。

表 2 - 5　2016—2018 年牧场 A 生鲜乳乳脂率变化情况

单位：%

年份	2016	2017	2018
乳脂率	3.85	3.84	3.97

数据来源：由调研资料整理。

部分奶牛养殖场虽然用使用了自动挤奶设备，却无法摆脱计量瓶计量，这样既增加了养殖工作人员的劳动强度，也无法保证生鲜乳的卫生质量，不适应现代化管理。由以上数据可知，智能化养殖对于降低生鲜乳中体细胞数也有一定的帮助。牧场 A 2016 年生鲜乳体细胞数与 2017 年的数据相差较大，主要是因为奶牛的乳房炎会使其产出的生鲜乳体细胞数骤增，由于该年牧场的成母牛乳房炎的患病率较高，导致全年的生鲜乳体细胞数较高，比较 2018 年与 2016 年体细胞数据，可以看出通过智能化建设约能降低生鲜乳中体细胞数 2.5 万/毫升，减少幅度达 15%（表 2 - 6）。

表 2 - 6　2016—2018 年牧场 A 生鲜乳体细胞数变化情况

单位：万/毫升

年份	2016	2017	2018
体细胞数	16.9	23.4	14.4

数据来源：由调研资料整理。

　　综上所述，牧场的智能化能够有效提升牧场的综合效益。从经济效益角度来看，智能化奶牛场降低了奶牛的饲料成本以及人工成本，增加了养殖场的管理费用和固定资产折旧费用。通过上文的计算可知，千克奶成本中降低的人工成本要高于增加的管理费用，其之间的差额为 0.019 3 元/千克。因此，智能化养殖为奶牛养殖场带来的成本节约为 0.046+0.019 3＝0.065 3 元/千克；而其固定资产折旧费给奶牛养殖场带来的成本增加为 0.022 元/千克。由此可见，智能化养殖对养殖场成本的节约起到了正面效果。按乳企收购生鲜乳价格为3.6 元/千克，牧场采用智能化养殖后的千克奶成本为 2.8 元/千克计算，智能化养殖对奶牛养殖场通过节约成本每个月实现的收益为 （0.046＋0.019 3－0.022）× 530 588.25＝22 974.47 元；智能化养殖每个月实现的收益为（32.65－32）×532×（3.6－2.8）×30＝8 299.2 元。因此，智能化养殖预计通过节本增效对奶牛养殖场每月经济效益的提升大约为 22 974.47＋8 299.2＝31 273.67 元。

　　此外，牧场的繁殖水平对养殖场的经济效益带来很大影响。繁殖水平越高，其养殖场的今后经济效益的提升越明显，如果牛群的繁殖力较低，那么牧场便无法发挥其生产潜能，导致平均产奶量降低。牧场 A 通过计步器的使用以及繁殖管理软件的应用使其胎间距缩短了 0.89 天，平均泌乳天数缩短了9.19 天，使养殖场的整体繁殖水平进一步提升。

　　在生鲜乳质量方面，随着奶业的不断发展，以及人们目前对于食品安全问题的重视程度日益增加，生鲜乳的质量问题开始受到越来越多的关注。以牧场A 为例，其乳脂率由 2016 年的 3.85％提升至 3.93％，体细胞数由 2016 年的16.9 万/毫升降低至 2018 年的 14.4 万/毫升，效果比较明显。但是与此同时，2017 年奶牛生鲜乳的平均体细胞数达到 23.4 万/毫升，略高于 2016 年和 2018年。所以，想要生鲜乳的质量得到保证并取得进一步的提升，就需要养殖场管理者及时发现并处理奶牛出现的异常，如乳房炎等疾病。此外，体细胞的降低不能仅仅依靠设备，还需要管理者加强奶厅的管理，只有加强奶厅全面的管理，在挤奶、消毒、设备清洗等各个环节严格把控，才能够使生鲜乳质量得到进一步提升。根据生鲜乳的收购标准，目前我国对于生鲜乳的质量要求为其体细胞数不得超过 50 万/毫升，依据 63 家奶牛养殖场的数据可知，河北省 2018年生鲜乳体细胞数均值为 19.39 万/毫升，生鲜乳质量水平较高，但质量问题还需引起养殖场管理者的重视。

以牧场 A 的数据为例，养殖场的智能化建设期初投资总额，除去按奶牛场存栏数购入的计步器之外，其余固定资产账面价值为 79 万元。根据调研情况分析，河北省奶牛存栏数在 1 000 头左右规模的养殖场数量较多，以 1 000 头存栏的奶牛养殖场为例，按以 550 元的价格购入 1 000 个计步器，其投资金额在 55 万元左右，因此得出存栏数在 1 000 头左右的规模养殖场实现智能化改造的资金投入为 79＋55＝134 万元。通过前文的分析可以得出，智能化养殖预计对奶牛养殖场每月经济效益的提升大约在 31 273.67 元。在不考虑时间价值的情况下，奶牛养殖场智能化建设投入的回收期＝1 340 000/31 273.67/12＝3.57 年。而河北省政府为推进智能化牛场建设，对实行智能化建设的养殖场给予一定的补贴。在 2018 年河北省所公布的相关补贴方案是：满足存栏 300～499 头数且开展智能化运作的养殖场补贴 30 万元；500 及以上的补贴 50 万元。在政府的资金补助的支持下，养殖场对于智能化建设的投入减少 50 万元，在 84 万元左右，此时回收期为 840 000/31 273.67/12＝2.24 年。因此，在政府的支持下，存栏数在 1 000 头左右的规模牧场，关于智能化建设项目的回收期在 2.24 年左右。根据项目可行性的评价标准，当回收期小于二分之一的项目使用期时，即项目可行；反之，则不可行。智能化建设项目所购入的智能化软硬件的使用年限都在 10 年，即项目的使用期为 10 年，1 000 头左右的规模牧场智能化建设项目的回收期为 2.24 年＜5 年。因此，对于存栏在 1 000 头左右的奶牛养殖场来说，奶牛场的智能化建设项目是可行的。

第三节　河北省智能化奶牛养殖发展存在的问题

一、智能奶牛场建设固定成本较高

目前河北省实现智能化奶牛场改造的固定成本偏高，由以上分析可知，目前智能化建设项目的期初投资总额在 134 万元左右，虽然项目投资的回收期时间较短，但是对于牧场来说，完成智能化改造的固定成本投入巨大，给牧场带来了资金压力。虽然河北省政府给予了奶牛养殖场的智能化建设资金补助，但是在目前奶业形势仍然比较严峻的情况下，许多项目奶牛场没有多余的资金用于支付开展智能化奶牛场建设项目的预付款。

二、智能化建设没有结合养殖规模开展

经测算，智能化奶牛场盈亏平衡的奶牛总存栏量为 514 头。但目前有一定存栏量在 500 头以下的养殖场也在开展奶牛场的智能化建设项目；相反，一些较大规模的奶牛场却并未实施智能化建设。对于存栏数低于 500 头的奶牛养殖

场来说，进行智能化改造带来的效益不足以弥补牧场的固定成本，盲目引入智能化软硬件反而会增加牧场的经济负担。

三、生鲜乳没有结合生鲜乳质量定价

乳企与奶农利益联结机制不健全，乳企会强推强卖高精尖的智能化养殖设备，并以此来给奶牛场的生鲜乳定价，奶农的效益无法得到保障。通过对智能化奶牛场的效益分析可得，通过智能化建设，生鲜乳的质量得到进一步提升。但目前生鲜乳的定价没有结合生鲜乳的质量，对于小规模奶牛场来说，无力开展智能化建设，管理者会陷入盲目提升生鲜乳产量上，进而忽视生鲜乳质量，不利于奶业振兴。

四、设备利用率低，员工缺乏专业培训

奶牛场通过信息化技术实现智能牧场建设有利于更方便、更快捷地对奶牛场进行管理。但是，智能化软硬件只是养殖场管理信息的收集和反馈，最终根据信息进行操作和处理的还是人。即便完成奶牛场智能化改造，最终取得的效果也存在一定差距。因此，虽然智能化投入可以全面提升养殖场的管理水平，但是在养殖的各个环节还是人在起主导作用。河北省目前在智能化建设下的奶牛养殖场千克奶成本在 2.78～3.28 元/千克浮动，浮动的范围较大，平均千克奶成本在 2.99 元，生产成本较高，与奶业发达国家仍存在一定差距。通过对奶牛场 A 的个案分析可知，智能化养殖确实能够降低千克奶成本，提升牧场的综合效益。但在实际应用中，有一部分牧场没有达到预期效果。智能化设备的利用率低、员工缺乏专业培训是造成这一问题产生的重要原因。规范牧场的管理制度，相应提升员工的专业知识和管理经验至关重要。智能化的设备需要一定知识水平的人员进行操作，而在牧场中却很难招聘到高素质人才，各高校开设的相关专业也比较少，这导致了有些设备难以在牧场管理中发挥作用，相关的数据信息无法充分利用。如何确保奶牛场智能化养殖的实施效果，从而降低牧场的变动成本，提升牧场经济效益，是牧场管理者需要关注的问题。

第四节　河北省智能化奶牛养殖发展的对策建议

一、加强智能化推广力度，降低智能化改造成本

政府主导的"互联网＋"组织模式在推广牧场智能化、信息化建设方面具有较好的效果，所以，应当继续让政府发挥主导作用，加大奶牛场智能化建设的支持力度，以税收优惠、补贴等政策推动智能化养殖，使养殖户能够享受到智能化所带来的技术福利。

实现奶产品产业链的现代化离不开智能技术的推广应用，精细化的生产管理能够为其创造出更大的价值，通过选取试点、开设养殖实验基地等方法起到示范作用，看到建设智能化养殖场的诸多益处，从而获得养殖场户的认可，以发挥智能化扩大养殖规模、降低养殖成本、提高生鲜乳质量的优势。

建设智能化养殖场在前期会需要一笔较大的资金启动项目建设，但是这种建设资金投入到奶牛场后的实际效果难确定，因此，牛场老板对于奶牛场的智能化建设的动力有时会不足。为了提高奶牛养殖场参与牛场智能化改造的积极性，有关部门以及智能化建设项目的供应商应该降低投资成本，而且让牧场主看到建设后会带来超额的利润回报，同时开发一些价格较低的设备，进而让技术能够实现大范围的推广使用。

二、完善对智能化奶牛场的经济激励和优惠政策

智能化奶牛场的建设需要政府的全面支持，在智能化养殖知识普及和推广的基础上，还需要有实实在在的优惠政策予以支持。例如，通过财政补贴、经济奖励、价格保护等相关的经济政策，引导奶牛养殖场主以更低成本建设智能化养殖场，保障智能化养殖场的可持续发展。目前针对部分牛场存在没有专职数据员，无法保证奶牛场信息化物联网设备进行数据通信，各个环节数据信息无法及时完整地上传省级平台的情况，建议省畜牧管理部门考虑针对各区域牛场情况，对基础信息、奶量、DHI、养殖档案等相关数据及时、完整地上传到省级平台的牛场按照泌乳牛头数，每头牛 3～5 元，给予 6 个月或者 12 个月的政策性奖励，列入项目补贴范围，数据运行 6 个月后另行支付奖励基金。

三、进一步提升科技创新能力，提高管理水平，降低管理成本

相关部门应该鼓励养殖智能化的进一步科技创新，坚持自主创新、引进创新和协同创新相结合，充分利用引智引才计划和支持政策，进一步提升智能化水平以及管理水平。据研究，奶牛养殖中的管理成本对其经济效益的影响明显，而科技创新能力的提升、生产技术的进步可以有效降低养殖环节的变动成本投入。因此，应整合科研力量，通过科技创新进一步加强智能化在奶牛场中的应用，使智能化奶牛场在节约成本增加效益、提升奶牛场管理水平等方面起到更突出的作用，借此提升奶牛养殖环节的竞争力，实现奶业振兴。

四、发展农户适度养殖规模，为智能化实施提供保障

引导实现适度规模养殖，是实现奶牛养殖智能化、标准化和规范化的重要保障。相关部门应当做好规模养殖基础工作，引导规模小中型养殖场采取协作、合作的方式达到规模养殖条件，实现规模转型。对于规模较大但是缺乏规

模养殖管理技术的养殖户，推广智能化技术，提高规模养殖效益。在规模养殖的基础上发展"奶农＋合作社＋乳品公司"新模式，引导乳品公司积极参与到生产环节，发挥乳品公司的主导作用，根据其收购标准及要求引导奶农实现高标准、高质量生产，充分发挥上下游产业的联动作用，从而缓解生鲜乳产销矛盾，维护奶农及乳品公司双方利益。

五、实施以质议价的生鲜乳收购政策

通过分析可以得出，智能化奶牛场可以在一定程度上帮助奶牛养殖场经济效益的提升，但是智能牛场的改造不适用于所有规模的奶牛养殖场。依据目前河北省智能牛场的发展现状，牛场的总存栏数低于 514 头时，获得效益不足以弥补生鲜乳生产的固定成本。而由于资金问题，奶牛养殖场的规模难以在短时间内得到提升。据了解，目前乳企会根据养殖场设备的使用情况来对生鲜乳进行定价，这不利于奶牛养殖散户和小规模养殖场的发展。为了帮助奶牛散养户以及小规模奶牛养殖场的进一步发展，建议相关部门落实以质议价的政策，通过生鲜乳的品质对其售价进行合理制定。这样一方面可以帮助奶牛散养户以及小规模奶牛养殖场摆脱经济效益低下的窘境，另一方面可以让奶牛养殖场户把着眼点放在提升生鲜乳品质上，进一步保障生鲜乳的安全和质量。

六、加强专业人才的引进和对现有人员的培训

在养殖过程中难以避免出现各种养殖问题，单个的养殖场受到规模限制基本上不会配备检测检验技术设备，这时需要政府专业组织机构为牧场奶牛检验提供服务，进而提高生产质量。另外，为提高管理水平和效率，应当建立联合奶业协会、奶联社、牧场以及服务站等多个机构的服务平台。政府部门在推广技术的同时，还应当完善相关服务，使智能化技术的效能真正发挥出来。

在竞争日益激烈的现代社会，人才的作用越来越重要，奶牛场也在进行着现代化智能化的转型，这使奶牛场的效益也越来越依赖于专业人才。之前由于牧场的奶牛养殖主要以牧民为主，文化程度较低，在建设智能化牧场的项目中，应当大力引进专业素质较高的管理人才，同时还可以让政府组织当地的养殖专家和高校养殖专业的教授进牧场对现有养殖人员进行专业化培训授课，以此提高养殖场的管理水平，以适应现在的机械化智能化需求。

第三章 河北省奶牛养殖循环经济模式研究

第一节 河北省奶牛养殖循环经济模式
发展中存在的问题

河北省是奶牛养殖大省，存栏奶牛 300 头以上的规模化养殖率达到 98％以上。规模化奶牛养殖场成为主流，日益严峻的问题便是奶牛场的粪污收集及处理。奶牛场粪污的主要来源有奶牛产生的粪、尿和清洗挤奶设备、冲洗待挤厅和挤奶厅的废水等。其危害主要表现在：占用大量场区土地；滋生蚊蝇，产生恶臭；污染空气、土壤和水源等。这些不利的方面不仅影响产奶量和牛奶品质，还给奶牛、居民的身体健康带来隐患，污染周围的环境。

调研过程中发现，河北省虽是我国七大奶业优势省（区、市）之一，但其对于奶牛粪污的处理大部分相对简单，仅仅是不加处理地堆积到田间地头或是空旷地，等到施肥季节再撒向田间。通过调查发现，当前河北省奶牛养殖循环经济发展中存在的问题主要有以下四方面问题。

一、循环经济意识需进一步强化

走访过程了解到，养殖户对奶牛循环经济要么理解上存在偏差，要么根本不了解，不知道。养殖户基本不了解相关环保法规，没有足够的环保意识。同时，有些养殖户存在年龄较大、文化素质较低、环保意识不足、法治观念不强等情况，严重阻碍了循环经济意识的形成。尤其是对于奶牛粪便的处理方面，缺乏对粪便处理可能造成环境污染的危害性、污染环境法律责任和社会责任等问题的认识。在被调查的养殖户中，约有 60％认为粪便污染无所谓，散养户中约有 70％不对粪便进行处理，规模农场中约有 40％对粪便进行堆放处理，缺乏专业性。对奶牛粪便做简单堆放处理或不做处理，将对养殖环境的土壤和水源均造成污染，甚至会形成多种疾病。环境保护是循环经济的必要前提和重要内容，构建循环经济就需要生产过程中严格环境保护要求，全面落实环境保护措施，积极承担环境保护责任。

二、奶牛粪污处理方式单一

河北省奶牛粪污处理方式单一。据调研，养殖户处理奶牛粪便首选沤制肥料的方式约占 87％，其次是利用沼气池转化沼气约占 11％，其他处理方式仅占 2％。由此可见，奶牛粪便的处理方式过于简单，缺乏深度处理。虽然转化沼气是一种有效的处理方式，但是占比较少，且使用效率较差。在已建有沼气工程的养殖场，由于冬天北方气候寒冷，沼气池温度达不到标准，沼气产量不足；夏季温度较高，沼气产量也较高。当前沼气利用多用于照明、燃烧等方面，利用方式单一。且沼气储存存在一定的安全隐患。因此，奶牛粪污处理一定程度上制约了奶牛养殖循环经济生产模式的发展。

三、环保饲料和除臭技术滞后

河北省养殖户对环保饲料知之甚少，并未普及与推广，多是用传统饲料加工的工艺，在环保饲料的开发利用上重视不够。2010 年，河北省完成秸秆青贮 1 810 万吨、氨化微贮 255 万吨，取得了一定成效。但是，河北省氨化能力不足，仍缺乏与秸秆青贮相配套的氨化池处理能力，导致秸秆焚烧现象仍然存在，这已严重影响了河北省的空气环境质量。同时，在奶牛养殖过程中，随意添加各种药物添加剂，不注重科学性，既不利于食品安全，又会通过粪污中氮、磷和重金属元素的排放对当地水源、土地造成污染。

河北省的养殖场（小区）普遍不注重除臭技术的应用。粪污露天堆放，蚊蝇滋生，鼠害严重，使得养殖场周边生态环境恶化。不清洁的养殖环境，可引起口蹄疫、猪肺疫、大肠埃希氏菌病、炭疽病、布氏杆菌病、真菌孢子病等疫病的传播，危害人和动物的健康。同时养殖小区排出的大量粉尘携带数量和种类众多的微生物，这些尘埃和微生物随风扩散，进一步加大了其污染和危害的范围，使人和动物感染眼睛和呼吸道疾病。

四、政府监管不到位、资金投入不足

奶牛养殖行业门槛低，奶牛养殖专业户数量众多且分布面广，规模养殖场的选址、污水排放、粪便处理的管理和环境监控难度较大。虽然国家环境保护总局、国家质量监督检验检疫总局针对畜禽养殖业产生的废水、废渣和恶臭对环境的污染问题，早就发布了《畜禽养殖业污染物排放标准 GB 18596—2001》，用于规范集约化、规模化的畜禽养殖场和养殖区。但在养殖过程中，大部分奶牛养殖场没有执行环境影响评价，更没有建场许可证及粪便废弃物处置的申报审批，客观上造成了奶牛养殖场户没有排污处理的考虑。与其他行业相比，河北省奶牛养殖业成本较高、效益较低，导致养殖户更加不愿也没能力增加粪污处理投入。即使是已经投入了相关粪污处理设备的企业，考虑到处理成本的问题而选择不处理或简单处理，并没有取得理想效果。

第二节　河北省奶牛养殖循环经济
发展的模式选择

由于不同养殖区的资源优势、区位优势不同，因此适用的循环经济发展模式亦不同。目前，河北省奶牛养殖循环经济模式主要有以下四种形式：

一、直接堆肥模式

直接堆肥是种植户把牛粪堆积到田间地头或养殖户把牛粪存放到养殖区的空旷地进行堆肥，然后用作农作物的肥料。这是目前河北省奶牛养殖场普遍采用的处理方式。

走访过程中我们发现，几十头或百十头左右的奶牛养殖小区对于粪污的处理很简单，要么用于各奶牛养殖户自家种植需要，要么是周边的大棚蔬菜种植户或是种粮大户来清理拉走，价格是 100 元/车左右。由于种植的需要，只有等到施肥季节才能撒到地里，清理到种植地里的粪污直接堆积到田间地头，同样会污染土壤、空气和水源。另外，牛粪堆积过程中也会造成牛粪效力的损失。牛粪的营养元素为发酵和微生物繁殖提供了良好条件。牛粪中的氮元素在发酵和微生物繁殖过程中不断流失，随着好氧分解和厌氧分解也造成了肥力的损失。此外在发酵、繁衍、分解等过程中，都伴随着热量的的损失，严重造成了牛粪利用价值的下降。

二、制作生物有机复合肥料模式

奶牛养殖场可以把每天产生的牛粪污销售给有机复合肥料厂，有条件的养殖场可以建设有机复合肥料厂，牛干粪经粉碎、搅拌、加生物菌发酵、烘干造粒加工成便于运输与储藏的系列固体肥料，可用于农作物施肥。但据养殖场的负责人反映，与鸡粪、猪粪相比较，肥料厂不愿收购牛粪。原因在于，一方面牛粪的有机质和养分含量在各种家畜中最低，质地细密，含水较多，分解慢，发热量低，属迟效性肥料；另一方面，与同类的猪粪和鸡粪相比较，牛粪的营养元素要少得多，分解速度也比较慢，属冷性有机肥料。且生产有机肥料的建厂、设备、生产等方面成本都较高，生产期长，生产过程复杂，也限制了大型牛粪生物有机肥生产项目的开展。

要加快有机复合肥料厂的建设，必须要寻求一条高效、快速、低成本的运行模式。一方面需要政府优惠政策的扶持。对于大型牛粪有机肥生产厂商采取税收优惠、财政补贴、用地政策等多方面的支持；另一方面需要技术的提升，提高牛粪污的肥效。倡导微生物菌剂的使用、推广控温控湿技术为牛粪发酵提供条件，有效缩短发酵周期，提高牛粪有机肥生产效率。技术支持既能够提高产量，也能够实现有机肥标准化生产提高产品品质。

三、奶牛废弃物生产食用菌模式

牛粪中含有氮，是生产蘑菇的理想原料，可以把晒干的固体牛粪进行出售，销售给生产食用菌的企业。在高碑店市，牛粪经处理后被制作成为食用菌原料，推动林下经济发展。将牛粪与秸秆混合生产出适合鸡腿菇、双孢菇、草菇的菌棒原料，这样就实现了养殖业与种植业的联动，奶牛废弃物处理与菌菇产业生产的联动。这不仅有利于保护环境，种植出的食用菌还是质优味美、营养价值高的绿色食品。虽然这种模式把养殖业与种植业紧密地结合起来，但是，这种方法也受到诸多条件的限制。第一，这种模式需要食用菌栽培技术的推广，使得农户掌握该技术并发展食用菌养殖。或者奶牛养殖场周围有食用菌生产企业，从而保证养殖场牛粪污的正常清理。第二，不同地区的资源禀赋不同，食用菌的生产品种受到限制，同时食用菌的销售也是重点考虑的问题。

另外，新鲜牛粪经过晾晒可以用来养殖蚯蚓，实现了养殖业内，不同行业间的协作。晾晒之后的新鲜牛粪为蚯蚓养殖提供了优良条件，同时蚯蚓产业的发展也为家禽养殖提供了优质饲料。牛粪还能够提取出植物生长素，是生物制药的重要来源。由此，实现了不同产业、不同行业之间的循环发展。

四、牛场粪污用于沼气工程模式

粪污固液分离后，固体可以用于农作物施肥，液体通过厌氧发酵生产沼气，发酵后的污水可以用于灌溉，灌溉或施肥后的农作物又可以作为奶牛的饲料原料，即牛粪污—沼气—农作物—饲料。当前，河北省一些企业和专业合作社已经建成或规划建设大型沼气工程。张家口察北管理区牛粪发电一举两得，区内企业现代牧业第一养殖场购进两台 500 千瓦沼气发电机，利用奶牛粪污发酵后产生的沼气发电，每天发电 6 000 千瓦时，供该牧场自用，占总用电量的一半，剩余的沼液还能还田增产，沼渣做奶牛卧床垫料，既环保又节能，据悉，正在兴建的第二、三养殖场将继续购进 2 000 千瓦发电机扩大处理能力。

这种模式存在的问题主要有：第一，根据国内畜禽养殖业大中型沼气工程建设运行情况来看，主要是建设成本较高，且畜牧业效益不高且不稳定，仅靠业主自行投资很困难，同时运行过程中也缺乏有效管理制度和管理技术人员。第二，全省奶牛养殖场中有 9% 的比例是低于 300 头的小型养殖场，要重视对这类规模养殖场粪污处理的沼气技术研究和开发。第三，沼气工程也存在一定的技术障碍。沼气工程装备缺乏高效的固液分离技术、高浓度输送技术和搅拌等技术。这种循环模式的实施需要政府制定优惠政策，推广沼气工程；加强沼气工程技术研究，降低成本；加强技术培训，推行持证上岗。

总之，牛场粪污既是环境污染源又是优质生物能原料，它的治理应根据牛场规模、周边情况与环境承载能力，秉承循环经济的理念，选择合适的工艺，尽力做到零排放。同时针对治理过程中的资金问题，可以采取政府补助、乡村出钱出地、企业投资的办法，建设有机复合肥料厂或是沼气站，利用先进技术，减轻牛场粪污对环境的污染，减少后期对环境工程的智力投入，改善土壤肥力，提升耕地质量。

第四章　河北省奶牛养殖业金融支持问题研究

近年来，河北省畜牧业迅猛发展，发展势头良好，位于全国前列，已成为名副其实的畜牧业大省。畜牧业发展对于提升河北省农民收入水平、缩小城乡差距发挥了重要作用。河北省畜牧业发展正处于由传统畜牧业向现代畜牧业转型的重要阶段。标准化、规模化养殖场已成为畜牧业的养殖主体。规模养殖对资金的需求量较大，而融资难、融资贵的现实情况在一定程度上制约了养殖业的可持续发展。

当前，养殖场资金主要来源渠道有政府补贴、企业累积、民间借贷及金融部门。其中，政府补贴主要用于扩建改造，以先建后补的形式发放，覆盖面积较小；民间借贷额度小、成本高，年利率高达借贷额度的 10%～30%。畜牧业面临着所需投资大、见效慢的困境，依靠畜牧企业自身积累资金，难以在短时间内取得较大突破，进而制约畜牧业提档升级进程。金融资本作为畜牧企业融资的主要渠道之一，畜牧业对其的依赖程度逐年提升。当前，河北省实现了金融机构的全覆盖，以农业银行、农村信用联社、农业发展银行、邮储银行为主体的金融机构对河北省畜牧业发展提供了重大支持，保障了畜牧业健康可持续发展。其中邮储银行作为农村地区金融服务的主力军，扎根于农村金融，实现了畜牧业与金融业发展的"双赢"。

但是金融产品在对发展畜牧业的支持上还存在以下问题：由于畜牧养殖是风险较大的行业，一般金融机构贷款额度小、贷款利率高、融资手段与融资渠道单一；抵押物不足使得养殖场信用缺失；政策扶持力度不足。因此，为稳固实现河北省畜牧业规模化、标准化，应对当前畜牧业发展的金融需求状况进行实际调研，根据调研结果分析存在问题，并提出对策建议，满足畜牧业可持续发展的金融需求。

第一节　金融支持奶业发展的机理与现状

一、机理分析

国内外畜牧业发展经验表明，金融资本对畜牧业发展起到重要的促进和支撑作用。加大对畜牧业的金融支持力度，不仅会促进畜牧业成长、壮大，还会增加其抵御自然风险和市场行情波动的能力。然而，从河北省的现实情况看，银行信贷、养殖业保险、期货与基金产品等金融工具未能充分发挥对畜牧业的支撑作用，因此，未来仍需强化金融对畜牧业的支持力度。图4-1为金融支持对畜牧业发展的作用机制图，展示了金融对畜牧业发展的循环作用。

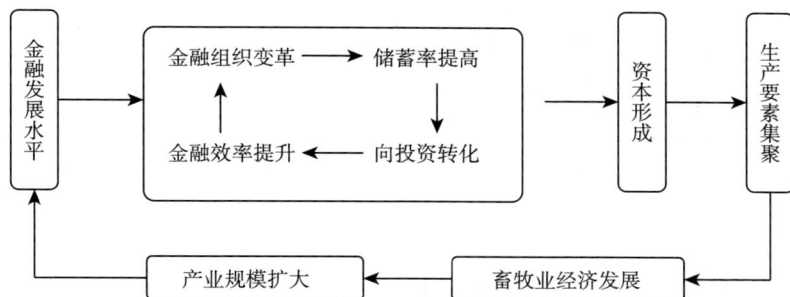

图4-1 金融支持对畜牧业发展的作用机制

（一）银行信贷

银行信贷在畜牧业发展中发挥着重要作用，但其对畜牧业支持力度较弱。首先畜牧业投资大、见效慢，依靠畜牧企业自我发展积累资金，短时间内难以获得良好效益，故需要银行贷款进行融资。同时，畜牧业自身具有高风险性特点，动物疫病防治、自然灾害突发等情况容易导致大规模养殖场感染，造成极大经济损失，进而产生资金链断裂后果。而农民由于自身文化水平低，贷款知识匮乏，且自身经济实力弱，信贷抵押物不足，难以获得金融机构信贷资金支持。尽管近年来以邮储银行为主体的金融部门深入到农村基层，但是以上这些问题依然无法解决。

（二）养殖业保险

养殖业保险是以有生命的动物为保险标的，在被保险人缴纳保险费后，对饲养期间遭受保险责任范围内的自然灾害、意外事故和疫病引起的损失给予补偿的一种保险。养殖业保险通常分为畜禽养殖保险和水产养殖保险两大类，本章主要研究畜禽养殖保险对于河北省养殖业发展的金融支持。养殖业保险作为农业保险的重要内容，通过政府诱导与市场机制配合，有效应对和解决农业自然灾害问题，对农业和农村经济的可持续发展具有重要作用。但与全国农业保险发展水平相比，河北省农业保险的发展相对缓慢和滞后，这与政府政策支持方式、市场供求机制、农户自身对于养殖业保险的认可程度等因素有关。农户对于养殖业保险的认可程度与需求程度是我们详细调查的主要内容，掌握养殖业保险的实施效果后，才能更好地借助金融工具支持畜牧业发展。

（三）期货

期货属于金融领域的一个分支，与现货不同的是，它是以一种大众产品为标的物的交易合约，比如标的物为"鸡蛋"。然而，作为一种新兴金融工具，农民受自身文化水平、经济水平限制，对于其操作机理以及其使用还很陌生，并且金融期货市场上关于畜牧业的产品较为缺乏，发展潜力巨大。农民可以通过期货中的套期保值、远期价格等手段规避价格风险，保障自身收益。例如，农民为了避免鸡蛋价格上涨或者下跌给自己收益带来的不利影响，可以通过在期货市场上运用套期保值卖涨买跌降低甚至抵消这些风险，也可以通过现货市场来锁定远期价格防止自己收益受损。

（四）产业基金

基金是指为了某种目的而设立的具有一定数量的资金。在当前的金融市场上，主要基金种类有信托投资基金、公积金、保险基金、退休基金等。这些基金产品运作机理相似之处在于，将其聚集的资金统一操作，用于风险较小的投资，从而进行保值增值，防范风险。建立具有可操作性与实际意义的畜牧业基金对于应对养殖业风险有极大作用。利用畜牧业基金进行基础设施建设或者应对突发疫病风险等，均可加强金融工具对养殖业的支持，然而，如何向农户推广、普及基金知识，增强农户认可程度是当前我们需要解决的问题。

二、现状调研

（一）数据来源与调研情况说明

1. 样本的选取

河北省发展畜牧业有良好的物质基础和区位优势，是奶牛养殖的重要地区。调研组在河北省内选取了9个地区的52个奶牛养殖场，采取集体随机抽样方式、实地调查与问卷调查相结合的方式，发放了500份问卷，收回了320份有效问卷。综合考虑养殖模式、经营方式、标准化程度等相关因素，调查样本的地域分布详见表4-1。

表4-1 调查样本的地区分布

地区	沧州	藁城	邯郸	衡水	石家庄	唐山	承德	邢台	遵化	合计
养殖场个数	1	1	1	5	4	34	2	4	2	54
占样本比重	2%	2%	2%	10%	7%	64%	3%	7%	3%	100%

2. 样本基本情况的统计分析

（1）养殖场投资与收入情况。调研的奶牛养殖场中，最大投资额为15 000万元，最小为120万元，其平均投资额为1 427万元。同时约75%的投资收入在1 000万元以内，21%在500万元以内。进一步计算各养殖场销售收入占投资总额的比例，发现投资总额低于500万元的养殖场投资回报率约为50%，而投资总额在 500 万～15 000 万元的养殖场的投资回报率约为 62%，可以得出奶牛养殖整体投资规模偏小，适度规模的养殖化生产有助于提高养殖场收益。

（2）养殖模式、经营方式与发展前景。通过图 4-2 可以看出，在养殖模式方面，51% 的养殖户采取小区养殖方式，44% 的养殖户是采用家庭养殖，分别有 1% 的养殖户采用租赁牧场、乳品自建牧场的养殖方式，3% 养殖户采用合资牧场的方式。

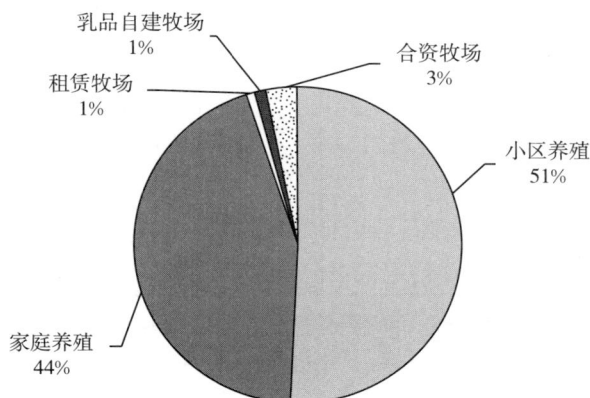

图 4-2　乳品自建牧场

根据图 4-3 可以看出，在经营方式上，28% 属于独立经营，36% 属于养殖合作社，24% 是养殖小区，2% 是加工企业合作，10% 是其他。以上数据显示，调查的养殖户选择合作社经营方式比率偏低，缺少与加工企业的有效合作。

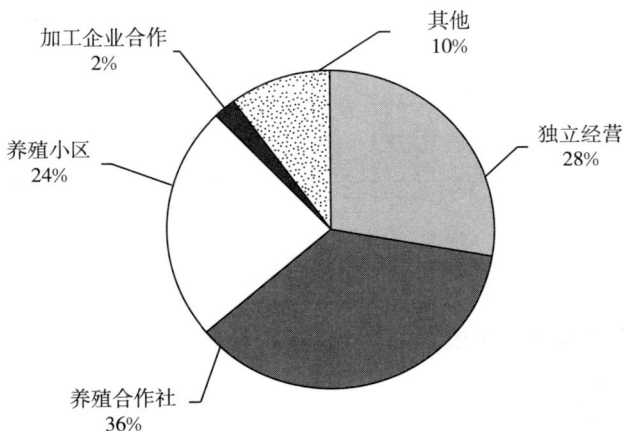

图 4-3　经营方式

在 52 个调研的奶牛养殖场中，23％是县级重点龙头企业，13％是市级重点龙头企业，16％是省级重点龙头企业，32％尚未发展成为重点龙头。根据图4-4 可知，8％的奶牛场发展成为国家级标准示范场，47％发展成为省级标准化示范场，45％尚未发展成为标准化牧场；而养殖场的规模变化中，70％的养殖场有扩大趋势，20％的养殖场规模没变，10％养殖场规模缩小，可见奶牛养殖规模化、标准化发展仍存在问题，存在较大发展空间。

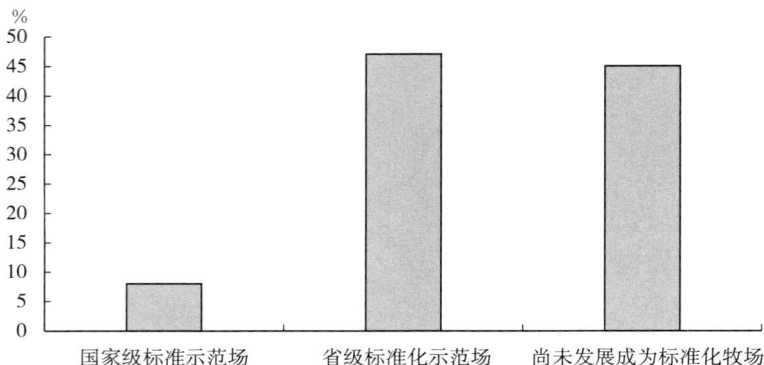

图 4-4　标准化示范场

（3）当前面临的困难与障碍。在奶牛养殖场经营过程中，面临的主要困难是缺乏资金。占比约有 57％，18％养殖场面临缺乏先进技术的困难，12％养殖场面临无规模土地的障碍，约有 13％的养殖场面临信息不畅通，劳动力不足，缺乏优良品种的困境，如图 4-5。

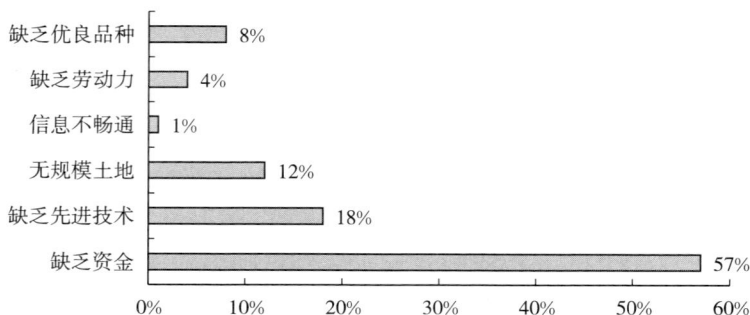

图 4-5　困难与障碍对比图

（二）奶牛养殖业的金融供给现状分析

1. 贷款方面

（1）贷款支持情况概述。54％农户申请贷款，46％未申请过贷款，累计贷款次数 1～3 次占比 67％，3～5 次占比 21％，≥5 次占比 12％，对贷款满意的占比 60%，不满意占比 20%，认为一般占比 20%，不满意原因多为手续复杂，养殖户申请贷款的用途多用于扩建和买牛，其中 20% 享受政府贴息贷款，80% 不享受政府贴息贷款。

（2）贷款额度及贷款方式。根据表 4 - 2 可知，养殖户累计贷款总额绝大多数在 500 万元以下，只有 8% 养殖户累计贷款总额在 500 万元及以上。79% 的养殖户采用担保贷款的方式，17% 养殖户采用个人信用贷款的方式，4% 采用抵押贷款方式申请贷款。可见申请贷款方式单一，养殖户对于资金需求量较大，需要政府给予较多政策支持。

表 4 - 2 贷款额度及贷款方式

累计贷款总额（万元）	比重	贷款方式	比重
<100	46%	个人信用贷款	17%
100~500	46%	担保贷款	79%
≥500	8%	抵押贷款	4%

（3）贷款难易度。从获取贷款的难易程度看，57% 养殖户认为获取贷款较难，41% 认为难易程度一般，只有 2% 养殖户认为获取贷款较为容易，其中贷款困难原因主要有手续复杂、无抵押担保物、无土地所有权，政策不支持（表 4 - 3）。此外，贷款的额度低也成为贷款获得困难的影响因素。

表 4 - 3 贷款困难原因

贷款困难原因	比重
手续复杂	33%
无抵押、无担保	39%
租赁土地，政策不支持	21%

（4）财政贴息贷款。财政贴息贷款给予养殖场较大支持，但财政贴息贷款尚存在一定问题，阻碍养殖户资金融通，分别有 22% 养殖户认为政策不连续、补贴标准低，17% 养殖户认为财政贴息门槛高，16% 认为时间滞后，18% 认为原因在于补贴程序复杂，仅有 3% 认为程序滞后，因此财政贴息贷款政策需要进行较大程度的完善。

2. 保险方面

保险公司理赔时，要求必须出具奶牛无害化处理证明，占比 100%，67% 发生过保险事故导致奶牛死亡，33% 未发生，100% 接受了保险理赔，对理赔结果满意。

由表 4 - 4 可知，保险公司赔偿程度集中在 20％～50％，对购买养殖业保险的养殖户给予较大程度的赔偿，为农户分散风险、分担损失。养殖业保险在养殖业的规模化、标准化发展中有较大的作用。

表 4 - 4　保险公司赔偿统计

保险公司赔偿比例	数量	比重
<20％	15	34％
20％～50％	24	54％
50％～80％	5	12％
总计	44	100％

（三）奶牛养殖业金融需求现状分析

1. 信贷服务需求

通过对贷款用途进行频数统计，结果显示，贷款目的为扩大养殖规模和改良养殖品种占比较高，成为养殖户贷款的两大主要用途。贷款业务与信用卡业务成为养殖场迫切需要的金融服务，需求占比高达 53％ 和 21％。再者，过半的养殖场都选择了贷款业务，说明养殖户资金需求量大，进一步反映出养殖场贷款的需求也处于较高水平。此外还有近两成的养殖场选择了信用卡业务，说明养殖户对于便捷的支付方式有较强的需求。

2. 保险服务需求

（1）面临的风险。从事奶牛养殖业时面临的主要风险为销售风险，占比约为 32％，价格波动及疫病风险分别占到 25％、27％，面临的自然灾害风险占比 12％，政策风险占比 4％。奶牛养殖业面临的风险多样，人为风险居多，应该购买金融产品进行防护，养殖业保险对于防范风险有较大作用。

（2）投保情况。从奶牛保险投保情况分析，81％投保奶牛保险，投保原因主要是贷款所需与降低风险；19％未投保，未投保原因是无政策支持。根据投保奶牛保险的保障程度来看，76％投保比例全部投保，24％部分投保。养殖户的保险意识均有待加强。90％奶牛全部佩戴耳标，10％部分佩戴，佩戴比例为 90％。

第二节　奶牛养殖金融支持存在的问题

一、信贷服务无法满足奶牛养殖场的需求

（一）贷款手续复杂

调研结果表明，有 40％的养殖户对贷款服务不够满意，大多数认为贷款

手续太过复杂。养殖户一般受教育程度不高，对于繁杂手续无法应对。

（二）选择申请贷款方式相对单一

79％的养殖户采用担保贷款的方式，17％养殖户采用个人信用贷款的方式，4％采用抵押贷款方式申请贷款，有一半以上（64％）的养殖户需求的贷款额度高于300万元。可见养殖户对资金需求量较大，但申请贷款方式太过单一。

（三）缺乏对金融产品的了解，金融工具较为单一

根据调研统计，绝大多数养殖户对期货不了解，没有购买过期货。然而，其中绝大部分养殖户具有了解和学习期货的意愿。可见，提高养殖户对金融产品的认知水平对降低生产、经营风险，提高规模效益具有重要作用。

（四）贷款成本高

奶牛养殖业面临的风险多样，主要为销售风险、价格波动及疫病风险、自然灾害风险等。不考虑担保费和保险费等其他费用，银行贷款年利率已经达到11％。而经营养殖业的大多是独立经营，抗风险能力较弱，在调研中只有54％的养殖户会选择贷款，累积贷款次数也较少，很多养殖户的资金来源主要靠自有资金投入和亲戚朋友借款，但这也制约了养殖规模的扩大和技术的提高。

（五）贷款额度较低、期限短

通过对奶牛养殖户的希望贷款额度进行离散化分析发现，需求贷款额度均高于100万元，有一半以上（64％）的养殖户需求的贷款额度高于300万元，反映了养殖场的贷款需求量很大，且贷款数额较高。

二、保险赔偿的补偿作用有限

从奶牛养殖业保险现状分析可知，奶牛养殖户的保险意识较强，投保比重大，注重分散风险。此外保险公司的理赔方式及金额，养殖户也较为满意。保险公司理赔时，100％的养殖户接受了保险理赔，对理赔结果满意。保险公司赔偿程度集中在20％～50％，对购买养殖业保险的养殖户给予较大程度的赔偿，为农户分散风险，分担损失，养殖业保险在养殖业的规模化、标准化发展中有较大的作用，但保险补偿作用有限。

三、地方政府的支持方式有待完善

（一）财政贴息政策仍需完善

在财政贴息贷款方面，养殖户的满意程度较低。原因分别是政策不连续、补贴标准低、财政贴息门槛高、时间滞后、补贴程序复杂等，此外80％贷款的养殖户不享受政府贴息贷款。因此财政贴息贷款政策需要进行较大程度的完

善，以满足奶牛养殖户的相对较高的贷款需求。

（二）贷款担保机制不够健全

在申请贷款的奶牛养殖户中有 39％的养殖户认为无担保，无抵押，担保抵押物较少，有 21％的养殖户认为政策不支持，导致贷款困难。因此地方政府政策还不够完善，政府支持力度不够。

（三）相关金融知识宣传力度不够

由于养殖户多为当地农民，受教育程度不高，对相关金融知识的掌握程度不够高，繁杂的贷款手续，让农民们无法顺利贷款。此外养殖户对于病死奶牛的处理缺乏科学方法，需要专业人才进行指导，养殖户对于资金互助合作社了解程度低，无法达到互帮互助效果。

第三节　对策建议

一、完善金融支持体系，创新金融支持产品

（一）创新金融服务产品，革新金融支持理念

首先，在业务品种方面，金融机构应适度降低信贷门槛，开发一些简单易懂、手续简便的金融产品并及时做好宣讲工作，更好地服务畜牧业。其次，金融机构可以进行信贷放款试点，例如在放款的过程中，优先提供小额贷款，在借贷人及时归还的基础上，尝试发放数额较大的贷款，通过带有检验功能的小额贷款直接测试借款人的信用状况，达到降低借贷风险的目的。同时金融机构也应积极构建借贷人主动还贷的激励机制，对还款及时的用户给予一定奖励。最后，金融机构组织形式、运营规则和服务理念也应进行适度调整。针对农业生产贷款，建议设立独立的农业生产信贷部门的方式，有针对性地开展金融服务，并采取针对性较强的运行机制和经营理念。

（二）增加金融机构商业网点，扩大资金供给量

发挥金融机构网点的优势，做好基层网点金融服务工作，为农业生产提供稳定的规模资金支持。基层金融网点通过宣传、走访、推荐、推介等方式向农村地区农业生产者和经营者介绍专业金融产品，简化不必要的手续，将资金送到养殖场中。发挥好金融机构点多面广、信誉好的优势。要特别注重提升地方性银行对畜牧业提供信贷支持的积极性。

（三）其他方面的金融支持产品创新

引导养殖场和乳品生产企业以发行企业债券的方式开展融资。应积极开展生鲜乳等期货交易，通过远期价格、套期保值等手段规避风险，保障养殖户、加工商等相关群体的利益，提升奶业产业链收益。

二、完善抵押担保机制，提高畜牧业融资效率

（一）健全担保风险补偿机制

对待积极向畜牧业提供担保服务的金融机构，要尽快实现奖励和补贴的制度化。奖励方面，采取按比例奖励的方式对成绩显著、信誉良好的担保公司给予奖励支持。补贴方面，设立畜牧业担保专项补贴基金，对贷款量较大、社会效益明显但经营亏损的担保公司实行亏损补助。

（二）拓宽抵押范围，增加担保主体

在拓宽抵押范围方面，拓宽确权登记抵押、生物活体抵押、农业机械抵押、土地经营权抵押、存款抵押、宅基地抵押等贷款抵（质）押范围，开展产品订单质押、固定资产租赁等业务，盘活畜牧业金融要素，推动畜牧业资产资本化；在增加担保主体方面，以产业链为基础，由省、地方财政出资设立畜牧业贷款担保基金，鼓励产业龙头和地区代表性企业进行担保或者建立独立的担保公司进行担保，在保证资金安全性的前提下，提供更多的担保可选方式。

三、建立养殖业保险体系，提高养殖业抗风险能力

（一）完善政策性农业保险，鼓励商业保险开展

政策性农业保险是指在政府相关支持政策的环境下，以保险公司市场化经营为依托，对农业生产提供灾害保障和意外事故保障。当下，河北省要不断创新政策性农业保险的畜禽品种，拓展其覆盖范围，开发多品种保险，鼓励畜牧业生产经营者积极参保，扩大政策覆盖范围，让国家农业政策保险惠及更多奶牛养殖户。同时，应当鼓励商业保险公司提供相关的险种，作为对未能享受政策性农业保险保障的奶牛养殖户的补充，降低养殖户风险，让所有养殖户能够有所保障。

（二）构建科学合理的保险补贴比例，完善畜禽保险制度

目前，河北省畜牧业保险推进存在障碍的主要原因是县级政府的财政配套补贴资金跟进难度较大。因此，急需省、县级财政与养殖场共同构建科学适宜的保险补贴比例。同时，也可鼓励社会资金参与畜牧业保险项目，降低县级财政负担。要及时调整保额、费率、保险对象，加强保险的标准化、制度化建设。

四、创新农村互助金融，发展联保信贷模式

农村互助金融，是自发自愿入股形成的农村互助银行业务，旨在为农户提供资金支持，形成组织内的资金互济互助。在融资难、融资贵成为资本市场普

遍问题的情况下，对小规模农业生产者而言，融资成为了影响生产的关键因素。农村互助金融自发展以来，一定程度上缓解了这一难题。

联保信贷模式，是农村互助金融的重要模式之一。为了弥补个体贷款的不足，农业生产者自发互为担保形成联保模式，入股形成村级融资担保基金，以基金与商业银行合作从而筹集资金。这种模式有效弥补了个体的不足，发挥了群体的力量，有效帮助模式内的养殖户更快、更高效获得了资金支持。

第五章 河北省奶牛生物资产 计量属性研究

第一节 河北省奶牛养殖企业历史成本计量现状

一、X企业经营状况简介

X奶牛养殖企业（以下简称X企业），是一家利用胚胎移植等生物技术手段进行奶牛繁育、精准饲喂及高新技术产业化推广开发的农业科技型股份制企业。企业经营范围还包括特色鲜奶的生产销售、奶牛冻精以及胚胎移植等技术方面的开发与研究，除此之外企业还种植了部分农作物用于奶牛的饲喂，同时开发研究部分饲料并对外销售。X企业在2006年初创立，养殖场坐落于鹿泉区，占地60余亩。X企业相关基础设施建设十分完善，包括5栋恒温恒湿式全封闭式牛舍，一栋犊牛舍，还拥有全自动挤奶厅、饲料加工车间、青贮窖、现代生物技术实验室等一系列配套设施。在智能化养殖方面，X企业拥有德国GEA自动计量挤奶设备、意大利进口司达特TMR等智能养殖设备，装备阿牧网云牧场管理软件、以色列阿菲金奶牛场发情检测软件、上海科湃腾TMR投料监控等信息化管理系统，同时每只牛都配备发情检测计步器，对奶牛发情情况进行监管。X企业长期与君乐宝合作，是君乐宝稳定的奶源供应企业。X企业是河北省奶牛养殖龙头企业，但存在较大的融资缺口，资金问题亟待解决。

二、X公司生物资产现状简介

本章主要研究对象为X企业所拥有的奶牛生物资产，在X企业中所有的奶牛均为纯种的荷斯坦乳牛，截至2019年末，X企业共有犊牛227头，青年牛260头，育成牛85头，成母牛626头。X企业中的奶牛生物资产主要分为两类：一类是以育肥出售为养殖目的的消耗性生物资产，如公犊牛、丧失产奶能力的母奶牛等；第二类是以产奶为养殖目的的生长性生物资产，即除上述二者以外的奶牛。X企业中的奶牛多为自繁自育，如果所产犊牛为公犊牛，会在出生四天后作为肉牛向外出售，2019年每头公犊牛的对外出售价格约为3 000元。2018年X企业全年合计产犊数为560头，其中公犊牛有215头；2019年全年产犊681头，公犊牛有230头。公犊牛出生比率由2018年的38.4％下降

· 51 ·

为 2019 年的 33.8%，这是由于 X 企业采用冻精移植、性别鉴定筛选技术不断进行优化所致。但如果所产犊牛为母犊牛，X 企业则需要投入大量人力、物力等保证母牛的健康发育。这些投入既包括基础设施、配套设施（如厂房、牛舍、办公楼）等前期投入的固定资产的维修、折旧等，也包括饲料兽药、员工工资等后续支出。这些支出最终都要归集分配于奶牛身上，影响着企业的利润。因此，对奶牛这一生物资产进行准确、可靠的计量在 X 企业势在必行。X 企业原料奶均交售给君乐宝，收奶价约为 3.4 元/千克。奶牛相关数据如表 5-1 和表 5-2 所示。

表 5-1   2019 年 X 企业奶牛数量

单位：头

种类	数量
犊牛	227
青年牛	260
育成牛	85
泌乳牛	536

资料来源：X 企业生产部门。

表 5-2   2019 年 X 企业产奶数据

产奶指标	数据
日平均单产量	29 千克/头
产奶期	305 天
年产奶量	4 742.77 吨

资料来源：X 企业生产部门。

注：奶牛年产奶量＝泌乳牛头数×泌乳周期×日平均单产量。

三、X 企业实际发生业务

2017—2020 年，X 企业实际发生业务如下：

（一）犊牛业务

2017 年 12 月，X 奶牛养殖企业共产犊牛 38 头，其中公犊牛 7 头已对外出售，每头售价 3 000 元，母犊 31 只，此时的母犊牛市场价格为每头 6 500元。2017 年 11—12 月企业干奶牛成本支出见表 5-3。

2018 年 1—6 月 X 企业母犊牛成本支出见表 5-4。

表 5 - 3　2017 年 11—12 月 X 企业的干奶牛成本支出

	单位	11 月成本金额	12 月成本金额
饲料费	元	11 115	11 400
人工费	元	6 378.92	6 378.92
水电费	元	5 000	5 000
医药费	元	2 271.3	3 700
生物资产累计折旧	元	9 549.4	9 549.4
其他费用	元	243	0
合计	元	34 557.62	36 028.32

资料来源：X 企业财务部。

表 5 - 4　2018 年 1—6 月 X 企业母犊牛成本支出

	单位	金额
饲料费	元	21 196
人工费	元	7 361.9
水电费	元	5 000
医药防疫费	元	22 500
其他费用	元	103
合计	元	56 160.9

资料来源：X 企业财务部。

（二）育成牛业务

2018 年 7 月，该批次 31 头奶牛成长为育成牛，每头育成牛的公允价值为 10 000 元，期间未曾出现死亡奶牛。2018 年 9 月，为了扩大企业牛群规模，X 企业外购 102 头育成牛，月龄与该企业现有 31 头育成牛月龄相同，每头牛单价为 9 850 元，其中奶牛运输所需费用为 5 800 元，31 头奶牛共缴纳保险 2 200 元，到场装卸花费 1 000 元，这些款项已支付完成，支付来源为银行存款。

2018 年 8 月育成牛成本支出见表 5 - 5。

表 5 - 5　2018 年 8 月育成牛成本支出

	单位	金额
饲料费	元	35 572.5
人工费	元	6 362.9
水电费	元	5 000
医药防疫费	元	2 644.12
其他费用	元	1 750
合计	元	56 160.9

资料来源：X 企业财务部。

2018 年 9—12 月 133 头育成牛成本支出见表 5-6。

表 5-6　2018 年 9—12 月 133 头育成牛成本支出

	单位	金额
饲料费	元	153 000
人工费	元	22 748.94
水电费	元	10 000
医药防疫费	元	14 586.56
其他费用	元	5 971.3
合计	元	206 306.8

资料来源：X 企业财务部。

（三）青年牛业务

2019 年 1 月 1 日，该批次 133 头育成牛成长为青年牛，此时受外界等因素干扰，进口苜蓿等饲料价格上涨，导致奶牛养殖行业发展态势不明，养殖户养殖意愿出现波动，奶牛的市场价格出现了明显的下降。此时每头青年牛的市场价格为 8 000 元。

2019 年青年牛养殖成本支出见表 5-7。

表 5-7　2019 年青年牛养殖成本支出

	单位	金额
饲料费	元	553 000
人工费	元	83 748
水电费	元	50 000
医药防疫费	元	49 615.85
其他费用	元	9 520
合计	元	745 883.85

资料来源：X 企业财务部。

（四）泌乳牛业务

2019 年 12 月底，该批次 133 头青年牛在经过配种、生产后进入了泌乳期，其中有 3 头牛因难产去世，保险共赔付 51 000 元。2020 年 1 月 1 日，奶牛公允价值有所回升，进入泌乳期的青年牛的市场价格为 16 000 元，同时该批次青年牛转为泌乳牛。

（五）淘汰牛业务

2020 年 3 月，企业为使资源利用最大化，主动淘汰 5 只泌乳牛。淘汰价格为每头 8 000 元，淘汰所产生的费用为 500 元，累计生物资产折旧为 1 129

元，收到保险公司活淘理赔 42 500 元。

四、X 企业奶牛生物资产计量现状

对奶牛生物资产的计量始于获得奶牛时，在后续奶牛生长和喂养过程中也要考虑计量问题。在奶牛资产的初始计量中又分为接受投资而获得的奶牛的初始计量、接受捐赠所得的奶牛的初始计量、外购奶牛的初始计量、自行繁殖的奶牛的初始计量。X 企业的奶牛多为自行繁殖所得的奶牛，2018 年曾购买过 102 头育成牛，因此前两种奶牛资产的初始计量情况不在本节的研究范围。在奶牛资产的后续计量中主要包括奶牛的折旧、饲料兽药人工等一系列后续支出的归集以及年末对奶牛进行减值测试等。准则规定企业自主繁育的奶牛生物资产，在历史成本计量模式下的成本主要由奶牛成熟并进入稳定产奶期前所发生的一系列费用支出构成；外购奶牛的成本由购买价、运输费、装卸费、保险费及相关税费等组成。在达到预期经营目的后，即奶牛开始产奶后，企业应根据自身经营状况和准则规定确定奶牛的生存年限、预计净残值，并选用合适的折旧方法。对 X 企业而言，可以采用年限平均法计提折旧，并将奶牛的预计使用寿命确定为 5 年。历史成本模式下，秉承谨慎性原则，企业应在年度终了时对奶牛生物资产的价值状况进行检查，当有确凿证据表明奶牛的可收回金额低于其账面价值时，应按照其差额计提减值准备，对生产性奶牛生物资产而言，它的减值准备在计提之后是无法转回的。在历史成本计量模式下 X 企业自行繁育的犊牛的初始成本是指干奶牛进入干奶期后直到生产这一期间所耗费的饲料、人工、医药、水电等一系列成本费用的总和，母犊牛的后续计量包括其每月产生的饲喂费、人工费等，在资产负债表日还要对其进行减值测试。公犊牛在出生后直接对外出售，因此不涉及后续计量问题。由于犊牛作为未成熟性生物资产，还不能达到预期使用目的，因此不需要计提折旧。育成牛、青年牛的价值计量同母犊牛相似，也采用初始成本＋后续成本的计量方式。同样，育成牛及青年牛尚未达到持有目的，在后续计量中也不必考虑折旧问题。泌乳牛作为成熟性生物资产，其养殖期间所产生的一系列成本费用应予以费用化，同时计提折旧。因此上述发生业务在 X 企业现用的历史成本计量模式下记录如下所示：

（一）犊牛历史成本计量

犊牛的初始成本为：34 557.62＋36 028.32＝70 585.94（元）

每头犊牛的入账价值为：70 585.94/38＝1 858（元）

2017 年 11 月，干奶期母牛成本共计为 34 557.62 元，其中饲料费 11 115 元计入原材料科目；水电费 5 000 元、医药费 2 271.3 元、其他费用 243 元合计 7 514.3 元计入银行存款科目；干奶牛人工费 6 378.92 元计入应付职工薪酬；成熟性生物资产累计折旧 9 549.4 元计入累计折旧。

12月，干奶期母牛成本共计为 36 028.32 元，其中饲料费 11 400 元计入原材料科目贷方；水电费 5 000 元、医药费 3 700 元，合计 8 700 元计入银行存款科目贷方；干奶牛人工费 6 378.92 元计入应付职工薪酬；成熟性生物资产累计折旧 9 549.4 元计入累计折旧。

对外出售的 7 头公犊牛成本为：1 858×7＝13 006（元）

该成本 13 006 元应借记消耗性生物资产——未成熟奶牛资产（公犊）；贷记农业生产成本——成母牛（干奶牛）。

公犊牛对外出售所得的 21 000 元应计入银行存款借方以及主营业务收入贷方。

同时需要将成本进行结转，借记主营业务成本 13 006 元；贷记消耗性生物资产——未成熟奶牛资产（公犊）13 006 元。

31 头母犊牛初始入账价值为：31×1 858＝57 598（元）

该批次 31 头母犊牛入账时应同时借记生产性生物资产——未成熟奶牛资产（母犊）57 598 元，贷记农业生产成本——成母牛（干奶）57 598 元。

2018 年 6 月母犊牛共产生成本 56 160.9 元，借记农业生产成本——母犊牛科目，其中饲料费 21 196 元计入原材料科目贷方；水费与电费合计 5 000 元、医药及防疫所需费用 22 500 元、其他费用 103 元，合计 27 603 元计入银行存款贷方科目；饲喂母犊牛的工人工资为 7 361.9 元，计入应付职工薪酬贷方。同时将 31 头母犊牛生产成本结转至母犊牛账面价值中，生产性生物资产——未成熟奶牛资产（母犊）借方 56 160.9 元；农业生产成本——母犊牛贷方 56 160.9 元。

则 2018 年 6 月底该批次 31 头奶牛的账面价值为：57 598＋56 160.9＝113 758.9（元）

（二）育成牛历史成本计量

该批次育成牛由母犊牛转群而来，初始成本为 113 758.9 元。因此此时生产性生物资产——未成熟奶牛资产（育成牛）借方增加额为 113 758.9 元；生产性生物资产——未成熟奶牛资产（母犊）贷方增加额也为 113 758.9 元。

8 月份该批育成牛共产生成本 56 160.9 元，借记农业生产成本——育成牛科目，其中育成牛所需饲料费 35 572.5 元，计入原材料科目贷方；水电费 5 000 元、医药防疫费 2 644.12 元、其他费用 1 750 元合计 9 394.12 元计入银行存款科目贷方；喂养育成牛的工人工资为 6 362.9 元，计入应付职工薪酬。同时结转育成牛成本至育成牛账面价值，借记生产性生物资产——未成熟奶牛资产（育成牛）56 160.9 元；贷记农业生产成本——育成牛 56 160.9 元。

则 8 月底该批次育成牛的账面价值为：

113 758.9＋56 160.9＝169 919.8（元）

每头牛的账面价值为 169 919.8/31＝5 481.3（元）

9 月，102 头育成牛的初始入账价值为：

$102×9\ 850+5\ 800+2\ 200+1\ 000=1\ 012\ 800$（元）

此时外购的 102 头育成牛入账应同时借记生产性生物资产——未成熟奶牛资产（育成牛）1 012 800 元；贷记银行存款 1 012 800 元。

此时所有育成牛的账面价值为：169 919.8＋1 012 800＝1 182 719.8（元）

12 月份，该批次 133 头育成牛总生产成本 206 306.8 元，计入农业生产成本——育成牛借方；其中饲料费共计 153 000 元，计入原材料科目贷方；水电费 10 000 元、医药防疫费 14 586.56 元、其他费用 5 971.3 元合计 30 557.89 元计入银行存款科目贷方；喂养该批次 133 头育成牛的人工费为 22 748.94 元，计入应付职工薪酬。

则 12 月底该批次 133 头育成牛的账面价值为：

1 182 719.8＋206 303.8＝1 389 026.6（元）

每头育成牛的账面价值为 1 389 026.6/133＝10 443.8（元）

（三）青年牛历史成本计量

2019 年 1 月需要计提的减值金额为：

1 389 026.6－8 000×133＝325 025.4（元）

此时应借记资产减值损失 325 025.4 元；贷记生产性生物资产减值准备——未成熟奶牛资产 325 025.4 元。

则该批青年牛 2019 年 1 月的账面价值为：

1 389 026.6－325 025.4＝1 064 001.2（元）

12 月该批青年牛共产生成本 745 883.85 元，借记农业生产成本——青年牛；其中饲料费 553 000 元，计入原材料科目贷方；水电费 50 000 元、医药防疫费 49 615.85 元、其他费用 9 520 元合计 109 135.85 元计入银行存款科目贷方；人工费 83 748 元计入应付职工薪酬。同时将青年牛产生的成本结转至账面价值，借记生产性生物资产——未成熟奶牛资产（青年牛）745 883.85 元；贷记农业生产成本——青年牛 745 883.85 元。

则 12 月份该批青年牛的账面价值为：

1 064 001.2＋745 883.85＝1 809 885.05（元）

每头青年牛的账面价值为 1 809 885.05/133＝13 608（元）

死亡造成的损失为 13 608×3＝40 824（元）

2019 年 12 月该批次 130 头青年牛的账面价值为：

1 809 883.85－48 155.4＝1 761 728.45（元）

12 月处理三头死亡的青年牛时应借记固定资产清理科目 40 824 元、生产性生物资产减值准备——未成熟奶牛资产（青年）7 331.4 元；贷记生产性生物资产——未成熟奶牛资产（青年牛）48 155.4 元。同时保险赔付的 51 000 元计入银行存款科目借方；固定资产清理科目贷方发生额 40 824 元、剩余 10 176 元计入营业外收入贷方。

(四) 泌乳牛历史成本计量

2020 年 1 月青年牛成长为泌乳牛，此时应借记生产性生物资产——成熟奶牛资产（泌乳牛）1 761 728.45 元；贷记生产性生物资产——未成熟奶牛资产（青年牛）1 761 728.45 元。

同时要将资产减值准备结转至泌乳牛，即借记生产性生物资产减值准备——未成熟奶牛资产 317 694 元；贷记生产性生物资产减值准备——成熟奶牛资产 317 694 元。

则 3 月底 130 头泌乳牛的账面价值为：1 761 728.45（元）

每头泌乳牛的账面价值为 1 761 728.45/130＝13 552（元）

(五) 淘汰牛历史成本计量

3 月，5 只泌乳牛被淘汰。此时应先结转减值准备，借记消耗性生物资产减值准备——淘汰牛 12 219 元；贷记生产性生物资产减值准备——成熟奶牛资产（泌乳）12 219 元。

同时处理淘汰牛淘汰业务，计入固定资产清理借方 67 760 元、生物资产累计折旧 1 129 元、消耗性生物资产减值准备——淘汰牛 12 219 元；计入生产性生物资产——成熟奶牛资产（泌乳）贷方 81 108 元。

淘汰 5 头泌乳牛共获得 5×8 000＋42 500＝82 500（元），应计入银行存款借方；同时贷记固定资产清理 67 760 元，所余 14 740 元计入营业外收入贷方。

则 3 月底 125 头泌乳牛的账面价值为：

1 761 728.45－81 108＝1 680 620.45（元）

总结如下：

3 月底 125 头泌乳牛账面价值为：1 680 620.45（元）

计提的生物资产累计折旧＝19 098.8＋29 362＝48 460.8（元）

计提的减值准备＝325 025.4－7 331.4－12 219＝305 475（元）

累计营业外收入为：10 176＋14 740＝24 916（元）

五、X 企业当前奶牛生物资产计量的缺陷

通过对 X 企业 2017—2020 年实际发生业务的记录，我们可以看出 X 企业现在使用的历史成本计量模式计量生物资产存在以下缺陷：

(一) 未能体现奶牛生物资产的特性

从上述业务记录可以看出，在历史成本计量模式下，X 企业奶牛生物资产价值的增加主要依靠奶牛养殖企业奶牛养殖成本的投入，但奶牛生物资产不同于其他固定资产，其价值不仅来源于养殖企业所投入的成本，还在很大程度上

受政策、市场等的影响。同时，随着奶牛的不断成长，自身也在不断增值，这些奶牛的自然增值以及市场变化对奶牛生物资产价值的影响并未在历史成本计量模式下得到体现。历史成本计量模式只能体现奶牛生物资产历史价值，无法反映奶牛的现时价值，这就使得企业出现了大量成本投入奶牛的饲喂工作中，但奶牛的价值并未得到增长的现象，不符合收入与成本的配比原则。这说明历史成本计量模式未能体现奶牛生物资产的特性，不能准确反映奶牛价值的变动情况，存在一定缺陷。

（二）影响企业资产价值状况

从上述业务发生情况来看，无论是犊牛、育成牛或是青年牛、泌乳牛，历史成本计量模式下奶牛生物资产的价值在一定程度上被低估了，这是因为此种计量模式并未考虑外界变化及自身增值对奶牛价值的影响。这就会导致奶牛养殖企业不能准确认知自身生物资产的价值，X企业虽在河北省属于奶牛养殖龙头企业，但仍处于发展阶段，业务向外扩张存在许多障碍，资金问题更是重中之重。在向外部融资机构寻求帮助时，历史成本计量模式无法准确衡量企业价值，从而影响企业各项指标，在企业融资、筹资过程中容易造成阻碍，影响企业向外扩张。可见在对企业资产价值影响方面，X企业现行的历史成本属性存在缺陷。

（三）影响企业会计信息的可比性和相关性

X企业采用历史成本计量模式计量奶牛生物资产，忽视了会计信息的相关性和可比性问题。以犊牛为例，根据历史成本计量模式原则，X企业犊牛的价值是根据干奶期奶牛喂养成本决定的。但由于不同养殖企业饲喂方式不同导致饲喂成本差异较大，因此犊牛的成本也大大不同。而市场中还存在一种犊牛的"落地价"，以首农牧场为例，犊牛的落地价是由企业内部自行制定的，既不来源于干奶期奶牛喂养成本，也不来源于市场价格，这就造成不同企业间犊牛资产计量信息无法进行横向对比。采用历史成本计量模式计量只基于奶牛的交易历史，X企业内的奶牛来源不同，既有自繁自育的奶牛也有一批外购的奶牛。不同来源的奶牛资产入账时规则无法统一，这就使得养殖企业内部的会计信息失去了可比性。在相关性方面，由于历史成本计量属性对外界市场变化体现不足，企业经营管理者无法依靠历史成本计量了解到市场的波动情况，因此无法做出相应的判断，可见历史成本计量模式在会计信息的可比性和相关性方面存在缺陷。

第二节　奶牛养殖企业奶牛生物资产计量属性优化

一、X企业计量属性优化的必要性

（一）契合X企业奶牛生物资产特性

就奶牛这一生物资产而言，与其他生物资产存在诸多不同。奶牛生物资产的生长分为不同阶段，且存活时间较长，大多为一年以上。奶牛生物资产需要大量的前期投资以及后期支出来保障奶牛所带来的源源不断的经济利益的流入。同时，奶牛生物资产所带来的这种经济利益的流入具有不确定性，奶牛既可以通过自身繁殖犊牛带来利润的增长，又能随着时间的推移带来价值的变动。同时，一场疫病或者市场的变动就可能造成奶牛经济利益的损失，而历史成本计量模式无法准确反映奶牛这一价值变动的过程，而公允价值计量模式因始终以奶牛的公允价值为计量依据，恰好可以反映奶牛因繁殖和时间增长带来的价值增加，或因疫病、市场变动带来的价值减少，由此可见，公允价值属性更符合奶牛的自身特性。奶牛这一生物资产不同于企业其他资产，自身价值会随着时间推移得到增长。成母牛的市场价值必然高于青年牛，但这一自然增值过程在历史成本计量模式下无法得到体现。选取公允价值计量模式，随着奶牛转群时，自然增值的这部分价值会体现在奶牛公允价值变动损益中，更加符合奶牛自身的成长特性，更真实地反映了不同阶段奶牛的价值。

（二）反映市场变动，提升 X 企业应对能力

历史成本计量模式下，奶牛价值的变动只有在减值并计提减值准备时才得以体现。但实际情况远非如此，奶牛的交易市场是在不断变动的，一场大范围的奶牛疫病就可能导致奶牛生物资产的价值下降，国际苜蓿价格上涨就可能导致奶牛价格的不断攀升，甚至自然灾害、政策因素都有可能导致奶牛交易市场的波动。如果采用历史成本计量模式，这些市场波动无法及时反映在会计信息中，有可能导致企业会计信息的使用者、决策者错失良机。反之，采用公允价值计量模式能保证奶牛生物资产的账面价值忠实于该生物资产的市场价值，更能反映市场价值的变动规律。同时，及时有效的会计信息更能帮助企业会计信息使用者和企业相关决策者决策参考，有助于企业对市场变化做到了然于胸，及时作出反馈。生物资产归根到底属于资产，对养殖企业来说更是企业资产的重要部分，而资产最重要的一点就是可以为企业带来经济利益。历史成本计量模式是基于过去发生的交易事项，而忽略了资产预期为企业带来的经济利润的流入。而公允价值则弥补了这一点，公允价值计量模式可以忠实地反映了生物资产价值变动为企业所带来的利润或者损失。

（三）提升 X 企业会计信息的相关性、可比性

采用历史成本模式计量生物资产仅仅考虑了谨慎性、可靠性而忽略了会计信息的可比性、相关性等。这种可比性不单单是指企业内部不同来源的奶牛生物资产之间的可比性，也是指不同企业之间奶牛生物资产的可比性以及国际奶牛交易过程中会计信息的可比性。在会计信息的相关性、可比性等方面，公允价值计量模式下，奶牛的公允价值对于企业会计信息使用者，以及企业管理者、决策者来说更具有使用价值和参考意义，奶牛的历史成本既无法反映奶牛

能为企业带来的经济利益的变化，也无法为企业的发展方向和发展战略提供意见，仅仅做到了会计核算职能，无法做到预测发展前景、参与经济决策等职能。因此，采用公允价值计量模式更符合会计的职能要求，也有助于提高奶牛养殖企业会计信息的相关性和可比性。公允价值模式准确反映了各阶段，不同来源奶牛生物资产的实际市场价值，有助于相关会计信息使用者利用该信息进行参考和作出决策。同时，采用公允价值模式计量保证了同一企业不同来源的奶牛，或者不同企业间奶牛生物资产，甚至不同国家间奶牛生物资产的会计信息是可比的，规避了历史成本模式下可比性不足的问题。

二、X 企业优化生物资产计量属性的可行性分析

IAS41 规定生物资产计量应采用公允价值计量模式，我国财政部出台的 CAS5 也规定，相关事实可以证明生物资产的公允价值可以准确计量时，应选用公允价值属性进行计量。因此采用公允价值模式计量生物资产从国内外来说都是符合法律规定，有法律依据的。以奶牛生物资产为例，我国市场经济出现较晚，市场成熟度不高，成熟活跃的奶牛交易市场并未形成，因此对奶牛等的计量一直沿用历史成本属性。但随着改革开放推进，物流技术以及电子商务等新兴事物的发展促进了活跃的奶牛交易市场的发展，犊牛、育成牛、成母牛等不同成长阶段的奶牛的公允价值都可以在网上找到。例如中畜网畜牧交易中心、中国畜牧业协会中国牛业网、中国农业信息网、阿里巴巴等网站都有关于奶牛的报价。因此 CAS5 所规定的关于公允价值计量的条件都可以满足，采用公允价值计量具有可行性。

同时，我国自 20 世纪 80 年代出台《中华人民共和国会计法》以来，相关法律法规、规章制度不断完善，不断根据经济社会发展现状进行查漏补缺、更新换代，以规范会计行为，维护经济秩序。这些都是保障公允价值计量属性得以顺利推行的有利条件。同时，随着"互联网＋"时代的到来，将会计工作带入了云计算、云存储以及大数据、信息化的时代，会计信息管理工作在大数据、互联网的介入下"跑步"进入了新阶段，以往繁琐复杂、重复性强的工作在互联网的作用下不再占据企业大量的人力物力财力，互联网技术帮助会计从业人员从纷繁的数据收集、分析工作中解脱出来，大大降低了企业会计工作的难度。同时"互联网＋"时代的推进对企业会计工作起到了一定程度的监督管理作用，增强了企业会计安全的风险预警能力。这些都在一定程度上满足了公允价值计量模式在我国的推行要求，提升了公允价值计量方法推行的可行性。

与生物资产历史成本计量模式相比，公允价值计量模式实际操作是否可行主要在于以下几点：

（1）成熟活跃的生物资产交易市场是否存在？由上述分析可知，随着经济

发展、物流水平提升，成熟的奶牛生物资产交易市场已经存在。

（2）能否在交易市场中取得相同或相似的生物资产的报价，如果没有，是否可以采用估值技术进行估计。根据在中畜网畜牧交易中心、阿里巴巴等网站以及对 X 企业实地调研过程中得到的信息可知，对奶牛不同阶段的市场报价是可以取得的。同时，随着计算机等技术的不断发展，采用估值法对奶牛公允价值进行估计所得的数据可靠性也不断增强，因此公允价值的取得问题不再成为阻碍。

（3）公允价值计量模式与历史成本计量模式相比，操作难度较大，要随着奶牛公允价值的变动及时进行损益调整。同时，由于损益变动影响当期利润，采用公允价值计量模式计量奶牛生物资产存在人为操纵利润的可能性。但随着会计从业人员综合素质的不断提高，国家相关法律条文的不断完善再加上互联网技术的不断推进，对会计工作所起到的监管作用增强，公允价值计量模式的操作难度在不断降低，人为操纵利润的漏洞也在得到弥补。因此采用公允价值计量模式进行生物资产计量是国内外社会的大势所趋。

三、X 企业奶牛生物资产计量属性优化方案

公允价值模式计量下奶牛生物资产的初始计量也分为外部捐赠、投资所得，企业自主繁育所得和向外购买所得。企业自主繁育的奶牛以奶牛的公允价值作为入账基础，企业外购所得的奶牛以双方约定的交易价格、运输费、装卸费、保险费用等之和为入账基础，接受捐赠或投资获得的奶牛应以其公允价值或估值法估计的公允价值作为入账基础。当奶牛生物资产的公允价值发生变动时，还应根据变动情况进行损益调整。除此以外，在公允价值计量模式下，奶牛生物资产的相关养殖费用应归类于当期损益，而不计入相关资产的账面价值。X 企业可以从中畜网畜牧交易中心、中国畜牧业协会中国牛业网、中国农业信息网、阿里巴巴等网站获取奶牛的市场交易价格，并综合质量及价格决定最终交易时的公允价格。

（一）犊牛公允价值计量

自行繁殖繁育的犊牛，母犊牛作为生产性未成熟生物资产进行饲喂，公犊牛作为消耗性生物资产一般会在出生后向外售出，在进行会计记录时，应按照此时犊牛的市场价格即公允价值入账，应借记生产性生物资产——未成熟生物资产（母犊牛）；贷记其他业务收入。同时借记银行存款；贷记其他业务收入（出售公犊牛）。

干奶期奶牛所发生的饲喂成本，以及后续犊牛饲喂所产生的一系列成本费用应作为其他业务成本计入当期损益，而不是计入犊牛成本。相关费用应借记其他业务成本，贷记银行存款。

（二）育成牛及青年牛公允价值计量

当犊牛发育成为育成牛，育成牛成长为青年牛需要转群时，应依据此时奶牛公允价值入账，其差额部分要作为公允价值变动计入当期损益，养殖过程中所发生的成本费用作为其他业务成本计入当期损益。借记生产性生物资产——育成牛（青年牛）；贷记生产性生物资产——母犊牛（育成牛）以及生产性生物资产价值变动损益（或借或贷）。

外购奶牛时，要按照购买价格入账，同时包括奶牛的运杂费、装卸费、保险费等。入账时借记生产性生物资产——成本；贷记银行存款科目。

（三）泌乳牛公允价值计量

转群而来的泌乳牛的初始计量同育成牛、青年牛相似，均按照此时奶牛的公允价值入账，养殖期间所发生的费用计入其他业务成本，公允价值计量模式下泌乳牛不计提资产减值准备和折旧。年末资产负债表日，要根据此时市场的公允价格进行调整，差额计入公允价值变动损益。应根据公允价值变动数额借记生产性生物资产——泌乳牛——公允价值变动；贷记生产性生物资产价值变动损益。

（四）淘汰牛公允价值计量

淘汰牛作为消耗性生物资产，以此时市场淘汰价格减去淘汰所发生的费用后的净值入账，同时结转泌乳牛成本及公允价值变动损益，差额计入营业外收入或营业外支出。应借记银行存款以及消耗性生物资产价值变动损益；贷记生物资产——泌乳牛——成本，差额计入营业外收入。

四、X 企业奶牛生物资产公允价值计量属性的具体应用

同样以 X 企业 2017—2020 年所发生的相关业务为具体案例，分析公允价值计量模式下 X 企业不同生命周期的奶牛生物资产如何计量。公允价值计量模式下业务记录如下所示：

（一）犊牛生物资产计量

2017 年 12 月，以母犊牛的市场价值 6 500 元/每头入账。

入账价值为：$31 \times 6\,500 = 201\,500$（元）

此时应借记生产性生物资产——母犊牛成本 201 500 元，贷记其他业务收入 201 500 元。

出售公犊牛所得 21 000 元计入银行存款借方和其他业务收入贷方。

2018 年 1—6 月，31 头母犊牛共产生养殖费用 56 160.9，此笔费用计入其他业务成本借方 56 160.9 元，银行存款贷方 56 160.9 元。

（二）育成牛生物资产计量

2018 年 7 月，母犊牛转群为育成牛，此时育成牛以市场价值 10 000 元/每

头入账，计入生产性生物资产——育成牛——成本借方 310 000 元；生产性生物资产——母犊牛——成本贷方 201 500 元；剩余 108 500 计入生产性生物资产价值变动损益贷方。

8 月份该批育成牛发生养殖费用应借记其他业务成本 56 160.9 元，贷记银行存款 56 160.9 元。

2018 年 9 月 102 头育成牛的入账价值为：

9 850×102＋5 800＋2 200＋1 000＝1 013 700（元）

每头奶牛的入账价值为：1 013 700/102＝9 938（元）

入账时应借记生产性生物资产——育成牛——成本共计 1 013 700 元；贷记银行存款 1 013 700 元。

同时应该根据现行市场价格 9 938 元，调整原有的 31 头奶牛的账面价值。调整的金额为（10 000－9 938）×31＝1 922（元）

此时生产性生物资产价值变动损益借方变动 1 922 元，生产性生物资产——育成牛——公允价值贷方变动 1 922 元。

则此时 X 企业 133 头育成牛的账面价值为：310 000＋1 013 700－1 922＝1 321 778（元）

9 月到 12 月，该批次合计 133 头育成牛共发生养殖费用 206 306.8 元，计入其他业务成本借方 206 306.8 元，银行存款贷方 206 306.8 元。

（三）青年牛生物资产计量

2019 年 1 月育成牛成长为青年牛，每头青年牛的市场价格为 8 000 元/头，此时应借记生产性生物资产——青年牛——成本 1 064 000 元，贷记生产性生物资产——育成牛——成本 1 321 778 元。差额作为生产性生物资产价值变动损益共计 257 778 元，计入借方账户。

2019 年全年，该批次青年牛共产生养殖费用 745 883.85 元，应将该数额分别计入其他业务成本借方以及银行存款贷方。

（四）泌乳牛生物资产计量

2019 年 12 月青年牛转泌乳牛，泌乳牛的公允价值为 16 000 元/每头，此时应根据市场价格对泌乳牛成本进行计量。此时生产性生物资产——泌乳牛——成本借方发生 1 729 000 元，生产性生物资产——青年牛——成本贷方发生 1 064 000 元，差额 665 000 元计入生产性生物资产价值变动损益贷方科目。

生产时，3 头奶牛因难产去世，保险赔付共计 51 000 元，应计入银行存款借方；

3 头奶牛的账面价值为：13 000×3＝39 000 元，计入生产性生物资产——泌乳牛——成本贷方科目；公允价值变动损益为：513 800/133×3＝11 589 元，计入生产性生物资产价值变动损益差额 23 589 元，同时计入营业外收入贷方。

130 头泌乳牛的账面价值为 1 729 000－39 000＝1 690 000（元）

公允价值变动损益余额在贷方，金额为：513 800－11 589＝502 211（元）

2020 年 1 月，泌乳牛的市场价格上升为每头 16 000 元，此时公允价值出现变动，应借记生产性生物资产——泌乳牛——公允价值变动 390 000 元；生产性生物资产价值变动损失贷方也变动 390 000 元。

（五）淘汰牛生物资产计量

3 月 5 只淘汰牛的净残值为：8 000×5－500＋42 500＝82 000 元，应计入银行存款借方；

5 只淘汰牛的账面价值为：16 000×5＝80 000 元，计入消耗性生物资产——泌乳牛——成本贷方；

5 只淘汰牛的公允价值变动损益为：892 211/130×5＝34 316 元，计入生产性生物资产价值变动损益借方科目；

剩余金额为 36 316 元，记入营业外收入贷方。

总结如下：

2020 年 3 月底 125 头泌乳牛的账面价值为：

2 080 000－80 000＝2 000 000（元）

累计的其他业务收入为：201 500＋21 000＝222 500（元）

累计的其他业务成本为：70 585.94＋56 160.9＋56 160.9＋ 745 883.85＝928 791.59（元）

累计的公允价值变动损益为：892 211－34 316＝857 895（元）

累计的营业外收入为：23 589＋36 316＝59 905（元）

第三节　不同计量属性所造成的经济后果的分析

一、生物资产价值方面（表 5－8）

表 5－8　X 企业不同计量属性下生物资产价值

单位：元

	历史成本	公允价值	市场价格
2018 年 6 月犊牛	3 670	6 500	6 500
2018 年 9 月育成牛	8 893	9 938	9 938
2019 年 1 月青年牛	8 000	8 000	8 000
2020 年 3 月泌乳牛	13 445	16 000	16 000

资料来源：据作者整理。

由上述对比可以得出，采用不同计量模式计量奶牛生物资产会对奶牛资产的最终价值有极大的影响。采用公允价值计量奶牛生物资产可以及时根据奶牛交易市场的变动情况，对奶牛现行市场价格的波动做出对应的反映。而采用历史成本模式则失去了这种灵活性、机动性，奶牛的账面价值并不能反映市场的真实情况，不具备参考价值。同时，根据上述分析可以看出，历史成本属性下，X 企业奶牛资产的价值会在一定程度上被低报，给企业所有者和会计信息使用者提供不能反映市场真实情况的信息。

二、企业状况方面（表 5-9）

表 5-9　不同计量属性下 X 企业 2019 年 3 月资产状况

单位：元

	历史成本	公允价值
生物资产账面价值	1 680 620	2 000 000
已计提的累计折旧	48 460.8	0
已计提的生物资产减值准备	305 475	0

资料来源：据作者整理。

X 企业作为农业科技企业兼奶牛养殖企业，奶牛生物资产是 X 企业资产的重要组成部分，其价值计量的后果对 X 企业资产状况影响深远。根据上述对比结果可以看出，历史成本计量模式下，所表现的奶牛资产的价值低于市场价格；选用公允价值计量属性，奶牛资产的价值与市场价格齐平。换言之，公允价值属性更能有效反馈企业的资产状况，也更符合企业实际的资产状况。当企业面临资产评估或价值评估时，采用公允价值计量模式才能更好地反映企业经营状况，为评估者提供准确信息，更符合企业利益（表 5-10）。

表 5-10　X 企业不同计量模式下盈利状况

单位：元

	历史成本	公允价值
其他业务收入		＋222 500
其他业务成本		－928 792
管理费用	－48 460.8	
资产减值损失	－305 475	
公允价值变动损益		＋857 895
营业外收入	＋24 916	＋59 905
合计	－329 019.8	＋211 508

资料来源：据作者整理。

选择所造成的结果主要从两方面影响企业的盈利状况：一是收入与成本的配比问题，奶牛作为一种生长周期较长的生物资产，只有当其进入成熟期后，才会为企业带来收入，因此采用历史成本计量模式进行计量时，在养殖中期资产负债表日就会出现成本过高但没有与之相匹配的收入，因此产生亏损的现象。二是折旧率、折旧年限的选择所带来的问题。历史成本计量模式下，奶牛生物资产每年要进行折旧，高折旧率带来的是成本过高，利润受损，低折旧率则有可能出现虚增利润的情况，而选用公允价值计量则能避免这些现象的出现。以上分析说明了不同计量模式下企业盈利状况的不同，企业利润等于：营业收入－营业成本－累计折旧－资产减值损失＋公允价值变动损益＋营业外收入。

历史成本计量模式下：所计提生物资产累计折旧为 48 460.8 元，资产减值损失为 305 475 元，营业外收入为 24 916 元，共计使利润减少 329 019.8 元。

公允价值计量模式下：其他业务收入为 222 500 元，其他业务成本为 928 792 元，公允价值变动损益为 857 895 元，营业外收入为 59 905 元。合计共计使利润增加 917 800 元。

可见，公允价值计量对其利润的影响是一种正面的反馈，换言之，公允价值属性更能反映企业盈利情况。

第二部分

乳制品加工消费篇

第六章　河北省乳制品加工业
经营状况分析

第一节　河北省乳制品加工业生产经营状况

河北省乳制品加工企业中，获得生产许可资质的企业达到43家，其中包含24家大型乳品企业。24家大型乳品企业中包括：内蒙古蒙牛乳业（集团）股份有限公司（简称"蒙牛"）旗下7家，内蒙古伊利实业集团股份有限公司（简称"伊利"）旗下4家，北京三元食品股份有限公司（简称"三元"）旗下3家，黑龙江省完达山乳业股份有限公司旗下2家，本地乳品企业石家庄君乐宝乳业有限公司（简称"君乐宝"）8家。本土乳品企业占据一定比例，其中承载着河北省乳业振兴重任的君乐宝发展势头良好，其资产已逾百亿元，超过三元、新希望乳业控股有限公司（简称"新希望"）等诸多区域型企业，在上市的道路上将有更大的资金和政策优势，可以预见，未来君乐宝能够有效地推动河北省奶业的健康发展。

一、乳制品生产变化情况

（一）乳制品总体生产情况

国家对奶业的扶持政策以及社会对乳制品的消费需求共同促进了乳制品加工业的快速发展。河北省是全国名副其实的奶业大省，作为京津冀乳制品需求市场的重要供给来源地，2014—2018年乳制品产量一直位居全国首位。2014—2016年，乳制品产量连年增长，平均年增长21.16万吨。2017年乳制品产量与2016年基本持平。2017—2019年河北省乳制品产量略有回落，2019年河北省乳制品产量为356.80万吨，比2017年减少了16.05万吨（图6-1）。整体来看，河北省乳制品产量呈现总体增长态势。

（二）液态奶产量变化情况

2014—2019年，河北省液态奶产量占乳制品产量的比重均在96.00％以上（图6-2），奶粉、乳酪等干乳制品产量占比较小。这从侧面反映出河北省乳制品产品结构不尽合理，有待政府、企业和各方努力，引导消费者全面认识不同乳制品的特征及营养价值，改善当前乳制品消费结构单一的局面。

通过分析河北省液态奶产量占全国液态奶产量比重变化情况发现，2010—2019

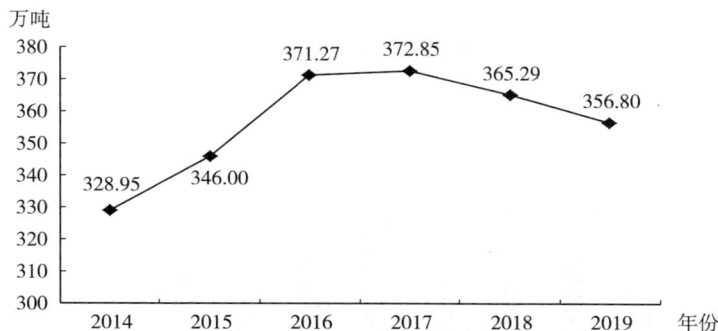

图 6-1　2014—2019 年河北省乳制品产量变化情况

数据来源：2019 中国奶业统计摘要。

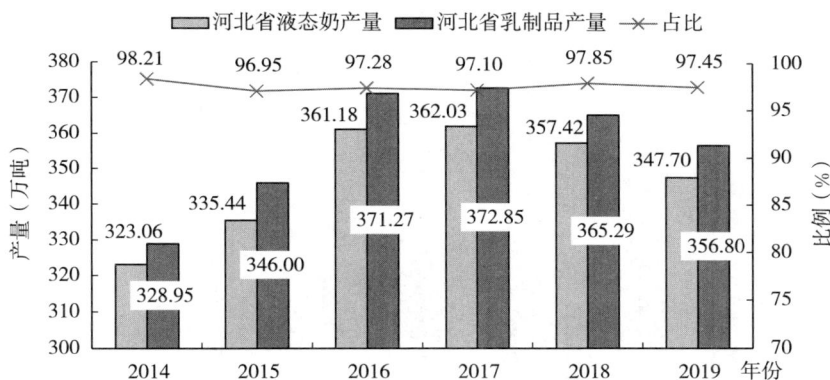

图 6-2　河北省液态奶产量变化情况

数据来源：2019 中国奶业统计摘要。

年，河北省液态奶产量占全国液态奶产量的比重呈波动性增长趋势（图 6-3）。从 2010 年占比 12.43％增至 2019 年 13.70％，十年内维持缓慢向上增长的趋势。具体表现为 2012—2014 年的快速上涨之后，比重有所下降，但到 2018 年，河北省液态奶产量占全国比重增至新高（14.26％），受中美贸易摩擦及其他国际环境的不利影响，2019 年河北省液态奶产量和全国占比略有下降，但能看出河北奶业仍平稳发展，究其原因主要在于随着国内经济的发展，居民消费水平的提高以及消费者对国产品牌信任度不断加强，使得液态奶产量能够继续维持稳定向上增长的趋势。

2019 年河北省液态奶生产势头良好，年度产量高达 347.7 万吨，占全国液态奶产量总产量（2 537.7 万吨）的 13.70％，比奶业大省内蒙古高出 76.13 万吨，稳居全国第一。前 10 省份中有 9 省份产量超过 100 万吨，只有河南和四川产量下降，前 6 省份产量合计 1 282.0 万吨，占总产量的 50.5％，前 10 省份 1 712.8 万吨，占 67.5％（图 6-4）。

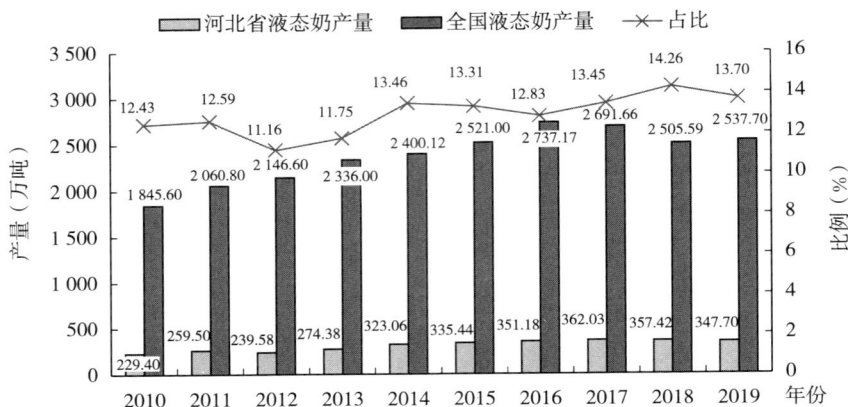

图 6-3 河北省占全国液态奶产量比重变化情况

数据来源：2019 中国奶业统计摘要。

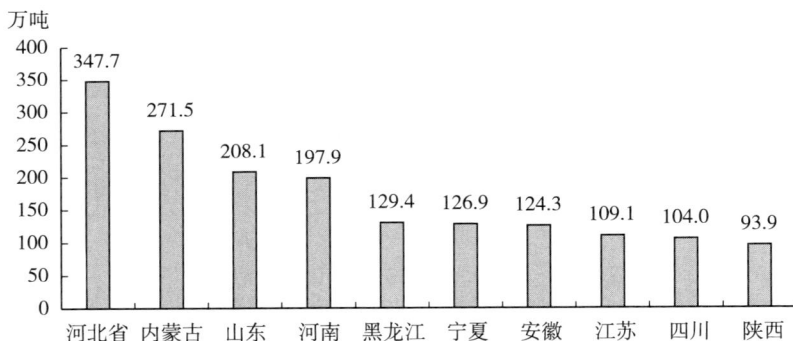

图 6-4 2019 年主产省液态奶产量

数据来源：乳业在线 . https：//mp. weixin. qq. com/s/o9q1zMdnbrxDqBmk1IFjdg.

（三）奶粉产量变化情况

河北省奶粉产量占乳制品总产量份额较少，并呈现波动发展趋势。自 2010 年河北省奶粉产量恢复到 4.80 万吨后呈现出下降及缓慢发展态势。2015 年河北省奶粉产量达到历史新高，当年实现 6.01 万吨的产量突破，较上年增长 36.90%，较 2010 年增长 25.21%。但 2016 年奶粉产量又下降至 5.06 万吨，2017—2019 年奶粉产量回升（图 6-5），到 2019 年，河北省奶粉产量达 6.70 万吨，较上年增长 34.00%，占全国奶粉产量的 6.37%，总体呈现出增长的态势。这得益于 2013 年河北省出台的《关于加快全省乳粉业发展的意见》等促进乳粉业发展的支持政策。

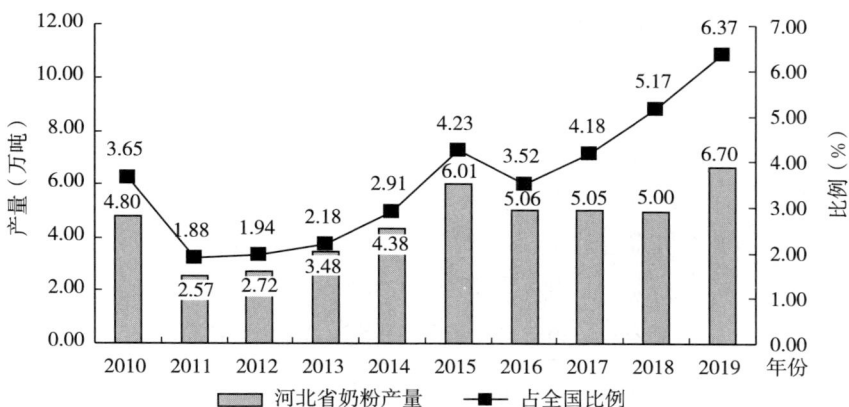

图 6-5 河北省 2010—2019 年奶粉产量变化情况

数据来源：2019 中国奶业统计摘要。

（四）干乳制品产量变化情况

河北省干乳制品产量在全省乳制品总产量中占比不足 3.50%，2016 年后更是低于 3.00%，受消费者饮食习惯的影响，干乳制品属于小众产品。在产量变化中，基本处于波动式下降趋势，这与全国市场走势基本一致。2015—2017 年，河北省干乳制品产量变化不明显，保持在 10.00 万～11.00 万吨，2018 年产量有所下降，低至 7.90 万吨，在全国干乳制品产量所占的比重已由 2012—2013 年的高位降至 4.35%。2019 年，全省干乳制品产量 9.6 万吨，较 2018 年增长 21.9%，占全国总产量的 5.28%，干乳制品产量回升迹象明显（图 6-6）。

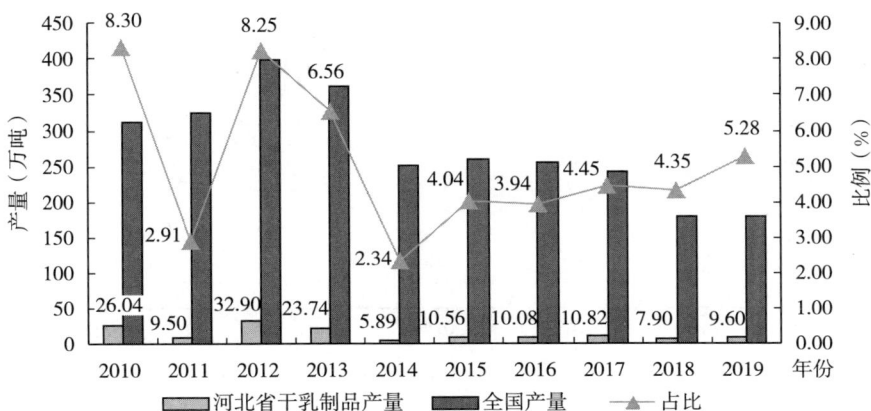

图 6-6 河北省干乳制品产量变化情况

数据来源：2019 中国奶业统计摘要；2018 年度河北省乳制品行业调研报告。

二、乳制品行业经营状况分析

近年来，河北省乳品企业不断引进先进技术、工艺和生产线，扩大生产规模，调整产品结构，加大产品研发升级力度，加强品牌建设，取得了可喜成绩。截止到 2018 年底，河北省乳品企业总资产达 212.03 亿元，净利润达 12.61 亿元，纳税 20.47 亿元（表 6-1），乳品企业的强势发展，特别是以君乐宝为代表的大型乳品企业，不断提升乳制品加工产业的技术层次与产品质量，为构建河北省奶业现代化发展体系注入活力。

表 6-1　2018 年河北省乳品企业总体发展状况

指标	资产（亿元）	负债（亿元）	收入（亿元）	利润总额（亿元）	净利润（亿元）	纳税额（亿元）	员工人数（人）
合计	212.03	111.54	317.03	15.34	12.61	20.47	22 133

数据来源：2019 年中国奶业统计摘要。

君乐宝作为河北省的大型乳品企业，其产品构成和营业收入较为真实地反映了河北省乳制品加工行业的发展现状。君乐宝自 2015 年至今销售额连年增长，从 2015 年的 65.00 亿元增至 2019 年的 163.00 亿元，5 年间实现了销售收入增长 2.51 倍（图 6-7）。表明在国家、河北省政府的大力扶持下，君乐宝通过技术不断升级、产品结构不断优化等自身努力，使得近年来的企业发展持续保持了高速增长的态势。

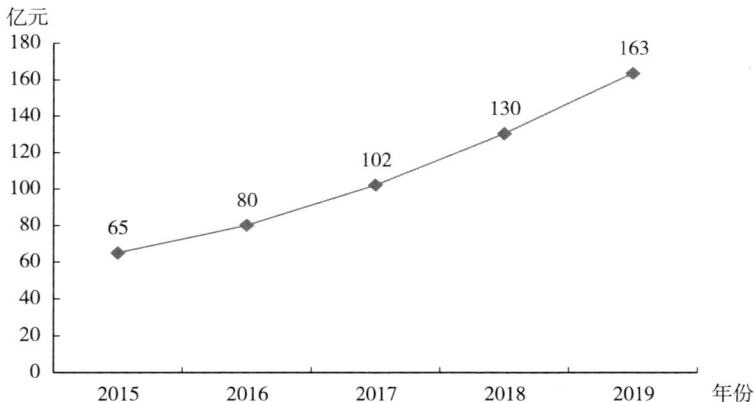

图 6-7　2015—2018 年君乐宝营业额变化情况
数据来源：新乳业。

2015—2018 年君乐宝奶粉占营业额的比重见图 6-8，数据显示，在营业收入高速增长的同时，君乐宝的奶粉系列产品收入占比也在不断增加，从

2015 年的 11.08％增至 2018 年的 38.46％，销售收入同比增长超过 100％，连续 5 年在规模乳品企业中增速领先，进入奶粉行业第一阵营。

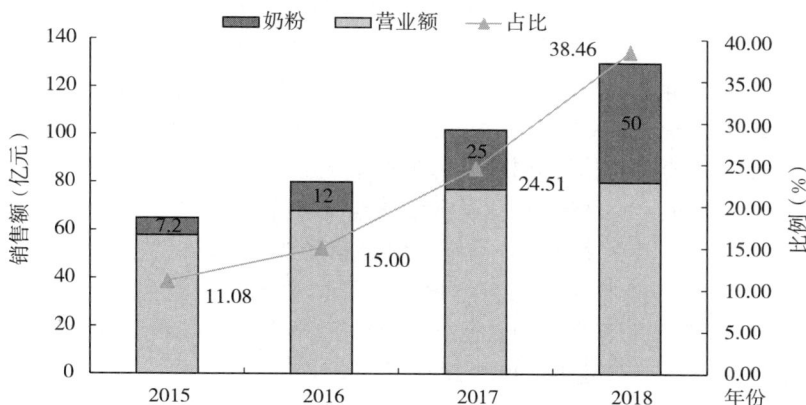

图 6-8　2015—2018 年君乐宝奶粉占营业额的比重

数据来源：新乳业。

君乐宝在奶粉产业突飞猛进的同时，2018 年低温酸奶前途也一片大好，销售额增长 14.00％，其中君乐宝自主研发并首推的芝士酸奶在同品类中市场占有率高达 82.00％，常温液态奶的收入增长也达到了 30.00％。

君乐宝多类产品齐头并进，保持常温奶等一般乳制品收入增长的同时，在高附加值的乳制品上也表现优异，奶粉和酸奶销售收入的持续增长，反映出君乐宝近年来的战略布局的前瞻性，即开发高附加值乳制品，抢占新市场，将产品结构向新型产品方向调整。新产品"涨芝士啦"芝士酸奶的异军突起更反映了君乐宝对创新产品的重视与研发力度的增加。君乐宝市场、口碑的双丰收体现了市场对乳制品的需求依旧很大，消费者对创新型乳制品的追求热情不减，也为乳品企业尤其是地方型乳品企业在乳制品市场竞争激烈的今天如何找准定位进一步开拓市场提供了范例。

第二节　河北省乳制品加工业存在的问题

一、乳制品以液态奶为主，产品结构不合理

自 2014 年以来，河北省乳制品产量从 346.00 万吨增加到 2018 年的 392.30 万吨，连续 5 年乳制品产量位居全国首位，但产品结构不合理。2019 年河北省液态奶产量 347.70 万吨，占河北省乳制品产量的 97.45％，干乳制品产量比重仅为 2.55％。其他奶业大省如内蒙古、黑龙江省等，干乳制品产量比重分别为 4.10％、14.20％，均高于河北省。

2019 年，河北省液态奶产量最高，为 347.70 万吨，远高于内蒙古（271.50 万吨）、山东省（208.10 万吨）。但干乳制品产量仅为 9.60 万吨，占全国比重的 5.28％，黑龙江省干乳制品产量最高，陕西省其次，前 4 省份（黑龙江、陕西、内蒙古、广东）产量合计 92.70 万吨，占总产量的 51.00％。奶粉产量方面，2019 年河北省产量为 6.70 万吨，同比增长 34.00％，占全国比重 6.37％，黑龙江省产量最高，陕西省次之，产量合计 60.00 万吨，占全国比重的 57.00％。

目前乳制品消费向品种多样化、新鲜营养健康化方向发展。河北省乳制品多以普通产品为主，90.00％以上为液态奶，缺乏无糖牛奶、低脂牛奶等功能产品，奶制品结构缺乏多样性，高端乳制品市场供给能力差距尤为明显。如伊利在 2018 年推出了植物蛋白饮料"植选"系列豆乳、功能型饮料"焕醒源"、果昔酸奶饮品"果果昔"、女士配方奶粉"优悦"、高端饮用型酸奶"畅轻PET"等产品，高端产品占比已经高达近 50.00％。

二、全国知名品牌较少，品牌价值较低

河北省乳品企业虽有较大发展，但市场品牌影响力不强。近年来，以君乐宝为代表的河北省乳制品企业发展良好。2019 年 7 月，蒙牛完成了股份转让协议，拟以总价为 40.11 亿元人民币的价格出售其所持石家庄君乐宝乳业有限公司 51.00％的股份，交易完成后，蒙牛不再是君乐宝的股东。这意味着在国家奶业振兴的背景下，本土乳品企业君乐宝的上市脚步进入加速期。

尽管如此，河北省乳品企业整体竞争力及品牌影响力不强，仅君乐宝品牌异军突起，其他众多本土乳品企业缺少核心竞争力及品牌知名度。全国乳品品牌市场知名度调查结果显示，河北君乐宝品牌知名度全国总排名第十一位，在婴幼儿配方奶粉中排名第六位。由此可见，即使君乐宝在河北省内一枝独秀，但是在全国市场上品牌认可度仍比较低，与国内知名品牌和国外进口品牌之间存在一定的差距，河北省乳制品品牌力量明显较弱。

调查全国乳品品牌市场知名度情况，2019 年 2 月胡润研究院发布"胡润品牌榜"，在食品饮料行业方面，伊利蝉联食品饮料行业冠军，品牌价值同比增长 56.00％至 795.00 亿元。蒙牛仍排第三名，品牌价值 400.00 亿元，涨幅比例 31.00％。排名第 11 位的新乳业（隶属新希望）品牌价值也达到了 40.00 亿元。2019 年中国品牌价值评价信息显示君乐宝的品牌价值为 22.80 亿元，涨幅比例高达 90.00％。

三、区域型乳品企业发展缓慢，缺乏差异化战略

目前，河北省具有乳制品生产许可证的企业 43 家，除蒙牛、伊利、君乐宝等大型乳品企业和外埠企业外，仍有 15 家本土的区域型乳企。这些区域型

乳品企业资产实力较弱，在与大型乳品企业竞争时，对自身具备的先天地域区位优势，在消费者心目中形成的天然认识、产品的新鲜度、每日配送及入户渠道等核心资源的优势不清晰，缺乏差异化的发展战略。在研发具有高科技的、短时效的低温产品方面仍存在短板。在对产品营销市场的巩固和市场细分实施差异化竞争方面存在困难，且容易被大品牌在广告资源、成本优势、开发渠道等方面碾压。

第三节　河北省乳制品加工业发展对策

一、引导消费升级，优化产品结构

目前我国的常温酸奶市场在经历高增长后将逐渐饱和；低温奶市场将持续增长，预计年增长率在8.00%以上；功能性酸奶和有机奶年增长率在10.00%以上；奶酪市场空间极具潜力，预计年均增长率在20.00%以上。随着"90后"和"00后"的崛起，中国乳制品消费需求正向高端化、多元化和个性化过渡。高端奶市场每年保持30.00%的增速，奶茶、咖啡消费量的增长带动了乳制品的消费。乳制品的同质性强，消费者主要通过口味、广告、品牌等因素来形成对不同乳制品品牌的消费偏好。乳品企业产品结构升级已经成为收入增长的最主要来源，产品差异化和高端化成为乳制品市场竞争的焦点，中高端产品驱动企业及行业增长。因此，为提升企业产品竞争力，河北省区域型乳品企业应通过各方面宣传渠道，引导消费潮流，通过加大产品科技研发力度来提高产品科技含量，通过准确的细分市场创造产品差异化，打造高端产品产业，塑造自身品牌形象。在大力加强酸奶和高端纯牛奶市场的同时，乳品企业需积极向新兴乳制品品类、非乳制品品类、健康消费品类等方向布局。

二、加大营销力度，创建名优品牌

在食品安全事故常发而市场监管体系不完善的背景下，消费者对食品质量安全要求日益提高，乳制品对于消费者是一种典型的信任品。为增强消费者对乳制品质量安全的信任度，进一步开拓市场，各乳品企业应该积极公开乳制品生产过程，力争从原料采购到消费者的全过程公开化、透明化。同时积极寻求创新，如在产品口味，营养保健成分以及产品概念上创新，树立自身品牌特色，满足消费者消费偏好、口味以及消费水平方面的差异，通过互联网进行宣传、赞助公共事件等方式建立知名度和美誉度较高的品牌形象。中小型乳品企业可以选择性价比更高的宣传方式，通过线上线下相结合，立体化的宣传渠道有助于乳品企业更好地打开市场，达到最佳的宣传效果。其中包括媒体宣传：各大报刊、杂志及各大网站；线下活动宣传：新品发布会、高端酒会、明星演唱会、节日宣传活动等；广告宣传：高铁、地铁、公交车体及站台广告、社区灯箱广告、地铁公交广告宣传、LED 屏幕广告投放、电视视频广告投放等。

同时对于区域型乳品企业来说，只有通过发挥自身本土化、区域化优势，聚焦"新鲜"，才可能在未来的发展过程中，提升核心竞争力，成为区域的强势品牌，和全国型乳品企业形成相对稳定的竞争关系，共同掘金中国乳业市场。河北省君乐宝是全国唯一一家通过国际权威 BRC、IFS 认证的乳品企业，婴幼儿配方奶粉率先在香港、澳门销售，精准聚焦国际市场，着力打造骨干与拳头产品，争创国际知名品牌。另外有关政府部门机构要落实双创双服，加大对本土企业的帮扶力度，充分完善市场竞争机制，培育、鼓励更多龙头企业参与国际竞争、开拓国际市场。

三、加快区域型乳品企业兼并重组步伐，引导错位竞争

坚持对标国际一流，加快兼并重组，重点培育一批销售收入超百亿元的乳品企业集团，促进产业集群集聚发展。大力培育发展本地龙头乳品企业，做大做优君乐宝等河北省奶业品牌，努力开拓国内市场，形成骨干龙头企业带动、产业集群发展的新格局。建议相关部门在顶层设计上加大对大型标准化、规模化乳品企业自建牧场种植牧草，建设自给奶源基地的扶持力度，对中小型乳品企业给予税收和信贷优惠政策，对重点企业和重点建设项目加大资金扶持和投入，对获得名牌产品的企业，给予奖励。切实提高企业技术改造、结构升级、兼并重组等措施的扶持效果，提升河北省乳业产业结构和核心竞争力，打造更具竞争力的本土乳品企业。

同时区域品牌发挥地方品牌区域覆盖优势，加工"低温奶"，提供差异化的产品，实现与全国性品牌的错位竞争。比如新乳业和天润乳业等"小而美"乳品企业崛起，新乳业和天润乳业两家企业都是以低温奶为核心业务。2018年新乳业营收较上年同期增长 12.50％，母公司股东净利润较上年同期增长9.20％；天润乳业营收较上年同期增长 17.90％，母公司股东净利润较上年同期增长 15.20％。目前低温奶正是乳制品市场发展的一个趋势，国内经营低温奶产品的企业数量已超过 400 家，其中区域型龙头乳品企业的低温奶增速达到了 20.00％左右，低温奶市场发展空间潜力巨大，区域型乳品企业应顺势而为之。

四、构建"奶农＋合作社＋乳品企业"的利益联结机制

河北省只有婴幼儿配方奶粉和少数高端乳制品生产企业自建奶牛养殖场，多数乳品企业与奶牛养殖场之间为合同收购关系，尚未形成养殖与加工互为依

存、风险共担、利益共享的共同体。乳品企业主导生鲜乳收购价格，奶牛养殖场缺乏话语权，生鲜乳收购秩序不规范，奶业发展不稳定。因此《河北省奶业振兴规划纲要（2019—2025 年）》及《河北省人民政府关于加快推进奶业振兴的实施意见》中提出，发展"奶农＋合作社＋乳品企业"模式，完善乳品企业与合作社利益联结机制，推动产加销一体化。

产业一体化是奶业现代化发展的必然趋势，奶农与乳品企业稳固的供给关系是产业发展的基础。乳品企业可以向上或向下延伸产业链条，与奶农相互持股或合作经营，整合产业链资源发展一体化。另外，组织众多奶农成立合作社，与社会化服务体系建设相配合，提高奶农在产业发展中的组织化程度，保障其合理的经营收入，稳定其在产业链条中的基础地位，有利于产业一体化的顺畅发展。

五、开拓消费市场，扩大"学生奶"的实施范围

2019 年 2 月，河北省教育厅等四部门制定的《关于在全省农村小学生中实施营养改善计划地方试点的实施方案》，提出对河北农村小学生补助标准为每生每天 2.5 元（1 盒牛奶、1 个鸡蛋），按照学生全年在校时间（除法定节假日、寒暑假外）200 天计算，每生每年补助 500 元。中小学生正值长身体的关键时期，足够的乳制品摄入量能保障孩子们生长发育所需的营养物质，同时培养孩子们良好的饮奶习惯。

目前河北省中小学生人数 1 046 万，学生奶覆盖 431 万人，包括国家级贫困县、省级贫困县、农村营养奶改善计划，覆盖率达 41.20％。若"学生奶"计划覆盖全省中小学生，按全省 1 046 万学生计算，每个孩子每天在校饮用 1 盒 200 毫升学生奶，每天可消费约 2 157.00 吨生鲜乳，按每年 200 天在校日计算，全年牛奶消费量可达 43.00 万吨，约占 2018 年生鲜乳产量的 11.00％（2018 年生鲜乳产量 391.00 万吨），数量相当可观。

因此"学生奶"项目实施范围的进一步扩大，不仅能惠及更多的农村中小学生，还能拓展乳制品消费市场，带动乳制品加工业，同时辐射拉动奶牛养殖业等，推动整个奶业产业链的发展，全面振兴河北省奶业。

第七章　河北省乳制品加工业 SCP 范式分析

第一节　河北省乳品加工业行业结构分析

一、原奶收购市场集中度高，属寡占型市场

截止到 2014 年底，河北省取得《乳制品生产许可证》的乳制品加工企业有 42 家（规模以上 36 家），乳制品产量 328.95 万吨，其中液态奶 323.06 万吨，乳粉 4.39 万吨，乳制品产量和液体奶产量均居全国第一位。从企业布局上看，石家庄市 11 家乳制品企业产能占河北省的 16.60％、张家口市 10 家乳制品企业产能占河北省的 33.68％、保定市 6 家乳制品企业产能占河北省的 16.41％、唐山市 5 家企业产能占河北省的 17.68％。从所属集团来看，"蒙牛""伊利""三元""光明""完达山"等品牌的外埠企业 27 家，产能占河北省的 85.51％，产量占河北省的 93.20％。"君乐宝""长城""天香""缘天然"等本土品牌企业 14 家，产能占河北省的 14.49％，产量仅占河北省的 6.80％。从市场集中度情况来看，河北三元食品有限公司、石家庄君乐宝乳业有限公司（蒙牛集团控股 51％）、定州伊利乳业有限责任公司、蒙牛乳业（唐山）有限责任公司、滦县伊利乳业有限责任公司进入 2014 年度河北省轻工业 50 强企业。四大集团拥有企业 20 家，生鲜乳收购量占河北省总量的 90％以上。

由此可知，河北省绝大部分的原奶供应给"伊利""蒙牛""三元"等品牌的加工企业，且乳制品九成左右的产能在外埠企业。由此可以得出河北省乳制品市场具有高集中度的特征，属寡占型市场。

二、市场壁垒较高，其他资本难以进入

近年来，河北省政府下大力度监管乳制品质量安全，致使乳制品市场的进入与退出壁垒相较以往都有不同程度的提高。

（一）进入壁垒

一是行业进入成本较高。《乳制品工业产业政策（2009 年修订）》中规定：新建和改（扩）建乳制品企业应具有稳定可控的奶源基地，且加工能力至少应在 300 吨以上。严格的市场准入条件，增加了行业进入的成本，阻碍了新进入

者的进入步伐。二是从品牌忠诚度角度考虑，由于乳制品行业是个受社会高度关注的特殊行业，消费者对信任的品牌忠诚度相对较高，目前市场上的多数乳制品企业已经建立拥有一定可信度和消费者群体的品牌，新进入的企业短时间内很难建立可信任的品牌形象。三是在食品质量安全压力下，河北省政府部门加强对乳制品企业的监管。自 2011 年重新审核乳制品企业生产许可证以来，河北省企业数量由原来的 116 家降到现在的 42 家，近 2/3 的企业被淘汰退出乳制品加工业。目前的乳制品市场仅剩大中型企业，小型乳制品企业都被淘汰出局。2013 年、2014 年出台的各项政策进一步提高了行业进入成本和门槛，给潜在进入者制造了更大的困难。

（二）退出壁垒

乳制品企业的资产专用性质导致企业需要投入巨资用于奶源基地建设，因而沉淀成本较高。另外为了保持地方的税收收入、维持地方就业率、促进经济发展等因素，地方政府会千方百计地阻止乳品企业退出行业运营，通过给予乳品加工企业各种税收优惠和补贴，使企业有更大的承受力。如沧州市某地方乳制品企业，近年来一直依靠政府补贴发放员工工资，可见经营不善的企业退出乳制品市场也存在较高的壁垒。受国内经济增速放缓的影响，其他行业部分上市公司纷纷加快了业务转型的步伐，有的计划涉足乳品行业，但该行业较高的进入与退出壁垒，可能会导致其他行业的资本无法进入，市场集中度反而进一步加剧。

三、产品差异化小，同质化程度高

河北省乳制品品种同质化严重。第一，产品种类少。河北省乳制品以液态奶为主，其制作工艺基本上划分为三大种类：超高温灭菌常温奶类、发酵制成的酸奶类以及加入更多食用添加剂的乳饮料类。第二，产品结构单一。河北省内同类口味乳制品竞争明显，乳制品口味缺乏多样性。酸奶产品结构多以果味和原味为主，常温奶产品结构多以纯牛奶、红枣花生、红枣核桃等口味为主。第三，包装缺乏标志性。河北省内乳制品包装材质、包装方式等呈较强的相似性，易混淆。常温奶都采用塑料和纸制包装，且采用袋装生产的比较多。酸奶类一般采用罐装、杯装和盒装。以儿童奶为例，"伊利"的"QQ星"、"蒙牛"的"未来星"、"三元"的"妙乐星"、"天香"的"希望星"，在产品功能、口味、包装设计方面差别不大，同质化严重。总体说来，虽然乳制品市场在种类、口味与包装方面并无太大差异，但是由于产品本身的品质、广告宣传效应、消费者对产品的偏好和对品牌的忠诚度等原因，使得外埠大型乳制品企业具有一定的认知占先优势。

第二节　河北省乳品加工业市场行为分析

企业的市场行为是指企业为适应市场要求而不断调整运营的行为。目前，河北省乳制品市场还是以"蒙牛""君乐宝""伊利""三元"等品牌为主导，属各类中型企业并行的寡占型市场。下面，分别从定价行为、广告行为、兼并行为等方面来分析河北省乳制品企业的市场行为。

一、竞争手段多以低价促销为主

乳制品生产企业根据生产成本和消费者需求来确定乳制品价格，尤其是按照不同档次乳制品的生产成本，依次进行定价。由于乳制品销售价格一直保持在较低的水平，价格战一直在持续。有的乳制品企业采取特价销售、捆绑销售等手段进行低水平竞争，企业利润微薄，尤其是婴幼儿奶粉，价格竞争更为激烈。

二、外埠品牌的广告力度远胜于本土品牌

根据数据统计发现，2019 年，内蒙古伊利实业集团股份有限公司广告费用投入 110.41 亿元，占总营收的 12.27%；内蒙古蒙牛乳业（集团）股份有限公司广告费用投入 84.999 亿元，约占总营收的 10.76%。从河北省乳制品行业的广告投放情况来看，投放的广告费用不多，而且还主要集中在规模较大的几家乳品企业之中。河北省本土乳制品企业没有雄厚的资金实力进行广告宣传，是没有办法与全国知名品牌企业相提并论的。如保定市某中型企业的广告费用大约是 10 万元/月，只能在某些地方电台做广告宣传。

三、兼并重组多为外埠大型乳企行为

企业兼并是资本集中的一种基本形式。2011 年颁布实施的《河北省人民政府关于促进企业兼并重组的实施意见》指出，积极推动乳制品企业进行兼并重组，支持伊利集团、蒙牛集团、三元集团等企业整合河北省乳制品企业，积极扶持河北省企业做大做强。资料显示，自 2001 年以来，河北省范围内有十余起乳制品企业兼并、控股事件，均是伊利集团、蒙牛集团、三元集团、完达山乳业股份有限公司等大型乳企参与。只有兼并方实力雄厚，才能拿出大量并购资金用于企业发展，用于并购后企业的员工安置、资产处理、债务偿还等，而中型乳制品企业没有这样的实力。

第三节　河北省乳品加工业市场绩效分析

一、奶牛养殖环节收益得不到保证

2011 年，由于奶源过剩，奶价下跌，奶农倒奶杀牛退市；2012 年，奶源紧张，奶价上涨；直至 2013 年，奶源紧张加剧，奶价大涨，大量散户买牛入市；2014 年，奶价下跌，企业拒奶严重，奶农倒奶杀牛退市；2015 年倒奶杀牛现象缓解，但拒奶现象依然存在，养殖环节又陷入低谷；2016 年、2017 年上半年仍不见较大起色。奶牛养殖不仅投资大，因其鲜奶保存的特殊性，风险程度远大于其他农产品。河北省原奶收购基本被伊利、蒙牛、三元、君乐宝四家乳品企业垄断，奶源紧张时企业抢奶，奶源充裕时企业拒奶、限购、压价现象时有发生。

二、本土乳制品企业品牌盈利能力低

目前河北省本土乳制品企业有 25 家，乳粉加工企业 10 家，其中 5 家处于亏损状态。其原因在于国内奶牛养殖成本高，导致乳粉加工企业生产成本高于进口乳粉。以乳粉企业生产 1 吨奶粉需要 8.5～9.0 吨鲜牛奶计算，当前国内鲜奶收购平均价格在 3.41 元/千克，生产 1 吨奶粉需要价值 2.8 万～3.1 万元的生鲜乳。而国外进口的乳粉价格 2015 年 1—6 月份均价为 2 779.89 美元/吨，折合成人民币约为 1.7 万～1.8 万元/吨，每吨低于国产乳粉成本 1 万多元。河北省乳粉企业无法与进口乳粉相竞争，盈利能力低甚至亏损。

三、本土乳制品企业创新能力不足

企业规模的大小在一定程度上决定着企业的技术创新能力。乳品企业的技术创新能力主要体现在以下方面：一是产品技术上的创新，即原理创新。如 2015 年 7 月三元的新品"布朗旎"烧酸奶（低温加热的工艺，颜色、状态都是天然形成，优于普通酸奶）。二是产品品种的创新，使产品更符合特定消费群体需求。如伊利在 2015 年再次推出的红色包装核桃乳显得更为喜庆，用于逢年过节的礼品。但乳品企业整体的技术创新能力较弱，甚至有的本土企业基本没有研发能力。自主研发组织载体的缺失导致其自主研发能力低下，只能生产一些简单的大众化乳品，这在很大程度上影响了乳品企业的竞争力。

第四节　河北省乳品加工业发展瓶颈分析

一、原奶收购市场集中度高，出现寡占型市场

河北省乳制品加工企业主要分布在保定、唐山、石家庄、张家口，产能占全省的 84.37％。其中伊利、蒙牛、三元、光明、完达山、飞鹤等外埠企业 27 家，产能占全省的 85.51％，产量占全省的 93.20％。乳制品市场主要集中在河北三元食品有限公司、石家庄君乐宝乳业有限公司（蒙牛控股 51％）、定州伊利乳业有限责任公司、滦县伊利乳业有限责任公司、蒙牛乳业（唐山）有限责任公司，生鲜乳收购量之和占全省总量的 90％以上。由此可以得出河北省生鲜收购市场具有高集中度的特征，属寡占型市场。河北三元、定州伊利、蒙牛乳业（唐山）、滦县伊利等大型乳品企业均为伊利、蒙牛、三元等大品牌在河北省设的分公司。集团总部实力雄厚，控制着河北省绝大部分奶牛养殖场（户）和乳制品消费市场。同时河北省乳制品行业的准入门槛极高，不利于新进入者或中型企业的改建（扩建），无法打破其垄断地位。这些大型乳品企业凭借广泛、持久的品牌宣传赢得众多消费者，通过低价格竞争挤占本土企业市场份额，依靠雄厚的资金支持兼并本土企业。长此以往，存活下来的河北省本土品牌将所剩无几。另外，外埠大型乳品企业凭借品牌优势和成本优势与本土乳品企业展开"价格战"，而本土中型企业仅仅是价格的被动接受者，不得已进行低价销售或低于成本价销售。这种恶性竞争产生的负面影响会通过产业链向上传导到养殖环节，导致原奶收购价格下跌；而奶牛饲料、人工等养殖成本又居高不下。奶牛养殖户在夹缝中求生存，最终导致养殖户收益下降或亏损，周期性出现杀牛、卖牛的现象。

二、产品差异化小，同质化程度高

河北省乳制品品种同质化严重。主要表现为：产品种类方面，以液态奶为主。常温奶都采用塑料和纸制包装，且采用袋装生产的比较多。酸奶类一般采用罐装、杯装和盒装。以儿童奶为例，伊利的 QQ 星、蒙牛的未来星、三元的妙乐星、天香的希望星等在产品功能、口味、包装设计方面差别不大，同质化严重。总体来说，虽然整体乳制品市场在种类、口味与包装方面并无太大差异，但由于产品本身的品质、广告宣传效应、消费者对产品的偏好和对品牌的忠诚度等原因，使得外埠大型乳品企业具有一定的认知占先优势。

三、乳品企业与养殖环节的利益联结机制不够紧密

在整个奶业的产业链条上，奶牛养殖是风险最大、收益最低的环节，但却

是奶业发展的基础。如果国内整个产业奶源出现问题，乳制品加工业完全依靠国外进口奶源是无法生存的，整个产业就会受制于国外。因此建立乳品企业与养殖场（户）紧密的利益联结机制是必然的，只有实现奶业的"种养加销"一体化，我国的奶业才能在国际乳制品市场上占有一席之地。

第五节　河北省乳品加工业发展路径

一、培植做强本土企业品牌，打破市场垄断

目前，河北省的乳制品市场仍是被蒙牛、伊利等大型企业主导，但河北省也出现了优秀的本土企业，如君乐宝、邯郸的康诺、保定的天香等。为此政府今后的工作导向不应再积极鼓励外埠大型乳品企业兼并整合本土企业，而完全由市场竞争自然完成。今后政府应树立"培植本土企业，打破市场垄断"的指导思想，对本土乳品企业和外埠大型乳品企业采取同等对待的政策，在新建、改建（扩建）等项目给予土地、税收、融资等方面的同等支持。只有大力扶持本土企业品牌，逐渐培养河北省的产业集群品牌，才能打破伊利、蒙牛等大型乳品企业对河北省奶业市场的垄断，进而改变市场行为，使乳品市场向着有序的方向发展。目前河北省大力支持奶粉产业发展，建成君乐宝太行、君乐宝君源、旗帜乳业、河北三元等六家婴幼儿乳粉企业，全省产能达到 15.5 万吨，婴幼儿乳粉产业增速全国第一。对于本土生产液态奶的优秀企业，政府也应给予资金、政策等方面的重点支持。如针对本土企业，由于资金等条件的限制，普遍缺乏持续、广泛的品牌宣传，政府可以选取发展较好的区域性品牌进行塑造，培育出河北省的名牌产品，既达到了企业品牌宣传的目的，又树立了消费者信心。这不仅有利于乳制品市场结构的合理化，更有利于创造公平竞争的市场环境。未来河北省乳制品市场的发展是本土企业和全国性乳品企业齐头并进、共同竞争发展模式。

二、支持本土乳品企业开发特色产品，引领市场消费

各个品牌的乳制品差异性小，必然导致价格成为竞争的焦点。因此河北省本土企业应采取差异化战略，积极调整产品结构，发展特色产品。面对外埠大型乳品企业以常温奶和酸奶为主的产品结构，河北省本土企业可以发展以"低温奶制品"为代表的巴氏奶，突出产品"新鲜、营养"的特点。建议河北省政府及早谋划、布局全省的巴氏奶发展规划，并出台相关的扶持政策。由于巴氏奶需要全程处于 2～6℃ 的冷藏环境运输，销售半径也只有三五百千米，外埠企业由于运输距离较长而无法与之竞争。因此政府应积极引导本土乳品企业合理布局，形成稳定的销售区域，提高与大型乳品企业相抗衡的能力。

三、鼓励技术创新，提高市场绩效

本土企业发展特色乳制品才有生存的空间，这就需要本土乳品企业进一步提高乳制品科技研发和应用水平。针对河北省本土乳品企业产品研发能力不足的现状，政府应采取以下措施：一是加大财政扶持力度，引导经营有特色的本土乳品企业参与甚至主导关键技术领域的技术创新；二是创新财政补助方式，应支持本土乳品企业联合大专院校、科研院所，利用其丰富的智力资源，结合新产品的创新项目进行乳制品技术改进与技术创新；三是培育技术市场，制定鼓励本土乳品企业技术引进的优惠政策，引导创新要素聚集，保护知识产权和创新成果。

四、引导消费者树立科学消费观念，合理调控进口奶粉量

宣传安全、健康、营养的饮奶理念，指导消费者如何区分鲜牛奶和还原奶，如何识别鲜奶标识等，提高大众的牛奶消费知识，让消费者自主选择其所需要的牛奶种类，引导消费者的饮奶习惯和意识，逐渐培育消费者对国产乳制品的消费信心。同时为进一步减小进口大包粉生产的复原乳对河北省原料奶销售的影响，借鉴我国台湾的经验，应对进口大包粉开征"奶业捐"的方式，调控乳制品进口贸易。有关部门也可以设定技术壁垒防止过多进口奶粉。同时，为了区别进口奶品，确保鲜奶原料纯正，除了加强产品包装上复原乳的标识管理外，还可依据原奶收购量核发"鲜奶标识"，使其成为消费者选购鲜奶时的重要参考标志。

五、引导养殖环节联合建厂，创新产业组织模式

河北省乳制品加工能力 80% 上掌握在外埠乳品企业手中，这对于产业的可持续发展极为不利。为此建议政府鼓励有实力的养殖场联合起来，通过银行贷款、养殖场折价入股投资、外资注入或其他融资方式等组建乳制品加工企业，创建本土企业品牌，开拓当地乳制品市场。这不仅是"种养加销"一体化模式迈出的第一步，更能保证养殖场的合理收入，而且是创新产业组织模式，协调产业链利益联结机制的有益尝试。

第八章 乳制品行业冷链物流状况分析

伴随着中国经济的飞速发展与人民物质生活水平的极大提高，高速发展、人民生活品质的迅猛增长，中国乳制品生产行业也正以每年两位数的速度高速增长。目前，中国人均奶消费量与发达国家乃至世界平均水平都相差甚广，但在乳制品生产行业飞速发展的态势下，差距会日渐缩小。

中国乳制品消费量、生产量的高速增长，带来的不仅仅是乳制品行业在品牌、价格、奶源、营销渠道、科技水平与研发能力、新产品创新能力等方面的快速发展，对物流供应链配套服务方面的需求也随之快速增加。与常温产品不同的是，除奶粉外大部分生鲜乳制品需要在恒温、冷藏或冷冻环境中保存、运输及售卖，因此，全程冷链物流的配套服务是乳制品行业高速发展的品质保障，其中巴氏奶的冷链物流尤为重要。

第一节 巴氏奶与冷链物流

一、巴氏奶的概念

巴氏奶（pasteurized milk），又称巴氏乳（marketmilk），是以巴氏消毒法（在 75～90℃的条件下加热 10～15 秒）进行灭菌处理的液体奶。该种灭菌方法能够最大限度地保留鲜奶中的营养成分和风味物质。与巴氏奶相对应的是市场占有率较高的"常温奶"。常温奶是利用超高温灭菌法，在 120～150℃的条件下，进行 0.5～4 秒的瞬间灭菌处理而制成的一种液体奶。巴氏杀菌和高温灭菌 2 种工艺对鲜奶造成的营养损失对比见图 8-1。

由图 8-1 可知，巴氏奶中的蛋氨酸、叶酸、维生素 C、维生素 B_1 的损失率分别为 10.00%、10.00%、12.00% 和 10.00%，具有较高营养价值的乳清蛋白变性率仅为 18.00%，而常温奶与之相对应的损失率分别为 34.00%、60.00%、60.00%、20.00%，乳清蛋白的变性率高达 91.00%。由此可见，巴氏奶的营养更接近于原乳，更适合于注重饮食健康和生活质量的消费者饮用。鲜牛奶属高蛋白物质，温度越高细菌滋生越快，因此，巴氏奶的生产全程均需要低温控制。一般情况下，巴氏奶在常温下 2～3 天就会变质，在 0～4℃的冷藏环境下也仅能够保存 7 天左右，因此在生产、流通、消费过程需要全程冷链保管。

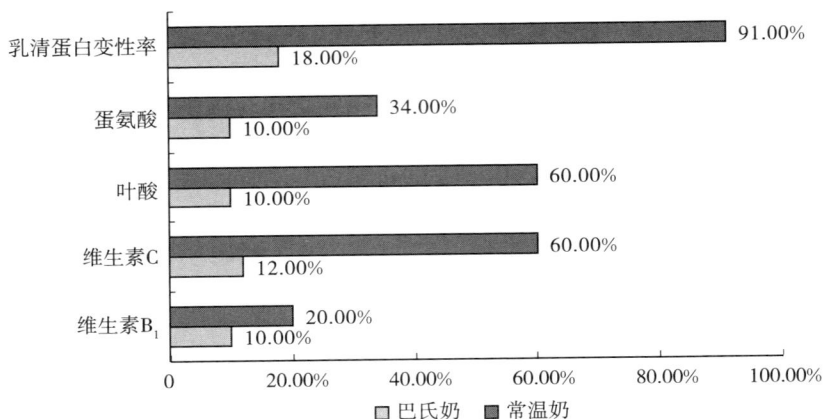

图 8-1　巴氏奶与常温奶营养损失对比

二、冷链物流的概念

冷链物流，是指对于有冷藏要求的产品在产品运输、贮藏等全过程中均提供稳定的低温环境，以保障运输、贮藏等过程中产品的品质和性能。冷链物流的核心技术是低温冷藏，随着产品对温度环境要求越来越高和低温技术的发展，冷链物流能够有效保障产品的品质和性能。同时，冷链物流对运输的时效性和安全性也有一定的要求。其具体流程如图 8-2 所示。

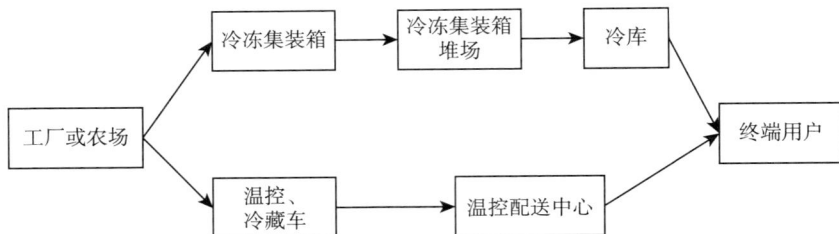

图 8-2　冷链物流流程

巴氏奶冷链物流要求从奶源开始，到运输、加工、配送、销售的全过程中，始终都将温度控制在 0~4℃，最大限度地保持牛奶的营养价值和新鲜口感。持续的低温是巴氏奶冷链的基础和基本特征，也是巴氏奶产品质量安全的重要保证。因此，巴氏奶需要有一个完整的冷链物流对其进行全程的温控，以确保其质量和安全。无论是装卸、储存、运输还是销售过程，巴氏奶冷链必须做到各个环节之间紧密衔接，时刻保持低温环境控制，这样才能真正实现巴氏奶的冷链物流，真正保证巴氏奶的质量安全和口感风味。

三、我国巴氏奶冷链物流发展状况

在国外市场上，巴氏奶一直是液态牛奶的主流产品，是包括美国、澳大利亚、加拿大、日本、英国等国家在内的许多发达国家牛奶消费的主导产品，在欧美等国占有很高的市场份额。在美国，饮用巴氏奶的人数占 85％，澳大利亚占 7％，加拿大为 91％，日本为 88％，英国为 90％（图 8-3）。

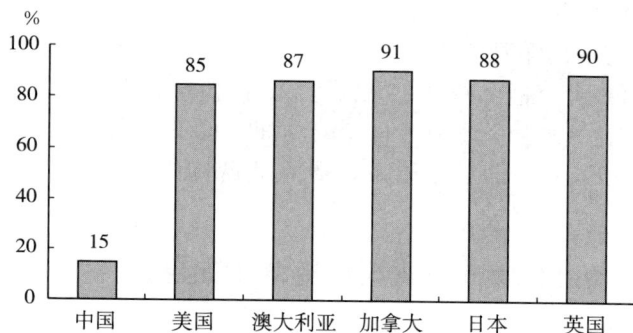

图 8-3　巴氏奶在不同国家的市场份额

巴氏奶在各国占有较高的市场份额这一事实表明，巴氏奶冷链物流在欧美和日本等发达国家形成了比较完整的冷链体系，其在运输全过程中完全采用冷藏车或冷藏箱，中转节点建有冷库，保证巴氏奶的营养价值和新鲜口感。相较于欧美国家和日本，我国的巴氏奶市场份额占有率仅为 15％左右，且巴氏奶的市场占有率在我国的增长速度也比较缓慢，年增长率仅为 2％～3％。目前销售巴氏鲜奶较大的企业有光明乳业、伊利集团、蒙牛集团、君乐宝乳业等乳品企业，其中蒙牛集团是我国北方巴氏奶的代表，光明乳业则是南方尤其是上海地区巴氏奶的典型代表，二者都建有较为完整的冷链物流系统。我国的中小型乳制品企业也生产巴氏奶，但其产品的市场份额较小，主要原因在于冷链物流体系尚未建立。

第二节　巴氏奶冷链物流发展问题分析

近年来，我国的巴氏奶冷链物流随着科学技术的进步获得了一定程度的发展，但是与发达国家相比仍存在较大差距，还存在着一些亟待解决的问题。

一、巴氏奶冷链物流成本较高，物流企业资金投入不足

巴氏奶从奶厅挤奶开始，到运输、加工、配送、销售，直至到达终端消费者手中，全程温度都需要控制在 0～4℃，这就需要冷链物流的各个环节紧密

衔接。但是从目前的情况来看，大部分的乳制品企业都没有形成完整的冷链物流体系。乳制品企业为了节约物流成本，通常采用保温车而不是冷藏车进行运输，在长时间和长距离的运输途中，保温车难以保证车内的温度始终处于一个较低的状态。这主要是由于冷藏车的投入成本较高造成的。投入高主要表现在2个方面：其一，冷藏车的价格相较于保温车过高，如相同品牌和相同吨位的冷藏车和保温车，以五十铃这一品牌车为例，3吨的冷藏车价格在20万元左右，而同样运能的保温车，其价格在10万元左右，两者相差了近一倍；其二，冷藏车的运输成本比保温车高，主要表现在油耗上。资料表明，使用冷藏车的油耗成本约为保温车油耗成本的3倍。多数中小型企业难以承受如此高昂的设备成本，而很多大型企业为了自身的利润，也不愿意投入更多的资金去购买相应的设备和建立冷链物流体系，造成了我国巴氏奶冷链物流水平落后的局面。

二、缺少专业的第三方巴氏奶冷链物流企业

目前，在我国确实有一些冷链物流企业，如双汇物流、荣庆物流、夏晖物流、中外运冷链等都是国内比较有名的冷链物流企业，但这些企业并不以从事乳制品冷链物流为主，而是包含了更多的业务范围。巴氏奶冷链只是其中一个很小的部分。主要原因在于：第一，巴氏奶冷链物流的专业性要求更高，而且需要高昂的基础设施投入，进入门槛比较高，一般的企业难以在该领域内立足；第二，由于巴氏奶保质期短、对车辆环境要求高，目前很少有供应商能够保证对整个供应链环节的低温控制，使得乳制品企业无法将巴氏奶的冷链物流业务外包出去。总之，第三方巴氏奶冷链物流的缺失是阻碍我国整个乳制品冷链物流发展的一个重要因素。

三、巴氏奶的质量安全难以保证

近年来，"鲜奶吧"作为新兴的乳制品销售模式发展迅速，但其质量安全无法保障。一方面，"鲜奶吧"的经营者投资能力不同，购买灭菌、杀毒设备的能力也不一样，导致加工工艺存在差别。较好的巴氏杀毒机可以准确地控制巴氏杀毒的温度和时间，而其他一些设备不能准确控制，因此不能保证巴氏奶的质量安全。另外，某些从业者只注重利益而忽视了细节，没有及时清洗杀菌、消毒设备，导致牛奶灭菌不彻底。另一方面，由于我国冷链物流发展时间较短，整个供应链环节不完善，导致在巴氏奶运输过程中不能完全保证冷链不断链，加之巴氏奶本身的保质期比较短，很容易出现巴氏奶在运输过程中变质的现象。在全国高度关注乳制品质量安全的情况下，极易打击消费者的消费信心。因此，发展巴氏奶冷链物流，不论是政府还是企业都需承担较大的质量安

全风险。

四、消费者对巴氏奶认识不足

据调查，大多数消费者对于巴氏奶缺乏科学的认识。部分消费者虽然听说过巴氏奶，但是由于价格太贵，并没有购买过，这部分消费者以年轻人为主。另外，还有一部分消费者根本没有听说过巴氏奶，对其一无所知，这部分消费者以中老年人为主。一些人认为巴氏奶就是经过巴氏杀菌热处理的酸牛奶，对其认识不清。消费者对巴氏奶缺乏清晰的认识，不了解巴氏奶的营养价值，是巴氏奶逐渐失去市场认可度的主要原因。

第三节　发展巴氏奶冷链物流的对策建议

一、加大资金投入与引进外资相结合

资金不足成为巴氏奶冷链物流发展的一大障碍，因此，国家必须加大对于发展巴氏奶冷链物流产业的资金支持，加大软硬件设施的投入力度。一方面，加大对冷藏车生产企业的支持；建立巴氏奶冷链物流体系的信息共享机制，降低冷藏车的空载率，提高冷藏车的运输效率；加大对包括冷库、货架及配套设施等基础硬件设施的投入；引进先进的冷藏冷冻技术、冷链保鲜技术、包装技术、冷链节能技术等。另一方面，要提高乳制品企业的自主创新能力，自主研发适用于冷链物流的各项新技术，如使用先进的产地冷藏技术，保证巴氏奶质量；采用自动化冷库技术，降低运营时间，节省成本；在信息技术方面，采用全程低温控制管理、全程监控等，提高运输效率，降低冷链物流的成本。与此同时，加快引进外资，由外资来分担一部分国家的资金投入，坚持国家投入与引进外资相结合的方式，创造良好的企业运营方式和运营环境，从而促进我国巴氏奶冷链物流产业的发展，甚至带动相关行业的发展繁荣。包括蒙牛集团、伊利集团、光明乳业在内国内较大的生鲜乳生产企业都开始发展冷链物流，其中，蒙牛集团低温市场的增长率是同行业的 5 倍。该企业采取的是合理设计各个环节，直接全程冷链配送，整合各类资源，建立了一个比较科学的冷链物流管理和运作体系，针对不同的问题提出不同的解决方案。另外，蒙牛集团投入大量的资金，在每个零售终端都投放了冰柜，以保证低温牛奶的质量安全。蒙牛巴氏奶冷链物流的发展值得中小乳制品企业借鉴：一是使每一笔单子都做大，形成规模效应，这样在很多环节上都能够得到优惠；二是尽可能地缩短运输半径，从而减少运输时间，保证鲜奶的质量，蒙牛集团的一个原则就是"鲜奶不走出草原"。该冷链物流运作模式为蒙牛集团带来了巨大的经济效益。

二、加速第三方巴氏奶冷链物流企业的介入和发展

第三方巴氏奶冷链物流企业的服务体系和信息系统更加完善，能够在很大程度上提高巴氏奶冷链物流的安全性和及时性，同时又能够降低巴氏奶冷链物流运输的成本。而目前中国巴氏奶冷链物流企业非常少，而且大部分从事冷链物流的企业都是从一般的物流企业转型而来，没有形成较为专业的冷链物流服务体系。因此，加速第三方巴氏奶冷链物流企业的参与，能够有效弥补这一短板。

加速第三方巴氏奶冷链物流企业介入，推动巴氏奶冷链物流市场化运作。实现冷链运输的市场化，才能不断提高巴氏奶的冷链物流能力和效率，促进巴氏奶产品在我国的发展。金象冷链物流是一家专业的第三方冷链物流公司，拥有多种型号的冷藏车辆，运营线路也几乎遍及全国各地，向北可到内蒙古、东三省，向南直达两广，向西到云贵川，向东直达沿海城市，为广大客户提供专业的冷链物流配送服务。金象冷链物流与包括 KFC、花花牛、光明乳业、雨润集团、思念食品在内的很多企业都有合作，都取得了一定的成果。因此，在我国必须加快该类专业第三方冷链物流企业的建设和发展，并且使其更加规范化，才能真正实现冷链物流产业的发展。

三、加大管控力度，保证巴氏奶的质量安全

国家已经出台了一系列关于冷链物流的相关行业标准，也制定了相关的措施来加大冷链物流基础设施的建设力度。针对巴氏奶质量安全问题的出现，国家要采取措施加大监管力度，实施有力的监督。乳制品企业应加强巴氏奶从源头到消费者手中的全程质量控制。沧兴集团总部坐落于河北省沧州市北京路，下辖 22 家法人公司，涉及商砼、管桩、五金机电、地产、物流、餐饮、新型科技等多个领域。"沧兴农牧鲜奶吧"隶属于沧兴集团餐饮有限公司，其理念是"崇尚绿色低碳，打造健康生活"。"鲜奶吧"的开设为很多人提供了创业机会，同时也为下岗职工搭建了一个再就业的平台，可以有效地推动地区经济的发展。该集团拥有自主经营的物流公司，原奶从沧兴牧场一直到每个"鲜奶吧"的实体店全程采用冷链，从出库开始，会有冷链通道，之后直接运上冷藏车，全程进行温度监控，再由冷藏车运送到销售地的冷柜中。其生产的巴氏鲜奶均为日配，而且专门设立了一个监察部门对产品质量及环境卫生进行监管，能够保证其生产的巴氏奶的质量。

四、加大对巴氏奶的宣传推广力度

培养巴氏奶消费市场，引导消费者形成良好的饮奶习惯，让消费者充分了

解巴氏奶的优点。第一，巴氏奶在 0～4℃冷藏环境下才有 7 天左右的保质期，因此巴氏奶是最新鲜的奶。第二，巴氏奶是最安全的奶。巴氏杀菌法已经历经 150 多年，被证明是一种安全、有效的方法，能够有效杀灭鲜乳中的有害微生物。第三，巴氏奶是最营养的奶。实践证明，巴氏奶经全程冷链运送，可以最大限度地保留牛奶中的营养物质和风味物质。第四，巴氏奶是比较环保的乳制品。巴氏奶采用的是可循环使用的玻璃瓶包装，相对于普通的常温奶来说，使用的材料更少，可以有效地节约资源，减少城市污染，从而降低成本，而且符合低碳经济和可持续发展的理念。此外，还要加大对巴氏奶的宣传推广力度，学习国内外的先进经验，全方位、多渠道地普及巴氏奶安全、营养知识，促使广大消费者在提高认识的基础上自觉选购巴氏奶。可以通过巴氏奶产品展示会、巴氏奶文化论坛、"巴氏奶节"等活动的方式加大宣传和引导。例如，新疆乌鲁木齐市在 2013 年 6 月 1 日举办了"第二届巴氏奶论坛"；2014 年辽宁省沈阳市举办了国际鲜奶节。这些活动的举办都加大了对巴氏奶的宣传力度，使人们对巴氏奶的认识更加深入，促进了当地巴氏奶的销售。随着我国经济的不断发展，人民生活水平逐渐走向全面小康，巴氏奶会成为人们生活消费的必需品，也会成为未来液态奶的主流产品。

第九章　河北省乳制品消费问题研究

第一节　河北省乳制品消费现状

乳制品消费具有分散性，我国各级政府和统计部门关于乳制品消费方面的统计数据极少，河北省更是如此，因此，本章主要采用随机抽样调查的方式进行分析。问卷主要来源于 2018 年寒假和 2019 年暑假本科教学实习期间的整体调研以及全年研究生在全省范围内的分散调研。超市消费者随机调研所占比重较大，农村消费者主要通过入户调研取得相关问卷。主要考虑到在不同地区，消费者收入水平、消费水平、消费观念、消费习惯等有所不同，可以反映不同地区和不同阶层对乳制品的消费需求，为政府部门进行决策提供依据。本次调查样本共计 783 个，覆盖了不同区域和不同层次的城乡居民。受访者的性别比例为：男性 368 人，占 47%；女性 415 人，占 53%；样本主要分布于河北省所有 11 个设区市的大、中、小城市及乡村（表 9 - 1）。

表 9 - 1　问卷调查样本地区分布情况

单位：个

张家口	承德	秦皇岛	唐山	廊坊	保定	沧州	石家庄	衡水	邢台	邯郸	合计
95	55	53	86	63	108	37	79	38	76	93	783

一、乳制品消费品种分析

与上半年相比较，在各种乳制品消费中，购买酸奶的消费者比重最高，达到了 34.75%；其次，购买常温奶的消费者比重上升，接近三分之一，达到了 32.63%；购买巴氏消毒奶的消费者比重较低，为 14.13%；购买复原乳和奶粉的消费者比重最低，占 9.35%；乳饮料的消费比重很小，只有 6.23%；营养价值比较高的奶酪及奶油等其他乳品，消费比重非常低，不到 3%（图 9 - 1）。这说明河北省大部分乳制品消费者主要以酸奶和超高温灭菌奶为主要消费乳品，而对营养价值更高的巴氏消毒奶的消费量相对较少，与发达国家和我国发达地区有明显差距。当然，另一个主要原因就是各大乳企并没有把巴氏奶作为主要产品进行市场推广，与消费者对巴氏奶认识不足问题相叠加，共同造成了这种状况。河北省城乡消费者普遍没有消费奶酪等奶制品的习惯，所以消费比重极低，乳企应开发一些奶酪食品，在市场中进行宣传推广。

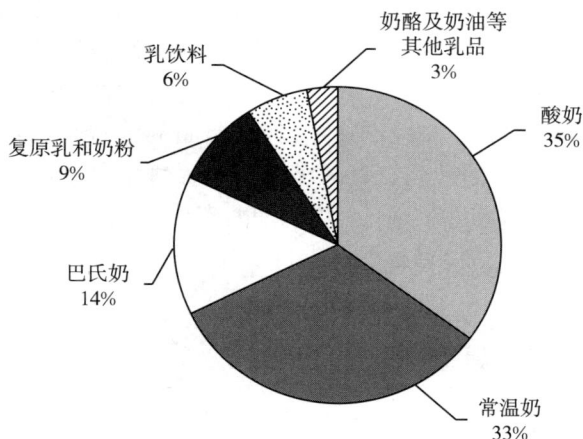

图 9-1　2018 年河北省各类乳制品消费情况

二、乳制品消费品牌选择

在乳制品品牌选择方面，相比 2018 年，全省调查对象选择蒙牛、伊利和君乐宝的受访者比例仍最高，三个品牌合计占到了 63%，三大乳业龙头占了一多半的消费市场（相比上年，君乐宝乳品消费比重提升很快）。选择光明和三元两个品牌的比例分别为 9.36% 和 11.57%，新希望乳品的消费比例较低，只有 6.11%；其他品牌的消费比例也较低，合计仅有 10.29%（图 9-2）。由此可见，在品牌选择上消费者更加倾向于大品牌，对地方小品牌的认可度较

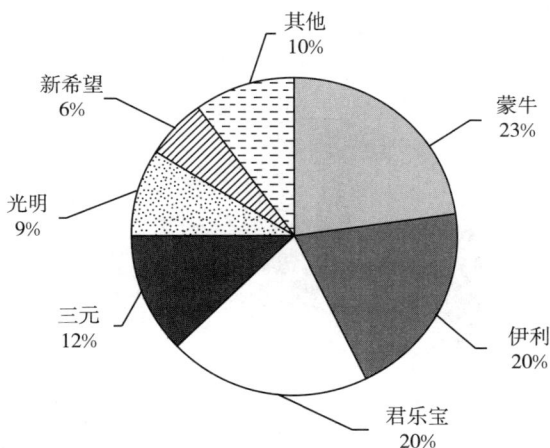

图 9-2　河北省消费者乳制品品牌选择情况

低。君乐宝在产品方面积极创新，通过技术研发、产品升级、优化结构、提高品质、策略营销等方式，积极拓展品牌市场，并取得了一定成效。调查者在全省各大超市的调研发现，君乐宝系列产品在超市中就有超过 30 多种产品销售，尤其是在奶粉进口量持续增长的情况下，其奶粉销售增速明显。

品牌乳制品消费方面，选择多种品牌乳制品的消费者比重最高，达到了 68.35％。只有 16.28％的被调查者只消费一种品牌的乳制品，对品牌无要求的消费者比重最低，只有 15.37％。说明河北省居民在乳制品品牌选择方面具有一定的多元化倾向，可以通过河北省自主乳制品品牌销售市场的扩展刺激广大消费者的消费潜力。

三、乳制品消费渠道分析

在消费者乳制品购买渠道调查中，与 2018 年相比，选择在超市和便利店等实体店购买的比例仍然最高，但略有下降，下降到了 58.73％。主要原因是牛奶属于易腐生鲜农产品，大多数消费者认为在实体店购买更为放心。选择在网上购买乳制品的消费者也越来越多，所占比例比 2018 年同期提高了 3.56 个百分点，达到 21.18％。目前，选择订奶渠道购买乳制品的比例有所上升，上升到 12.06％（图 9 - 3）。可见，河北省订奶渠道发展仍然缓慢。目前仅有三元、新希望等乳企有订奶配送业务，而且由于多是巴氏消毒奶，需要冷链运输，价格较高，订奶消费者比例很低。但随着巴氏消毒奶的营养价值被越来越多的消费者认可，订奶渠道将会成为乳品企业很好的销售渠道。本次调研结果显示，购买散装奶的消费者比例仍有 8.03％，且多是年龄较大、收入较低的老年人。随着公众对乳品营养价值认识程度的加深，这一比例仍会进一步下降。

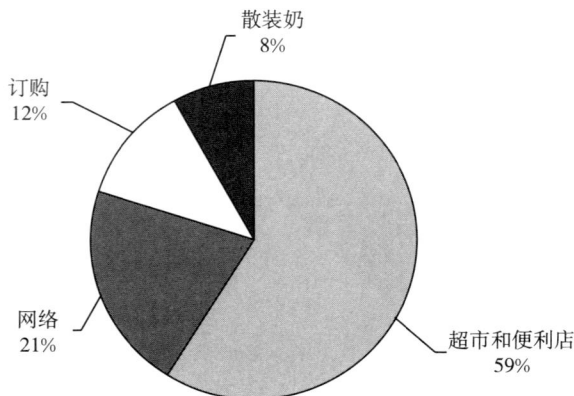

图 9 - 3　河北省消费者乳制品消费渠道情况

第二节　河北省农村乳制品消费行为影响因素

河北省奶牛产业体系经济岗位研究团队于 2019 年暑假，带领农林经济管理专业本科生及研究生深入全省广大农村地区进行了为期近两个月的实地调研，涉及河北省 11 个市的 110 个县。首先，对问卷进行整理，剔除无效问卷，有效问卷回收共 279 份；其次，利用 Spss19.0 统计软件对调查所获得的数据进行录入和简单整理（表 9 - 2）；最后，采用描述性统计分析方法对农村乳制品消费者的基本情况以及各种影响因素进行简单统计分析，并建立模型，对影响农村乳制品消费者购买行为的主要因素进行了系统的研究，并将研究结论运用于乳制品生产加工企业制定乳制品营销策略过程中。本节主要采用多元 logistic 回归分析模型对河北省农村乳制品消费情况进行具体分析。

表 9 - 2　样本调查者的基本特征

调查指标	频数	比例	调查指标	频数	比例
年龄	279	100%	家庭人口	279	100%
20～30 岁	202	72%	2 口之家	13	5%
31～40 岁	32	11%	3 口之家	69	25%
41～50 岁	27	10%	4 口之家	143	51%
51 岁以上	18	6%	5 口之家及以上	54	19%
受教育程度	279	100%	家庭收入	279	100%
小学及以下	9	3%	3 000 元以下	110	39%
初中	29	10%	3 001～5 000 元	93	33%
高中	44	16%	5 001～8 000 元	59	21%
大专及以上	197	71%	8 001～10 000 元	12	4%
			10 000 元以上	5	2%

注：数据来源于 2019 年暑假实地调研数据。

一、河北省农村居民乳品消费情况调查结果分析

（一）乳制品消费频率分析

如表 9 - 2 所示，在家庭乳制品消费人数调查中，家庭中有 1 人和 2 人消费乳制品的比例最高，分别达到了 36.2% 和 37.99%，均超过了三分之一；而选择 3 人和 4 人以上消费乳制品的比重明显降低，分别为 18.64% 和 6.81%，均低于城镇同类指标调查结果。充分说明，与城镇调查结果相比较，还有相当

一部分农村消费者并未养成乳制品消费习惯。

在饮奶频率调查中，只有 31.9% 的受访者选择经常消费乳制品，而选择每天都消费乳制品的比重更低，只有 7.89%。这两项指标均低于城镇 47.98% 和 9.87% 的调查结果。农村居民中，45.16% 的消费者选择偶尔消费乳制品，仍有高达 13.98% 的消费者选择基本不消费。而这两项指标均明显高于城镇 35.87% 和 5.83% 的调查结果。可见，与城镇居民相比，超过半数的农村消费者乳制品消费比例偏低。

（二）乳制品消费结构分析

在品种选择方面，农村居民酸奶的购买比例最高，达到了 55.2%；购买常温奶的比重次之，占四分之一；购买巴氏消毒奶的消费者比重更低，为 24.73%。除了其他乳品（奶片、奶酪、冰激凌等）的消费比重超过了 10% 外，奶粉的消费比重为 5.02%，复原乳的消费比重为 5.73%，散奶的消费比重最低，只有 2.87%。

这充分显示河北省农村居民同城市居民乳制品消费偏好基本一致，超过半数的农村居民更倾向于购买营养比较容易吸收的酸奶。由于常温奶具有易于保存、携带方便等特点，仍然是最受农村居民青睐的乳品之一，超过 1/4 的农村居民选择消费常温奶。

（三）乳制品消费满意度分析

对乳制品消费满意程度的调查结果显示，目前农村居民对市场上销售的各种乳制品基本满意的消费者比例最高，达到 67.38%。超过 1/4 的农村消费者对市场上销售的各种液态奶不满意，这一比例达到了 26.52%。表示对市场上销售的液态奶非常满意的消费者最低，仅占 3.58%。

对奶粉的消费满意程度的调查结果显示，选择基本满意的消费者超过了半数，占 54.48%；1/3 的受访者选择了不太满意，比例为 35.13%；非常满意的消费者比例非常低，只有 8.6%。出现这种情况的主要原因是广大农村消费者对乳制品的生产和加工环节不太了解，导致其对乳制品质量存在疑虑。

对乳制品质量曝光是否会影响消费者对乳品的消费量的调查结果显示，消费量受影响较大的消费者占到 44.8%，有一些影响的消费者占到 43.37%，基本不受影响的消费者仅占 9.68%。其中，认为"影响很大"的比例比城市受访者比例高出了近 10 个百分点，而认为"基本不受影响"的比例却比城市低了近 7 个百分点。这说明农村居民对乳品质量问题敏感程度更高，其消费信心比城市居民更加脆弱，乳制品质量问题对农村消费者影响更大。

对河北省乳制品的信任度调查结果显示，63.08% 的农村居民对河北省乳制品基本认可，18.64% 的受访者比较认可河北省乳制品，而认为河北省乳制品品质良好的受访者仅占调查对象的 2.87%，但选择不信任河北省乳制品的受访者却达到 15.05％。这说明虽然多数农村调查对象对河北省乳品质量基本认可，但真正信任河北省乳品质量的比例仍然较低。

农村居民与城市居民一样，对河北省市场上的液态奶和酸奶价格不太认可。超过 2/3 的农村受访者认为液态奶和酸奶价格偏高，这一比例高达 68.1％。25.09％的受访者认为价格基本合理，只有 6.45％的受访者认为价格偏低。这说明，当前大部分农村居民对乳制品的市场价格不太满意，农村居民的收入水平制约了其乳制品消费数量。

（四）乳制品消费偏好及意愿分析

调查发现，在乳制品品牌选择方面，选择蒙牛乳制品的农村居民最多，比例高达 55.91％。选择伊利的受访者比例也接近 1/3，达到了 31.54％。紧随其后的是君乐宝，占 29.39％。可见，蒙牛、伊利、君乐宝等大品牌在河北省农村乳制品消费市场中具有比较明显的市场优势。消费三元乳品和天香乳品的比例分别为 10.75％和 7.17％，购买光明乳品及其他品牌的消费者比例更低。由此可见，品牌效应在消费偏好方面的影响力是极大的，农村消费者奶制品购买者明显偏向于北方大品牌乳制品。

在国内和国外乳品品牌比较方面，38.71％的农村调查对象认为国内品牌有一定优势。32.62％的消费者认为国外品牌优势更加明显，18.28％的消费者认为国外品牌有一定优势。由此可见，受访者对国内品牌有优势和国外品牌有优势的比例差距不大，只是农村居民认为国外品牌有优势的比例更高，这也在一定程度上反映出农村居民对国产乳制品的消费信心有待提升。

在品牌种类选择方面，选择消费多种品牌乳制品的受访者比例为 34.41％，选择消费两种品牌乳制品的消费比例为 37.99％，均超过了三分之一。而 15.05％的被调查者只消费单一品牌的乳制品，对品牌无所谓的消费者比重最低，只有 10.39％。说明河北省农村居民在乳制品品牌选择方面具有一定的多元化倾向。

（五）对乳制品信息的了解程度分析

在对乳制品信息了解程度的调查中，关于是否了解鲜奶营养成分与复原乳制品营养成分的差异方面，只有 62.37％的受访者了解复原乳在加工过程中存在营养流失问题，其营养价值低于鲜牛奶，这一比例明显高于城市居民 46.83％的调查结果。而认为复原乳与鲜奶营养成分一样的消费者比例也超过了调查对象的 1/3，达到了 37.63％，说明农村居民对于乳制品营养价值的认知水平还有待进一步提高。

在问及"是否了解巴氏消毒奶、超高温灭菌奶在营养价值方面的区别"时，只有 10.04％的受访者完全了解这两种牛奶的营养价值间的差异，这一比例明显低于城市 19.35％的比例。29.03％的消费者表示了解一些二者之间营养价值的差别。58.78％的受访者表示不太了解或很不了解二者之间的差异，这一比例也明显低于城市居民 63.29％的比例。说明全省农村居民对于巴氏消毒奶和超高温灭菌奶在营养价值方面的认知水平仍然比较低，乳品知识普及工作任重道远。

针对"您对河北的乳制品的生产、质量监控和监管等有了解吗？"这一问题，53.41％的受访者选择了"不了解"，只有不到 1/2 的受访者选择了"了解一点"和"了解"。这主要是因为，乳品企业基本在城市，很少在农村，农村居民对乳制品生产环节缺乏了解实属正常。

二、河北省农村乳制品消费影响因素分析

（一）变量选取

为了便于分析河北省农村乳制品消费者购买行为的影响因素，本研究选取个人基本情况、家庭特征、消费者的认知水平、产品特性、消费环境为影响农村乳制品消费的自变量。其中个人基本情况包括年龄（X_1）、教育程度（X_2）、职业类型（X_3），家庭基本情况包括人口结构（X_4）、家庭月收入（X_5）、家庭食用乳品情况（X_6），消费者的认知水平包括对乳制品生产等过程的了解度（X_7）、信任度（X_8），产品特性包括产品价格（X_9）、产品品牌（X_{10}）、媒体宣传（X_{11}），消费环境包括乳制品安全事件影响（X_{12}），见表 9-3。

表 9-3　乳制品消费相关变量选择

	变量	变量定义
个人因素	年龄（X_1）	1＝20～30 岁，2＝31～40 岁，3＝41～50 岁，4＝51 岁以上
	教育程度（X_2）	1＝小学及以下，2＝初中，3＝高中，4＝大专及以上
	职业类型（X_3）	1＝公司职员，2＝事业单位职员，3＝公务员，4＝农民，5＝其他职员
家庭特征	家庭人口结构（X_4）	1＝两口之家，2＝三口之家，3＝四口之家，4＝五口之家及以上
	家庭月收入（X_5）	1＝3 000 元以下，2＝3 001～5 000 元，3＝5 001～8 000元，4＝8 000 元以上
	家庭食用乳品情况（X_6）	1＝1 人食用，2＝2 人食用，3＝3 人食用，4＝4 人食用及以上
消费者的认知水平	对乳制品生产等过程的了解度（X_7）	1＝了解，2＝了解一点，3＝不了解
	信任度（X_8）	1＝不信任，2＝基本信任，3＝比较信任，4＝信任

（续）

变量		变量定义
产品特性	产品价格影响（X_9）	1＝价格偏高，2＝价格偏低，3＝价格合理
	对国内品牌液态奶的满意度（X_{10}）	1＝不太满意，2＝基本满意，3＝非常满意
	媒体宣传（X_{11}）	1＝电视，2＝网络，3＝其他方式
消费环境	乳制品安全事件的影响（X_{12}）	1＝基本不受影响，2＝有些影响，3＝影响很大
购买乳制品行为	购买乳制品的次数	1＝基本不买，2＝偶尔买，3＝经常买，4＝每天买

（二）相关分析

为研究以上变量对农村乳制品消费行为的影响情况，可采用相关分析的方法进行分析。通过相关分析，确定相关性指标，提出非相关变量，为下一步多元 logistic 回归模型做好准备工作，从而达到简化回归分析的目的。利用 Pearson 相关系数来判断变量之间的相关度，根据双侧检验法进行检验相关度的相关方向。相关分析结果如表 9－4。

9－4　检验相关度分析结果

	X_1	X_2	X_3	X_4	X_5	X_6
Pearson Correllation	0.103	−0.020	−0.157**	−0.222**	0.218**	0.422**
Sig.（2－tailed）	0.86	0.739	0.009	0.000	0.000	0.000
N	279	279	279	279	279	279
	X_7	X_8	X_9	X_{10}	X_{11}	X_{12}
Pearson Correllation	−0.167**	0.174**	0.038	0.005	0.081	−0.023
Sig.（2－tailed）	0.005	0.004	0.528	0.939	0.177	0.701
N	279	279	279	279	279	279

注：** 在水平（双侧）上显著相关。

从表 9－4 可以看出家庭月收入、家庭食用乳品情况、对乳制品的信任度与消费者购买乳制品之间存在正相关关系，即随消费者家庭月收入增加、食用乳品的人数的增加和对乳制品安全的信任度的增加，消费者更愿意增加购买乳制品的次数。同时，职业类型、家庭人口结构、对乳制品生产了解程度与消费者乳制品购买之间存在负相关关系，即职业类型越趋向于农民、自由职业者的消费者，对乳制品生产过程的了解度越高，消费者购买乳制品的次数越少。

（三）回归分析

根据相关性分析结果可知，存在相关性的指标包括消费者职业类型、家庭人口结构、家庭月收入情况、家庭食用乳品情况、对乳制品生产了解程度、信任度。在这 6 个自变量的基础上，构建多元 logistic 回归模型，并对各变量进行赋值（表 9-5）。

表 9-5 logistic 回归变量赋值

变量	变量定义
购买乳制品行为	1＝基本不买，2＝偶尔买，3＝经常买，4＝每天买
职业类型	1＝公司职员，2＝事业单位职员，3＝公务员，4＝农民，5＝其他职员
家庭人口结构	1＝两口之家，2＝三口之家，3＝四口之家，4＝五口之家及以上
家庭月收入	1＝3 000 元以下，2＝3 001～5 000 元，3＝5 001～8 000 元，4＝8 000 元以上
家庭食用乳品情况	1＝1 人食用，2＝2 人食用，3＝3 人食用，4＝4 人食用以及以上
对乳制品生产等过程的了解度	1＝了解，2＝了解一点，3＝不了解
信任度	1＝不信任，2＝基本信任，3＝比较信任，4＝信任

进入模型的数据为 279 个，将被解释变量及所有解释变量引入回归方程，选择"进入"为回归方法，得出河北省乳制品消费影响因素的 logistic 模型回归结果（表 9-6）。在三种检测方法的结果中，－2 倍对数似然值表示对整体模型的检验，该值越大说明模型的拟合度越好，该值越小说明模型的拟合程度越差，该值为 0，说明模型完全拟合。Cox 和 Snell R^2、Nagelkerke R^2 都是回归方程的拟合优度检验，这两个值越大说明模型的拟合优度越好，这两个值越小说明拟合程度越差，最小值为 0，最大值为 1。从表 9-6 中可以看出，Cox 和 Snell R^2、Nagelkerke R^2 分别为 0.625 和 0.758，由此认为模型的拟合度良好。

表 9-6 模型整体检验结果

－2 倍对数似然值	Cox 和 Snell R^2	Nagelkerke R^2
5.352	0.625	0.758

表 9-7 是多元 logistic 回归模型的拟合结果，由 Wald 检验可知，消费者家庭月收入、家庭食用乳品情况及对乳制品等生产过程的了解程度、消费者的信任度这四个因素的 Wald 值均超过了 0.05，因此认为结果是显著的。

表 9 - 7　河北省乳制品消费的 logistic 模型回归结果

解释变量	相关系数 B	标准误 S.E	统计量 Wals	自由度 df	显著水平 Sig.	Exp（B）
职业类型	−0.092	0.296	0.096	1	0.363	1.096
家庭人口结构	−1.362	0.329	1.209	1	0.734	0.697
家庭月收入	1.296	0.389	11.084	1	0.006	3.654
家庭食用乳品情况	1.774	0.411	18.654	1	0.000	0.170
对乳制品等生产过程的了解程度	−0.712	0.484	2.167	1	0.042	2.038
信任度	0.193	0.467	0.171	1	0.023	0.825

（四）结果的分析

模型回归结果表明，在选取的 6 个影响因素中包括月收入、家庭食用乳制品人口数量、对乳制品生产等过程的了解程度以及对乳制品的信任程度这四个因素在回归模型中的显著系数 $Sig.<0.05$，具有统计学意义，对河北省农村乳制品消费者购买行为产生了显著的影响。家庭月收入和家庭食用人口数量这两个因素对河北省乳制品消费具有正向作用，家庭特征对乳制品购买行为的影响较大。家庭总收入越高、家庭规模越大对乳品营养的要求越高，乳制品购买意愿越强烈。此外，对乳制品品牌的信赖程度越高，消费者乳制品消费量就越大。对乳制品生产等过程的了解程度对河北省农村居民乳制品购买行为具有反向作用。包括职业类型、人口结构和对乳制品生产等过程的了解程度在内的 3 个因素在回归模型中的显著系数 $Sig.>0.05$，不具有统计学意义，因此不纳入模型中。

三、研究结论与政策建议

（一）研究结论

1. 河北省农村居民家庭特征对乳制品消费行为有显著影响

家庭月收入、家庭食用乳制品人口数量两个因素在模型回归中显著水平分别为 0.006、0.000，说明家庭收入、家庭食用乳制品人数与购买意愿成正相关关系，收入越高、家庭食用乳制品人数越多，则乳制品购买意愿越强烈。所以，消费者的家庭收入以及家庭食用乳制品人口数量对乳制品购买行为有显著影响。

2. 河北省农村居民的乳品认知水平对其消费行为有显著影响

认知水平主要是由消费者对河北省乳制品生产过程的了解程度、乳制品的安全程度的信任度决定，这两个因素在模型中显著水平分别为 0.042，0.002 3。农村居民缺乏对河北省乳制品的生产、加工等细节的了解，在一定程度上影响了其对河北省的乳制品质量的信心。

（二）政策建议

1. 加强宣传，转变观念

首先，应加强对乳制品相关常识公益宣传，积极引导农村居民理性选择、科学消费乳制品。既可以通过电视、报纸、网络、微信和广播等媒体，也可以在超市乳制品销售区制作宣传图片等多种方式，宣传不同乳制品的区别，使农村居民真正了解各种乳制品的营养价值，从而引导其科学消费。其次，进一步转变农村居民乳制品消费观念，培养河北省农村居民饮奶习惯，提高农村居民对河北省乳制品生产、加工等环节的了解与信任度，进一步拓展河北省农村乳制品消费市场。

2. 调整结构，产品升级

乳制品生产企业应致力于调整乳制品产品结构，积极开展产品升级换代，开发价低质优的适合农民饮用的乳品品种，实行乳制品产品差别化战略，满足农村不同类型消费者的消费需求。同时，乳品企业还可以在乡镇建立安全卫生的鲜奶吧，积极拓展农村鲜奶消费市场，提升其消费潜力。

3. 积极引导，稳步推进

政府部门要加强对乳制品消费的宣传，逐步引导农民树立健康的饮奶观念，提高认识、转变消费习惯、引导消费方向；注重培养青少年消费群体，稳步推进学生饮用奶计划的宣传和推广，加强市场监管的同时，努力营造健康安全的乳制品消费环境。

第三节　河北省巴氏奶消费问题研究

一、巴氏奶消费市场现状

为全面掌握河北省巴氏奶市场消费情况，重点选取保定市、石家庄市、张家口市等城市，通过问卷调研的方式，对河北省消费者信息、乳制品消费情况、消费者对巴氏奶的了解程度、巴氏奶的饮用情况、对销售模式及配送方式的看法、对巴氏奶满意度的评价等方面进行实地调研，共发放问卷420份，回收有效问卷415份，问卷有效率达98.8%。在调研过程中，为提高问卷回答的准确性，考虑到被调查者对巴氏奶的认知程度、产品区分度等因素，借助于产品图片、外包装等有形手段帮助被调查者进行辨识，保证了调查问卷的信息质量。

（一）消费者对巴氏奶了解状况

仅有40%的被调查者表示"知道或了解巴氏奶"，大部分人缺乏对巴氏奶的认知。巴氏奶具有营养价值高、口感风味最接近牛乳、不含添加剂、新鲜度较高等优点，"了解与否"在饮用巴氏奶方面会有显著差别。调查显示，在了解巴氏奶的前提下，有75.3％的被调查者会选择购买巴氏奶进而经常饮用，只有24.7％的被调查者选择不购买巴氏奶。而不了解巴氏奶的被调查者98.4％都不选择购买并饮用巴氏奶。因此企业的宣传、政府的推广对于巴氏奶市场的开拓起到至关重要的作用。企业应通过各种宣传途径，加大巴氏奶相关知识的普及力度，进而提升消费者饮用巴氏奶的频率和数量。在巴氏奶销售价格的接受程度方面，以190毫升瓶装巴氏奶订购价3.5元为标准，有81.5％的被调查者认为价格合理，仅有18.5％的被调查者认为价格过高。可见当前的市场价格还是被大众所认可的。但生产者还是有必要降低生产和流通成本，进而扩大市场销售范围，提升巴氏奶在乳制品消费中的份额。

（二）巴氏奶购买渠道和订购方式

对于巴氏奶购买渠道，有71.9％的被调查者表示是在小区内直接订购送货到门，20.3％的被调查者选择在超市购买，仅有不到10％的消费者选择在便利店和专卖店（奶吧）购买。由此建议乳制品企业适当增加小区内的促销宣传，提供咨询订购服务，这样不仅可以满足大多数消费者的订购需要，同时又扩大了企业品牌的影响力。对于订购方式的选择，43.8％的被调查者喜欢通过实体店订购，有34.4％的被调查者喜欢通过电话订购，有21.9％的被调查者喜欢通过网络订购。在网络和科学技术迅速发展的今天，更多的消费者喜欢便捷的电话和网络订购方式。因此企业在加强与便民超市、配奶公司等实体店合作的同时，更要加速发展各种线上订购方式，如手机APP、微信平台、电商平台等，满足消费者快速便捷的订购要求。对于消费者希望采用何种配送方式的调查，有47.5％的被调查者希望将巴氏奶送至楼下奶箱，有37.3％的被调查者希望采用送货上门的配送方式，仅有15.3％的被调查者希望自己去固定地点取。由企业配送人员在单元楼下安置奶箱，实行专人专区固定的配送方式，既能够为消费者节省时间，又能够提高巴氏奶配送效率，符合消费者的需求。但还应考虑到部分消费者的特殊需求，如对行动不便的或老年消费群体应送货到家，可以赢得消费者的深度认可，有助于将这部分群体转化为产品的忠实消费人群。

（三）巴氏奶促销方式的偏好

对于巴氏奶的促销方式，48.4％的被调查者喜欢免费品尝的方式，有45.3％的被调查者喜欢购买时附赠的促销方式，有29.7％的被调查者喜欢礼品促销方式，只有10％左右的被调查者喜欢抽奖或其他的促销方式。

由此可见，消费者更喜欢免费品尝和购买时附赠的促销形式，建议企业进行产品宣传时侧重于这两种促销方式的运用。

（四）消费者关注巴氏奶特征分析

随着生活水平的提高，人们对于营养、健康的消费品越来越追捧，巴氏奶因其"新鲜""营养"等特点，必将成为未来乳制品市场的主流产品。在消费巴氏奶的人群中，有67.7％的被调查者看重安全卫生，有52.3％的被调查者看重口感口味，看重价格和配送方式的被调查者分别占到26.2％、27.7％，有15.4％的被调查者表示重视品牌。人们在购买巴氏奶时更多地关注质量问题，以及巴氏奶的口味能否满足自己的需求偏好，由此建议企业在进行巴氏奶市场推广时，首先应把好生产、流通等各个环节的质量关，在保证产品质量的同时，要创新产品品种、增加巴氏奶的口味，提升口感，让消费者买得放心，喝得舒心。

二、巴氏奶消费市场中存在的问题

（一）企业宣传力度不够

在不饮用巴氏奶的被调查者中，有85.2％不了解或没听过巴氏奶产品；8.5％认为巴氏奶保质期短，易变质；6.4％认为巴氏奶价格较高而不饮用巴氏奶。因此可以得出结论，对于巴氏奶良好品质的宣传不到位直接导致了巴氏奶市场占有率低，也影响到巴氏奶市场的进一步开拓。在调查中发现，巴氏奶的营销人员接受公司系统培训的比例不足50％，对于巴氏奶的工艺、营养价值等知识掌握不足，不能全面、准确地将巴氏奶的优势介绍给消费者，无法引起消费者的购买欲望；同时对于饮用巴氏奶但不是巴氏奶忠诚顾客的消费人群没有做到有针对性的营销，最终影响到巴氏奶市场的进一步开拓。

（二）营销及配送团队服务水平较低

从服务水平方面看，72.8％的被调查者认为配送人员态度良好，20.4％的被调查者认为配送人员态度一般，还有6.8％的被调查者认为配送人员态度恶劣。虽然绝大部分被调查者对配送人员的服务态度和水平满意，但仍存在一小部分消费群体对巴氏奶配送人员的态度不满，这直接影响企业品牌或产品的口碑宣传。因此乳品企业的营销及配送团队的服务质量还有待进一步提升。从处理问题反馈的及时性来看，5.1％的被调查者认为乳品公司处理问题非常及时，81.4％的被调查者认为乳品公司处理问题及时，可见绝大多数被调查者对乳品公司处理问题的及时性给予肯定，但仍有13.5％的被调查者对公司处理问题的及时性不满意，因而企业仍需继续提高自身服务效率、服务水平，提高消费者满意度，从而长久保持巴氏奶消费人群的忠诚度。

（三）产品包装形式单一

关于巴氏奶的包装方面，有81.2％的被调查者饮用玻璃瓶装的巴氏奶，有10.9％的被调查者饮用屋顶盒装的巴氏奶，仅有6.3％的被调查者饮用塑料袋装的巴氏奶。关于被调查者喜欢的巴氏奶包装方式的调查，有71.9％的被调查者更喜欢巴氏奶的玻璃瓶包装，有15.6％的被调查者喜欢巴氏奶的屋顶盒装，约12.5％的消费者喜欢巴氏奶的塑料袋和纸袋的包装。虽然绝大多数的被调查者饮用玻璃瓶装的巴氏奶，且更喜欢玻璃瓶的包装，屋顶盒、塑料袋、纸袋等需求的消费者仅占很小部分，但企业也应考虑到市场的多样性、需求的差异性，包装形式及规格应适度向多样化发展，以满足不同消费群体（分年龄段）在不同场合（家庭内、旅游中、公共娱乐场所等）的饮用。

（四）消费者的综合满意度有待进一步提高

为进一步评价消费者对巴氏奶的综合满意度，围绕巴氏奶的产品及营销环节进行产品满意度和重要性对比分析。消费者更看重巴氏奶的保鲜度、口感和配送速度，但并未获得较高的满意度。从满意度和重要性比较来看，获得的满意度要显著低于重要性评价，这说明企业的产品品质、配送服务未能达到与消费者重视程度等同的水平，产品研发及创新、冷链物流与配送的效率和服务质量还有待提高，这有助于改善当前巴氏奶市场有限的窘境。与之形成鲜明对比的是"付款方式"的评价，消费者普遍认为当前所采用的月底集中付款或预付款有促销（奖品）等形式较好，满意度评价为 4.18 分，但在巴氏奶消费中是最不重要的，重要性分值仅有 3.86 分。在消费者认为重要性较低的方面获得较高的满意程度，只能说明企业工作重点有偏差，未能将巴氏奶产品品质和有助于改善营销境况的内容做到极致。

巴氏奶购买方式、产品种类可选性及营销宣传活动评价水平，在巴氏奶产品及营销环节的满意度和重视度评价方面皆处于较低水平，评分在 4 分左右，同时其满意度评价略高于重要性评价，但双方并未有明显差异。这说明此方面改善提升对产品营销效果并不会有重大影响，因在巴氏奶产品销售过程中，产品购买方式、产品种类可选性如何、宣传活动是否丰富并不是消费者关注的重点。

三、培养河北省巴氏奶消费市场的对策建议

（一）加强宣传力度，提高产品和品牌的知名度

与高温杀菌乳相比，巴氏奶全程需要冷链保存，所以相同容量的产品售价均高于高温灭菌奶。但企业应抓住消费者追求健康的心理，加大对巴氏奶"新鲜""营养""口感纯正"等特点的宣传，从而赢得消费者认可。在宣传模式方面，企业应采取整合营销的理念，通过多种形式的广告加强宣传力度。如采用网络广告、赞助电视节目、现场（如社区、商场）宣传和商业活动推广等，全方位凸显产品品质和品牌美誉度，提高消费者的信心。宣传定位应突出加工工艺的先进、品质的新鲜，区域市场乳品企业要充分利用"本地产、更新鲜"的先天优势做好区域市场的宣传，做好"当地的鲜牛奶"的宣传，提高本地居民的品牌忠诚度。

（二）建立高素质团队，提高配送服务水平

巴氏奶销售的主要方式是配送到户，配送人员直接接触消费者，其自身素

质及服务水平影响着消费者对产品的认知与评价，因此建立一支高素质、高服务水平的配送团队至关重。当前巴氏奶市场的进一步开拓受阻，其重要原因之一是员工整体专业素养偏低，员工对巴氏奶专业知识了解较少，对于产品推广的相关知识更是知之甚少。

为进一步扩大巴氏奶的市场销售范围，企业应通过专业的培训，让自己的员工了解更多的专业知识与营销技巧，在提高配送人员服务水平的基础上，提升专业知识水平，能够及时做好产品介绍、推广和产品宣传，有助于提高巴氏奶产品影响力。配送人员是企业、产品的形象宣传员，在服务的过程中应满含情感，通过树立良好的企业品牌形象，贴近顾客心理，提升消费者的品牌认可度。

（三）产品形式多样化，满足不同消费者需求

不同的包装形式，其市场销售价格也不尽相同，因此包装形式多样化，不仅能激发消费者的购买欲，更对价格敏感的消费者产生吸引力。当前市场上销售的巴氏奶产品包装有屋顶包、塑料袋和玻璃瓶，其中家庭订购的多为玻璃瓶装，企业可根据消费者不同层次的需求，采用多种包装形式，并增加不同的包装规格满足消费需求。同时，实力较强的企业应加大产品技术创新，研发高、中、低端的巴氏奶产品，以及满足不同营养需求的巴氏奶产品，从而适应不同收入群体的消费需求。

（四）准确进行市场细分与定位，发掘潜在消费群体

由于加工工艺的不同，巴氏奶与高温灭菌奶相比含有较高的活性物质，适合不同年龄段的消费群体饮用。但由于价格、保质期、保存条件等众多因素的影响，目前巴氏奶仍是小众消费产品。因此若进一步开拓市场潜力，应针对消费者进行年龄、学历、收入以及消费观念等方面的市场细分，并准确定位产品形态。对巴氏奶认知较少的人群是巴氏奶市场的潜在顾客，企业应通过多种途径的宣传树立并扩大巴氏奶高品质的形象，加强技术创新，丰富产品口味，以吸引更多的消费者。

（五）政府出台相关政策，支持巴氏奶乳品企业发展

巴氏奶产品销售前景广阔，但河北省巴氏奶的生产企业多为规模不大的中型企业，其资金、科研实力均无法与大型乳品企业相比，推广难度较大。因此需要地方政府出台相关的优惠政策予以扶持，如对于巴氏奶企业采取税收优惠政策等。

第四节　河北省居民液态奶消费影响因素城乡差异分析

随着全省社会经济不断发展，城乡居民生活水平明显提高，对各类乳制品

的消费迅速增长，其中液态奶消费增长尤为明显。但从城乡对比来看，液态奶消费还存在一定的差距。因此，研究城乡液态奶消费差异及主要影响因素，对于合理引导城乡液态奶消费，不断扩大消费市场具有重要意义。

一、问卷设计与数据来源

利用 2017—2019 年本科教学实习和暑期实践时间，团队老师带领农林经济管理专业本科生及研究生深入全省 11 个地市进行了实地调研，三年累计收回问卷 578 份，其中有效问卷 539 份。统计结果显示，在 539 份有效问卷中，受访者年龄在 18～60 岁的占比达 91%，受访者人数城乡比为 53.16∶46.84。受访者中，文化程度城乡差异比较明显，城市高中及以上文化程度占比达 73.6%，而乡村这一比例不足 29%。

二、变量选取及模型的设定

（一）变量的选取

在影响全省城乡居民液态奶消费的诸多因素中，选取了液态奶平均消费价格、消费者收入水平、消费习惯与偏好、受教育程度等作为影响乳制品消费的主要因素。

（1）液态奶平均消费价格。调查数据显示，各地区城乡居民对不同价格水平（元/250 毫升）的液态奶消费量不同，说明价格水平是液态奶消费的重要影响因素之一。

（2）家庭收入水平。调查数据显示，消费者家庭收入水平与其液态奶消费量存在一定的正向变动关系。可见，家庭收入水平是液态奶消费的重要影响因素之一。

（3）消费习惯与偏好。调研结果显示，全省各市农村地区有一部分消费者没有饮奶习惯，加之受收入水平的制约，液态奶消费水平较低。但是，近年来随着人们生活水平的提高和消费升级，农村居民液态奶消费开始逐步增加。尤其是河北中部和北部地区，由于经济发展较快，乳制品消费水平明显提升。河北北部地区，由于蒙牛、伊利、君乐宝等大型乳企的进入（养殖基地及加工企业建设），城乡居民液态奶消费增长尤为明显。消费习惯与偏好确实是影响液态奶消费的重要因素。

（4）受教育程度。调查显示，受教育程度对液态奶消费有一定影响，学历为高中及以上学历的受访者，其液态奶消费量比学历低于高中的受访者液态奶消费量更大。

（二）模型的设定

为了分析以上四个因素对全省居民液态奶消费的城乡差异程度影响，本节利用非平衡动态面板数据通过构建固定效应模型进行具体分析。

$$\ln(C_i) = a_i + \beta_1 \ln(price_i) + \beta_2 \ln(income_i) + \beta_3 \ln(habit_i) + \beta_4 \ln(edu_i) + \xi_i$$

其中，因变量 C 为消费者家庭液态奶平均消费支出；$price$ 表示消费者经常消费的液态奶均价；$income$ 表示消费者家庭收入；$habit$ 表示消费者的消费习惯和偏好（用上一年的液态奶的消费支出表示）；edu 表示消费者受教育程度（用受教育年限表示）；$i=1$，2，3 分别表示全省、城镇和农村；ξ_i 表示误差项。

三、模型结果分析

回归结果显示（表 9-8），所有回归估计调整后的 R^2 均超过了 0.93，说明模型整体拟合效果较好。

表 9-8　全省及城乡液态奶消费影响因素回归结果

解释变量	全省	城镇	乡村
β_1	−0.146 306 **	−0.118 531 ***	−0.160 372 ***
	−6.248 365	−8.720 181	−4.671 927
β_2	0.079 163 **	0.068 145 **	0.089 137 ***
	1.853 122	3.081 643	1.609 137
β_3	0.041 269 ***	0.071 933 ***	0.026 176 **
	1.857 030	3.191 462	4.620 017
β_4	—	0.037 183 ***	—
		6.095 164	
Adjusted − R^2	0.952 819	0.960 163	0.936 483
F − Statistic	653.091	1 035.864	327.907
D.W.	1.823 746	1.729 517	2.106 169

注："***"表示在1%显著水平下拒绝原假设；"**"表示在5%显著水平下拒绝原假设；"*"表示在10%显著水平下拒绝原假设；括号中为 t 统计量，"—"表示不显著。

1. 液态奶价格的城乡差异影响

城镇和农村居民对液态奶价格均比较敏感，但农村消费者的敏感性更强。全省、城镇、农村地区的值分别为−0.146 306 、−0.118 531 和−0.160 372，说明液态奶价格每增长 1%，将导致全省居民液态奶消费减少 14.63%，城镇居民减少 11.85%，农村居民减少 16.04%。调研结果与回归结果完全吻合，说明农村居民对液态奶价格变动明显比城镇居民敏感性强。

2. 家庭收入水平的城乡差异影响

模型结果显示，家庭收入水平对液态奶消费存在比较明显的影响。表中

β_2 表示消费者液态奶消费的收入弹性，全省、城镇和农村地区的值分别为 0.079 163 、0.068 145 和 0.089 137 ，说明消费者家庭收入每增长 1%，将导致液态奶消费分别增长 7.92%、6.81% 和 8.91%。可见，农村居民消费收入弹性高于全省的平均水平，收入对液态奶消费的影响存在较明显的地区差异。究其原因，近年来城镇居民液态奶整体消费水平明显高于乡村，所以，农民收入水平增加对收入水平相对较低的农村居民液态奶消费影响更为明显。应该坚信，随着农村脱贫攻坚计划的完成和乡村振兴战略的实施，农村液态奶消费市场潜力巨大。

3. 消费习惯和偏好的城乡差异影响

全省、城镇、乡村的值分别为 0.041 269 、0.071 933 、0.026 176 ，表明全省各地区城镇居民前期液态奶消费对当期具有显著的促进作用，而对农村居民的液态奶消费促进作用则不显著。可见，消费习惯与偏好对城镇居民液态奶的消费影响更大。问卷调查显示，受访者中，各地区城镇居民的液态奶消费数量和消费频率均明显高于农村居民，说明消费习惯和偏好对城镇居民的影响更为明显，这与模型结果基本吻合。

4. 受教育程度的城乡差异影响

结果显示，受教育程度仅对城镇居民液态奶消费影响显著，值为 0.037 183，对全省和农村的影响并不显著。调查发现，城镇受访者平均受教育水平相比农村更高，受教育程度对农村居民液态奶消费影响不显著。

四、结论及启示

模型分析结果表明：液态奶价格水平和消费者家庭收入水平两个指标对城乡居民液态奶消费的影响均比较显著，而消费习惯和偏好以及受教育程度对城乡居民液态奶消费的影响则表现出明显的城乡差异性。其对城镇居民液态奶消费的影响明显大于对农村居民的影响。因此，要提高全省液态奶乃至乳制品整体的消费水平以及缩小城乡之间的消费差距，必须在充分考虑城乡居民收入差距、消费习惯及年龄结构的基础上，采取积极措施，推动全省液态奶消费。

1. 加大乳企研发力度，创新智能订奶模式

一方面，龙头乳企应加大研发力度，积极转变生产结构，针对全省城乡居民消费习惯、消费偏好、消费观念和消费者年龄，进行多元化品种研发，丰富产品种类。另一方面，乳企应积极开发线下线上有机融合的新型智能居民订奶模式。用科技打造鲜奶新零售业态，提升消费者订奶体验。从订奶渠道、供应链、配送方式全方位优化提升，把高品质鲜奶送到千家万户，点燃河北省液态奶消费新热点。

2. 强化宣传和引导，转变消费观念

调查发现，大部分消费者对不同种类（高温奶、巴氏奶、还原乳、乳饮料等）液态奶营养价值的差异并不了解，导致消费者更多地单纯从口感、包装和价格上选择消费品种。这就需要相关部门和乳企对广大消费者（尤其是农村消费者）加强宣传，使消费者真正了解不同类型液态奶之间的差异性，正确引导消费者的消费观念。同时借鉴发达国家经验，鼓励乳企大力发展巴氏灭菌乳制品，并通过转变营销策略，建立全程冷链配送机制，探索建立有效的乳企—居民小区订奶渠道，打造新型消费方式。

3. 推进乳品可追溯系统建设

建立起乳品可追溯体系，就能利用乳品追溯系统，快速、准确地界定问题乳品的责任环节以及乳品范围，并有针对性地召回不合格乳产品，而不是所有产品，将损失降到最低。目前，虽然君乐宝乳业已于 2012 年自主研发"河北省乳制品生产企业电子追溯系统"，并在全省一些乳制品企业中推广，但该追溯系统只是企业标准，全省大部分乳企由于资金、技术等限制至今尚未建立起科学合理的可追溯系统，更没有严格明确的责任机制。因此，必须推动建立全省大型龙头乳品企业和政府相关部门共同参与、面向全省的乳品可追溯系统，才能提高乳制品在消费者心中的信任度，从根本上促进液态奶的消费升级。

4. 积极开拓全省农村消费市场

调查显示，全省各地区农村常住人口多为老人和儿童，这两个群体对液态奶消费量三年来呈递增趋势，尤其是儿童液态奶消费增长显著。随着农村扶贫攻坚任务的圆满完成和乡村振兴战略的全面实施，乳企应积极开拓农村市场。一方面，要积极开发适合农村居民收入水平和消费观念的新产品，丰富农村乳制品市场，加快产品升级，创新营销理念；另一方面，养殖场、养殖小区和牧场大都建立在农村地区，依据国家政策，支持有条件的养殖场（户）建设乳品加工厂，尤其是巴氏灭菌奶，并适当配备冷链运输服务，让巴氏灭菌液态奶成为开拓农村市场的主力军。

第五节　河北省乳粉消费问题研究

一、河北省乳粉业发展现状

（一）河北省乳粉企业经营情况

河北省具备良好的奶牛饲养气候条件，饲料牧草资源丰富，是中国重要的奶牛养殖优势区域。2014 年，全国奶牛存栏 1 498.6 万头，其中，内蒙古 236 万头排名第一，占全国 15.8%，河北省 198.1 万头位居第二，占全国的 13.2%；全国奶类产量 3 845 万吨，内蒙古 800 万吨排名第一，占全国奶类产量的 20.8％，黑龙江 561 万吨排名第二，占全国的 14.6％，河北 496 万吨排名第三，占全国的 12.9％。河北省大量优质的奶牛资源为乳粉业的发展提供了丰富的奶源基础。

促进河北省奶业快速健康发展，提高乳粉特别是婴幼儿配方乳粉质量安全水平和市场占有率，是事关奶业产业结构调整和优化升级，事关经济社会发展和民生改善的重大事件。河北省政府 2013 年出台乳粉扶持政策，规划到 2017 年全省建成君乐宝等 2～3 家年产 5 万吨以上的本地乳粉生产企业标杆，全省乳粉产能达到 20 万吨（其中婴幼儿配方乳粉 10 万吨）。

虽然拥有丰富的奶源基础，优惠的政策扶持，但河北省乳粉业发展并不乐观。河北省现有 42 家乳制品企业，乳粉加工企业 13 家，除伊利（1 家），三元（2 家）外，其余 10 家为本土企业，2014 年有 5 家处于亏损状态。

（二）河北省乳粉进口情况

近年来河北省乳粉进口增长迅速。由图 9-4 可知，2009 年受"三聚氰胺"事件影响，河北省奶粉进口量 2 000 吨下降到 900 吨以下。但从 2010 年开始河北省乳粉进口量飞速增长，2012 年进口数量为 7 000 吨以上。2013 年河北省乳粉企业有所恢复，奶粉进口量有所降低，下降到 6 000 吨以下。但 2014 年由于原奶价格的高涨导致河北省奶粉进口量激增，达到近年来的最高水平 8 427.53 吨。

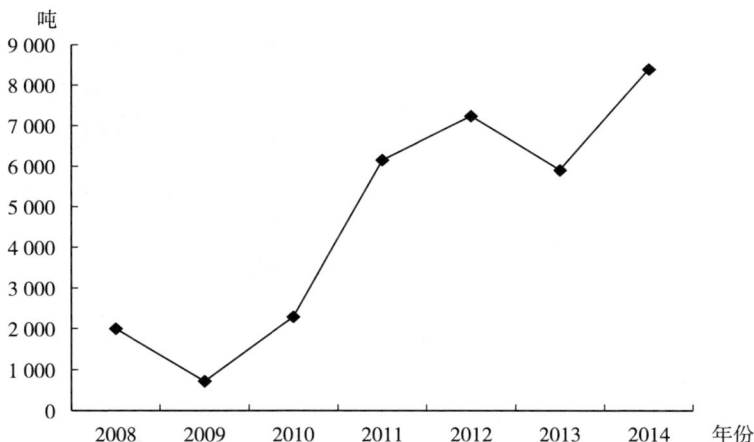

图 9-4　2008—2013 河北奶粉进口量变化趋势
注：数据来自《中国奶业年鉴》、《2015 中国奶业统计摘要》。

截至 2015 年 7 月，河北省进口乳粉约 3 455 吨，超过 2013 年全年总进口量的 6 成，价值近 2 000 万美元，来自新西兰、法国的进口量呈"井喷式"增长。这无疑在一定程度上抑制了河北省乳粉业的发展。

（三）河北省乳粉市场情况

河北省乳粉市场情况主要体现为婴幼儿奶粉销售情况。由图 9-5 可以看出，2008 年"三聚氰胺"事件之前，国内奶粉品牌占据主导地位，拥有 60% 的市场份额。但自从阜阳大头娃娃开始，婴幼儿奶粉中的食品安全问题就一直发生，到"三聚氰胺"事件到达了顶峰，到 2013 年，外资奶粉市场份额提升至 57%。历史上，以"三鹿"为代表的河北省本土婴幼儿配方奶粉品牌曾占据中国近 20% 的市场，是全国最大的婴幼儿配方奶粉产地。而在"三聚氰胺"事件后，河北省乳粉业迅速凋零。到 2013 年，河北省内婴幼儿奶粉市场上，一半以上的份额被国外乳业巨头占领，市场中没有一个河北本土的品牌。直到 2014 年下半年，君乐宝推出每罐 130 元奶粉，通过电商平台挤入全国奶粉市场。截止到 2015 年 7 月，君乐宝奶粉销售额已经超过 5 亿元，为河北省乳粉业发展带来了一线生机。目前，河北省婴幼儿乳粉本土品牌除君乐宝外，还有旗帜品牌。

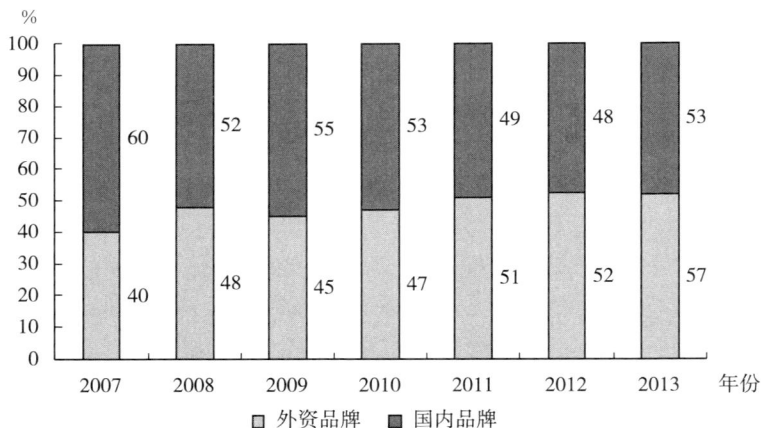

图 9-5　2007—2013 年河北乳粉市场份额
注：数据来自 AC 尼尔森。

二、乳粉业发展的制约因素

多年来，河北省乳制品产业在国内都具有举足轻重的地位，但目前乳粉业发展正处于重新起步阶段，发展过程中存在诸多问题。

（一）产品质量安全问题阻碍本土乳粉业发展

"三聚氰胺"事件后，河北本土乳业三鹿集团股份有限公司宣告破产，继而被三元乳业收购，河北乳业"大厦"轰然倒塌。消费者对河北省乳制品，尤其是婴幼儿配方奶粉的信任降至冰点，此后国产乳制品接连不断的负面新闻也使河北的乳业恢复缓慢，乳粉销售受到阻碍。加之全国性乳粉企业（蒙牛、伊利等）实力雄厚、技术先进、质量领先；国外婴幼儿奶粉品牌降价竞争，使得河北本土乳粉企业受到巨大冲击，多数亏损，受到破产或被兼并的威胁。当前保证乳粉质量安全，恢复消费者对本土乳制品的信心问题是河北省乳粉业重新振兴的首要问题。

（二）乳粉生产成本高，缺乏国际竞争力

以乳粉企业喷成 1 吨奶粉需要 8.5～9 吨鲜牛奶计算，当前国内鲜奶收购平均价格在 3.41 元/千克，喷成一吨奶粉需要价值 2.8 万～3.1 万元的生鲜乳。而国外进口的乳粉价格 2015 年 1—6 月份均价为 2 779.89 美元/吨，折合成人民币约为 1.7～1.8 万元/吨，每吨低于国产乳粉成本 1 万多元。国外的乳制品成本和价格低于国内，因此，国内乳业纷纷减少国内奶的订货份额，增加甚至完全进口外国奶。中国食品土畜进出口商会公布的一份数据显示，进口奶粉的市场占有率已从 2008 年前的 30% 左右，跃升到 50% 以上，在高端奶粉市场，这一数据更是超过 70%，大型城市的高端奶粉市场份额被不断蚕食，随着电子商务和物流的发展，进口奶粉开始挑战二三线城市的乳粉市场。2015年跨境电商迅速膨胀，也促使国外品牌乳粉对国内乳粉造成严重冲击，河北省乳粉业发展的压力空前加大。

（三）乳粉业发展不平衡，企业兼并存在不合理现象

目前，河北省内婴幼儿配方奶粉生产企业仅有三元、君乐宝、旗帜三个品牌，属本土品牌的仅有君乐宝、旗帜两家。虽然君乐宝奶粉自 2014 年 4 月上市以来取得了一定的成绩，但其发展存在明显不足。一是产品结构单一。调查显示，君乐宝的奶粉品种只有两种婴幼儿奶粉，缺少婴幼儿辅食，相比其他的乳粉企业，奶粉的品种不足，奶粉品种上存在不平衡。二是消费群体没有细分，处于低价位产品，产品定位不平衡。三是销售人员不足，线上销售较好，线下销售并不乐观，线下线上销售不平衡。据了解，在河北的大型超市中，国外品牌和全国性品牌婴幼儿奶粉占据绝对的位置，很少有本土奶粉出售。

另外，河北省除君乐宝、旗帜品牌外，其他中型乳粉企业没有生产婴幼儿奶粉资质，并且资金少、规模小、生产成本高，一旦市场不景气或遭遇大型企业间的"价格战"，就会遭受致命的打击，河北省内乳粉业发展不平衡。

河北本土乳制品企业不断减少，由 2010 年的 39 家减少到 2013 年的 35 家（规模以上的）。乳制品企业数量不断减少似乎顺应了行业集中的趋势，然而，相当多的企业兼并重组并非市场化的优胜劣汰，而是行政化的政治任务，这更像是花钱买厂房、买产能、买渠道，甚至是买利润提升股价，没有真正使品牌、质量等核心能力提升。

（四）产品结构单一，创新能力不足

婴幼儿配方奶粉从开始研究到现在已经有近百年历史，而我国婴幼儿配方奶粉仅有 20 多年的发展历程。中国婴幼儿配方奶粉产品的研发较多是参考国际文献或对外国宝宝的研究数据，创新能力不足，对国外技术、标准的依赖性较强。中国乳制品工业协会名誉理事长宋昆冈表示，"以往国产婴幼儿奶粉的技术创新是不多见的，这既有行业标准限值严谨的原因，也有企业自身创新能力不足和容易满足的因素。"河北省乳粉行业产品结构单一，一般的乳粉企业生产成人奶粉（销售量极少）、原料粉等，销量及盈利能力不高。君乐宝和旗帜生产婴幼儿配方奶粉，但产品品种较少。如君乐宝只有两种婴幼儿配方奶粉产品，缺少婴幼儿辅食产品、儿童成长奶粉、成人奶粉等产品，这在无形中使君乐宝丢失掉许多市场份额。

三、促进乳粉业发展的对策建议

当前，河北省本土乳业仅有君乐宝、旗帜拥有婴幼儿配方奶粉的生产资质，其他 11 家乳粉企业均没有生产许可证，其中知名品牌仅有君乐宝一家，明显少于其他省份。当务之急河北省乳粉业应从政府及企业等层面联动，多方面、多举措保证其在内忧外患的竞争环境中崛起，重塑"三鹿时代"的辉煌。

（一）政府层面

1. 严格控制奶源，重建管理机制

政府支持建立权威的质量检测机构，完善质量安全检验监测体系，加大监测频率，从奶源端控制整个产业链的质量，并严厉打击添加违禁物质行为。严格规范市场秩序，加大惩处力度，避免类似"三聚氰胺"的事件再次发生。特别要警惕当今存在的奶粉网购监管不力，不法商法以 3～5 元收购婴幼儿奶粉的空罐，装入低价位的奶粉重新销售的现象。重新构建乳粉行业体制，鼓励乳粉企业、消费者以及相关主体积极参与，逐渐形成相互支持、共同监督的管理机制。不断规范企业生产行为，逐步提高国内乳粉质量，恢复消费者对国内乳制品的信心。

2. 加强政策、资金、技术方面的支持，加大对乳粉业的政策与资金支持力度

对外资乳粉企业和进口奶粉进行反垄断调查，有效控制国外乳粉价格，但是又要注意国外乳粉价格下降会增加国内乳粉的竞争压力。鼓励金融机构优先支持乳粉企业，担保公司及时为乳粉企业提供融资担保。以政府注资为基础，扶持有潜力的乳粉企业发展。继续实行良种补贴、奶牛保险补贴、农机补贴、苜蓿种植补贴等针对奶牛养殖环节的一系列相关优惠补贴政策，继续对标准化奶牛场进行资金补贴，明确乳粉业专项资金使用范围，监督资金去向，反馈资

金使用产生的效益。支持河北省相关学会、协会等社会团体组织的奶业专家服务团深入基层帮扶活动，把先进的奶牛养殖技术和管理理念送到最基层，为广大奶农解决实际困难，切实提高奶牛饲养管理水平。政府有关部门要支持小型奶牛养殖户用"以牛入股分红"的方式把所有权与经营权分开，建立规模养殖场，因地制宜，走奶牛规模化、标准化道路。适度进行规模奶牛养殖，可以提高牛奶产量和质量，有效降低原奶生产成本，进而降低乳粉生产成本，增强乳粉市场竞争力。

3. 引导乳粉企业合理兼并重组

政府在坚持执行《河北省人民政府关于加快全省乳粉业发展的意见》，扶优劣汰、培养知名品牌、提升河北省婴幼儿配方奶粉的保障能力和市场竞争力的同时，要注意防止出现"一支独大"的现象。支持合理兼并，防止恶意竞争；在支持行业集中趋势的同时，防止行政化的强制兼并。

（二）企业层面

1. 加快配套奶源建设，降低成本

由于奶牛养殖组织化程度低、生产成本高，在整个乳制品行业处于最薄弱的一环。因此建议 3 000 头以下奶牛规模的小牧场要联合起来，与生产企业配套捆绑起来，与乳粉加工企业结成联盟，逐渐向"种养加一体化"模式发展。乳粉企业兼并重组后要加快配套奶源建设，大力发展自建牧场，配合农业农村部实施"振兴奶业苜蓿发展行动"，逐渐形成自建自控的奶源基地。培养奶牛养殖专业人员以及高水平管理人员，加快奶牛场圈舍、挤奶厅和质量检测设施标准化改造，促进苜蓿基地与婴幼儿配方乳粉企业奶牛养殖基地配套，提高奶牛养殖水平，提高原奶和奶粉质量，降低成本，增强市场竞争力。

2. 依靠先进科技，丰富产品品种

乳粉企业要积极响应国家号召，加强技术创新，积极寻求国家奶牛产业技术体系、河北省现代农业产业技术体系奶牛产业创新团队、河北农业大学、河北省畜牧兽医研究所、河北农科院、河北省畜牧兽医学会养牛学分会、河北省奶业协会等单位的技术援助，通过与乳粉权威机构合作，对中国妈妈的母乳成分进行研究，对中国宝宝的体质、营养结构进行研究，创新乳粉配方，生产更加适合中国宝宝的乳粉；购置先进的鲜奶分离、浓缩蒸发、喷雾干燥、密闭包装自动化生产设备，把高质量产品投向市场，逐步恢复中国消费者的信心。

3. 创新营销模式，培养知名品牌

乳粉企业应结合自身情况创新营销模式，推动建立品牌的专营店。专营店作为乳粉企业的直销终端店，可以有效帮助消费者摆脱在超市和母婴店中因产品同质化而造成的困扰，使消费者能够更加深入地了解乳粉产品。同时，因为专营店由乳粉企业开设，与乳粉企业直接挂钩，代表的是该乳粉品牌，所以消费者就可以消除购买到假货或者售后服务差的后顾之忧。专营店要将销售商品和提供服务捆绑起来。在销售商品的同时，为消费者提供"奶粉讲堂""奶粉试饮""经验交流"等服务，为消费者提供一个学习、体验、交流的平台。在开设专营店的同时，要加快发展电子商务销售。电子商务和物流的快速发展，可以有效解决专营店存在的不便利问题。线下专营店与线上销售相结合，逐渐形成线下体验、线上销售的新型营销模式，有效树立乳粉品牌形象，恢复消费者信心，增加奶粉知名度。

第十章　河北省乳制品质量安全评价与预警问题研究

第一节　乳制品质量安全内外部风险分析

一、基于 PEST 分析法的外部风险因素分析

本章把乳制品供应链之外的影响因素看作外部因素，外部风险因素分析采用 PEST 分析法。所谓 PEST 分析法，是指一种企业所处宏观环境的分析模型。PEST 即 Political（政治）、Economic（经济）、Social（社会）和 Technological（科技），这些因素构成了企业经营的外部环境。

影响乳制品质量安全的政治因素主要体现在乳制品质量安全监管机制和兽医制度建设方面。政治因素是指一个国家或地区的政治制度、体制、方针政策、法律法规等方面，这些因素影响和制约着企业的经营行为。经济因素是指国民经济的发展概况，企业所面临的产业环境。经济因素主要包括社会经济结构、经济发展水平、宏观经济政策等方面。影响乳制品质量安全的经济因素主要有畜牧业的发达程度，乳制品加工业在食品加工业中的地位，社会经济发展水平，居民乳制品的消费情况，国家的相关产业政策等。社会环境是一定时期整个社会发展的一般状况。主要包括社会道德风尚，文化传统，人口变动趋势，文化教育，价值观念，社会结构等。对乳制品质量安全产生影响的因素主要有居民的受教育程度、消费者对乳制品质量安全信息的关注程度、城镇和农村人口的分布情况等。技术环境是指目前社会技术总水平及变化趋势，技术变迁情况。乳品产业总体技术水平对乳制品质量安全有直接的影响。影响乳制品质量安全的技术因素包括奶牛养殖技术水平、乳制品加工技术水平、乳制品加工业科技创新能力等。

二、内部风险因素分析

依据乳制品供应链各环节的主要流程，以 HACCP 分析法为指导分析各环节存在的质量安全风险因素，查找关键点并依此确定关键风险因素。乳制品供应链三个主要环节：奶牛养殖、乳制品加工和乳制品销售等。乳制品品种不同，加工过程略有差异，这里的乳制品加工流程为一般乳制品加工的主要必备流程。奶牛养殖过程的潜在危害及预防措施分析见表 10 - 1，乳制品加工过程

中潜在危害及预防措施分析见表 10 - 2，乳制品销售过程中潜在危害及预防措施分析见表 10 - 3。

表 10 - 1　奶牛养殖过程潜在危害与预警措施分析

流程步骤	潜在危害	预防危害的措施	关键点
饲料、饲草的接收	化学性危害：饲草中农药残留；霉变饲料产生黄曲霉毒素M1；硝酸盐、亚硝酸盐残留；生物性危害：贮存不当引发微生物污染	源于非疫区；无受潮霉变变质；农药、重金属等卫生指标符合饲料卫生标准GB 13078—2001；先进先出、通风干燥；严格执行无公害食品奶牛饲养饲料使用准则 NY 5048—2001 禁用动物源性饲料；有良好的采购、保存、使用记录	是
饲料添加剂	化学性危害：违规添加带来兽药残留	饲料添加剂符合国家标准；不使用兽药等违规添加剂	是
兽药接收	化学性危害：兽药残留；禁用药残留	源于 GMP 生产厂家；有国家批准文号、生产批号或进口兽药许可证；不使用国家违禁药品；有严格的休药期和废弃期；严格执行无公害食品奶牛饲养兽药使用准则NY 5046—2001；有良好的采购、保存、使用记录；有专职人员负责安全和检查	是
疫苗	生物性危害：疫苗不合格或不合理使用引起奶牛疾病，引发乳制品微生物污染	源于 GMP 生产厂家；有国家批准文号、生产批号或进口许可证；有良好的储藏条件；有规范的检疫、免疫计划；严格执行无公害食品奶牛饲养兽医防疫准则 NY 5047—2001；有良好的采购、保存、使用记录；有专职人员负责安全和检查	否
奶牛饮用水	化学性危害：硝酸盐、亚硝酸盐残留；生物性危害：微生物污染	奶牛饮用水符合无公害食品，畜禽饮用水水质 NY 5027—2001 标准；定期清洗水塔和管道并清理水垢；定期清洗奶牛饮水池或水碗（槽）；保持一定的水管压力；确保水源无污染	是
奶牛	生物性危害：病原微生物污染	患病奶牛及时隔离；奶牛经常进行结核、布病等监测；定期观察奶牛健康状况（DHI SCC）；定期实施乳房炎监测（SMT）；制订奶牛健康状况目标；完整（完善）的奶牛保健方案（生鲜牛乳中溶菌酶的使用）；配种和接生时牛体卫生清洁和消毒	是
员工	生物性危害：携带结核布氏病菌；大肠杆菌	员工持有健康证，定期体检	否

（续）

流程步骤	潜在危害	预防危害的措施	关键点
牛舍卫生条件	生物性危害：微生物污染；奶牛粪尿污染导致奶牛乳房炎；化学性污染：杀虫剂、除草剂、熏蒸剂、杀菌剂等农药残留	牛舍定期消毒；奶牛粪尿及时清理，保持牛舍和运动场干净干燥；使用符合要求的消毒剂和杀虫剂	是
奶牛饲料结构	饲料结构不合理引发奶牛疾病	精粗饲料比例合理，符合奶牛生产性能	是
奶牛疾病治疗	化学性危害：兽药残留；禁用药残留	兽药合格，不过期；规范用药；遵守休药期；做好用药记录；患病牛做好标记或隔离	是
挤奶设备	物理学危害：牛奶中玻璃碎片、金属片、牛粪尿等杂物残留；化学性危害：清洗剂残留；生物性危害：病原菌	挤奶设备及时清洗和消毒；定期更换老化配件	是
挤奶	物理性：异物残留；化学性：清洗剂、化学试剂、兽药等残留；生物性：导致奶牛乳房炎；致病微生物生长	保证挤奶设备和牛体干净卫生；挤奶设备清洗消毒符合操作规范；定期检查设备；根据奶牛状况分群挤奶；挤奶操作规范；挤奶场所温度符合标准	否
冷却	生物性：致病微生物生长	在2小时内将牛奶温度降至2～4℃保存，贮奶缸内牛奶温度应保持≤4℃	否
运输设备	生物性：致病微生物生长	运输设备卫生合格；及时运输到加工厂	否

表 10－2　乳制品加工中潜在危害与预警措施分析

流程步骤	潜在危害	预防危害的措施	关键点
原料乳接收	生物的：金色链球菌、沙门氏菌等细菌感染；化学的：兽药残留、农药残留、蛋白质变性、重金属及亚硝酸盐等残留；物理的：杂物污染	选择合格供应商；原料乳检验；过滤	是
全脂乳粉、脱脂乳粉的接收	生物的：金色链球菌、沙门氏菌等细菌感染；化学的：兽药残留、农药残留、蛋白质变性、重金属及亚硝酸盐等残留；物理的：杂物污染	乳粉符合 GB 5410 和 GB 19644 标准和卫生指标要求。乳粉的贮存应按照规定的温度和湿度要求贮存	是

（续）

流程步骤	潜在危害	预防危害的措施	关键点
包装材料的接收	生物的：细菌残留； 化学的：重金属、溶剂、荧光物质、油墨等残留； 物理的：杂物污染	使用合格的包装材料	否
食品添加剂接收	化学的：兽药残留、农药残留、蛋白质变性、重金属及亚硝酸盐等残留	食品添加剂的品种和加入量应符合 GB 2760 和 GB 14880 的有关规定	是
过滤及净化	物理的：杂物污染； 化学的：清洗剂残留； 物理的：杂草、乳块、泥土等残留	按既定 CIP 清洗程序清洗； CIP 清洗、消毒； 过滤器过滤；分离机定时排杂	是
冷却、贮存	生物的：细菌残留； 化学的：清洗剂残留； 物理的：环境污染物	控制降温过程的时间，在 4℃ 以下贮存不超过 24 小时； 通过既定 CIP 程序清洗、消毒； 使用双联过滤网过滤	是
标准化	生物的：细菌残留； 化学的：清洗剂残留； 物理的：环境污染物	建立标准操作程序，并严格执行； 通过既定 CIP 程序清洗、消毒； 过滤、分离	否
杀菌	生物的：细菌残留； 化学的：清洗剂残留	控制杀菌温度、时间；建立卫生标准操作程序； 通过既定 CIP 程序清洗、消毒	否
添加食品添加剂、添加物	生物的：细菌残留； 化学的：清洗剂残留； 物理的：杂物污染	添加剂、添加物预处理； 通过既定 CIP 程序清洗、消毒； 添加剂、添加物保持清洁	否
灌装	生物的：细菌残留； 物理的：杂物污染	包装检查； 无菌灌装符合良好生产规范	否

表 10 - 3　乳制品销售中潜在危害与预警措施分析

流程步骤	潜在危害	预防危害的措施	关键点
乳制品接收	生物的：微生物污染； 化学的：农兽药残留；重金属、亚硝酸盐污染； 物理的：杂物污染	选择正规厂家生产的乳制品；严格检查生产日期	是

（续）

流程步骤	潜在危害	预防危害的措施	关键点
运输	生物的：微生物污染	保障运输环境，低温贮存乳制品冷链运输	否
贮存	生物的：微生物污染	控制贮存温度；销售地点符合贮存条件	是
销售	生物的：微生物污染	严格检查产品保质期	否

第二节　河北省乳制品质量安全监测指标体系设计

一、理想监测指标

在全面分析乳制品质量安全风险因素的基础上，根据理想指标体系设计的原则选取理论指标体系，具体见图 10-1。

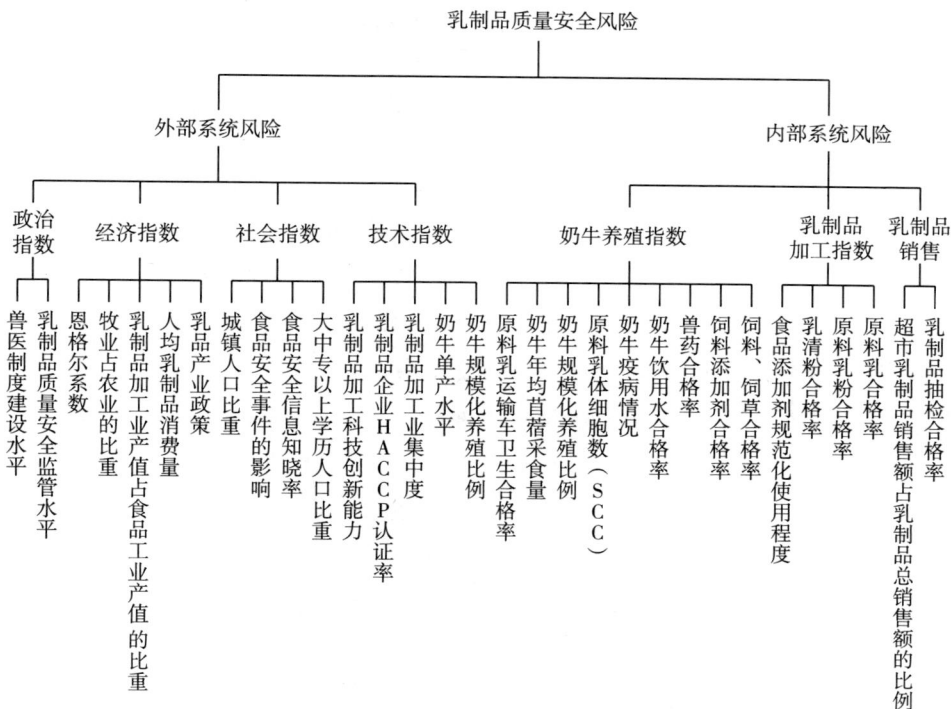

图 10-1　乳制品安全风险原则选取理论指标体系

二、监测指标选取

监测指标本身有两大类：一类是依靠主观判断进行监测的指标，另一类是使用客观数据进行监测的指标。依靠主观判断进行监测的指标有利于全面认识事物，但评价比较主观，缺乏可比性和科学性。为了对乳制品质量安全进行客观评价，本研究使用能定量测量的客观数据指标进行监测评价。

影响乳制品质量安全的影响因素众多，数据选择余地比较大。本研究依据三个原则进行数据选取。一是指标可量化。为了尽量对乳制品质量安全进行客观评价，本研究选取能够量化的指标。二是密切相关原则。乳制品质量安全影响因素较多，为了使研究结果更具实用性，本研究主要使用对监测结果影响较大的，与质量密切相关的指标。三是数据可获取。使用可量化的指标进行监测以数据可获取为基础，本研究尽量选取能获取的客观数据，并对数据难以获取但又与监测结果密切相关的指标采取先定性再量化的方法。依据数据选取的原则建立实用的定量监测指标体系，具体指标选取结果见定量监测指标体系（表 10 - 4）。

表 10 - 4　定量监测指标体系

指标	指标名称
H1	河北省人均国内生产总值
H2	河北省人均乳制品消费量
H3	河北省畜牧业产值占农业产值的比重
H4	河北省乳制品加工业产值占食品工业产值的比重
H5	河北省大中专以上学历人口比重
H6	河北省食品安全信息知晓率
H7	河北省城镇人口比重
H8	河北省奶牛单产水平
H9	河北省奶牛规模化养殖比例
H10	河北省乳制品加工业集中度
H11	河北省乳制品企业 HACCP 认证率
H12	河北省饲料合格率
H13	河北省兽药合格率
H14	河北省奶牛饮用水合格率
H15	河北省原料乳体细胞数（SCC）
H16	河北省奶牛年均苜蓿采食量
H17	河北省乳制品抽检合格率

第三节　河北省乳制品质量安全监测

一、河北省乳制品监测定量指标体系

对河北省乳制品质量安全状况进行评价及预警研究的具体指标见表10-4。

二、监测指标评价

利用各指标历年数据对指标进行评价，各指标具体数据及评价结果见表10-5。

表 10-5　河北省乳制品质量安全定量监测指标

指标		2003年	2004年	2005年	2006年	2007年	2008年	2009年	2010年	2011年	2012年	单位
H1	数值	1 270	1 560	1 832	2 102	2 545	3 147	3 597	4 198	5 357	5 820	美元
	等级	D	D	D	D	D	C	C	C	B	B	
H2	数值	29.28	25.29	23.8	24.38	22.29	19.74	17.91	14.99	15.46	16.6	千克
	等级	B	B	C	C	C	D		E	D	D	
H3	数值	38.42	40.46	36.96	33.75	37.29	40.25	37.08	33.50	34.19	32.73	%
	等级	C	C	C	C	C	C	C	C	C	C	
H4	数值	13.19	8.69	14.23	14.38	14.55	6.89	6.64	6.47	4.96	5.25	%
	等级	A	B	A	A	A	C	C	C	C	C	
H5	数值	6.60	5.89	4.73	4.50	4.67	4.79	4.98	7.93	5.33	5.79	%
	等级	C	D	D	D	D	D	D	D	D	D	
H6	数值			16.85	19.92	21.60	28.75	35.11	39.37	43.68	52.84	%
	等级			D	D	D	D	C	C	C	B	
H7	数值	20.48	35.00	37.69	38.77	40.25	41.9	43.74	44.50	45.60	46.80	%
	等级	E	E	E	E	D	D	D	D	D	D	
H8	数值			4 426	3 900	4 722	4 500	4 600	5 000	5 500	5 500	千克
	等级			C	C	C	C	C	C	C	C	
H9	数值	15.26	8.26	9.77	23.29	27.74	36.09	72.25	74.86	73.22	80.86	%
	等级	E	E	E	D	D	D	B	B	B	A	
H10	数值	79.46	78.62	66.55	56.15	60.23	20.42	20.78	18.57	18.78	21.89	%
	等级	A	A	A	A	A	E	E	E	E	E	
H11	数值							6.6	25	53		%
	等级							E	D	C		

（续）

指标		2003 年	2004 年	2005 年	2006 年	2007 年	2008 年	2009 年	2010 年	2011 年	2012 年	单位
H12	数值			93.4	95	96.1	98.9	99.7	99.2	96.8	98.7	%
	等级			C	B	B	A	A	A	B	A	
H13	数值			82	84.5	87	92	94.5	96.5	98	97.5	%
	等级			D	D	C	B	B	A	A	A	
H14	数值			85	86.3	87.2	86.5	88	93	94.5	95.2	%
	等级			C	C	C	C	C	B	B	A	
H15	数值					65.74	53.59	65.89	46.45	42.97	37.96	万个/毫升
	等级					D	C	D	C	C	B	
H16	数值	0.01	0.01	0.01	0.01	0.15	0.20	0.45	0.65	1.02	1.34	吨
	等级	E	E	E	E	E	E	D	D	C	B	
H17	数值			91.4	92.7	94.9	94.1	96.5	97	97.3	98.3	%
	等级			B	B	B	B	A	A	A	A	

数据来源：中国统计年鉴，中国奶业统计资料，奶业统计摘要，奶业年鉴，中国质量认证中心（http://www.cqc.com.cn/chinese/index.htm），中国互联网发展报告（http://www.cnnic.net.cn/hlwfzyj）。

三、监测指标评价结果分析

2012 年，属于 A 等级，即位于安全级别的指标包括河北省奶牛规模化养殖比例、饲料抽检合格率、兽药抽检合格率和乳制品抽检合格率，安全水平位于绿色区域，属于安全等级；属于 B 等级，即位于较安全级别的有人均国内生产总值、食品安全信息知晓率、原料乳体细胞数和高产奶牛苜蓿采食量；属于 C 等级，即位于基本安全等级的指标有畜牧业产值占农业总产值的比重、奶牛单产水平、乳制品加工企业 HACCP 体系认证率；属于 D 等级，即较不安全级别的指标包括人均乳制品消费量、城镇人口比重；乳制品加工产业集中度是 E 等级，即不安全。

由以上分析可以看出，17 个监测指标中有 7 个指标高于全国平均水平，包括：人均乳制品消费量、畜牧业产值占农业总产值的比重、奶牛规模化养殖比例、饲料抽检合格率、兽药抽检合格率、原料乳体细胞数和高产奶牛苜蓿采食量安全水平。有 6 个指标与全国平均水平相当，包括：人均国内生产总值、食品安全信息知晓率、河北省奶牛单产水平、乳制品加工企业 HACCP 体系认证率、奶牛饮用水合格率和乳制品抽检合格率安全水平。有 2 个指标低于全国平均水平，包括：城镇人口比重、乳制品加工产业集中度指标安全水平。

第四节　河北省乳制品质量安全预警

一、单指标趋势预测

基于 17 个乳制品质量安全评价指标的预测模型、模型检验和近期预测值，结果如下：

（1）H1：人均国内生产总值。选择拟合程度最高的二次曲线模型作为人均国内生产总值的预测模型（表 10 - 6、图 10 - 2）。

$$y_t = a + bt + ct^2$$

表 10 - 6　H1 预测模型检验

R^2	标准误	方差检验		系数 T 检验					
		F	$Sig.$	系数 1	$Sig.$	系数 2	$Sig.$	系数 3	$Sig.$
0.997	586.530	1 443.970	0.000	926.301	0.006	170.101	0.000	8 071.709	0.000

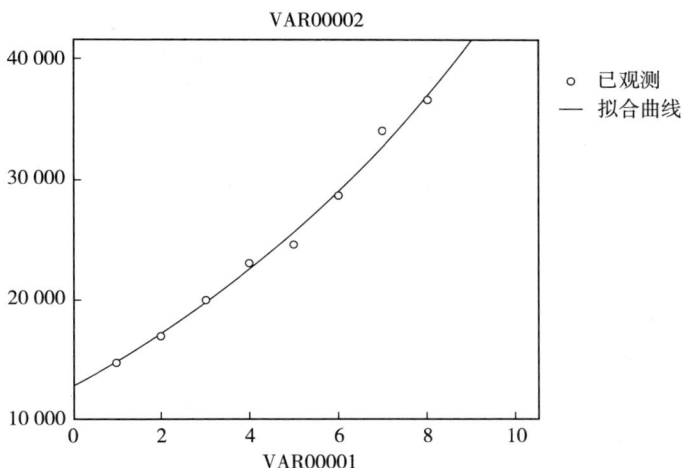

图 10 - 2　H1 拟合曲线

预测结果：2013 年人均国内生产总值达到 41 442.35 元（6 672 美元）；2014 年人均国内生产总值达到 46 213.36 元（7 740 美元）

（2）H2：人均年乳制品消费量。经过对比判断，使用指数平滑法进行预测（表 10 - 7、图 10 - 3）。

$$F_t^{(1)} = \alpha x_t + (1-\alpha)F_{t-1}^{(1)}$$

表 10-7　H2 预测模型检验

R^2	系数 T 检验		
	系数 1	T	$Sig.$
0.508	0.85	7.544	0.000

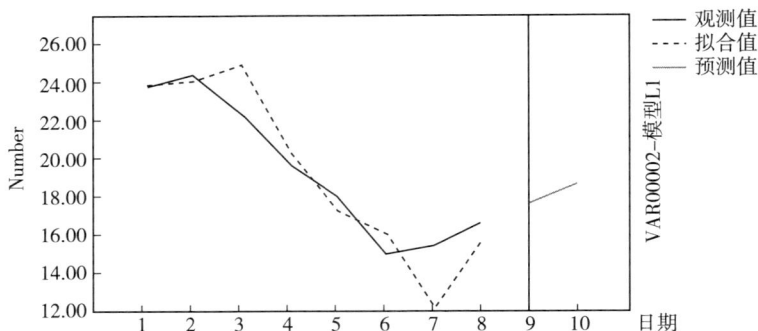

图 10-3　H2 拟合曲线

预测结果：2013 年人均年乳制品消费量为 17.65 千克；2014 年人均年乳制品消费量为 18.70 千克。

（3）畜牧业产值占农业总产值的比重预测。对多种模型拟合进行判断，最终选择 BROWN 指数平滑法作为预测模型（表 10-8、图 10-4）。

$$F_t^{(1)} = \alpha x_t + (1-\alpha)F_{t-1}^{(1)}$$

表 10-8　模型检验

R^2	系数 T 检验		
	系数 1	T	$Sig.$
0.342	0.149	1.762	0.109

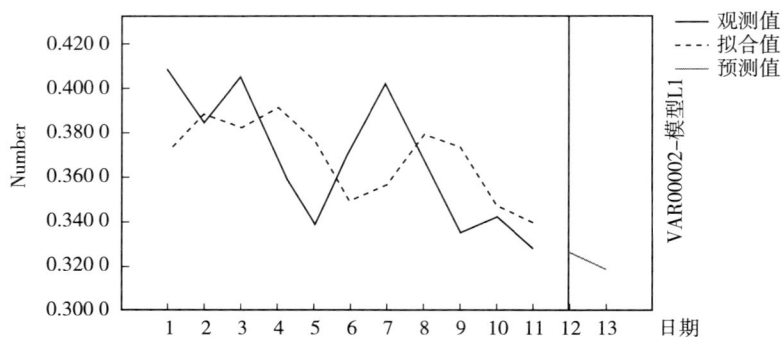

图 10-4　H3 拟合曲线

预测结果：2013 年畜牧业产值占农业总产值的比重为 32.59%；2014 年畜牧业产值占农业总产值的比重为 31.90%。

（4）H4：乳制品产值占食品加工业产值的比重预测。

预测模型如下（表 10-9、图 10-5）：

表 10-9 H4 预测模型检验

R^2	系数 T 检验		
	系数 1	T	Sig.
0.711	0.88	7.590	0.000

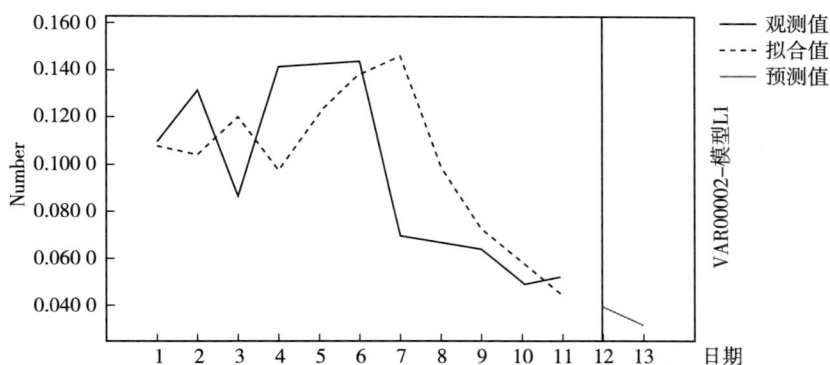

图 10-5 H4 乳制品产值占食品加工业产值比重拟合曲线

预测结果：2013 年和 2014 年乳制品产值占食品加工业产值的比重分别为 3.98% 和 3.07%。

（5）H5：大专及大专以上学历人口的比重。

预测模型（表 10-10、图 10-6）：

表 10-10 H5 预测模型检验

R^2	系数 T 检验		
	系数 1	T	Sig.
0.711	0.88	7.590	0.000

预测结果：2013 年和 2014 年大专及大专以上学历人口的比重分别为 5.59% 和 5.75%。

（6）H6：食品安全信息知晓率。

预测模型（表 10-11、图 10-7）：

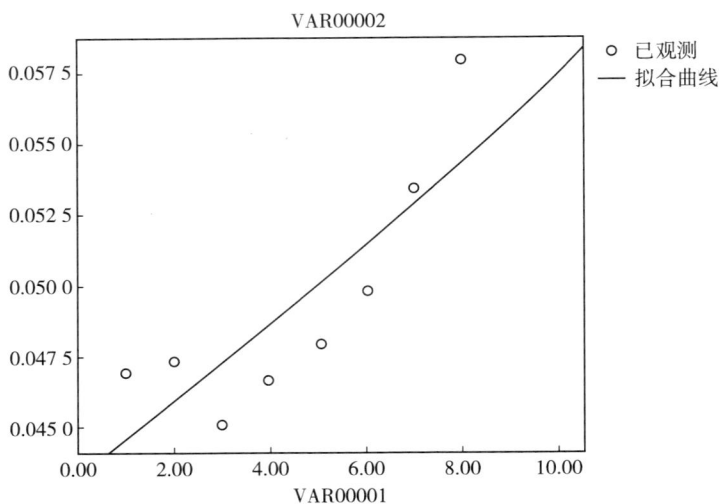

图 10 - 6　大专及大专以上学历人口比重 H5 拟合曲线

表 10 - 11　H6 预测模型检验

R^2	标准误	方差检验		系数 T 检验							
		F	$Sig.$	系数1	$Sig.$	系数2	$Sig.$	系数3	$Sig.$	系数4	$Sig.$
0.994	0.011	408.801	0.000	−0.04	0.022	0.012	0.003	−0.001	0.008	0.194	0.000

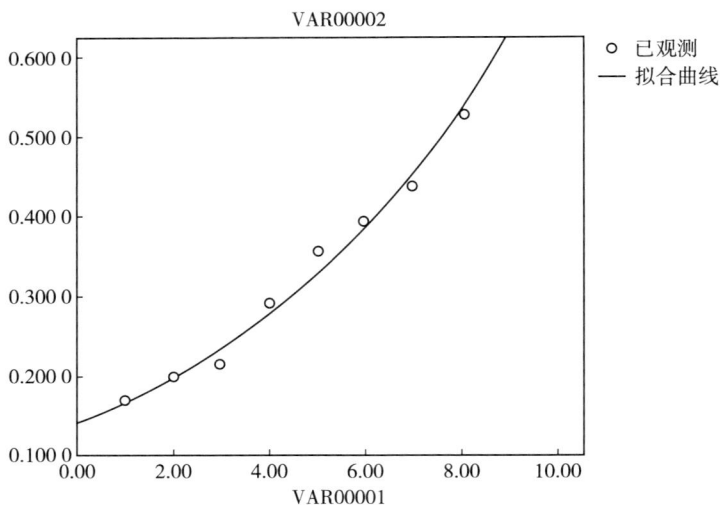

图 10 - 7　H6 食品安全信息知晓率拟合曲线

　　预测结果：2013 年和 2014 年食品安全信息知晓率分别为 63.37% 和 74.80%。

（7）H7：城镇人口比重预测。

预测模型（表 10-12、图 10-8）：

$$y_t = a + bt$$

表 10-12　H7 预测模型检验

R^2	标准误	方差检验		系数 T 检验			
		F	$Sig.$	系数 1	$Sig.$	系数 2	$Sig.$
0.999	0.001	15 457.648	0.000	0.013	0.000	0.377	0.000

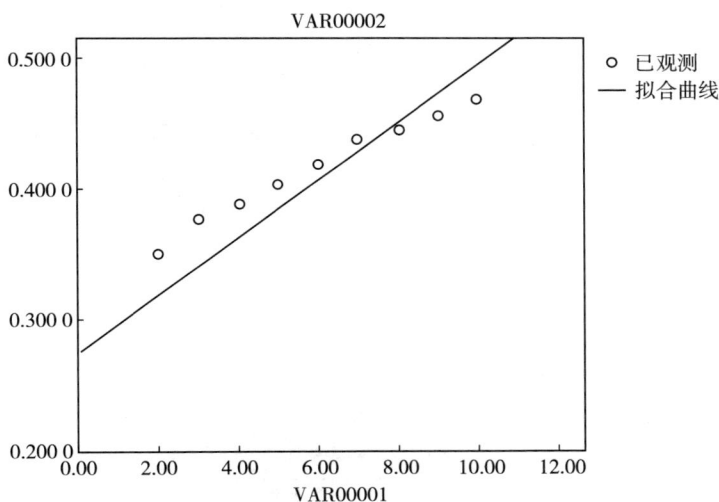

图 10-8　H7 城镇人口比重拟合曲线

预测值 2013 年为 0.515 3，2014 年为 0.537 2。

（8）H8：奶牛单产水平。

预测模型（表 10-13、图 10-9）：

$$y_t = a + bt$$

表 10-13　H8 预测模型检验

R^2	标准误	方差检验		系数 T 检验					
		F	$Sig.$	系数 1	$Sig.$	系数 2	$Sig.$	系数 3	$Sig.$
0.952	298.216	79.267	0.000	667.507	0.001	−26.432	0.032	1 318.667	0.004

预测值 2013 年和 2014 年奶牛单产水平预测值分别为 5 649.86 和 5 845.71。

（9）H9：奶牛规模化养殖比例。

预测模型（表 10-14、图 10-10）：

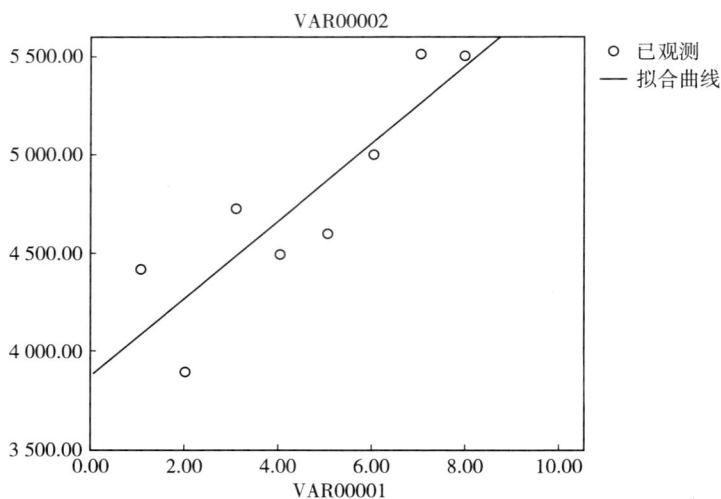

图 10 - 9　H8 奶牛单产水平拟合曲线

$$\frac{1}{y_t} = k + ab^t$$

表 10 - 14　H9 预测模型检验

R^2	标准误	方差检验		系数 T 检验			
		F	$Sig.$	系数 1	$Sig.$	系数 2	$Sig.$
0.933	0.121	124.958	0.000	0.129	0.000	0.086	0.000

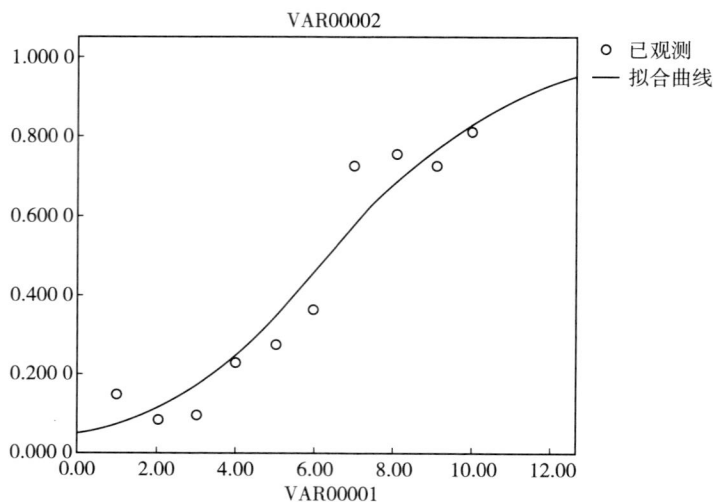

图 10 - 10　H9 拟合曲线

预测值 2013 年为 0.887 6，2014 年为 0.925 9。

（10）H10：乳制品加工产业集中度。

预测模型（表 10-15、图 10-11）：

$$y_t = ae^{tx}$$

表 10-15　H10 预测模型检验

R^2	标准误	方差检验		系数 T 检验					
		F	$Sig.$	系数 1	$Sig.$	系数 2	$Sig.$	系数 3	$Sig.$
0.605	0.024	6.124	0.024	0.031	0.017	-0.003	0.010	0.368	0.000

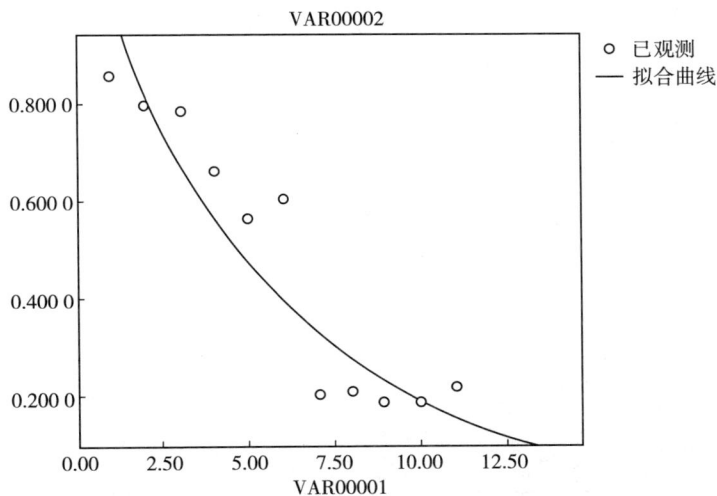

图 10-11　H10 乳制品加工产业集中度拟合曲线

预测值 2013 年为 0.131 7，2014 年为 0.109 6。

（11）H11：乳制品加工企业 HACCP 体系认证率。对多种模型拟合进行判断，由于数据太少难以选择合适的模型拟合乳制品加工企业 HACCP 体系认证率，根据实际情况，本研究选择近一年的数据作为预测数据：

预测值 2013 年为 0.53，2014 年为 0.53。

（12）H12：饲料抽检合格率。

预测模型（表 10-16、图 10-12）：

$$F_{t+1} = \alpha x_t + (1-\alpha)F_t$$

表 10-16　H12 预测模型检验

R^2	系数 T 检验		
	系数 1	T	$Sig.$
0.208	1	3.379	0.007

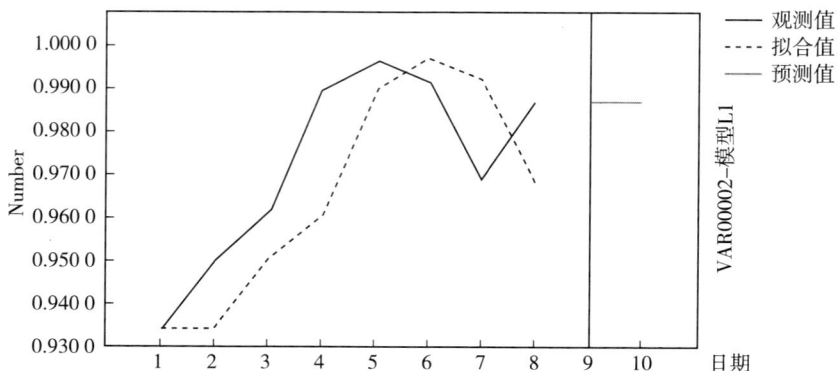

图 10 - 12　H12 拟合曲线

预测值 2013 年为 0.987，2014 年为 0.987。

（13）H13：兽药抽检合格率。

预测模型（表 10 - 17、图 10 - 13）：

$$\frac{1}{\hat{y}_t} = k + ab$$

表 10 - 17　H13 预测模型检验

R^2	标准误	方差检验		系数 T 检验			
		F	$Sig.$	系数 1	$Sig.$	系数 2	$Sig.$
0.983	0.016	527.563	0.000	0.035	0.000	0.641	0.000

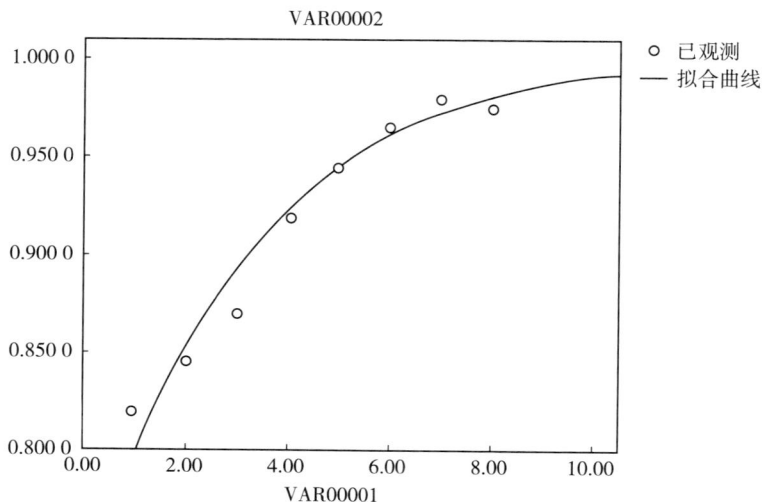

图 10 - 13　H13 兽药抽检合格率拟合曲线

预测值 2013 年为 0.986 6，2014 年为 0.990 7。

（14）H14：奶牛饮用水合格率。

预测模型（表 10-18、图 10-14）：

$$y_t = a + bt$$

表 10-18　H14 预测模型检验

R^2	标准误	方差检验		系数 T 检验			
		F	$Sig.$	系数 1	$Sig.$	系数 2	$Sig.$
0.465	0.045	7.830	0.021	0.012	0.021	0.818	0.000

VAR00002

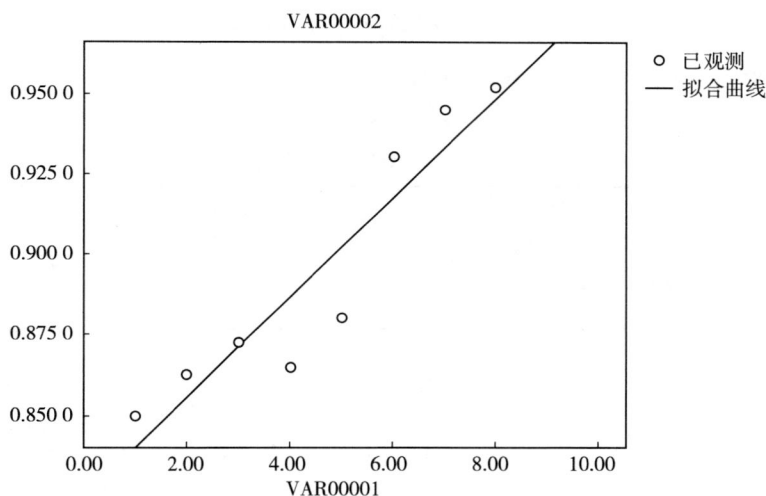

图 10-14　H14 拟合曲线

预测值 2013 年和 2014 年的预测值分别为 0.964 9 和 0.980 6。

（15）H15：原料乳体细胞数。

预测模型（表 10-19、图 10-15）：

$$F_t^{(1)} = \alpha x_t + (1-\alpha)F_{t-1}^{(1)}$$

表 10-19　H15 预测模型检验

R^2	系数 T 检验		
	系数 1	T	$Sig.$
0.033	0.458	2.661	0.045

预测值 2013 年和 2014 年的预测值分别为 31.74 和 25.8。

（16）H16：高产奶牛年首蓿采食量。

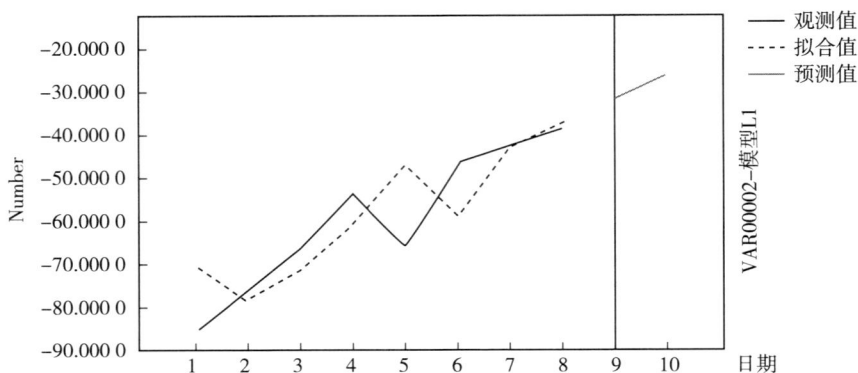

图 10 - 15　原料乳体细胞数拟合曲线

预测模型（表 10 - 20、图 10 - 16）：

$$y_t = a + bt + ct^2$$

表 10 - 20　H16 模型检验

R^2	标准误	方差检验		系数 T 检验					
		F	$Sig.$	系数 1	$Sig.$	系数 2	$Sig.$	系数 3	$Sig.$
0.946	0.097	69.900	0.000	−0.163	0.004	0.021	0.000	0.278	0.031

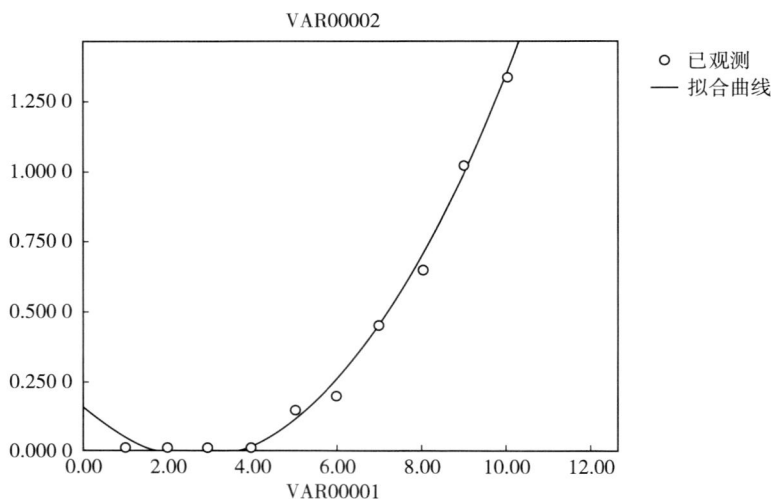

图 10 - 16　H16 拟合曲线

预测值 2013 年为 1.732 吨，2014 年为 2.181 吨。

（17）H17：乳制品抽检合格率。

预测模型（表 10 - 21、图 10 - 17）：

$$\frac{1}{y_t} = k + ab$$

表 10 - 21　H17 预测模型检验

R^2	标准误	方差检验		系数 T 检验			
		F	$Sig.$	系数 1	$Sig.$	系数 2	$Sig.$
0.757	0.916	28.059	0.000	0.629	0.000	0.46	0.026

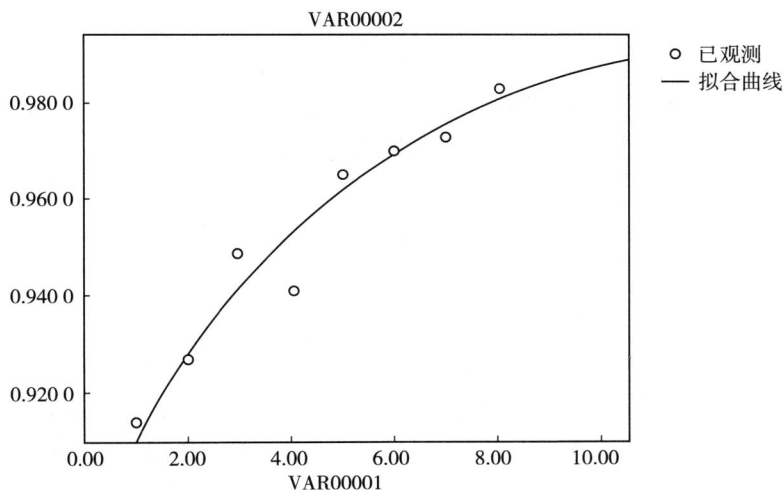

图 10 - 17　H17 拟合曲线

预测值 2013 年为 0.984 7，2014 年为 0.987 8。

二、定量指标预警分析

根据 2013 年和 2014 年的预测结果，进行定量指标的预警分析（表 10 - 22）。

表 10 - 22　单指标预警分析

评价指标		2013 年		2014 年	
		预测值	安全状态	预测值	安全状态
关键指标	人均国民生产总值	7 033	较安全	7 867	较安全
	大专及大专以上学历人口的比重	11.02%	较安全	11.92%	安全
	食品安全信息知晓率	51.80%	较安全	53.03%	较安全
	城镇人口比重	53.88%	基本安全	55.23%	基本安全
	奶牛规模化养殖比例	40.64%	基本安全	46.24%	基本安全

（续）

评价指标		2013 年		2014 年	
		预测值	安全状态	预测值	安全状态
关键指标	乳制品加工企业 HACCP 体系认证率	46.01%	基本安全	51.02%	基本安全
	兽药抽检合格率	93.97%	较安全	94.88%	较安全
	高产奶牛年苜蓿采食量	1.383 1	较安全	1.751 5	安全
一般指标	奶牛饮用水合格率	96.17%	安全	97.37%	安全
	原料乳体细胞数	38.97	安全	38.97	安全
	乳制品抽检合格率	99.82%	安全	99.88%	安全
次要指标	人均年乳制品消费量	14.00	较不安全	14.07	较不安全
	畜牧业产值占农业总产值的比重	31.42%	基本安全	31.36%	基本安全
	乳制品加工业产值占食品加工业产值的比重	2.50%	不安全	2.24%	不安全
	奶牛单产水平	5 522.48	基本安全	5 529.18	基本安全
	乳制品加工产业集中度	33.79%	较不安全	29.95%	不安全
	饲料抽检合格率	93.71%	基本安全	94.71%	基本安全

关键监测指标食品安全信息知晓率、奶牛规模化养殖比例、兽药抽检合格率和高产奶牛年苜蓿采食量在未来两年达到安全水平，人均国内生产总值、城镇人口比重和乳制品加工企业 HACCP 体系认证率还处于较安全或基本安全水平。大专及大专以上学历人口的比重方面位于较不安全等级。因此未来经济发展水平、城镇化水平、HACCP 体系认证和社会成员素质仍是影响乳制品质量安全水平的主要因素。

三、河北省乳制品质量安全综合评价及预警

根据 2013 年的指标预测值，计算综合评价结果：

$$Y = 2.225 \times 9 - 5H_1 + 0.018H_2 + 2.692H_3 + 6.751H_4 + 11.144H_5 + 1.789H_6 + 4.799H_7 + 2.529 \times 9 - 5H_8 + 2.382H_9 + 1.786H_{10} + 2.316H_{11} + 1.237H_{12} + 2.305H_{13} + 3.249H_{14} + 0.025H_{15} + 0.578H_{16} + 4.705H_{17} - 16.41$$

$$= 5.4$$

参照质量安全等级划分，可以判断 2013 年乳制品质量整体处于较安全水平。

根据 2014 年的指标预测值，计算综合评价结果：

$$Y = 2.225 \times 9 - 5H_1 + 0.018H_2 + 2.692H_3 + 6.751H_4 + 11.144H_5 + 1.789H_6 + 4.799H_7 + 2.529 \times 9 - 5H_8 + 2.382H_9 + 1.786H_{10} +$$

$$2.316H_{11}+1.237H_{12}+2.305H_{13}+3.249H_{14}+0.025H_{15}+$$
$$0.578H_{16}+4.705H_{17}-16.41$$
$$=6.31$$

参照质量安全等级划分，可以判断 2014 年乳制品质量整体处于安全水平。

第五节　提升河北省乳制品质量安全的对策建议

一、继续推进奶牛适度规模化养殖

适度规模化养殖是奶牛养殖业的发展趋势。传统养殖模式，养殖规模小、技术水平低，变相增加了奶牛养殖成本，加大生鲜乳质量安全隐患。标准化规模化养殖在降低养殖成本、保障生鲜乳质量安全方面有重要的保障和促进作用。规模化养殖为奶牛创造良好的生产、生活环境，对奶牛的疫病防治、科学饲喂、粪污处理等提供了良好保障，对提升奶牛单产，改善地区环境，加强环保具有重要意义。虽然，规模化经营是奶牛养殖场必然的发展趋势，但从现实层面上来讲，我国不同地区基本情况差异较大，应因地制宜创新奶牛规模化养殖模式，实施差异化、多元化经营，如大型现代牧场、合作社主导的中小规模奶牛养殖场或养殖小区的多样化经营模式。

奶牛小区是奶牛散养模式向规模化养殖的过渡形式。由于受到多种因素的制约，奶牛小区的规模化养殖较难实现，主要障碍来源于资金不足。究其原因：一方面是因为奶牛养殖户多为农民，自身经济实力较弱。另一方面，由于奶牛养殖场所大部分为租赁进而无法用于抵押，因此奶牛小区的融资难限制了奶牛养殖规模化发展。综合考虑我国奶农基本素质，应发展适度规模化养殖场，不应盲目建立大型牧场。而我国资金补贴大多流向大规模养殖场，对于中小型养殖场的补贴较低。因此，为促进奶牛适度规模化养殖，还应完善财政补贴相关政策，为养殖场资金获得提供制度支撑。

二、提升奶农合作社的实力，矫正生鲜乳定价权的过度倾斜

目前，乳制品企业对生鲜乳收购价具有决定权，形成价格垄断后会加大生鲜乳质量安全逆向选择风险。当前，中国奶牛养殖多以小规模养殖场为主，能实现规模化生产的养殖场仍然规模有限，平均规模低于 500 头。中国奶牛养殖规模化水平与国际水平存在明显差距，这对于出口贸易是不利的，导致中国奶制品成本较高无法与发达国家进行竞争。因此，中国奶牛养殖应当扩大规模，提高规模化养殖水平。可以从以下两方面着手：第一，加强上下游产业协作，实现生鲜乳产销联动。奶企的参与能够缓解生鲜乳产销之间的信息不对称，调节供需矛盾。第二，发展奶农合作社，提高规模化养殖水平。将分散的奶牛养

殖户通过合作社的方式团结起来，实现高标准规模化养殖，降低平均成本，提高生产效率。要真正发挥奶牛养殖合作社的作用，就要让合作社本身作为一个经营机构，一方面代表合作社成员与乳品加工企业进行谈判，使合作社成员的原料奶得到一个不错的价格；另一方面可以对合作社成员实行统购统销的方式，严格控制合作社成员奶牛养殖过程中的投入品，监控养殖过程和原奶质量。

三、提升乳制品加工业科技创新能力，保障乳制品加工业长期发展

从长远发展的角度来看，拥有具有自主知识产权的核心技术对提高企业的核心竞争力乃至国家经济实力具有重要作用。因此，为了保证河北省乳业健康可持续发展，有必要加强对乳业基础技术的研究和乳业科技人才的建设。加工设备方面应加强检测设备和浓缩乳设备的自主研发。关键技术方面主要是相关生物技术和杀菌技术水平的提升。根据企业实力不同，大型乳品企业可以把重点放在领先技术和新产品创新上。这些企业产品信誉度相对较高，拥有一定的市场占有率和稳定的消费者群体，该类企业创新产品已被接受并快速获得有效的创新效益。而不具备这些条件的小规模企业应当选取与之相适应的投入规模，例如通过原料、配方等方面的革新，进行产品开发。

四、推广 HACCP 体系，提升乳制品加工企业质量管理水平

危害分析方面，HACCP 体系作为一个质量和安全控制系统在世界上被广泛推广。HACCP 体系在中国乳品加工业的应用旨在从源头上保证乳品的质量安全，《乳制品加工 HACCP 准则》明确了 HACCP 体系的具体应用。奶牛养殖环节是制约我国乳制品质量安全的关键环节，要加强 HACCP 体系应用的宣传培训，加深乳制品加工公司对该系统在乳制品生产中应用的认识，促进HACCP 体系的广泛应用。针对中国目前牛奶质量安全水平较低，鲜牛奶质量安全影响因素难以控制的现状，应该出台奶牛养殖环节 HACCP 应用准则，推广 HACCP 体系在奶牛养殖过程中的应用，加强奶牛养殖环节的危害分析，提高养殖水平。

五、充分发挥媒体监督功能

回顾历史，除了政府的监管之外，食品安全问题往往是媒体先发现的。随着信息技术的不断发展，媒体监督功能越来越重要。媒体监督在现代经济、社会、文化等方面发挥了重要作用。每次食品安全事件事件发生时，媒体都在事件的发生和发展过程中扮演着重要的角色。从乳制品质量安全角度出发，媒体监督主要有三大功能：一方面可以起到辅助监督的功能，从一定程度弥补政策

机制的不完善，填补政府监督漏洞或防止政府监督失灵；另一方面也会引导社会舆论。

随着网络技术的不断普及，网络媒体将成为消费者获取信息的主要途径，网络及其他媒体提供的乳制品质量安全信息可以是正式渠道信息的重要补充。可利用网络媒体进行乳制品质量安全知识宣传，提高消费者质量安全鉴别能力。当然，媒体是一把双刃剑，利用媒体进行质量安全监督的同时要避免其负面作用，发挥媒体监督的正面功能。

作为一个独立的监督主体，媒体监督有助于对政府和企业之间的合谋施加压力。媒体是消费者获取食品安全信息的重要来源，也是消费者最信任的信息来源之一。通过媒体公布乳制品质量安全状况，有助于消费者了解真相，增强鉴别能力。每一起乳制品质量安全事件都会对老百姓的消费信心产生巨大影响，媒体及时跟进报道，可以让民众及时了解真相。乳制品质量安全信息的公开透明，也能帮助增强消费者信心。

第三部分

奶业竞争力篇

第十一章 河北省奶业产业经济效益问题研究

第一节 我国生鲜乳生产的成本效益分析

一、生鲜乳生产的成本项目分类

生鲜乳生产的成本项目是指对计入总成本的各项费用按其经济用途进行的分类。生鲜乳生产的总成本分为生产成本与土地成本两大类，生产成本又包括物质与服务费用和人工成本。其中物质与服务费用由直接费用和间接费用组成，直接费用主要涵盖饲料费、水电费、医疗防疫费、修理维护费和技术服务费等，间接费用包括固定资产折旧、管理费用、财务费用、销售费用和保险费用，如图11-1所示。

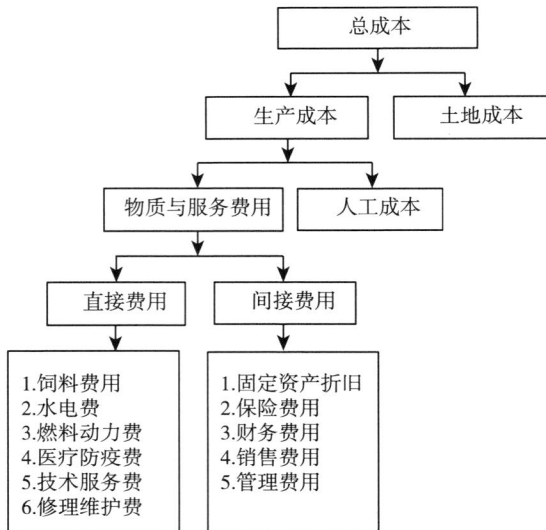

```
                    ┌──────────┐
                    │  总成本  │
                    └────┬─────┘
              ┌──────────┴──────────┐
         ┌────┴─────┐          ┌────┴─────┐
         │ 生产成本 │          │ 土地成本 │
         └────┬─────┘          └──────────┘
       ┌──────┴──────────┐
  ┌────┴─────────┐   ┌───┴──────┐
  │物质与服务费用│   │ 人工成本 │
  └────┬─────────┘   └──────────┘
   ┌───┴────┐
┌──┴───┐ ┌──┴───┐
│直接费用│ │间接费用│
└──┬───┘ └──┬───┘
┌──┴──────────┐ ┌──┴──────────┐
│1.饲料费用    │ │1.固定资产折旧 │
│2.水电费      │ │2.保险费用     │
│3.燃料动力费  │ │3.财务费用     │
│4.医疗防疫费  │ │4.销售费用     │
│5.技术服务费  │ │5.管理费用     │
│6.修理维护费  │ │              │
└─────────────┘ └──────────────┘
```

图11-1 生鲜乳生产的成本项目构成

为了保证数据计算口径一致，本节对我国生鲜乳生产成本效益分析的数据主要来自于《全国农产品成本收益资料汇编》，选择2006—2015年的最新数据进行分析研究。值得注意的是，资料汇编对我国奶牛养殖的成本效益统计指标是按照每头奶牛为单位进行统计的，数据反映的是平均分摊到每头奶牛的指标值。国际上通行的成本效益分析一般采用最终产出物生鲜乳而不是奶牛作为衡量，这就需要根据奶牛养殖的主产品产值比重和平均年产量进行相应的转换。为了统一标准，本研究将成本效益项目数据单位转换为元/50 千克生鲜乳进行分析比较。对于生鲜乳生产成本项目与收益指标的确认与计量，主要根据《全国农产品成本收益资料汇编》中关于饲养业农产品成本调查核算指标体系及相关问题的说明规定来论述。生鲜乳生产成本项目涉及的主要的项目如下：

（1）饲料费用：指调查期内实际花费的饲料费用总和，包括精饲料费、粗饲料费和饲料加工费三部分。购进的饲料费用按购买价格加运杂费等相关费用计算，自己加工的饲料费用按市场价格计算。

（2）水电费：指生鲜乳生产过程中消耗的水费、电费之和。水费指生产过程中奶牛饮用、清洗等用水而实际支付的水的费用。电费指生产过程中机器设备使用、照明控温等实际耗用的电费支出。

（3）医疗防疫费：指用于治疗奶牛疾病、接种疫苗和养殖场消毒的相关费用支出。

（4）技术服务费：指养殖者实际支付的与生鲜乳生产过程直接相关的技术培训、信息咨询、治疗诊断等技术性服务及其配套资料的费用。

（5）固定资产折旧：指使用年限 1 年以上的基建、设施设备、产奶畜等按照一定方法计提折旧进行分摊的费用。购入资产原值按购入价加运杂费及税金等计算；自行建造资产原值按实际发生的全部费用计算。生物资产原值按牛犊转为 18 个月以上育成牛时的市场价格计算。不同固定资产分类计提折旧，生产专用房为 8%，设备类为 12.5%，奶牛按产奶年限确定，其他固定资产折旧按 20%计提。

（6）期间费用：指生鲜乳生产过程中产生的财务费用、管理费用和销售费用之和。

（7）人工成本：指在生鲜乳生产过程使用劳动力而发生的各项直接和间接费用总和。

（8）土地成本：指养殖者为获得饲养场地的经营使用权而实际支付的租金或承包费。按年支付租金的以当年实际支付金额计算，一次承包支付租金的按年限分摊后计入。

二、生鲜乳生产成本构成及变化趋势分析

根据 2006—2015 年每 50 千克生鲜乳计算平均成本构成如图 11-2 所示。饲料费用占生鲜乳生产总成本的 67%，人工成本占比 15%，固定资产折旧费用占 11%，期间费占 2%，水电费和医疗防疫费分别占 1%，其余各项费用占比均不足 1%。通过数据统计结果显示，生鲜乳生产成本中饲料费用占比最

多，其次是人工成本，固定资产折旧第三，三大成本项目总共占比达 93%，其变化对生鲜乳生产总成本的影响非常显著。

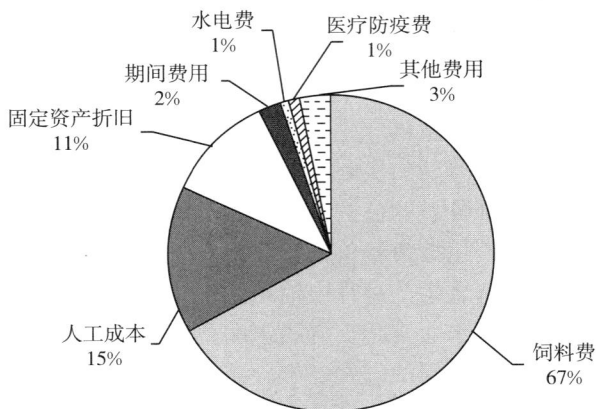

图 11-2　2006—2015 年生鲜乳生产成本构成

数据来源：《全国农产品成本收益资料汇编》（2006—2015 年）计算所得。

2006—2015 年全国每 50 千克生鲜乳总成本整体呈增长趋势。如图 11-3 所示，总成本从 2006 年的 78.43 元/50 千克上涨到 2015 年的 148.95 元/50 千克，增长率 89.91%，年均增长 7.4%。其中 2014 年生鲜乳生产总成本最高为 154.7 元/50 千克，2015 年开始有所下降，其他年度均呈逐年上涨趋势，增长速度经历了由慢到快又减慢的变化过程。从各成本费用的变化情况可知，近年来饲料费用的上涨和人工成本的增加是造成我国奶牛养殖总成本增加的主要原因。从图 11-3 可以看出，饲料费用变动与总成本变动趋势一致，人工成本和固定资产折旧从 2011 年开始出现明显增长，其中人工成本增长更为明显，但 2015 年后有所减缓，固定资产折旧保持缓慢持续上涨。

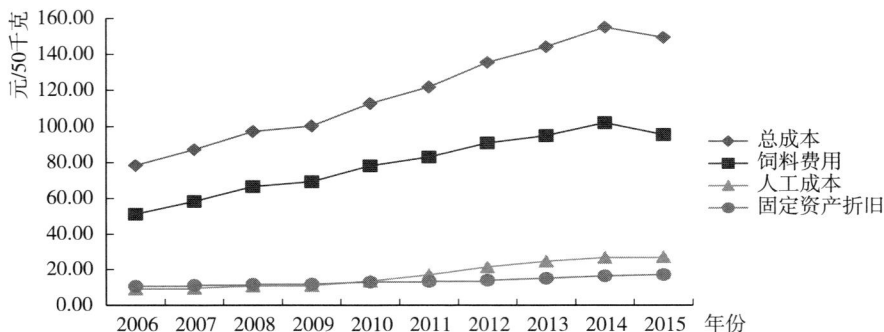

图 11-3　2006—2015 年生鲜乳生产费用变动情况

数据来源：《全国农产品成本收益资料汇编》（2006—2015 年）计算所得。

三、生鲜乳生产成本效益变化分析

（一）生鲜乳生产净利润变化分析

2006—2015 年全国每生产 50 千克生鲜乳的净利润在波动中上升。如图 11 - 4 所示，从 2006 年的 18.51 元/50 千克上涨到 2015 年的 41.3 元/50 千克，增长率 123.12%，年均增长 9.32%。其中 2013 年的净利润值最高为 52.80 元/50 千克。分阶段来看，2006—2008 年净利润增长近 48.5%，年均增长率 14.08%。2008 年受毒奶粉事件影响一直到 2009 年增幅很小，2009 年以后逐渐好转，至 2011 年迎来二次高速增长，涨幅达 44.63%，年均增长率 13.09%。随后 2012 年净利润出现第一次下跌，跌幅 1.3%。2013 年迎来第三次大幅增长，同比增长 28.19%，为十年来增幅最大的一年。2013 年以后，连续两年出现下跌，平均跌幅 19.76%，可见近年来生鲜乳生产效益并不理想。

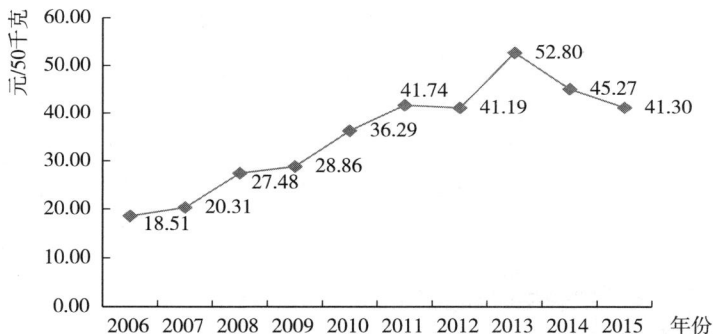

图 11 - 4　2006—2015 年生鲜乳生产净利润变动情况

数据来源：《全国农产品成本收益资料汇编》（2006—2015 年）计算所得。

（二）生鲜乳生产成本利润率变化分析

如图 11 - 5 所示，2006—2015 年全国每 50 千克生鲜乳生产的成本利润率表现出上下波动的特征，且波动频繁，波动幅度越来越大。2006—2011 年成本利润率基本呈增长趋势，从 20.50% 上升到 28.93%，上升了 8.43 个百分点。2012 年，成本利润率又回落至 25.36%，2013 年有所增加，达到 30.19%，是十年内的最高值。之后 2014 年、2015 年连续两年回落，2015 年下降到 22.38%，恢复至 2008 年以前水平。

四、不同饲养规模生鲜乳生产的成本效益分析

奶牛的饲养规模是指奶牛养殖的最大饲养数量，资料汇编中将我国奶牛养殖规划分为四类，详见表 11 - 1，由于散养模式已逐渐消失，不再适用于我

国奶牛养殖发展国情，在这里不予讨论。

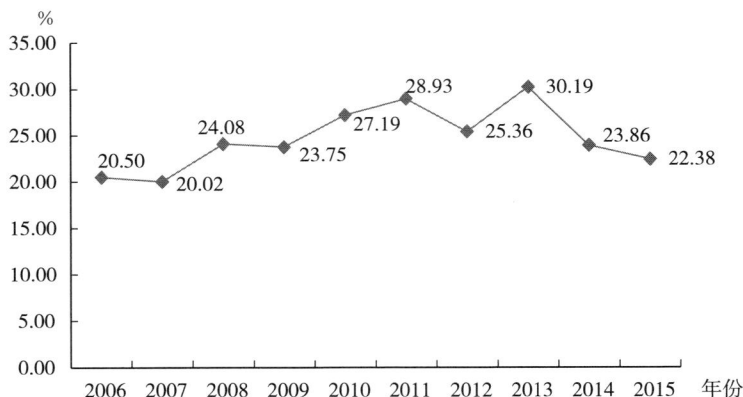

图 11 - 5　2006—2015 年生鲜乳生产成本利润率变动情况

数据来源：《全国农产品成本收益资料汇编》（2006—2015 年）计算所得。

表 11 - 1　奶牛规模分类标准

| 品种 | 单位 | 分类数量标准（Q） | | | |
		散养	小规模	中规模	大规模
奶牛	头	Q≤10	10<Q≤50	50<Q≤500	Q>500

（一）不同饲养规模生鲜乳生产的成本变化分析。

三种不同饲养规模的每 50 千克生鲜乳生产成本变化趋势基本相同，如图 11 - 6 所示，总体上大规模饲养的成本在三种饲养方式中最高，其次是中等规模，小规模的总成本最低。2006—2014 年三种饲养规模的成本均呈持续增

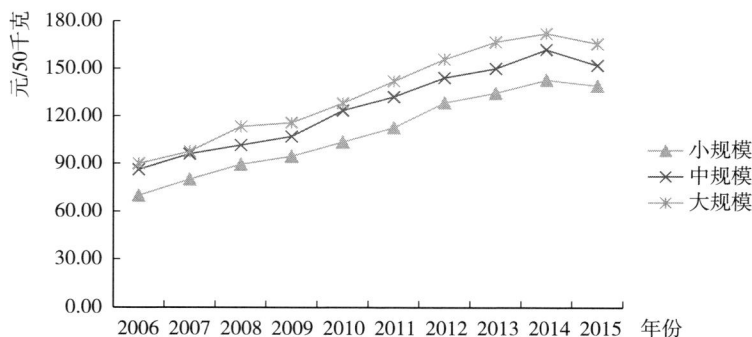

图 11 - 6　2006—2015 年不同规模生鲜乳生产成本变动情况

数据来源：《全国农产品成本收益资料汇编》（2006—2015 年）计算所得。

加趋势，2015 年都开始出现下降。具体来看，2006—2015 年，小规模奶牛养殖的生鲜乳生产成本从 69.93 元/50 千克增加到 138.81 元/50 千克，增长了 0.98 倍，年均增长率 7.9％；中规模奶牛养殖的成本从 96.20 元/50 千克增加到 151.59 元/50 千克，增长了 0.58 倍，年均增长 5.2％；大规模奶牛养殖的成本从 89.89 元/50 千克增加到 165.35 元/50 千克，增长了 0.84 倍，年均增长 7.0％。可见在三种不同饲养规模中，小规模奶牛养殖的总成本增长速度最快，其次是大规模，中规模养殖的生产成本增长速度最慢。

（二）不同饲养规模生鲜乳生产的成本构成分析

三种养殖规模生鲜乳生产的成本构成如图 11－7 所示。其中饲料费用均占第一位，都保持在 67％左右，其次是人工成本和固定资产折旧。不同的是饲养规模越大，其他直接费用、间接费用和期间费用所占的比例越高，人工成本所占比例越低。在大规模奶牛饲养中人工成本占 11％，中规模养殖占 14％，小规模养殖占 18％，人工成本分摊明显，而饲料费用和固定资产折旧费用并没有明显的分摊效果。从各项成本所占比例来看，饲料成本依旧是影响生鲜乳生产效益最为重要的因素，且影响程度稳定，而奶牛养殖规模越大，人工成本所占比例越低，但同时其他费用和期间费用所占比例会有所增加。

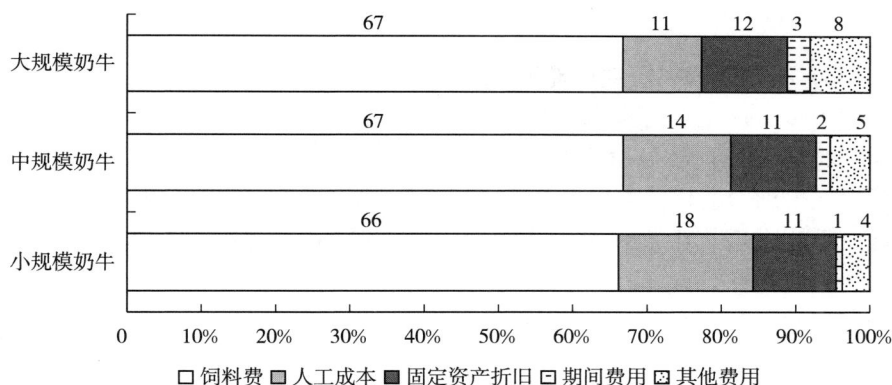

图 11－7 不同规模生鲜乳生产成本构成情况

数据来源：《全国农产品成本收益资料汇编》（2006—2015 年）计算所得。

（三）不同饲养规模生鲜乳生产的净利润分析。

2006—2015 年，各饲养规模 50 千克生鲜乳生产的净利润变动大体趋势基本一致，但又有所差别，总体呈现波动中上升的趋势，如图 11－8 所示。具体来看，2013 年以前小规模养殖户的净利润最高，大规模最低。但 2013 年以后情况出现了变化，大规模养殖户的净利润最高，小规模最低。小规模饲养的净利润从 2013 年的 51.02 元/50 千克降到 2015 年的 34.07 元/50 千克，下降了

33.58%。并且从 2015 年开始三种规模养殖的净利润都出现不同程度的下滑。从不同规模看，大规模奶牛养殖的净利润波动幅度较大，利润最高点 2014 年为 50.06 元/50 千克，最低点 2007 年为 16.41 元/50 千克；中规模奶牛养殖的净利润 2013 年为 46.49 元/50 千克，为最高值，小规模奶牛养殖的净利润 2013 年为 51.02 元/50 千克，为最高值。可见，随着奶牛养殖业的发展，大规模饲养模式的效益优势越来越明显。

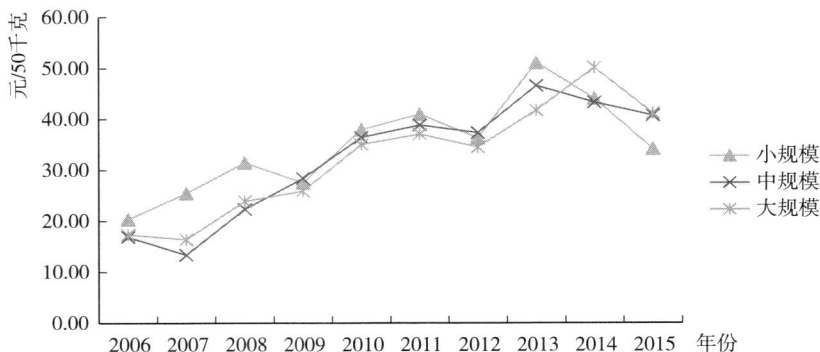

图 11-8　2006—2015 年不同规模生鲜乳净利润变动情况

数据来源：《全国农产品成本收益资料汇编》（2006—2015 年）计算所得。

（四）不同饲养规模生鲜乳生产的成本利润率分析

2006—2015 年，我国不同规模奶牛养殖的成本利润率波动频繁，如图 11-9 所示。2014 年以前小规模养殖户的成本利润率最高，大规模最低。但 2014 年以后情况出现了变化，中规模养殖户的成本利润率最高，大规模次之，小规模最低。具体来看，小规模奶牛养殖的成本利润率围绕在 33% 上下波动，但

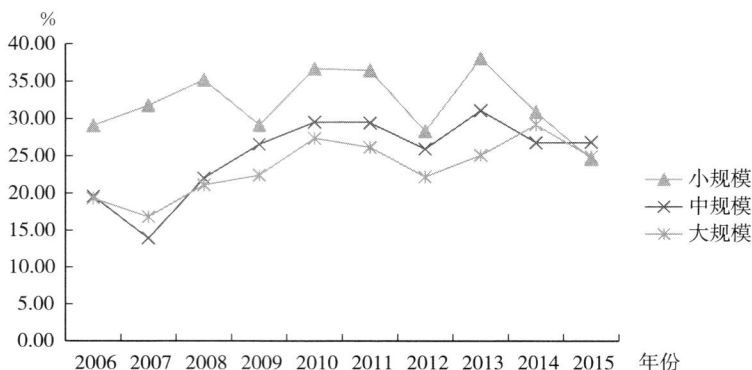

图 11-9　2006—2015 年不同规模生鲜乳生产成本利润率情况

数据来源：《全国农产品成本收益资料汇编》（2006—2015 年）计算所得。

2015 年却降为 24.5％，是十年来的最低值，严重偏离了 2006—2014 年的平均水平。中规模奶牛养殖的成本利润率在 2006—2009 年明显上升，2009 年以后基本维持在 28％上下波动。大规模奶牛养殖的成本利润率在波动中上升，2014 年为 29.13％，为最高值。2006—2015 年，各种饲养规模的生鲜乳生产成本收益率均为正，表明我国奶牛养殖业有着一定的利润空间。2009 年、2012 年和 2014 年出现明显的成本利润率下降情况，说明正处于奶业低迷时期，且有一定的波动性和周期性。

第二节　规模化奶业养殖场成本核算存在的问题及对策

一、规模化奶牛养殖场现状

近年来，产业化养殖在奶牛养殖中起到关键作用，其中家庭养殖场在奶牛养殖基地中占比较高。截至 2016 年，我国年均奶牛存栏量为 1～4 头的养殖场数量占比从 26.4％下降到 19％，5 头以上养殖场数量占比从 73.5％提高到 81％。年库存 20 头以上、100 头以上、200 头以上、500 头以上的奶牛场平均数量 1 000 头，完成不同层次比例的上升（图 11‐10），产业化养殖是我国大势所趋。根据调查样本数据分析，产业化奶牛养殖基地模式下，奶牛的产奶量、原料奶价格、非乳脂率和乳蛋白含量均较高。规模牧场和养殖小区每毫升牛奶的细胞值分别为 293 000 和 276 000，乳蛋白含量分别为 3.20％、3.28％，非乳脂率分别为 3.91％和 3.97％（图 11‐11）。从不同养殖方式产出率的经济

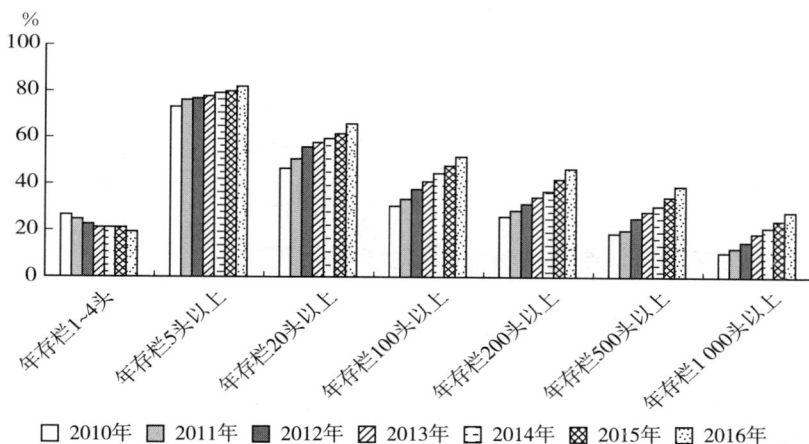

图 11‐10　2010—2016 年我国奶牛养殖规模比重

数据来源：中国奶业统计资料。

效益来看，居住小区方式和规模养殖方式的泌乳率比值是 1∶1.17，奶牛生产力比值是 1∶1.20。它们之间存在一定的差异（图 11-12）。基于以上分析可以发现，奶牛规模化养殖在产量和质量上，均可满足食品安全需求及奶质营养需求，优势较为明显。

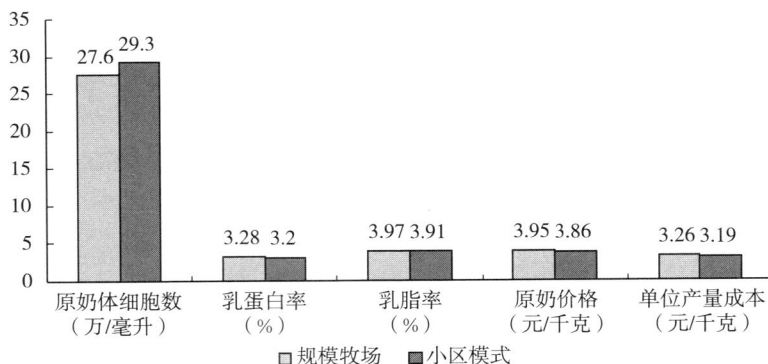

图 11-11　规模牧场和养殖小区参数对比

数据来源：中国产业信息网。

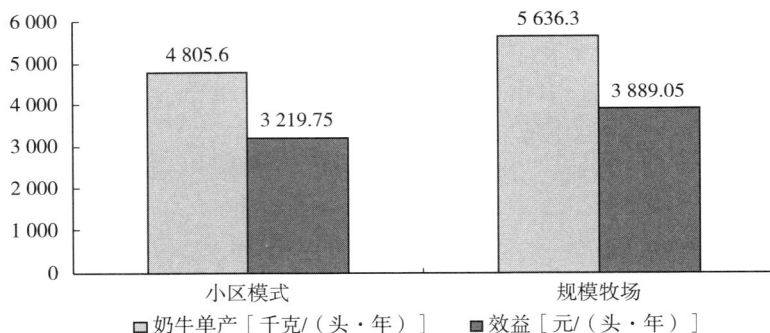

图 11-12　规模牧场和养殖小区效益对比

数据来源：中国产业信息网。

二、规模化奶牛养殖成本核算体系分析

（一）成本核算制度和准则依据

奶牛养殖成本核算是指奶牛养殖过程中生产经营所需的各种成本。通过一定的方法收集奶牛的成本数据，计算总成本。在核算奶牛养殖成本的过程中，可以参考我国农产品成本核算的相关会计准则和会计制度。我国与农产品成本核算相关的会计准则主要包括 2004 年版《农业企业会计核算办法》和 2006 年版《企业会计准则》的生物资产准则。自《农业企业会计制度》颁布以来，农

业企业会计制度先后发生了几次变化，但由于其范围广、种类多，不具有实用性和指导性。我国正在逐步引入其他行业会计准则进行农业会计成本核算，但尚未形成完整的体系。《企业产品成本核算体系（试行）》第40条规定了农业企业产品成本的收集、分配、转移按制造业计算的办法，但我国尚未颁布具体的农业成本核算标准。2006年财政部颁布的《企业会计准则第5号—生物资产》中，设定"4102农业生产成本"科目负责核算各种农业成本，并给出核算农业生产成本的规范。

（二）成本核算对象、方法、计算期和原则

根据生产过程的复杂程度不同，制造业企业核算成本的方式也有所差异。对于批量简单生产的产品，其成本核算以单个产品为对象。对于批量复杂生产的产品，其成本核算在以单个产品为对象的基础上，还需要综合考虑其生产工序。对比制造业企业，奶牛养殖成本核算时应当将为养殖场当期存栏奶牛为核算对象。

畜牧类企业成本核算的计算期一般按照一年（公历年）作为一个周期。奶牛养殖成本核算的计算期需要考虑到奶牛产奶的生理特殊性，不同类型的奶牛其成本核算计算期也不相同。计算期的计算前提是确定每头牛每月成本，即月单位成本。之后根据奶牛生长发育成熟情况进行分类，主要分为不成熟奶牛和成熟奶牛两类。不成熟奶牛又分为1～6个月的小牛犊、6～12个月的成年牛、11～27个月的青年牛。成熟奶牛又分为围产牛、泌乳牛、干奶牛。根据其生产月数确定其计算期。

奶牛养殖成本核算的内容主要是指其养殖成本之和，应当与费用进行明确的划分。养殖成本的计算需要明确成本内容、核算期、核算方法等具体内容。

奶牛养殖成本核算也应当与其他企业成本核算一样，在遵循企业会计核算基本假设的基础上，在会计准则的指导下进行。在计算过程中需要充分考虑到养殖全过程，以及奶牛养殖的特殊性，全面客观反映生产经营过程。会计准则的原则包括：①权责发生原则。由于产品的特殊性或乳企要求，交易时间与收款时间经常存在一定的时间差，收款具有一定的滞后性。这就对会计核算的依据产生了影响，权责发生制要求应当以业务实际发生为准则，只要业务已经发生就应当计入到相关报表中，无论账款是否在当期到账。因此，奶牛养殖会计核算中应当以实际业务发生时间为准。②分期核算原则。在长期经营的情况下，会计核算事项需要有效的计量记录经营情况，并将一定期间内的经营情况及时报送报表。这就要求对长期持续性经营进行分期记录，将会计年度分为若干期进行记录和计量。我国会计年度为一年，一般可以按照季度、月季进行分期，分期报表可以全面反映当季度或者当月的生产经营情况。考虑到奶牛生理周期的特殊性，其分期核算一般是以一个会计年度为单位，反映一个会计年度

内养殖场资产、现金流量、收益等会计信息。③主体核算原则。主体核算是进行各项成本核算的重要前提，是进行分类归总的依据。在进行成本核算前，需要明确分类归总的主体都有哪些，应当如何划分。核算内容、核算方法、核算周期等内容都随核算主体的变化而变化。如果以奶牛养殖成本为核算主体，应当计入成本的都应核算，与养殖场所内的其他经营活动进行区分。④重要性原则。成本核算中，应当根据内容重要性进行划分，优先核算重要成本，兼顾核算不重要成本。这样既能够保障对重要成本的核算准确全面，又能够提高核算效率。⑤按实际成本计价原则。奶牛养殖成本核算需要计算单位奶牛的实际生产成本。

（三）成本核算的程序

奶牛养殖场成本核算流程如下：①确定核算对象。奶牛养殖成本核算时应当将养殖场当期存栏奶牛作为核算对象，按照奶牛生长发育时长的不同，统计不同类别核算对象的数量。对于类别多且规模小的养殖场可以用混群核算的方法进行统计。②确定成本核算内容。奶牛养殖成本核算一般包括原材料成本、直接人工成本、饲料成本、销售成本等内容。③确定核算周期。先划分奶牛养殖生产周期，再以此为依据确定其核算周期。奶牛的生产周期一般为一年，因此核算周期基本也为一年，即公历的 1 月 1 日到 12 月 31 日。④审核养殖成本。对养殖过程中的所有成本进行审核校对。⑤统计养殖成本费用。在统计核算对象的基础上，对不同类型奶牛的成本进行统计核算，为计算总费用提供依据。同时，将期间费用等分类不明确的费用进行分类归集处理。⑥计算养殖成本。按照不同类别的核算对象和核算内容进行计算，计算各类成本及总体的养殖成本。

参考畜牧业成本核算要求及程序，奶牛养殖成本核算的主要步骤包括：①确定成本计算对象，将奶牛进行种群类型分类，可细分为六类。②确定成本计算项目。将养殖成本项目按照使用方式等进行划分，将成本与对应投入项目进行匹配，让成本结构更加清晰具体。③成本分类归集。在对象分类、成本分项的基础上，计算各类群体各项目成本情况。同时将过程费用也归集到各类群体的直接成本中。④成本账户核算。分类归集后的成本计算结果计入到奶牛养殖账户中，按照生产成本、管理资本等进行统计核算。

（四）奶牛养殖成本核算主要指标的相关规定

自 2004 年实施新的农产品成本核算体系，对种植业和养殖业的成本核算指标都有了更加全面具体的要求，为农业生产成本核算提供了重要参考。成本核算体系中关于奶牛养殖业的核算指标主要包括：①直接人工，即从事直接生产经营活动的工人的工资、奖金、津贴等。②饲料费用，即生产经营过程中为满足奶牛日常饮食、营养、生产等饲料及营养需求的投入。③直接材料，即奶牛养殖场生产建设所需材料、工具、库存等一系列材料。④工资福利，即奶牛生产车间工人工资福利。⑤防疫、兽药费，即为保障养殖场卫生及奶牛正常生长所需的防疫及一般性药物。⑥配种及冻精费用，即在选种、培育良种过程中所付出的主要费用。⑦固定资产折旧，即养殖场场地及大型设备等固定资产在使用寿命内按照会计分期进行折旧分期摊派。⑧成年母牛折旧，即根据成年母牛生命周期变化计提折旧的费用。⑨设备维修费，即养殖场固定资产设备的维修及维护费用。⑩污水处理费，即奶牛粪污处理及养殖场生产用水的成本。⑪水电费，即奶牛生产经营所用水电费用。⑫装卸费，即饲料、设备、产品等装卸所产生的费用。⑬租金，即养殖场场地及设备等租赁产生的费用。⑭其他费用，即没有在项目中列举，但在奶牛养殖过程发生的必要费用。具体费用构成如表 11-2 所示：

表 11-2　奶牛养殖成本构成

奶牛养殖成本	指标	奶牛养殖成本	指标
直接成本	固定资产折旧	间接费用	水电费
	饲料费用		煤等燃料费
	直接人工费		设备维修费
	直接材料		租金
	成母牛折旧		工资福利
	防疫、兽药费		装卸费
	配种及冻精费用		污水处理费

三、规模化奶牛养殖场成本核算问题分析

（一）公共部门制造费用归集分配方法不合理

在研究 TQ 奶牛养殖场公共部门制造费用账务处理时发现，规模化奶牛养殖场一般将公共部门发生的"固定资产折旧"计入到"制造费用"科目当中，这种归集方法是不对的，会导致奶牛养殖场成本偏高。公共部门的固定资产一部分服务于奶牛养殖场的奶牛养殖工作，这部分固定资产计提的折旧计入"制造费用"，另一部分服务于奶牛养殖场的管理工作，这部分固定资产计提的折旧费用应当计入"管理费用"账户，不结转至奶牛养殖成本。应当明确划分计入"制造费用"和"管理费用"账户的固定资产折旧。同样对于公共部门发生的制造费用也存在同样的问题，如装卸费、水电费等，所以在实际工作中应当精细划分"制造费用"科目和"管理费用"科目或者确定"固定资产折旧""装卸费""水电费"科目转入"制造费用"账户和"管理费用"账户的分配

比例。

期间费用分类归集缺乏合理性。期间费用的分摊按照牛群种类进行分摊不够合理，除了必要的生理特征相关的投入应当按照奶牛种群为标准进行分摊外，期间费用的摊派应当以存栏量为依据进行分配。另外，固定资产折旧、水电费用、租金的摊派缺乏合理性，违背了会计准则合理性的要求

（二）饲料成本核算不准确

TQ 奶牛养殖场 2019 年 2 月的饲料成本账务处理显示，养殖场根据当月的饲料领料单填制、汇总当月饲料成本费用表。但是在规模化奶牛养殖场实际养殖奶牛过程中，领用的饲料量与实际饲料投喂量、实际采食的饲料量是三个不同的概念。领用的饲料量是指当月在饲料领料单上记录的饲料领用费用。实际饲料投喂量是指根据该牛场的饲料配方，当月投喂给奶牛的饲料量。奶牛实际采食量是指饲料投喂给牛群后，奶牛实际采食的饲料量。所以该养殖场仅根据饲料的领料单汇总当月奶牛养殖的成本是不准确的，应当根据奶牛实际采食成本来计算当月奶牛养殖成本中的饲料成本。

（三）核算结果不够具体

根据现行的奶牛养殖成本核算流程可知，其核算结果一般为总体成本情况及不同种群奶牛的养殖成本情况。虽然这对于规模经营的养殖场是可以接受的，但是对于小规模奶牛养殖场或者奶牛养殖散户而言，显然核算结果较粗略，不够具体，无法体现每头牛的养殖成本有多少。对于小规模奶牛场而言，其效益水平要更低，因此需要计算到每头奶牛的成本和收益之间的比例关系，通过每头牛的养殖成本来判断是否创造价值，从而作为存量增减和经营策略选择的重要参考。因此，奶牛养殖成本核算应当进一步精细化，更加具体地反映养殖成本分布情况，以便更加直观、准确地反映管理者所需的财务信息。

（四）滞后的成本核算工作导致成本偏高

养殖成本核算工作的滞后性会导致牛群的转接成本与实际成本发生偏差，从而导致实际成本增加，当期收益降低。再者，规模化奶牛养殖场的牛群种类与数量较多，与工业企业相比，养殖奶牛是有生命的，工业企业产品是固定的，根本区别是产成品成本是否能在完工时刻确定下来。只有当奶牛转出奶牛养殖场时才可明确确定成本，养殖场运营期间一直伴随着成本消耗，其中饲料消耗为主要成本构成。如果进行奶牛转群，那转群奶牛就被排除成本分摊队列，之前承担的分摊成本转移到转群奶牛身上，这就影响了成本核算对象、核算标准、分配归集等多个环节，导致成本核算结果高于实际成本，不能够准确反映奶牛养殖成本情况，甚至会影响经营决策的科学性。

（五）成本核算工作与成本管理、决策工作联系不紧密

养殖成本核算在反映当期奶牛养殖场运营情况的同时，更主要的功能是为

经营者决策提供科学参考。研究结果表明，规模化养殖场的成本核算工作与成本管理、成本决策工作联系不紧密。例如，TQ 养殖场在完成成本核算工作之后，由于成本核算结果不够准确且不具体，对于下期生产投入的决策参考作用不大。

四、改进规模化奶牛养殖场成本核算的对策建议

（一）合理归集分配公共部门制造费用

在归集规模化奶牛养殖场公共部门发生的制造费用时，应当按照固定的比例将"固定资产折旧""水电费""工资福利"等科目中的费用分配到"制造费用"和"管理费用"账户当中。"固定资产折旧"可以按照固定资产中应该归集到"制造费用"和"管理费用"账户的资产原值之和的比例进行归集。"水电费"可将管理部门水电表记录的费用计入"管理费用"账户，其余计入"制造费用"账户。"工资福利"科目中，属于管理人员工资和生产车间工人的工资福利费用分别计入"管理费用"，和"制造费用"。"污水处理费"按照"水电费"分配的相同比例计入"制造费用""管理费用"账户。

规模化奶牛养殖场的成本分配方案应当更加细化和具体，多样性的成本分配方式才能够满足复杂的成本结构，注重成本效益配比原则。成本效益配比原则可以通过细化人工工时配比、工资配比、奶牛种群配比及每头奶牛成本配比进行分配。当前成本分配方法中，大部分规模化奶牛养殖场采用饲料费用配比的方法，将制造费用配比到各牛群。但是这种配比方法不适用于其他成本内容，例如工资福利应当采取饲养日占比等方法进行配比。因此，针对不同的成本核算内容，应当选择与其适应的配比方法（表 11 - 3）。

表 11 - 3 制造费用分配方法改进表

制造费用	分配方法
固定资产折旧	按照各牛群饲料费用占所有牛群总饲料费用的比例分配
工资福利	将工资福利费分配至单个饲养日再乘以当月牛群饲养日总数
污水处理费	按照各牛群饲料费用占所有牛群总饲料费用的比例分配
维修费	按照各牛群修理费用定额占牛群修理费用总定额的比例分配
水电费	按照各牛群水电费定额占牛群总定额的比例分配
装卸费	按照各牛群装卸费定额占牛群总定额的比例分配
租金	按照各牛群占用房屋建筑物的账面价值占所有牛群占用房屋建筑物的总账面价值比例进行分配
其他	按照牛群饲料防疫兽药的耗用金额占牛群耗费饲料兽药的总金额的比例进行分配

直接分配为主，间接分配为辅。在养殖成本核算中对于界定不清晰的制造费用和无法进行种群归集的公共部门费用，应当优先选择直接分配，以保障费用配比的科学性。对于无法实行直接分配的部分，可以选择简洁分配方式进行分配，以降低因配比方式选择而造成的计算不实问题。例如，对于机器维修费用和水电费用应选择与之有直接关联的饲料消耗量进行直接配比，为简化数据计算可以采取不同种群安装多个计费设备的方式进行统计。对于养殖场公共部门所产生的水电费用等，无法进行直接配比，可以结合不同种群的规模、需求特点等进行间接配比。

（二）建立单头奶牛养殖成本—收益核算表

首先，奶牛养殖场应当对当期存栏的所有奶牛编"牛号"，在明确企业划分的牛群后，能够准确查询该牛群所有牛只的牛号。其次，在养殖场进行奶牛养殖成本核算时，根据"制造费用"账户下"固定资产折旧""工资福利费""污水处理费""水电费""租金""装卸费"科目的明细账，将养殖场发生的制造费用按分配标准分摊到奶牛养殖场牛群中。饲料成本、成母牛折旧、直接人工、制造费用账户下的固定资产折旧费、工资福利费、污水处理费、水电费、装卸费、租金等在分摊至各牛群时，由于按照一定的分配比例进行分配，所以核算结果各不相同。另外，由于现有的核算水平还不能够将饲料成本、直接人工、制造费用账户下的固定资产折旧费、工资福利费、污水处理费、水电费、装卸费、租金等详细记录到单头奶牛成本中，所以对分摊至各牛群的这些费用，均摊到单头奶牛的成本中，而防疫兽药费用可以根据兽药领用凭证将兽药费用准确划分到单头奶牛制造费用中。由于每头奶牛的初始价值不同，成母牛折旧费用也不相同，可以根据成母牛折旧费用明细表将折旧费计入单头奶牛的生产成本中。所以将单头奶牛养殖成本作为核算目标，能够更加直观准确地反映每头存栏奶牛当期的成本情况。最后，借助奶牛养殖场奶厅数据得到单头奶牛当期总产奶量，再用总产奶量与当期平均奶价相乘求得单头奶牛当期收益，建立单头奶牛养殖成本—收益核算表如图 11-13 所示，表格核算公式见表 11-4。

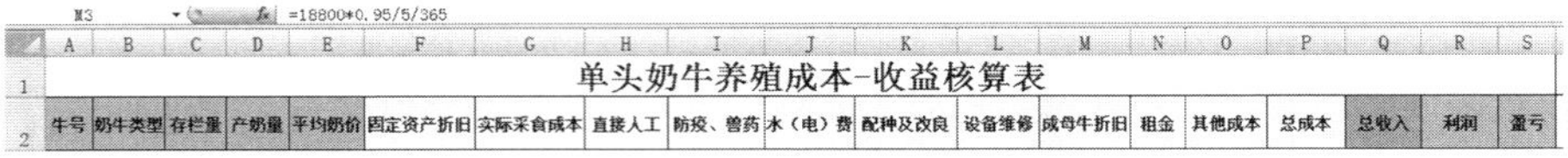

图 11-13　单头奶牛养殖成本—收益核算表

表 11-4　单头奶牛养殖成本—收益核算公式

项目	公式
固定资产折旧	＝当期该牛群占用的固定资产计提的折旧费用/当期该牛群的存栏量
饲料实际采食成本	＝当期该牛群饲料实际采食成本/当期该牛群的存栏量

（续）

项目	公式
工资福利	＝（当期计入该牛群的直接人工＋车间辅助人员工资福利）/当期该牛群存栏量
防疫兽药费	＝根据防疫兽药费用明细账记录计入具体牛只成本
水电费	＝当期该牛群为养殖奶牛耗费的水电费/当期该牛群存栏量
配种及改良费	＝根据配种及改良费用明细账记录计入具体牛只成本
设备维修	＝当期该牛群维修奶牛养殖的设备的费用/当期该牛群存栏量
成母牛折旧费	＝成母牛折旧费用明细账记录的当期该奶牛计提的成母牛折旧费
租金	＝当期该牛群占用的土地租金/当期该牛群的存栏量
其他成本	＝当期该牛群耗费的其他成本/当期该牛群的存栏量
总成本（P3）	＝SUM（F3：O3）
总收入	＝当期平均奶价×该头奶牛产奶量
毛利润	＝总收入－总成本
盈亏（S3）	＝IF（＄R3＞0，"盈利"，"亏损"）

（三）及时完成奶牛转群核算

奶牛养殖成本核算计算期一般为一年，但是奶牛种群划分以月为标准，这就导致奶牛转群与成本会计核算之间存在时间上的滞后性。奶牛种群是成本核算的重要对象，因此奶牛转群对成本核算带来的影响是较大的，在发生奶牛转群时就应当及时进行准确的成本核算。

对于奶牛转群前后的成本核算，不同类型的费用受影响程度不同。一般性的费用受转群影响较小，尤其是间接配比成本会在期末结算时进行，受到的影响较小。饲料成本和防疫兽药成本作为核心成本，受到奶牛转群的影响是较大的。转群后的奶牛在饲料成本和防疫兽药成本上都有明显变化，同时按照直接配比归集的成本也存在一定差异，应当在月末及时对奶牛转群带来的成本核算变化进行汇总。

（四）按照饲料实际采食量精准核算饲料成本

我国奶牛养殖成本由直接成本和间接成本两部分组成，其中直接成本中的饲料投入在奶牛养殖总成本中占55％～65％。作为全程性投入，饲料的选择和搭配不仅关乎奶牛产奶的数量和质量，还与奶牛养殖成本紧密相关。

饲料投入是奶牛养殖成本的主要组成部分。饲料投入的情况直接影响着总成本水平的高低。由于奶牛种群、饲养方式、产奶量目标和品质要求等要素的不同，不同养殖场对饲料的要求不同。不同的养殖场引进的奶牛品种不同，在养殖过程中设计的奶牛养殖配方也不同，其中包括燕麦草、棉籽、进口苜蓿、压片玉米等。另外由于智能化养殖的不断推广，各养殖场为达到科学喂养的目的，引入 TMR 搅拌机，对饲料种类、饲料需求量、微量元素需求量等实行精细化设计，满足不同种群奶牛的营养需求。由于计量误差和工作人员操作失当等，常常出现配方量与实际投喂量不相等的情况。其中，配方饲料量是指奶牛养殖企业根据不同阶段奶牛的营养需要量设计的饲料种类和所需饲料的数量。头份是指单头奶牛投喂的饲料量。实际投喂头份就是工作人员根据饲料配方加工的单头奶牛投喂的饲料量。实际采食头份是指工作人员将饲料投喂给奶牛后，单头奶牛实际采食的饲料量。配方单头分量是指根据配方给单头奶牛制作的饲料量。剩料量是指配方饲料量减去实际采食量。在实际工作过程中，不同的企业拥有不同的奶牛养殖饲料配方，通过配方饲料量和实际投喂头份、实际采食头份、配方单头分量、剩料量可以算出单头奶牛的实际采食成本，也可以看出配方饲料成本和实际采食成本之间的差距，更好地把握饲料的实际利用率。通过改进饲料成本核算方法，实现饲料成本精细化管理，以便企业做出决策。

在实际计算过程中，各项指标计算公式为：

实际采食头份＝实际投喂头份－剩料量/配方单头分量

实际采食成本＝配方成本×实际采食头份

单头牛实际采食成本＝实际采食成本/实际存栏量

干物质采食量＝实际采食头份/存栏量×该产群群配方干物质

投喂比例＝投喂头份/该产群存栏量

实际投喂成本＝该产群投喂头份×该产群配方成本

通过以上公式的计算可以得出奶牛的实际采食成本，更加符合成本核算准确性的要求。

（五）优化奶牛养殖成本核算 Excel 辅助模板

通过对当前奶牛养殖成本核算软件的了解和 Excel 辅助板块功能的研究，发现其中仍存在一定的问题。主要包括：①规范核算流程。受到核算人员对核算软件的了解程度、Excel 应用效率等专业水平的影响，成本核算中存在数据录入不规范、不准确等问题。规范核算流程是完善成本核算的基本前提。②简化核算过程。成本核算内容较为复杂且缺乏合理的归集归类标准，导致 Excel 辅助模板条目复杂，容易混淆。因此，应当简化核算过程，将相关和相似费用进行合并，减少辅助模板条目数量，简化核算界面。③保留通用模板。对于稳定且常见的一般性费用，应当保留通用模板，减轻重复工作量。④满足管理者需求。考虑到成本结构的复杂性，管理者需要反复查阅资料和统计数据，因此，Excel 辅助模板应当进行改进。主要通过引入函数、公式、快捷键等方式减轻管理者不必要的工作量，提高工作效率。

以上述原则为导向，改良和完善规模化奶牛养殖场目前使用的 Excel 核算模板，改进结果见表 11-5。

表 11-5　Excel 模板改进情况表

工作表名称	改进	改进方法
工资分配表	新增	增加函数与公式功能
制造费用分配表	大改	分配方法改变、增加函数与公式功能
饲料成本明细账	大改	按牛舍划分牛群，计算各牛群饲料实际采食成本
生物资产明细账	微调	将固定资产名称一列改为"牛号"
固定资产明细账		保留
成母牛折旧费用表	大改	将"成母牛批次"一列改为"牛号"，记录初始价值、净残值、折旧年限、已提折旧等项目
兽药用量表	大改	将"成母牛用药量表"拆分为"围产牛用药量表"、"泌乳牛用药量表"和"干奶牛用药量表"；犊牛用药量、配种牛用药量、冻精用量表保留
单头奶牛养殖成本—收益核算表	新增	利用公式、函数功能核算单头奶牛的成本收益情况

优化后的 Excel 模板具有以下优点：①简化表格，提高了模板的实用性。去繁求简，合并相关相似条目，删除无关非必要内容，降低使用者负担。简洁的操作界面可提高内容的辨识度，提高工作的准确性和高效性。②智能操作，提高了工作的高效性。增加函数、公式、快捷键等功能的应用，实现自动统计和准确计算，保障结果的及时性和动态性。例如，对于实际采食成本核算中引入了大量的公式和函数，详见表 11-6、表 11-7。③规范操作，提升了数据准确性。强化数据条目的界定和有效性，规范数据录入，减少错误操作。④准确计算，提升结果的科学性。通过改进后的 Excel 模板可精确地核算出现阶段按牛舍划分的不同牛群的饲料实际采食成本。

表 11-6　泌乳牛饲料实际采食成本计算公式

单元格	公式
B3（新产牛干物质采食量）	＝AH3/V3 * N3
C3（高产牛干物质采食量）	＝AI3/W3 * O3
D3（中产牛干物质采食量）	＝AJ3/X3 * P3
E3（低产牛干物质采食量）	＝AK3/Y3 * Q3
F3（新产牛投喂比例）	＝Z3/V3
G3（高产牛投喂比例）	＝AA3/W3
H3（中产牛投喂比例）	＝AB3/X3

（续）

单元格	公式
I3（低产牛投喂比例）	＝AC3/Y3
AH3（新产牛实际采食头份）	＝Z3－AD3/R3
AI3（高产牛实际采食头份）	＝AA3－AE3/S3
AJ3（中产牛实际采食头份）	＝AB3－AF3/T3
AK3（低产牛实际采食头份）	＝AC3－AG3/U3
AL3（新产牛饲喂成本）	＝AH3＊J3
A立方米（高产牛饲喂成本）	＝AI3＊K3
AN3（中产牛饲喂成本）	＝AJ3＊L3
AO3（低产牛饲喂成本）	＝AK3＊立方米
AP3（泌乳牛实际采食成本）	＝SUM（AL3：AO3）
AQ3（泌乳牛实际投喂成本）	＝Z3＊J3＋AA3＊K3＋AB3＊L3＋立方米＊AC3

表 11－7　非泌乳牛实际采食成本计算公式

单元格	公式
B3（后备牛干物质采食量）	＝E3＊T3
C3（干奶牛干物质采食量）	＝F3＊U3
D3（围产牛干物质采食量）	＝G3＊V3
E3（犊牛干物质采食量）	＝I3＊AC3
F3（后备牛投喂比例）	＝K3/H3
G3（干奶牛投喂比例）	＝L3/I3
H3（围产牛投喂比例）	＝立方米/J3
I3（犊牛投喂比例）	＝Q3/立方米
AD3（后备牛实际采食成本）	＝Q3＊K3
AE3（干奶牛实际采食成本）	＝R3＊L3
AF3（围产牛实际采食成本）	＝立方米＊S3
AG3（犊牛实际采食成本）	＝Y3＊Q3
AH3（总实际采食成本）	＝SUM（AD3：AG3）

第三节 河北省奶牛养殖经济效益分析

一、奶牛养殖成本利润分析

(一)纵向比较

从图 11-14 可以看出,2009—2016 年河北省小规模奶牛养殖场每头奶牛的养殖总成本呈现明显的逐年增长趋势,从 2009 年的 10 654.05 元小幅增长至 2010 年的 10 845.36 元。自 2011 年开始,每年以 1 100 元左右的增幅快速增长,到 2014 年高达 15 833.36 元,2015 年和 2016 年再次缓慢增长,年平均总成本为 13 720.95 元。每头奶牛净利润则呈现波浪状变化趋势,2009 年利润最低为 4 548.15 元,2013 年达到峰值为 8 758.6 元,年平均利润额为 6 647.07元。相应的单头奶牛成本利润率也呈现波浪状的变化趋势,2010 年、2013 年和 2014 年的成本利润率均超过了 50%,且 2013 年最高达 59.63%,2015 年降到最低值 39.83%,均值为 48.66%。

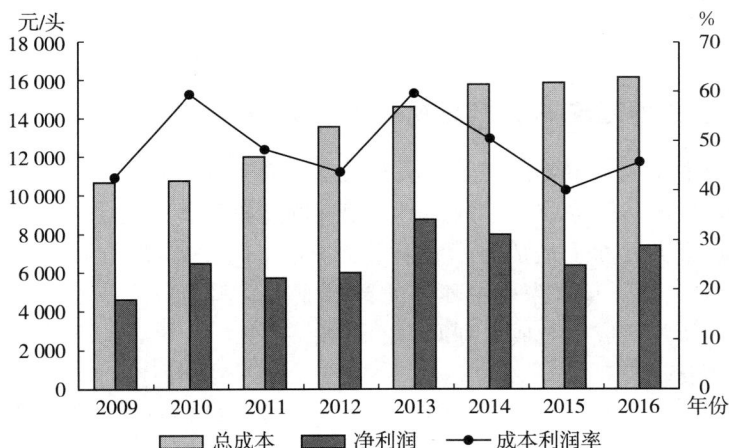

图 11-14 2009—2016 年河北省小规模奶牛养殖单头奶牛成本利润变化

数据来源:2011—2017 年《全国农产品成本收益资料汇编》。

(二)横向比较

如表 11-8 所示,生鲜乳各主产省在 2009 年、2010 年、2012 年和 2013年的奶牛养殖成本利润率相对较高。将河北省与河南、山西、山东、黑龙江等7 个生鲜乳主产区的同等规模奶牛养殖场相比较,发现 2009—2016 年养殖成本利润率均值最高的为山西省,年均值为 49.88%。河北省为 48.66%,占据第二位。河南、内蒙古和宁夏的养殖成本利润率均小于 25%,位居后三位。由此可知,与其他 7 大主产区相比较,近年来河北省小规模奶牛养殖经济效益尚具有一定的竞争优势，河北省提倡的大力发展奶牛家庭牧场的举措具有一定经济可行性。

表 11 - 8　生鲜乳主产区小规模奶牛养殖成本利润率比较

单位：%

年份	河北	河南	山西	山东	黑龙江	辽宁	内蒙古	宁夏
2009	42.69	25.69	47.35	46.43	23.77	29.23	48.08	9.68
2010	59.39	25.78	41.25	62.72	43.05	33.57	39.18	40.50
2011	48.24	25.70	54.17	37.23	40.06	31.76	33.16	33.15
2012	43.66	19.13	56.89	50.41	31.13	27.29	22.27	50.05
2013	59.63	21.89	59.99	39.88	40.25	35.51	25.16	46.17
2014	50.41	21.44	56.47	36.41	42.94	28.43	−1.92	11.06
2015	39.83	16.39	42.12	22.13	40.12	24.68	11.71	−5.62
2016	45.47	19.39	40.79	29.21	40.53	36.78	5.90	1.26
均值	48.66	21.93	49.88	40.55	37.73	30.91	22.94	23.28

数据来源：2011—2017 年《全国农产品成本收益资料汇编》。

二、奶牛养殖成本结构分析

单头奶牛总成本主要由物质与服务成本、人工成本和土地成本三大部分组成。其中，物质与服务成本中的饲料费用和固定资产折旧所占比重较高，对总成本的影响最大。而土地成本所占比重最小，对总成本的影响相对较小。因此，重点分析 2009 年以来奶牛养殖的饲料成本、固定资产成本、人工成本的变化趋势以及各个成本对成本利润率的影响。

（一）饲料成本

饲料费用作为奶牛养殖成本中重要组成部分，对奶业增长主要表现为负向的约束作用。其中，精饲料主要指大麦、玉米等粮食饲料，以及糠麸饼、酒糟等农副产品。从图 11 - 15 可以看出，2009—2016 年，随着饲料价格的不断增长，单头奶牛的精饲料费绝对额呈现逐年上升趋势，从 7 249.88 元稳定增长至 9 492.8 元，增幅较大。但精饲料费在总饲料成本中的占比却从 2009 年的 87.63% 逐年下降至 2016 年的 84.30%，年均占比为 85.52%。青粗饲料主要包括青干草、秸秆及秕壳等，相比较而言，青粗饲料费用占总饲料费的比重较低，增长幅度也较小。2016 年单头奶牛的青粗饲料费为 1 767.22 元，比 2009 年高出 744.21 元。

（二）固定资产折旧

如图 11 - 16 所示，2009—2016 年，单头奶牛固定资产折旧呈现稳定上升趋

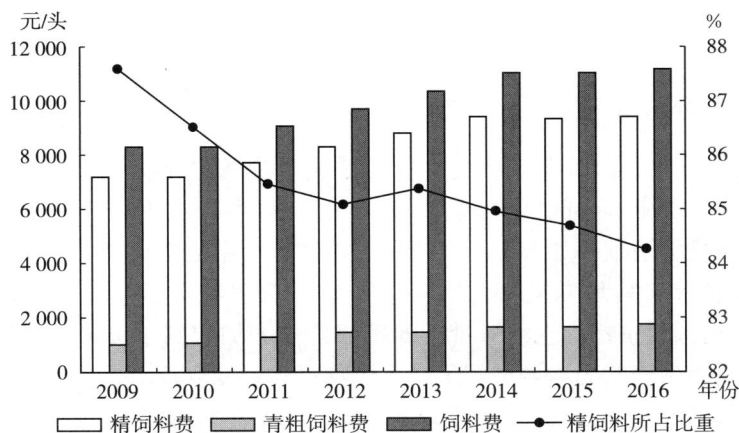

图 11-15 2009—2016 年河北省小规模奶牛养殖单头奶牛饲料费用

势。2016 年单头奶牛固定资产折旧额为 2 480.72 元，比 2009 年增长了 1 071.06 元。表明近几年，河北省奶牛养殖场为达到乳品企业的评级要求，提升牛场的标准化、自动化建设水平以及经营管理效率，在基础设施设备升级改造方面的投资逐年增加。

（三）人工成本

平均来看，2009—2016 年单头奶牛的人工成本占总成本的 10.21%，且呈现快速增长趋势（图 11-16）。从 2009 年的 628.96 元/头缓慢上涨至 2010 年的 702.18 元/头。自 2011 年开始迅速上涨至 2016 年的 2 030.78 元/头。劳动力工资整体水平的上升和有从事奶牛养殖意愿的人越来越来越少，导致人工成本的快速上涨。同时，也表明了小规模养殖往往存在经营理念缺失，管理方式

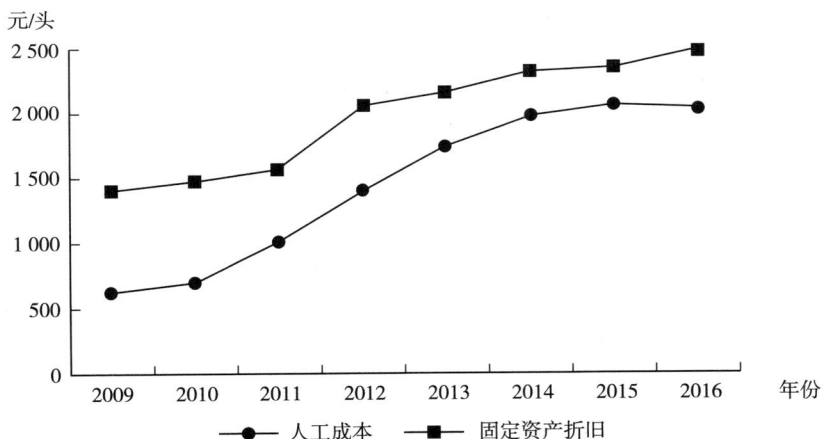

图 11-16 2009—2016 年河北省小规模奶牛养殖单头奶牛固定资产及人工成本

落后等现象，导致劳动效率较低，再加上缺乏规模效益致使人工成本增幅相对较高。

三、主要成本项目变动的影响分析

通过对 2009—2016 年单头奶牛养殖总成本及其构成项目的分析发现，单头奶牛养殖总成本 8 年间共增加了 5 534.91 元，各项成本项目的增长额及其对总成本增长的贡献率如表 11-9 所示。精饲料费用是单头奶牛养殖成本增加的主要贡献者，其增加额为 2 242.92 元，占单头奶牛总成本增加额的 40.52%，精饲料价格的上涨对带动养殖成本的增加起到了决定性作用。人工成本增加是奶牛养殖成本增加的第二大影响因素。专业技术人员的缺失以及有从事养殖行业意愿的人越来越少，导致自 2011 年以来人工成本迅速增长。2009—2016 年绝对增加额为 1 401.82 元/头，对养殖总成本增加额的贡献率为 25.32%。相对以上两种成本构成项目，固定资产投资以及青粗饲料成本的上涨对总成本增加额的贡献率较小，分别为 19.35% 和 13.44%。养殖成本的上升在一定程度上导致奶农养殖成本利润率的下降，降低了其奶牛养殖的积极性。

表 11-9　2009—2016 年单头奶牛养殖总成本构成项目增加绝对数及贡献率

主要构成	增加绝对数（元/头）	对总成本增加贡献率（%）
精饲料成本	2 242.92	40.52
青粗饲料成本	744.21	13.44
固定资产折旧	1 071.06	19.35
人工费用	1 401.82	25.32
合计	5 460.01	98.63

第四节　河北省乳制品加工经济效益分析

一、全国乳制品加工业经济效益分析

2018 年全国乳制品市场规模达到 5 814 亿元，同比增长 7.4%，增速 1.1%，营业收入近十年来保持稳健增长。总销量达到 3 099 万吨，同比增加 1.0%，增速达 1.03%，自 2015 年以来，首次实现正增长。2018 年乳制品均价达到 18 764 元/吨，同比增长 6.31%，均价保持稳健增长。从全国乳制品加工企业布局看，中国乳制品行业已形成较为稳定的竞争格局（表 11-10）。

表 11 - 10　中国乳制品行业竞争格局

项目	规模以上企业销售收入（亿元）	乳制品产量（万吨）	液体乳产量（万吨）	规模化养殖场比例（100 头以上）
2008 年	1 431	1 811	1 525	20%
2017 年	3 590	2 935	2 692	54%
增长率	150.87%	62.07%	76.52%	
项目	第一梯队	第二梯队	第三梯队	第四梯队
特征	三巨头为核心的基本格局	百亿俱乐部	区域型乳企，年销售额在 2 亿～20 亿元	小型乳企，数量多，竞争激烈
代表企业	伊利、蒙牛、光明	新希望、君乐宝	山东得益、广东燕塘、新疆天润等	青海小西牛、内蒙古雪原等

伊利、蒙牛、光明作为"第一梯队"的乳制品加工企业三巨头，其每年的营业收入都有不俗的业绩。图 11 - 17 显示，伊利集团 2014—2018 年营业收入呈连年上升趋势，从 2014 年的 544.36 亿元增加到 2018 年的 795.53 亿元，净利润也持续增加，从 2014 年的 41.67 亿元增加到 2018 年的 64.40 亿元（图 11 - 18）。

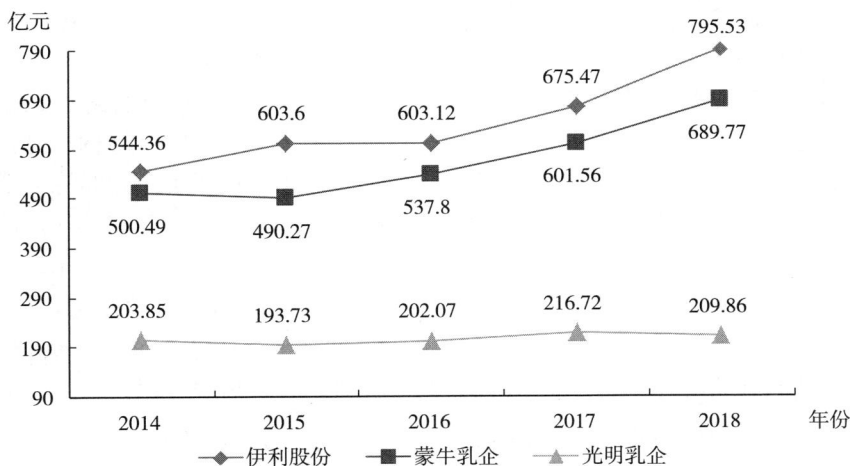

图 11 - 17　2014—2018 年伊利、蒙牛、光明营业收入情况

数据来源：2019 中国奶业统计摘要。

蒙牛集团 2014—2018 年经营情况波动较大，营业收入五年间仅有 2015 年略有下降，基本呈现逐年增加的趋势，从 2014 年的 500.49 亿元增加到 2018 年的 689.77 亿元（图 11 - 17）。但净利润在 2016 年有一个"跳水式"下滑，从 2015 年盈利 23.67 亿元下降到 2016 年亏损 7.51 亿元，2017 年净利润又大

幅度回升到 20.31 亿元，2018 年增加至 30.43 亿元（图 11 - 18）。光明乳业 2014—2018 年营业收入及净利润呈现小幅波动趋势，但波动幅度较小，公司始终处于盈利状态。

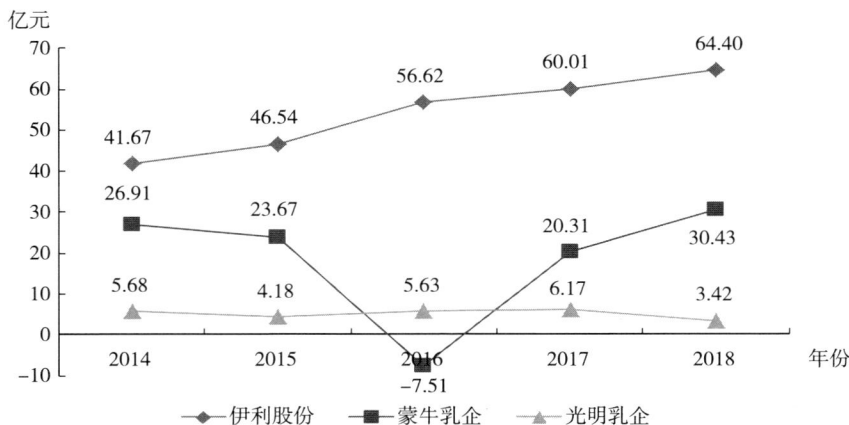

图 11 - 18　2014—2018 年伊利、蒙牛、光明净利润情况

数据来源：2019 中国奶业统计摘要。

其他乳制品上市企业经营情况见表 11 - 11。三元股份 2014—2018 年营业收入整体呈稳步增长的态势，从 2014 年的 45 亿元增加到 2018 年的 74.6 亿元；净利润呈现波动式上升的趋势，从 2014 年的 0.5 亿元增加到 2018 年的 1.8 亿元，五年间增长 260％，增速明显。贝因美 2014—2018 年营业额持续下降，2014—2015 年净利润小幅上涨，2016—2017 年，贝因美净利润持续下降，甚至呈现负增长，公司处于亏损状态，2018 年公司净利润比 2017 年有较大提高，公司摆脱亏损状态。雅士利国际 2014—2016 年营业收入持续下降，2017 年后营业收入开始上涨，其净利润在 2014—2018 年间呈现波动变化趋势。皇氏乳业 2014—2016 年间，营业收入和净利润呈现上涨趋势，2017 年后营业收入和净利润开始下降，在 2018 年净利润为负值，公司出现亏损。

表 11 - 11　其他乳制品上市企业营业收入及净利润情况

单位：亿元

公司名称	2014 年		2015 年		2016 年		2017 年		2018 年	
	营业收入	净利润	营业收入	净利润	营业收入	净利润	营业收入	净利润	营业收入	净利润
三元股份	45.0	0.5	45.5	0.8	58.5	1.1	61.2	0.8	74.6	1.8
贝因美	50.5	0.7	45.3	0.9	27.7	−6.4	26.6	−10.6	24.9	0.3

（续）

公司名称	2014 年		2015 年		2016 年		2017 年		2018 年	
	营业收入	净利润	营业收入	净利润	营业收入	净利润	营业收入	净利润	营业收入	净利润
雅士利国际	28.2	2.5	27.6	1.2	22.0	3.2	22.6	−1.8	30.1	0.5
皇氏乳业	11.3	0.8	16.9	2.2	24.4	2.9	23.7	0.6	23.4	−6.2

数据来源：2019 中国奶业统计摘要。

二、河北省乳制品加工业经济效益分析

（一）生鲜乳采购成本分析

从图 11-19 中可以看出，河北省生鲜乳收购价格变化规律为：自每年 1 月开始逐月下降，6 月接近谷底，7 月开始逐月回升，12 月或 1 月达到峰值。2015 年 1 月至 2019 年 9 月河北省生鲜乳销售价格呈现出逐年上升的趋势，2015—2018 年每千克生鲜乳收购价格均值分别为 3.264 元、3.283 元、3.337 元、3.429 元，增幅逐年提高。2019 年 1—8 月的均价为 3.591 元/千克，比 2018 年 1—8 月份的均价高出 0.209 元/千克。由此可见，河北奶业振兴一系列规划的出台及政策实施取得了一定的效果，在很大程度上促进了生鲜乳收购价格的提升，有助于增加奶牛养殖场的利润，激励奶农继续从事奶牛养殖的积极性。但对比 2015—2019 年河北省与全国主产省生鲜乳收购价格（图 11-20），发现 2015—2018 年河北省每千克生鲜乳收购均价仍然比全国主产省生鲜乳收购均价分别低出 0.185 元、0.190 元、0.142 元和 0.036 元，2019 年 1—8 月生鲜乳收购价格均值则高出 0.015 元。进一步表明，相比其他生鲜乳主产区，河北

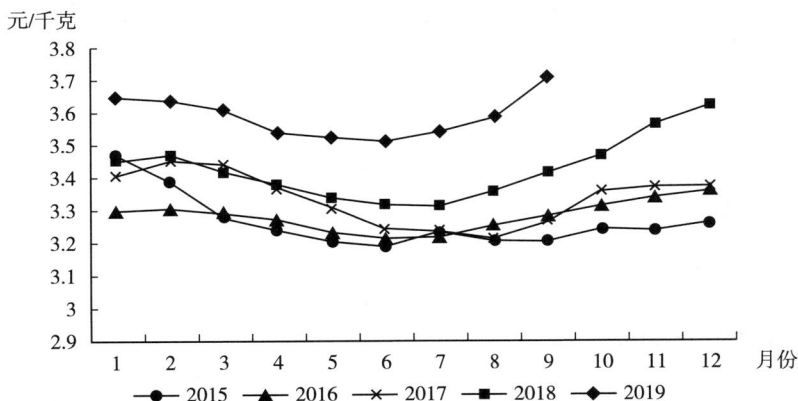

图 11-19　2015 年 1 月至 2019 年 8 月河北省生鲜乳收购价格

注：数据来源于河北牧业。

省乳品加工企业在原料采购上具有一定的成本优势。

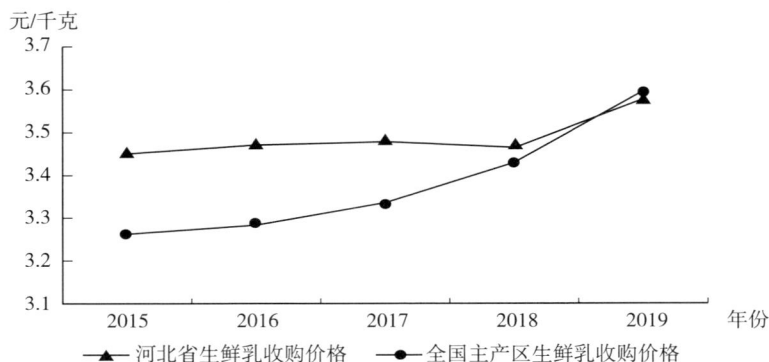

图 11-20　2015 年 1 月至 2019 年 8 月河北省及全国主产区生鲜乳收购价格对比
数据来源：农业农村部数据库及河北牧业。

（二）销售成本分析

近年来，河北省乳品企业销售成本呈现增长的趋势，2015 年销售成本达227.24 亿元，比 2010 年高出 119.2 亿元，年平均增幅较大。与其他生鲜乳主产区相比较而言，其销售成本居内蒙古、黑龙江、山东之后排在第四位（表11-12）。但其年增长幅度要高于山东省和黑龙江省。表明河北省所销售乳制品的生产运营成本、广告投入居高不下，在一定程度上缩小了乳品企业的利润空间。因此，在河北省奶业振兴背景下，优化乳品企业产品结构、扩大市场销售渠道、健全乳制品销售保障机制，应该成为乳品企业降本增效的根本路径。

表 11-12　2009—2015 年全国生鲜乳主产区乳品企业销售成本

单位：亿元

年份	河北	河南	山西	山东	黑龙江	辽宁	内蒙古	宁夏
2010	108.04	46.02	33.32	143.55	218.14	87	244.6	11.9
2013	186.81	105.32	36.87	230.87	256.71	109.07	262.53	45.71
2014	204.24	116.7	36.49	232.76	279.48	98.15	519.44	53.64
2015	227.24	130.96	25.08	243.56	292.41	70.46	504.41	51.56
均值	181.58	99.75	32.94	212.68	261.68	91.17	382.74	40.70

数据来源：中国奶业统计资料。

（三）利润总额分析

2009—2015 年河北省乳品企业的利润总额呈现不断波动的特点。2009 年乳制品利润为 6.49 亿元，2010 出现了小幅度下降至最低点 6.34 亿元。2011—2013 年缓慢增长，2014 年和 2015 年快速增长，2015 年实现利润总额

22.19 亿元，比 2013 年高出 9.79 亿元，年平均利润总额为 13.29 亿元。与其他生鲜乳主产省相比较而言，与排在前三位的内蒙古 39.08 亿元、黑龙江 27.56 亿元以及山东 20.1 亿元都还有较大的差距（图 11-21）。

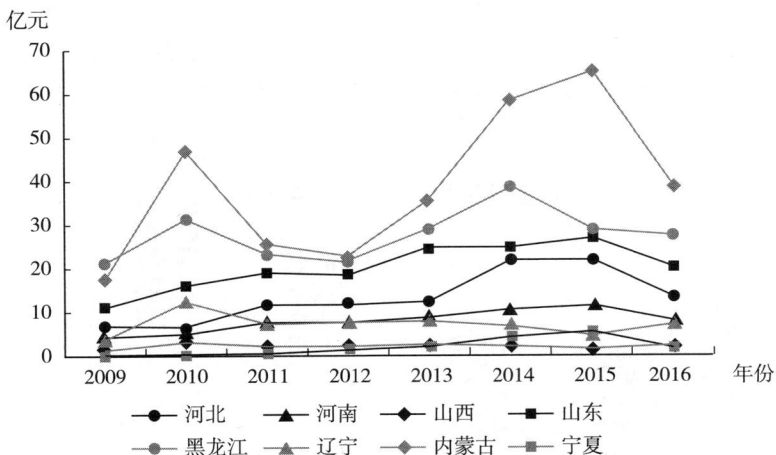

图 11-21　2009—2016 年河北省及全国主产区乳制品企业利润总额
数据来源：中国奶业统计资料。

（四）君乐宝企业经营效益

君乐宝作为河北省地方大型乳企，其产品构成和营业收入大致反映了河北省乳品加工行业的发展现状。君乐宝自 2015 年至今销售额连年增长，从 2015 年的 65 亿元增至 2018 年的 130 亿元，四年间实现了销售收入翻两番（图 11-22）。表明君乐宝集团在国家、省政府的大力扶持下，通过技术上不断升级、产品结构不断优化等自身努力，使得近年来的发展持续保持高速增长的态势。

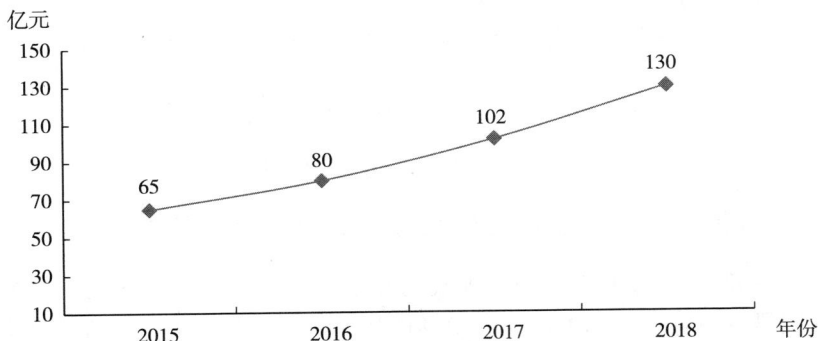

图 11-22　2015—2018 年君乐宝营业额变化情况
数据来源：新乳业。

图 11-23 显示，在营业收入高速增长的同时，君乐宝的奶粉系列产品收入占比也在不断增加，从 2015 年的 11.08% 增至 2018 年的 38.46%，销售收入实现了 248.38% 的增长，品牌市场占有率快速提升，君乐宝奶粉成为行业主要供应商之一。在奶粉产业突飞猛进的同时，2018 年君乐宝的低温酸奶的销售额增长 14%，其中君乐宝自主研发并首推的芝士酸奶在同品类市场占有率高达 82%，常温液态奶也实现了 30% 的收入增长。

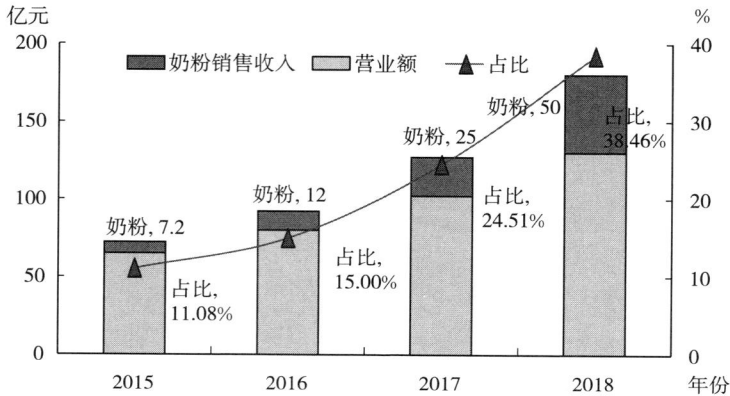

图 11-23 2015—2018 年君乐宝奶粉销售收入占营业额的比重

数据来源：新乳业。

君乐宝多类产品齐头并进，在保持常温奶等一般奶品收入的同时，在高附加值的乳制品上表现优异，奶粉和酸奶销售收入的持续增长，反映出君乐宝近年来的战略布局，即开发高附加值乳制品抢占新市场，将产品结构向新型产品方向调整。新产品"长芝士啦"芝士酸奶的异军突起更反映了君乐宝对创新产品的重视与研发力度的增加。君乐宝市场口碑的双丰收体现了市场对乳制品的需求依旧很大，消费者对创新型乳制品的追求热情不减，这也为乳企尤其是地方乳企在乳制品市场竞争激烈的今天如何找准定位并进一步开拓市场提供了范例。

第五节 河北省奶牛养殖与乳制品
加工利益博弈分析

一、河北省奶牛养殖场与乳制品企业利益博弈现状

河北省 2015 年开始推进奶牛规模化养殖，规模化养殖场逐渐占据主导地位，因此笔者主要针对奶牛规模养殖场进行探讨。河北省奶牛养殖场数量较多且分散，掌握市场信息少，与乳制品加工企业相比处于弱势地位。在乳制品加工企业与奶牛养殖场之间的契约合同中，不仅对奶价进行规定，而且还对牧场

捆绑销售饲料，对不接受该条件的牧场削减鲜奶收购量甚至拒奶限奶。在鲜牛奶收购价格确定中，奶农大多处于价格的被动接受地位，只有鲜牛奶市场行情较好的时候才能较好获利。乳企大多是从本企业的利润最大化角度出发的，因此制定的收购价格一般较低，这样奶农的利润空间被压缩，加之运输储存等成本的付出，奶农的利益就更加没有保障。即使有部分奶农与乳企签订了协议收购价格，但是奶农生产仍面临着高要求和饲料专供等高成本的困扰。2017年，河北省牛奶平均成本约为3.1元/千克，实现收支相抵的最低收购价格需要达到约3.5元/千克，而同期牛奶市场价格基本位置在3.5元/千克的水平。由此可见，奶农的经济利益受到了严重影响，处于基本维持收支平衡或者亏损的状态。乳企在奶价制定中处于绝对的优势地位，占据了绝大部分甚至全部的利润空间。同时，乳品行业被几家规模较大的乳企占据，奶农在这些乳企中缺乏可选择性。

奶牛养殖场与乳企之间利益博弈受信息影响明显。是否掌握完全信息，成为了这场动态博弈结果的关键影响因素。奶牛养殖场与乳企之间的博弈，是指乳企先进行定价收购，奶牛养殖场根据价格决定交易，然后乳企调整价格，奶牛养殖场调整应对策略，依次进行，直至达成交易。在此过程中双方都对不同形势下自身收益情况有充分的认识。

博弈条件假设包括：①奶牛养殖场与乳企均是理性经济人，从自身利益出发均追求更大的利润空间，奶牛养殖场追求更高的奶价以提高收益，乳企寻求最低的奶价以降低成本。②根据奶牛养殖实际情况，假定奶牛养殖场的规模为1 000～2 000头，单日产奶量为9～20吨。③乳企会给出较为合理的定价，此定价当作养殖场的利润价格。

博弈过程包括：乳企先行动，可选择行动内容集为A＝﹛合理，不合理﹜。养殖场后行动，可选择的行动内容集为B＝﹛交奶，不交奶﹜。博弈树见图11-24。

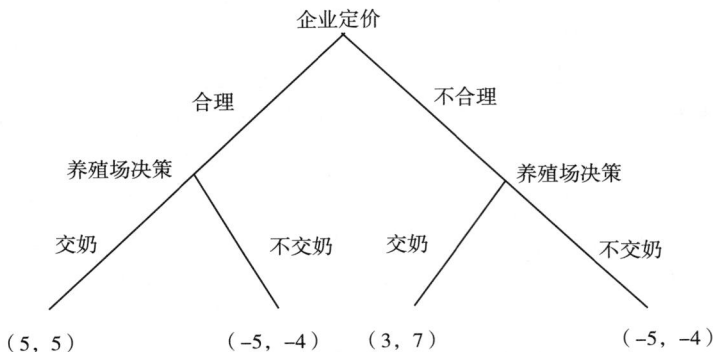

图11-24 奶牛养殖场与乳品企业博弈树

根据博弈树图可知，养殖场与乳企的博弈达到的均衡是一种非合作均衡，即选择支配策略达成交易，（不合理，交奶）。虽然从养殖场利益的角度来看，这种结果是不合理的，但是为了避免更大的损失，养殖场只能选择在价格不合理的情况下同意交易。由此可见，养殖场在这个博弈中处于明显的被支配地位。

二、河北省奶牛养殖场与乳制品企业利益博弈调整

根据以上博弈过程和结果可知，单一奶牛养殖场与乳企的博弈处于被支配地位，最终只能遵从乳企制定的支配性策略，接受不合理的奶价。导致这种结果的原因是多方面的，主要包括：第一，从养殖场的角度来看，其可选择的乳企较少，该市场已经被较大的几家乳企占据并控制奶价的制定权，奶牛养殖场对乳企的依赖性更高。即使选择不同的乳企，其结果也是类似或者相同的。由于牛奶属于生鲜类产品，存在一定的保存时限，奶牛养殖场受到地域交通、贮藏、成本等方面的影响，进一步降低了对乳企进行选择的可能。第二，从乳企的角度来看，由于奶牛养殖群体较多，鲜牛奶的供应非常充足，其可选择的牛奶供应商较多，乳企不会对单一奶牛养殖场产生依赖，乳企在价格制定中占据了支配地位。

（一）条件假定

如果将条件改变，由单一奶牛养殖场转变为某一奶牛养殖场联盟，即同一地区的奶牛养殖场联合起来形成联盟与乳企进行利益博弈，将有可能对结果产生影响。组织博弈既能够降低单一组织成员进行博弈的成本，又能够增加其谈判资本，提升保障己方利益的能力。组织谈判中，奶牛养殖场联盟不再单纯地处于价格被支配地位，其可以通过调整鲜奶质量、产量和供应量的方式与乳企进行谈判，提升自身谈判资本。

博弈条件假设包括：①奶牛养殖场与乳企均是理性经济人，从自身利益出发均追求更大的利润空间，奶牛养殖场追求更高的奶价以提高收益，乳企寻求最低的奶价以降低成本。②奶牛养殖场联盟已经形成，且联盟内各养殖场的牛奶是同质的，联盟覆盖地区内所有奶牛养殖场，可以对交易量进行统一管理。③奶牛养殖场联盟牛奶供给充足，可以选择一个或者多个乳企进行交易。④奶牛养殖场联盟可以通过控制交奶量等方式，提升自身在博弈中的优势。如果出现奶价较低，奶牛养殖场出现亏损或者盈亏平衡缺乏利润，奶牛养殖场联盟可以减少交奶量从而降低损失。⑤同一地区内的多个乳企的牛奶供应商变得单一，乳企之间形成竞争关系，甚至可能面临牛奶供应不足的情况，其价格支配地位下降。⑥奶牛养殖场联盟有能力处理超过交易量的多余鲜牛乳。

博弈参数设定包括：Q_1 表示奶牛养殖场联盟正常交奶的数量；Q_2 表示奶牛养殖场联盟交奶量低于正常交奶的数量，$Q_1 > Q_2$；P_1 表示乳企给出的合理价格；P_2 表示乳企给出的低于合理价格的奶价，即 $P_1 > P_2$；P_r 表示乳企每千克奶的平均收益价格；C_0 表示奶牛养殖场每千克奶的成本，$P_1 > C_0 > P_2$；F 表示当乳企给出低于合理价格的奶价，且奶牛养殖场联盟的少交奶行为给乳品企业带来的损失。

（二）模型构建

不完全信息的扩展动态博弈集主要包括主体集、主体行动顺序、主体行动空间、主体信息集、主体支付功能等。针对该模型做如下扩展设定：①主体集，包括奶牛养殖场联盟和乳企。②主体行动顺序为：乳企—奶牛养殖场联盟—乳企—奶牛养殖场联盟……双方主体依据对方策略制定应对之策。③主体行动空间，乳企主体的行动空间为给出高于合理奶价、合理奶价和低于合理奶价，奶牛养殖场联盟的行动空间为提供充足交奶量、正常交奶量和少量交奶量。④主体信息集，乳企给出合理价格的概率为 α，乳企给出低于合理价格的概率为 $1-\alpha$；奶牛养殖场联盟给出合理交奶量的概率为 β，奶牛养殖场联盟给出低于合理交奶量的概率为 $1-\beta$。

在奶牛养殖场联盟与乳企的博弈中，博弈双方的行动是依次进行的。本研究构建了奶牛养殖场联盟与乳品加工企业之间的动态博弈模型，博弈树如图 11-25 所示。

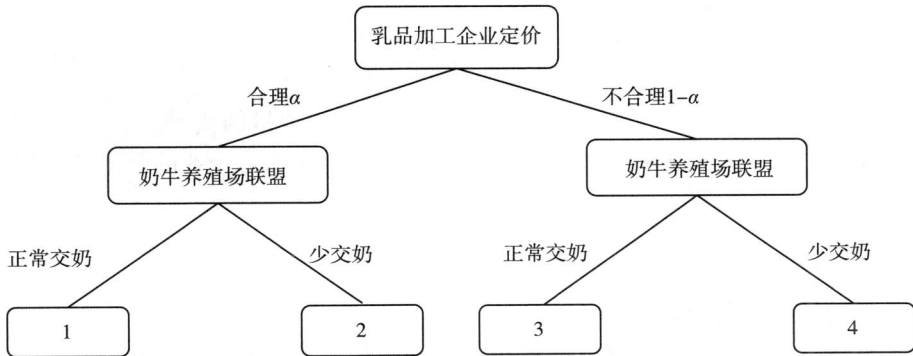

图 11-25 奶牛养殖场联盟与乳品加工企业动态博弈树

（三）博弈函数及求解

在上述条件变化及假设的前提下，根据奶牛养殖场联盟与乳企的博弈树分支，构建双方支付函数表 11-13。

表 11 - 13　奶牛养殖场合作组织与乳品加工企业的支付函数

序号	养殖场	企业
1	$Q_1(P_1-C_0)$	$Q_1(P_r-P_1)$
2	$Q_2(P_1-C_0)$	$Q_2(P_r-P_1)$
3	$Q_1(P_2-C_0)$	$Q_1(P_r-P_2)$
4	$Q_2(P_2-C_0)$	$Q_2(P_r-P_2)-F$

根据表 11 - 13 中的支付函数，令 $\prod_1$、$\prod_2$，分别表示养殖场与乳品加工企业各自支付函数的总和，它们分别表示为：

$$\prod_1 = \alpha\beta Q_1(P_1-C_0)+\alpha(1-\beta)Q_2(P_1-C_0)+(1-\alpha)\beta Q_1(P_2-C_0)+ (1-\alpha)(1-\beta)Q_2(P_2-C_0) \tag{1}$$

$$\prod_2 = \alpha\beta Q_1(P_r-P_1)+\alpha(1-\beta)Q_2(P_r-P_1)+(1-\alpha)\beta Q_1(P_r-P_2)+ (1-\alpha)(1-\beta)[Q_2(P_r-P_2)-F] \tag{2}$$

对 $\prod_1$、$\prod_2$ 分别求导并令其等于零，可得到均衡解。

由 $\partial\prod_1\big/\partial\beta=0$ 可得：

$$\partial = \frac{C_0-P_2}{P_1-P_2} \tag{3}$$

式（3）表示乳品加工企业定价合理的概率。

由 $\partial\prod_2\big/\partial\alpha=0$ 可得：

$$\beta = \frac{Q_2(P_1-P_2)-F}{(Q_1-Q_2)(P_2-P_1)-F} \tag{4}$$

式（4）表示奶牛养殖场合作组织选择正常交奶数量的概率。

综合（3）、（4）式，奶牛养殖场合作组织与乳品加工企业的动态博弈均衡解为：

$$(\alpha^*,\beta^*) = \left[\frac{C_0-P_2}{P_1-P_2}\cdot\frac{Q_2(P_1-P_2)-F}{(Q_1-Q_2)(P_2-P_1)-F}\right] \tag{5}$$

（四）均衡解分析

根据支付函数求解可知，主体双方是紧密的利益相关者的时候，一方的决策会对另一方的决策产生明显影响，并反作用于对方，形成决策上的相互影响。根据均衡解分析，得出如下结论：

第一，根据式（3）可知，乳品加工企业合理定价的概率 α 与合理价格与不合理价格之差成反比，与奶牛养殖成本 C_0 成正比，与不合理价格 P_2 成反比，与合理的牛奶价格 P_1 成反比。这说明在乳品养殖成本较高的情况下，乳品加工企业合理定价的概率会增大。当不合理价格 P_2 较低时，乳品加工企业更偏向于合理定价；当合理价格与不合理价格之间的差距较小时，乳品加工企业更偏向于合理价格。也就是说，在这种模式下，当奶牛养殖成本与不合理价格之间的差距变大时，乳品加工企业会偏向于合理价格，即使奶牛养殖成本变高，奶牛养殖场仍然可以盈利。当不合理的牛奶价格较小时，乳品加工企业会偏向于合理的牛奶价格，从而提高不合理的牛奶价格。当合理的牛奶价格较高时，乳品加工企业会偏向于不合理的牛奶价格，让合理价格降低以减少与不合理价格的差距。当不合理价格与合理价格差距较小时，乳企更偏向于选择合理价格。由此可见，乳企的定价权受到了一定削弱，奶牛养殖场在价格博弈中的话语权有所增强。

第二，根据式（4）可知，奶牛养殖场联盟给出的交奶量受到奶价的直接影响，二者呈正比关系，奶价越趋向于合理，交奶量也趋向于合理。奶牛养殖联盟交奶量与 F 呈反比关系，与 P_1 呈正比关系，与 P_2 呈反比关系。当联盟交奶量充足时，联盟偏向于选择提供合理交奶量。如果联盟选择较低的交奶量，F 就会变大，乳企受到不利影响。为应对这一影响，乳企会选择更高的奶价，导致 P_1 合理奶价提高，联盟会偏向于恢复正常交奶量。反之，如果联盟选择正常交奶量，而乳企选择较低的不合理价格 P_2，联盟就会选择减少交奶量加以应对，以实现对对方的制裁。由此可见，奶牛养殖场联盟选择正常交奶量的可能性，受到正常交奶量与少交奶量差值的影响。

第三，支付函数构建的条件中显示，$\beta \geqslant 0$，即 $F \geqslant Q_2（P_1 - P_2）$。这表示乳企定价时不仅要考虑 P_1 和 P_2 的水平高低，也应当考虑到 P_1 与 P_2 之间的差值大小。如果 P_1 与 P_2 之间的差值过大，F 就越大，乳企自身受到的惩罚也就越严重。这一约束条件，要求乳企的定价应当更加倾向于合理价格。

综上可知，奶牛养殖场联盟与乳企之间具有明显的利益相关关系，两个主体的利益是相互影响的，其决策行为是相互制约的。在博弈过程中，奶牛养殖联盟制约乳企的手段是决定交奶量的多少，从而逼迫乳企改变定价策略，维护自身利益。乳企影响奶牛养殖场联盟的手段是决定合理价格水平及其与不合理价格之间的差距，降低不合理定价对自身的影响程度，从而影响奶牛养殖场联盟的决策。双方是一种互利共赢又相互制约的关系。因此，为实现共赢，奶牛养殖场联盟与乳企之间应当采取互惠互利合作共赢的策略，保障自身利益的前提下维护好产销协作关系，互相促进。

第六节　河北省奶业经济效益提升的对策建议

一、政府协调，规范市场

单一奶牛养殖场与乳企之间进行博弈处于被支配地位的主要原因在于信息

不对称。乳企掌握掌握了更多、更全、更准确的市场信息，为牛奶收购策略的制定提供了科学依据。奶牛养殖场掌握信息较少，处于被动从属地位。在市场环境中，乳企规模较大且数量有限，较高的市场占有率进一步扩大了其优势。

因此，政府应当通过宏观政策协调，制定奶价保护机制，保护奶牛养殖场的基本经济权益。同时制定相关政策，规范市场秩序，保证信息的稳定公开透明。此外，建立生鲜乳交易市场准则，减少某些乳企对市场的绝对影响力，配合建立第三方奶质检测服务平台，避免不公平因素给奶牛养殖场带来的经济损失。

二、拓宽销路，深度加工

奶牛养殖场利益受到乳企牵制，究其原因在奶牛养殖场销售渠道单一，对乳企的依赖性过高。奶牛养殖场对乳企的依赖，导致了其在利益博弈中必定是利益受损方。此外，奶牛养殖场也受到了鲜牛乳不易储存、不宜长途运输、保质期短及有效期的制约，导致其无法扩大销售范围，严重依赖本地乳企。

因此，奶牛养殖场应当选择更多样的销售方式，主要途径包括：第一，利用鲜奶吧产销一体的方式，奶牛养殖场与本地鲜奶吧进行合作或者专供鲜奶售卖机，实现当天产奶当天销售，本地产奶就近销售。这种方式既能够丰富鲜牛奶销售方式，也能够高效处理富余产奶量。第二，利用喷奶技术消耗生鲜乳，深度加工奶粉。为了有效应对牛奶保质期、贮藏困难、贮藏成本高的问题，奶牛养殖场可以通过购买设备，引进喷奶技术，对生鲜乳进行加工，生产保质期更长、贮藏更方便、贮藏成本更低的奶粉。第三，开展奶酪生产，丰富产品多样性。在奶制品市场，除了奶粉外，奶酪也非常受欢迎。奶酪销售可以作为原材料销售给下游企业，也可以作为成品进行市场销售。当前奶酪市场前景广阔，奶牛养殖场应当充分利用这契机，提升自身实力，应对多样的市场需求。

三、合作联盟，组织协调

根据以上分析可知，单一奶牛养殖场的劣势明显，奶牛养殖场联盟的优势明显。因此，奶牛养殖场应当通过建立合作社、协会等方式形成合作联盟，以合作联盟的方式与乳企进行谈判和博弈，维护联盟内各奶牛养殖场的利益。除了销售领域，在养殖、管理等领域也可以充分发挥合作联盟的作用。例如，通过组织协调实现养殖技术、优良品种等方面的创新，在管理领域提升小型奶牛养殖场和养殖散户的管理水平；利用机构管理提高奶牛养殖的专业化、规范化和科技化水平，从而提升牛奶品质。

四、长期合作，互利共赢

奶牛养殖场与乳企之间存在紧密的合作关系，在博弈与合作的过程中，长期合作关系能够给双方带来稳定的收益，实现互利共赢。因此，双方应当建立长期合作关系，合作双方在利益博弈中会更多地考虑长期合作伙伴的利益，将利益此消彼长的关系转化为互利共赢的关系。长期合作除了能够给双方带来稳定、长期和客观的经济效益外，对双方的发展也有一定的积极作用。基于互利共赢、互惠互信的合作关系，乳企可以在技术、管理、资本及发展策略方面对奶牛养殖场予以支持和帮助，甚至奶牛养殖场的发展策略也将成为乳企发展策略的重要内容，实现共同发展。同时，基于长期信任关系，奶牛养殖场会优先保障长期合作伙伴的牛奶供应量，保障乳企生产流程的稳定和顺利。

五、信息共享，共同进步

市场经济存在竞争，有效竞争有利于市场经济的发展，单方面的垄断不利于市场的完善和发展。在上述经济博弈分析中可知，奶牛养殖场与乳企之间存在严重的信息不对称，形成了乳企制定牛奶价格的垄断。垄断是市场缺陷的明显表现，不利于市场的可持续发展。因此，无论是从奶牛养殖场经济利益的角度出发，还是从市场经济长远发展的角度出发，都应当建立信息共享机制，实现奶牛养殖场和乳企的共同进步。主要手段包括：第一，增加信息的透明度，让博弈双方都能够了解必要的市场信息，为双方理性决策提供帮助。第二，提升信息的共享度，奶牛养殖场与乳企之间存在利益相关关系、上下游产业合作关系，双方的信息共享能够极大地帮助对方作出科学决策，促进双方的持续发展。

第十二章 河北省奶业产业竞争力问题研究

第一节 基于成本控制的河北省奶牛养殖竞争力分析

一、河北省奶牛养殖竞争优势

(一)生鲜乳市场需求较大

习近平总书记提到的"京津冀一体化",其中包含的"物流一体化""交通一体化"对于河北省奶牛养殖的作用是巨大的,另外北京、天津、河北三地的相关部门围绕畜牧业的发展提出"京津冀畜牧业协同发展",针对三地存在的壁垒,提出很多建设性的意见,跳出"一亩三分地",一一谋划,完善市场机制体制,实现区域内协调发展,优势互补,为奶牛养殖环节创造良好、互通的大环境,加上河北省本身的优势,河北省奶业养殖应该有更大的竞争力。

首先,人均消费量偏低,市场需求大。中国奶业协会 2016 年发布的报告称,2011 年至 2016 年这 5 年来,我国乳制品消费总量整体看是上升趋势,从 2011 年的 2 480.5 万吨到 2016 年的 3 204.7 万吨,但是直到 2016 年我国的人均乳制品折合成生鲜乳消费量依然很低,只有 36.1 千克。2017 年奶业统计年鉴显示,河北省的人均奶类消费量在 2014 年城镇是 21.61 千克/人,农村是 7.60 千克/人。显然,河北省的城镇消费量并不是全国最低的,但与新疆的人均消费量 27.98 千克/人还是有一定差距,并且农村奶类消费量太低,还未达到全国平均水平的 12.60 千克/人,而河北省农村人口在 2012 年是 3 876.96 万人,如果能够挖掘消费潜力,需求量肯定能够保证。

其次,奶牛养殖环节下一环节企业数量增多,就是乳品加工企业数量的增加使得生鲜乳需求变大。河北省的加工企业数量占全国的数量的比例较大,能够达到国家标准的在 2016 年末达到了 161 个,并且随着技术的提高,企业的日处理鲜奶量是 1 000 吨,乳品企业总销售额为 125.7 亿元,同比增长 35.4%,利润达到 6.53 亿元,同比增长 41.9%,河北省加工企业数量处于上升的趋势,因为人们不仅对于奶制品消费的数量在增加,而且对于奶制品消费的种类在增加,所以加工企业的数目增多也反映了人们对于奶制品需求在增大。

（二）奶牛养殖区域优势

河北省有天然的地理位置优势，大力发展交通。在 2016 年已经建立起高速公路、干线公路和农村公路交叉的公路网络。截至 2016 年，河北省的高速公路通车里程仅次于广东省，是 6 333 千米。河北省已经基本实现县通高速，并且实现与北京、天津联通，让河北省的交通优势再次得到放大，对于奶牛养殖竞争力的提升从运输方面得到了加强。交通便利能降低饲料的成本，也降低生鲜乳销售的成本。此外，本身的自然条件也对奶牛养殖存在很大的帮助。河北省临近中国东部沿海，它的气候属于大陆性气候，温度适宜，平均温度、年日照数、年无霜的时间及年平均降水量都很适合牧草的生长。北部及其坝上光照稳定，中南部地势平坦，土壤肥沃，可以大面积种植玉米，秸秆资源丰富，西部地区的坡地适合牧草的生长，这些都给奶牛养殖提供了强大的牧草资源。在 2012 年，河北省为了保护环境，也为了提升奶业的竞争力，实行了草原生态保护补助奖励制度，一方面从政策上来缓解牧草压力，另一方面提升河北省自然资源优势，使河北省人工牧草种植面积达到 21.2 万公顷，畜牧草 14.7 万公顷，玉米种植面积 30 万公顷，饲草的丰富可以很大程度上提高河北省奶牛养殖的竞争力。2016 年，河北省奶牛存栏量 175 万头，牛奶产量 440.5 万吨，相较于 2005 年增长了 29.43%，其中液态奶产量 361.18 万吨，干乳制品产量 10.08 万吨。

二、河北省奶牛养殖竞争劣势

（一）饲料转化率低，单产水平低

饲料转化率是权衡养殖场效益核算的一个核心指标，它在一定程度上改变了河北省奶牛养殖的成本，进而改变奶牛养殖的经济效益。我国的饲料转化率是 1.2，发达国家达到了 1.5。在走访调研河北省奶牛养殖场的过程中，发现有些养殖场没有饲料颗粒，较为干净，这从表面上看，让人认为这是把饲料用到极致，并没有浪费的问题，但是从深层次来看，饲喂量基本没有剩余，表明奶牛用于生长的饲料量可能并没有满足奶牛的生长，从而生鲜乳的产量变少，降低了饲料转化率，导致奶牛的出栏时间增加，提高了生产成本。另外，在调研的过程中发现饲料配比每天基本一样。这代表在饲喂的过程中，并没有根据天气、奶牛生产过程进行饲料配比，各营养成分过多或过少，在一定程度上造成饲料的浪费，饲料转化率也就降低了。

此外，奶农对于单产一直没有重视，总是依赖存栏量的增加来提升生鲜乳的产量，这是一种外延式的发展模式，没有意识到奶牛单产的重要意义。奶牛单产意味着：一是代表奶牛整体或者说个体的实际生产水平，二是代表奶牛养殖场整体的运作管理及效果，三是奶牛单产可以评价奶牛的身体健康情况，四是可以评价奶牛养殖过程中奶牛遗传效果改良的情况，五是可以考核饲养员的饲养水平。所以单产水平记录有一定的意义，单产也是评价成本投入性价比的一个比较重要的指标；单产可以衡量奶牛本身的生产生鲜乳的能力，对于奶牛养殖竞争力的影响是巨大的。

（二）养殖户养殖水平普遍偏低

养殖户饲养水平的高低直接影响奶牛的产奶量及生鲜乳的质量。我国奶牛养殖业起步较晚，在最开始主要是散养，并没有形成养殖规模，饲养方式落后，之后因为经济的发展和人们需要的推动，各级政府大力发展，然后经过10年的超速发展，成为全球第三名产奶大国，虽然养殖户的饲养水平有所提升，但是并没有跟上奶业的发展。河北省奶牛养殖业散养的历史较长，"有什么喂什么"的观念根深蒂固，奶农受文化水平的限制，多数都是初中以下的学历，他们主要是生活经验来指导自己养殖，前期鲜有接受教育，后期也没有学习能力去补充新的知识，并且年龄都比较大，体力、精力有限，养殖的特点就是养殖方式粗放，按照经验养殖，一般不使用优质粗饲料，其粗饲料一般是自己种植的农作物稻草。由于文化的限制，获取信息的渠道少，缺乏系统的喂养体系，没有量化的饲料配比，防护防疫也不完善，并且对于政府的做法也不配合，产生的经济效益产值低。而且不容忽视奶牛本身的特点，在畜牧业中体型较大，新陈代谢较为旺盛，饲养管理方法如果不专业就会直接影响奶牛的产奶性能，加速奶牛的淘汰，这些都导致了我国奶牛使用胎次低。总之，养殖户作为直接关系人，自身技术的提高对于奶牛的生产性能是很有必要的，能够提升整个奶牛养殖业竞争力。

（三）粪污处理引起的环境污染

近些年，奶业的迅速发展肯定满足了人们的饮食需求，但与之俱来的是在生鲜乳生产的过程中环境污染问题较为严重。畜牧业环境污染主要是指畜禽粪便、养殖粪污、病死畜禽尸体处理不当等对水源、土地和空气的污染。奶牛相对于其他牲畜来说，其排泄量较大，一头体重550千克左右的成年乳牛，排粪量约30～50千克，尿量为15～25千克，固定废弃物量、废水负荷量、废水COD负荷都是其他畜禽的数倍。并且目前很多养殖户在饲养的过程中，牛舍简陋，粪污处理环节直接省略，更不要说专门的粪污处理设备，主要是采用冲洗排放处理粪便的方法，直接冲到室外，直接污染空气及造成地下水的二次污染，而且粪便没有处理导致含有的大量有毒有害物质直接暴露至空气中，对人类和其他动物的生命安全直接产生了不好的影响。

（四）进口奶制品的冲击

近年来，进口乳制品在整个国内市场中的份额越来越重，在2016年达到了43.46％（表12-1）。这种现象的产生主要是由于：第一，人们对于我国奶粉的质量还有所担忧。在 2008 年三鹿事件发生后，很多新生儿父母担心我们国家的奶粉质量，并且总有一种"洋奶粉就是比国产奶粉好"的心理。第二，常温奶的盛行让很多加工企业开始意识到，进口奶粉进行二次喷粉的成本远远低于生鲜乳加工的牛奶。因为进口奶粉的价格比鲜奶要低大概 50％甚至更多，相对于使用国内生鲜乳的乳品企业有更大的利润空间。第三，我国液态奶的消费习惯也给进口奶制品创造了条件。在我国奶制品的消费市场上，很容易发现，常温奶占很大的比例，大约是市场的 70％，低温鲜奶比例很小，而在欧美国家，恰恰相反，这就造成了还原奶的比例增加。此外，奶制品的价格对于居民是否消费相较于粮食、蛋制品消费的影响要大很多。基于上述的原因，进口奶制品对于各个省份的影响是巨大的，政府不仅要提高进入国内奶业市场的门槛，还需要加大宣传，改变国民认识及消费观念，这样才能应对进口奶制品的冲击。在整个大环境下，加上三鹿事件的起点是河北省，导致河北省受进口奶粉的影响更大，消费者更加倾向于国外的品牌，一定程度上影响了河北省奶牛养殖的发展。

表 12 - 1　中国 2000—2016 年奶粉产量、进口量及占比

年份	产量（万吨）	进口量（万吨）	进口量占产量的比例（％）
2000	—	7.28	—
2005	97.8	10.69	10.93
2010	140.3	48.04	34.24
2011	138.6	52.78	38.08
2012	136.5	66.42	48.66
2013	158.9	97.62	61.43
2014	150.8	104.5	69.3
2015	142	72.3	50.92
2016	139.02	60.42	43.46

注：数据来自国家统计局网站。

三、河北省奶牛养殖竞争力实证分析

（一）评价指标体系的构建

奶牛养殖竞争力的评价，可选方法包括层次分析法、熵权法和因子分析法等。层次分析法先用定性分析，就是将与决策有关的元素进行分层，然后定量研究，也就是将半定性与半定量的问题能够采用层次分析法进行解决。但是这个方法采用的定量数据较少，过多地依赖定性分析，这是层次分析法的一个缺

点。熵权法的主要思路就是确定"熵"，也就是确定权重，所以相对其他方法使用范围较为狭窄。多数学者采用因子分析法，其中尤以主成分分析法为使用最多的综合评价方法。主成分分析法就是提取主成分，进行降维，也就是将原来表示研究对象的多个指标转化为较少的并不相关的综合指标，得到的综合指标能够反映原来变量的信息量，因为选取的标准是后来的指标贡献率必须大于80%，实际上就是将相关的指标进行合并，在全面性的基础上简化分析的结果。

陈红儿等（2001）在进行区域竞争力研究时，结合竞争力特点及其相关理论，构建了包含5个一级指标的评价模型，分别包括：投入、产出、技术水平、市场绩效和可持续发展。王谊鹃等（2007）在探讨我国省际蔬菜竞争力时，构建了基础竞争力、核心竞争力、辅助竞争力3个二级指标，并对三级指标赋予权重，对各个省份的竞争力进行分值换算。吴姗姗等（2014）在对中国海洋产业竞争力分析时，主要根据资源环境条件、经济产值、产品产量、社会经济支持等因素，构建主成分评价指标体系来进行量化评价。

本研究依据前面提到的构建原则，利用优秀学者的研究，结合奶牛养殖成本的特点，构建5个二级指标及12个三级指标的河北省奶牛养殖评价指标体系。二级指标主要是参照其他学者的研究成果，主要从生鲜乳生产现状、奶牛养殖投入指标、奶牛养殖产出指标、市场绩效指标、可持续发展5个方向反映奶牛养殖环节的影响因素，三级指标主要是对二级指标进行量化，结合奶牛养殖成本的构成，具体的指标体系见表12-2。

表12-2 奶牛养殖成本控制的竞争力评价指标体系

一级指标	二级指标	三级指标	单位
评价指标体系	生鲜乳生产现状	奶牛存栏量	万头
		平均规模指数	％
		生鲜乳产量	万吨
	奶牛养殖投入指标	饲料成本	元
		间接费用	元
		人工成本	元
		土地成本	元
	奶牛养殖产出指标	奶牛单产	千克/头
		生鲜乳价格	元
	市场绩效指标	生鲜乳产值	元
		净利润	元
	可持续发展	废弃物排放量	万吨

1. 生产现状

奶牛养殖作为奶业的根本，其生产现状从根本上决定了奶牛养殖竞争力的强弱。本研究选取了奶牛存栏量、奶牛养殖规模比、生鲜乳产量 3 个指标分析生产现状。

奶牛存栏量（X_1）是一个区域在某个时间段的所有养殖户所饲养的奶牛的数量。

平均规模指数（X_2）主要是区域产业之养殖户平均规模，它从一定程度上反映了某个区域的规模化程度，是体现竞争力的一个重要方面。

牛奶产量（X_3）就是我们常说的生鲜乳产量，生鲜乳大部分能进入下一环节，即加工企业的原料奶。

2. 投入指标

投入指标即奶牛养殖业投入的生产要素，从会计上说，就是各种成本，包括饲料成本、间接费用、人工成本、土地成本等。

饲料成本（X_4）包含精饲料费、青粗饲料费、饲料加工费 3 个部分，主要是喂养奶牛饲料的价值。饲料费用的主要来源分为购进饲料和自产饲料，购进饲料价格是实际价格加上运杂费，自产饲料按当时市场价格购买所花费的计算。

间接费用（X_5）是在饲养过程中不直接影响奶牛生产生鲜乳的过程的费用，但是缺少固定资产折旧、保险费、管理费、财务费、销售费等这些间接费用，生鲜乳的生产也很难完成。

人工成本（X_6）是指在奶牛养殖过程中为了得到生鲜乳投入的人力，是使用劳动力而发生的各项直接费用和间接费用的总和。

土地成本（X_7）是在奶牛养殖过程中必不可少的支出，是养殖户为了能够建造奶牛养殖场从而占有的土地，为了获得使用权让渡的资产价值。一般分为两种方式，一种是每年结算，按年支付租金的以当年实际支付金额计算，另一种是一次性支付，会计上核算时一次承包支付的租金按照使用年限分摊后计算。

3. 产出指标

产出指标主要是从效益角度分析奶牛养殖的竞争力的强弱。

奶牛单产（X_8）指的是每头奶牛在整个泌乳期生产的生鲜乳的千克数。单产能够直观看出奶牛的生物性能的好坏，也能表现出奶牛养殖场竞争力的强弱。

平均出售价格（X_9）直观上反映生鲜乳的价值，但是获取数据较难，为了统一标准，在本研究中主要依据成本收益资料汇编中每 50 千克主产品的价格。这个价格在一定程度上是反应产出的大小，对于奶牛养殖户来说，直接影响其收入，影响奶牛养殖环节资金运作，对于奶牛养殖环节竞争力有很大的作用。

4. 市场绩效

市场绩效是从产业在市场的表现和地位来考察奶牛养殖的竞争力。这里主要研究生鲜乳产值和净利润。

生鲜乳产值（X_{10}）是指在奶牛养殖环节，在一定的时间里生产的生鲜乳及劳务活动的总价值量。

净利润（X_{11}）是指养殖户在生鲜乳生产的过程中获得的效益减去投入的成本所得到的。

5. 可持续发展

可持续发展主要从产业发展与资源利用和环境保护的角度进行评价。废弃物处理不当会对环境造成严重影响，尤其是奶牛养殖场的粪污处理。循环经济可持续发展要求奶牛养殖场提高其资源利用和环境保护的能力。

废弃物排放量（X_{12}）＝个体每年产生量×年末存栏数×365，其可以看出区域分布特征。

（二）竞争力评价的常用方法

1. 钻石模型

钻石理论认为，影响国家或地区某种产业生产率的因素有很多，但主要受生产、需求、相关支持产业、企业竞争4个关键因素的影响，此外还有无法控制的机会变量，不容忽视的政府变量。生产因素是指在产业中直接影响产品质量、数量的因素，比如员工的技术能力；需求条件是产业所在国家的市场大小，也就是消费者对产品的需求量大小；相关产业支持包括上游产业、相关产业的支持能力强弱；企业竞争程度是不同于需求条件的，它指的是竞争对手的推力。

钻石体系主要是描述国家或地区的某个产业是否成功的一个体系，它是相互强化的，任何两个因素之间是相互积极影响的。例如，生产要素的优劣对企业的发展发挥着重要的作用，但并不是说生产要素条件越好企业发展就越好，企业发展除了需要必要的生产要素，还需要其他要素及与生产要素的协同。如果企业能够拥有钻石体系中的关键要素，那对企业发展是非常有利的，如果拥有更多钻石体系的要素便能够更大程度上帮助企业建立优势。

2. 模糊评价法

在20世纪60年代扎德教授提出了模糊评价法，教授认为模糊评价法能够深入决策问题的本质，把抽象复杂的问题分解为几个具体的问题，使问题本身变得简单、可行。

在实际生活中，存在很多模糊现象和概念是精确数学无法计算的，如果要对这些进行评价，一般可以采用模糊评价法。这个评价方法与现有的评价方法相比有4个特点：第一，评价的结果是集合，不是一个确定的点值，它不会为了得到一个确定的点而把很多信息去掉，主要是较为准确地刻画了事物整体的状态。第二，把定性指标定量化，将"较好""很好""较差"这些模糊的概念转变为定量描述。第三，评价结果和评价对象两者之间的一一对应，是唯一的。这个方法是对评价对象逐个评价，然后确定矩阵和向量。第四，可以应用计算机进行计算，提高效率。

3. 层次分析法

20 世纪 70 年代初，美国运筹学家萨蒂教授在为美国国防部研究课题的时候提出了层次分析法。顾名思义，就是进行分层分析，首先是定性分析，把与决策相关的元素分解成目标、准则、方案等层次，然后进行定量研究。

层次分析法是区别于模糊评价法的，层次分析法的中心就是基于要解决的问题，把它进行分层，分为决策、准则、目标 3 个层次，将目标问题解剖，进行简单化处理，之后创建一个判断矩阵，进行成对比较从而确定权重，上一层的指标权重确定需要将所属内容权重进行加总。

4. 主成分分析法

主成分分析，主体思想就是降维，也就是多指标转化为少数几个不相关的综合指标，得出的就是影响所研究对象的主成分，其中每个主成分都能够全面、准确地反映原始变量的信息。这种方法主要运用在研究的问题较为复杂，有很多因素需要分析，使用主成分分析方法可以把多个因素总结为几个主成分，使问题简单化、明朗化，同时得到的结果是科学的。在研究中，学者为了全面、系统地分析问题，要把所有的指标都考虑进来，指标之间会有相互联系，因而得到的信息会有重叠。主成分分析法能够有效删除这些重叠信息，筛选出不具有相关性的独立指标，并进行数据筛选排序后得到新的排序，根据排序先后，确定变量重要程度，从而确定主要变量都有哪些。

（三）评价指标体系的测算

主成分分析法主要是可以量化分析的一个方法，相较于定性分析可以更直观地让我们观察问题，所以目前很多研究学者在研究评价分析的问题中经常会用到它。在评价和分析问题时，尤其是涉及多个因素的评价分析，主成分分析法能够高效地进行分析。因此，在研究问题的过程中，基于研究目的，即在成本控制的视角下去提高河北省奶牛养殖的竞争力，本研究通过方法比较认为主成分分析能够达到目的，并且有一定的创新，为了能够达到客观的结果，因而选择主成分分析。

主成分分析法是保证能够反映原来的信息，前提是丢失的信息要少，然后将众多的指标综合成互不相关的少数指标的方法。为了保证主成分分析法运行的准确、有效，本研究使用的是贡献率大于 0.8 的数据。

本研究采用主成分分析法，对奶牛养殖竞争力进行综合评价。各主成分得分和综合得分采用公式计算如下：

$$F_i = U_i X = u_{1i}x_1 + u_{2i}x_2 + \cdots + u_{pi}x_p \tag{1}$$

$$F = W_1 F_1 + W_2 F_2 + W_3 F_3 + \cdots + W_i F_i \tag{2}$$

F 为综合得分；F_i 为第 i 主成分得分；W_i 为第 i 主成分权重，它表示的是各主成分因子的贡献率；U_i 为第 i 主成分的得分系数矩阵；u_{1i}，u_{2i}，…，u_{pi} 为第 i 成分的得分系数；X 为标准差标准化的原始数据矩阵；x 为标准差标准化后的原始数据。首先根据数据得到矩阵：

$$S_{ij} = \frac{1}{n}\sum_{k=1}^{n}(X_{ki} - \overline{X}_i)(X_{kj} - \overline{X}_j) \quad (i, j = 1, 2, 3, \cdots, 12)$$

（四）结果

本研究通过以上的处理，得出表 12-3、表 12-4。提取出 3 个主成分，因为主成分的提取原则就是主成分加起来的贡献率要大于 80%，从表中看出前 3 个主成分累计贡献率是 85.2%，符合要求，因此提取到 3 个主成分，记作 F_1、F_2、F_3，这表明 3 个主成分可以代表最初的 12 个指标来分析研究河北省奶牛养殖竞争力水平。

表 12-3 2016 年河北省及其他省份奶牛养殖数据矩阵

省份	X_1	X_2	X_3	X_4	X_5	X_6
黑龙江	1	0.824	0.823	−0.369	−0.226	−0.251
内蒙古	0.824	1	0.998	−0.361	−0.273	−0.065
北京	0.823	0.998	1	−0.345	−0.275	−0.092
天津	−0.369	−0.361	−0.345	1	0.461	0.262
河北	−0.226	−0.273	−0.275	0.461	1	0.581
山东	−0.251	−0.065	−0.092	0.262	0.581	1
河南	−0.476	−0.444	−0.432	0.772	0.563	0.584
陕西	−0.396	−0.047	−0.048	0.561	0.26	0.336
新疆	−0.469	−0.497	−0.472	0.668	0.579	0.38
四川	−0.253	−0.287	−0.275	0.874	0.597	0.221
上海	0.092	−0.021	−0.004	0.19	0.283	−0.248
湖南	0.326	0.182	0.196	−0.137	0.074	−0.384
省份	X_7	X_8	X_9	X_{10}	X_{11}	X_{12}
黑龙江	−0.476	−0.396	−0.469	−0.253	0.092	0.326
内蒙古	−0.444	−0.047	−0.497	−0.287	−0.021	0.182
北京	−0.432	−0.048	−0.472	−0.275	−0.004	0.196
天津	0.772	0.561	0.668	0.874	0.19	−0.137
河北	0.563	0.26	0.579	0.597	0.283	0.074
山东	0.584	0.336	0.38	0.221	−0.248	−0.384
河南	1	0.394	0.899	0.678	0.085	−0.196
陕西	0.394	1	0.256	0.528	0.11	−0.043

（续）

省份	X_7	X_8	X_9	X_{10}	X_{11}	X_{12}
新疆	0.899	0.256	1	0.617	0.238	0.005
四川	0.678	0.528	0.617	1	0.604	0.299
上海	0.085	0.11	0.238	0.604	1	0.924
湖南	−0.196	−0.043	0.005	0.299	0.924	1

表 12 - 4　方差分解主成分提取分析

成分	初始特征值			提取平方和载入		
	合计	方差（%）	累计（%）	合计	方差（%）	累积（%）
1	4.292	42.918	42.918	4.292	42.918	42.918
2	2.51	25.098	68.016	2.51	25.098	68.016
3	1.718	17.184	85.2	1.718	17.184	85.2

主成分载荷用来反映主成分 F_i 与原变量 X_i 之间的关联程度，如表 12 - 5 所示。

表 12 - 5　初始因子载荷矩阵

原变量	1	2	3
X_1	−0.697	0.463	0.336
X_2	−0.677	0.389	0.607
X_3	−0.669	0.407	0.394
X_4	0.721	0.177	0.185
X_5	0.674	0.237	0.232
X_6	0.492	−0.222	0.643
X_7	0.693	−0.004	0.34
X_8	0.511	0.153	0.359
X_9	0.848	0.1	0.014
X_{10}	0.278	0.545	0.052
X_{11}	0.507	0.884	−0.372
X_{12}	−0.119	0.176	−0.381

用初始因子载荷矩阵在 SPSS 中进行转换，计算变量，特征值对应的单位特征向量就是 U_i，特征向量就是主成分 F_i 关于原变量的系数，得到表 12 - 6。

表 12 - 6　特征向量

	特征向量	
−0.34	0.29	0.39
−0.33	0.25	0.56
−0.32	0.26	0.3
0.4	0.11	0.14
0.33	0.67	0.18
0.42	−0.01	0.49
0.39	0	0.46
0.25	0.3	0.27
0.41	0.06	0.01
0.38	0.034	0.04
0.38	0.56	−0.28
−0.06	0.55	−0.29

根据各主成分的方差贡献率 W_i，

$$F_i = U_i X_i$$

$$W_i = \lambda_i \sum_{i=1}^{k} (\lambda_i \text{ 为特征值})$$

F_1 的权重为 $W_1 = 4.292/85.2 = 0.050$，F_2 的权重为 $W_2 = 2.51/85.2 = 0.029$，F_3 的权重为 $W_3 = 1.718/85.2 = 0.020$，综合评价模型为：

$$F = W_1 F_1 + W_2 F_2 + W_3 F_3 + \cdots + W_i F_i$$

综合上述，可以得到表 12 - 7。

表 12 - 7　河北省及其他省份养殖业排名

省份	F_1	F_2	F_3	综合得分排名
黑龙江	0.236 98	0.134 27	0.131 04	2
内蒙古	0.223 41	0.097 25	0.339 92	1
北京	0.214 08	0.105 82	0.118 2	7
天津	0.288 4	0.019 47	0.025 9	8
河北	0.222 42	0.158 79	0.041 76	5
山东	0.206 64	0.002 22	0.315 07	4
河南	0.270 27	0	0.156 4	6
陕西	0.127 75	0.045 9	0.096 93	10
新疆	0.347 68	0.006	0.000 14	3

（续）

省份	F_1	F_2	F_3	综合得分排名
四川	0.105 64	0.018 53	0.002 08	11
上海	0.192 66	0.495 04	0.104 16	9
湖南	0.007 14	0.096 8	0.110 49	12

（五）评价结果分析

1. 横向分析

从上面的论证中可以看出，竞争力的比较排名依次是内蒙古、黑龙江、新疆、山东、河北、河南、北京、天津、上海、陕西、四川、湖南，针对以上的评价结果进行一个简单的论述。

首先，我国奶业很有竞争优势的省份是内蒙古、黑龙江。在奶牛养殖存栏量、牛奶产量、饲料成本这几个方面相较于其他省份有优势，主要是因为内蒙古和黑龙江有着明显的资源优势：一是养殖历史悠久，养殖技术和管理水平较为成熟；二是地理位置优势明显，黑龙江和内蒙古的大草原为养殖业提供了牧草，牧草对于奶牛养殖不仅影响了成本，而且天然牧场对于生鲜乳的质量也是有好处的；三是大型乳品加工企业驻扎，如伊利内蒙古集团，下属企业30多个，除了带动了养殖业的发展，也加强了与其他产业的良性互动。但也存在一定的劣势，居民人均消费量和人均占有量有着不小的差距，最有效的途径就是增加本地的消费，未来需要大力提升奶类消费空间。

其次，新疆和山东的发展优势较为明显。新疆的养殖业有着很长的历史，奶牛养殖较为成熟，并且有一定的养殖规模，奶牛存栏量高。新疆的竞争力弱于黑龙江和内蒙古，主要是它的存栏量是全国第二，但是生鲜乳产量并不高，这在一定程度上说明了喂养管理水平不高，并且新疆的乳品加工业并不是特别优秀，没有起到带动的作用，所以新疆并不是最具有竞争优势的省份。

河北的奶牛养殖业竞争优势较为明显，但还有上升的空间。第一，河北具有良好的自然资源，饲草资源丰富，所以饲料成本是在全国平均水平，但还没有完全发挥出河北牧草的优势，还需要进一步压低饲料成本。第二，人工成本也较低，在2016年是每头牛2 030.79元，相较于陕西（4 710.07元）、四川（4 853.36元）、上海（4 319.8元）的人工成本，有一定的优势。第三，发展逐渐走向平稳。河北是三鹿事件的直接发生地，对于河北奶牛养殖影响最大，随着河北省政府的监督与监控，河北存栏量由快速增长到逐渐平稳，发展质量不断提升，奶牛养殖规模、养殖结构不断优化。但竞争力却处于中游水平，通过模型可以发现，规模化程度太低，河北奶牛养殖都是小规模和散养户，中规模和大规模相对于其他省份所占比例太低，饲料资源和劳动力利用率低，并且京津冀地区处于联合地位，却没有发挥河北的优势，让北京、天津的乳企来使用河北的原料奶，并没有打开市场。

河南的奶牛养殖发展较为均衡，并且与河北具有一定的相似性。只是因为河北的产业基础较好，并且随着京津冀协同发展，带动了河北的管理水平提升，所以河北的奶牛养殖竞争力强于河南。

陕西的奶牛养殖处于我国中等水平。奶牛存栏量、生鲜乳产量与内蒙古、黑龙江、河北都有明显的差距，并且人工成本高于其他省份，生鲜乳的平均出售价格较低，这些在一定程度上削弱了奶牛养殖的竞争力。

北京、天津、上海实际上竞争力略有优势，主要是因为市场优势明显。它们本身并不具备资源优势，尤其是环境问题的压力，让北京、天津、上海的规模化养殖程度是全国最高，基本不存在散养、小规模，所以管理水平存在绝对的优势，并且因为人员聚集，市场空间大，拉动奶牛养殖的发展，所以竞争优势也是存在的。

四川、湖南的竞争优势在全国处于比较弱的地位，奶牛存栏量少，进而影响生鲜乳产量。此外，间接费用、饲料成本太高，因而严重影响竞争力。

2. 纵向分析

纵向分析主要选择黑龙江、内蒙古、河北、山东、河南、陕西、新疆，这 7 个省份奶牛存栏量基本上达到了我国的 73.4%，牛奶产量占全国的 73%，这些基本能反映我国的奶牛养殖现状，并且河北省可以从竞争优势大的省份中学习优势。

运用上述主成分分析，分析黑龙江、内蒙古、河北、山东、河南、陕西、新疆 5 年的竞争力排名，查看各个省份竞争力的变化趋势，由此发现河北省及其他省份的发展变化情况，得出相关的结论。

从图 12-1 可以看出，在这 5 年中，主产区的奶牛养殖竞争力都在提高。河

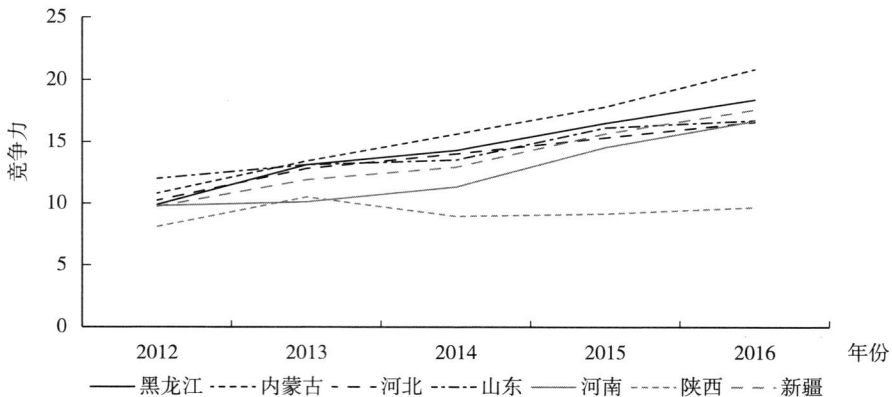

图 12-1　主产区竞争力变化

数据：主要摘自中国奶业年鉴、中国农产品成本收益汇编。

北省一直处于中上水平，在这 5 年中，始终是平稳上升；虽然在 2012 年，比黑龙江竞争力稍强，但从 5 年的平均发展来看，还是略低于内蒙古、黑龙江。从这 5 年的发展中可以看出，河北省的发展趋势是竞争力在提高，但还有上升的空间。

在生产现状中，奶牛存栏量、生鲜乳产量这两项的竞争力较强，并且处于全国前三。在 2014 年存栏量是 198.1 万头，比黑龙江还要高。在 2012 年河北省生鲜乳是 470.2 万吨，内蒙古是 910.2 万吨，相差 440 万吨，2016 年两者的差距在减小。从自身来看，奶牛存栏量、生鲜乳产量一直在提高，这得益于河北省奶牛规模化程度的提高，以及奶牛养殖管理水平的提高。我国生鲜乳成本始终处于高成本时代，结合主成分分析也会发现，成本一类的指标贡献较大，饲料、人工、土地等投入成本上涨较快，借助价格传导，生鲜乳生产成本上涨也较快。综合七大主产区的竞争力变化，就可以看出，当达到一定的规模后，投入产出比越大，竞争力越大。

第二节　基于钻石模型的河北省乳制品加工业竞争力分析

一、生产要素分析

（一）地理条件优越

河北省地处北温带，中纬度，气候条件适宜奶牛的生长。同时河北省地处南北枢纽、东西要道结合处，境内铁路、公路纵横交错，交通十分发达，为发展奶制品物流配送、开拓国内市场提供了极为有利的条件。

2012 年河北省范围内的 34 家乳品企业中，有邯郸市康诺食品有限公司、张北县宏冠乳业有限责任公司等地方性乳企 16 家，全国品牌主要包括伊利集团旗下 3 家乳企、蒙牛集团旗下 3 家乳企，地理位置具体分布见图 12-2。

河北省乳企按照其地理位置分布情况，可以划分为三大主产地区。第一主产区是东北部地区，主要包括廊坊市、唐山市、秦皇岛市，有 7 家乳品企业分布在这一地区，占河北省乳企数量的 19%。这一地区的乳品企业实行生产、加工、销售一体化作业，产品主要销往北京、天津及当地。第二主产区是西北部地区，主要是张家口地区，有 9 家乳品企业分布在这一地区，占河北省乳企数量的 24%。这一地区的乳品企业众多，主要是基于坝上草原丰富且低廉的饲料要素、土地要素和畜牧文化。第三主产区是中南部地区，主要包括石家庄市、邢台市、保定市，有 16 家乳品企业分布在这一地区，占河北省乳企数量的 43%。这一地区的乳品企业基于当地大品牌优势和养殖基础逐渐发展壮大。以上三大主产区特征明显，是河北省奶业主要分布地区。

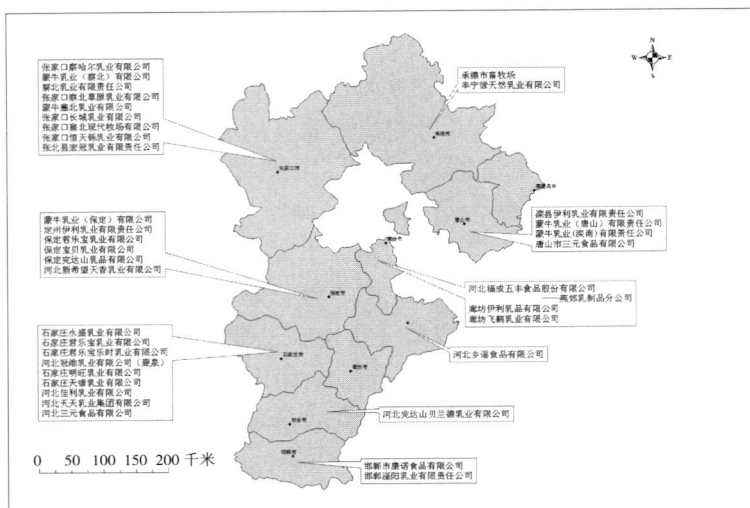

图 12-2 河北省乳品企业分布

（二）奶业资源丰富

河北省奶业虽然起步较晚，但饲草饲料资源丰富，发展速度较快。2012年奶牛存栏量达到203.5万头，位居全国第二（内蒙古270万头）；牛奶产量从1978年的1.82万吨发展到2008年的504.51万吨，30年增长了276倍（图12-3）。发展奶业已成为河北省优化农业结构、促进产业进步、增加农民收入的重要渠道。虽经"三聚氰胺"事件，2009年和2010年牛奶产量连续下滑，分别比2008年减少53.01万吨和64.75万吨，但2011年与2012年略有回升，分别达到了458.9万吨和470.4万吨，两年均位居全国第三。

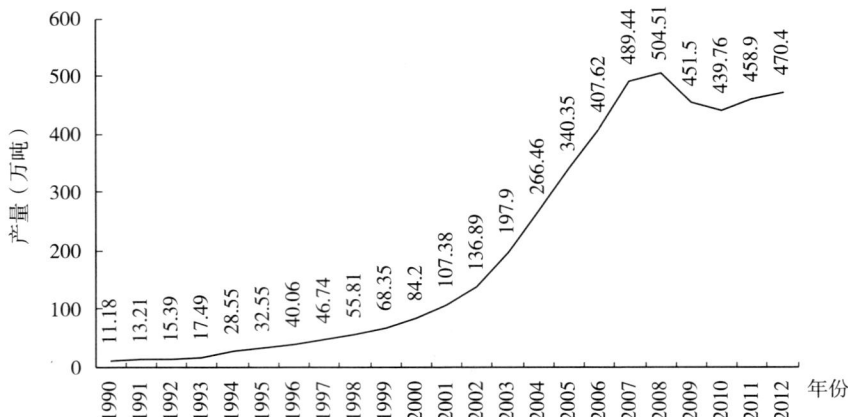

图 12-3 1990—2012年河北省牛奶产量

数据来源：《中国农村统计年鉴 2013》。

（三）劳动力充裕

当前，针对奶牛饲养环节，河北省奶牛养殖小区居多，真正意义的规模养殖场较少，整体生产力水平较低，仍需大量的劳动力从事简单的饲养管理工作。河北省具有丰富的劳动力资源。据统计，2012 年末河北省乡村就业人口 2 864.17 万人，其中从事农、林、牧、渔业的乡村人口达到 1 414.65 万人，占乡村就业人口总量的 49%。同时，平均每百个劳动力中，初中及以上文化程度的劳动力占 79.4%（表 12 - 8）。由此可见，无论劳动力数量还是质量，河北省都有巨大优势，不仅为奶牛养殖提供充裕的劳动力，而且为推广实用可行的奶牛养殖技术提供了可能。

表 12 - 8　各地区农村居民家庭劳动力文化状况

单位：人

地区	平均每百个劳动力					
	不识字或识字很少	小学程度	初中程度	高中程度	中专程度	大专及以上
全国总计	5.3	26.1	53	10	2.7	2.9
河北	2.4	18.2	60.4	13.6	2.5	2.9

数据来源：《中国农村统计年鉴 2013》。

二、需求要素分析

乳制品营养丰富，不仅含有大量人体所需的氨基酸，而且容易消化吸收。世界各国都把提高乳制品的消费水平作为提高国民素质的重要途径。

近年来，河北省城镇居民逐渐认识到乳制品对增强体质的重要作用，平均每人全年乳制品消费支出呈现连年增长的趋势（图 12 - 4）。但同全国平均水

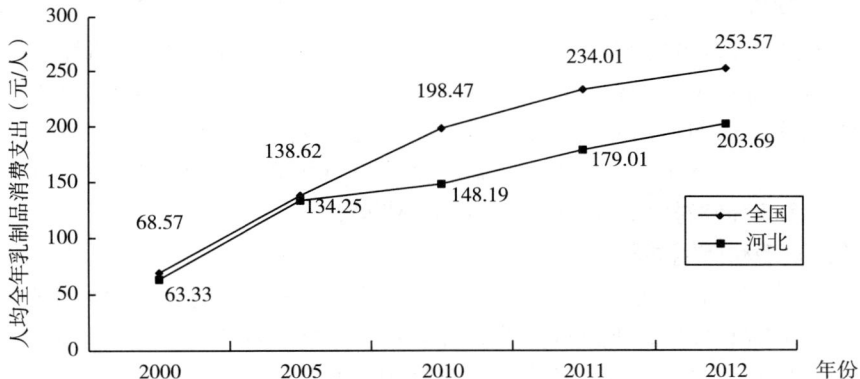

图 12 - 4　城镇居民家庭平均每人全年乳制品消费支出对比

平相比还有一定差距，且差距有进一步拉大的势头。河北省城镇居民家庭平均每人全年乳制品消费支出若与全国水平持平（达到人均 253.57 元/人），按 2012 年河北省城镇总人口 3 410.55 万人计算，约有 86.5 亿元的乳制品市场潜力可挖掘，这还不包括拥有 3 876.96 万人的农村市场，所以说，河北省乳制品市场潜力巨大。

三、相关行业及支持行业分析

（一）生产成本上升

河北省虽是产奶大省，但奶牛养殖规模化程度不高，饲养成本偏重，实际利润偏低，奶牛养殖成本优势已不存在；同时，乳制品企业重复建设严重，造成奶源紧张，引起奶源的恶性竞争。这些因素都导致收奶价格远高于正常水平，乳制品包装成本上升。成功的乳制品包装是乳制品企业提升自身品牌竞争力的关键因素之一，随着乳业的高速发展，乳制品的包装也越来越多样化，包装材料的价格也随着包装使用量的增长而持续上涨，特别是高端乳所采用的无菌纸转型包装和婴幼儿配方乳粉采用的马口铁罐包装，因其符合绿色环保标准，深受企业和消费者青睐，其价格居高不下。

为了应对奶源成本和包装材料成本的增长，企业多采取上调成品奶价格的方式加以应对。然而，牛奶销售在当前中国社会发展环境中不是生活必需品，且其替代品较多，需求弹性较大。因此，上调成品奶价格会对产品销量带来明显变化，根据市场情况可知成品奶价格每上涨 10%，就会减少 30% 的销量。很多企业都被成本上涨问题困扰。

（二）科技优势强化

为了提升产品品质、满足市场需求、降低生产成本，乳品企业通过多种方式开展科技研发工作，强化技术优势。一方面，河北省乳品企业与高校、科研机构合作研究，突破技术瓶颈，扩大企业技术支持来源。另一方面，河北省乳品企业积极与高校进行人才战略合作，依托于河北省农业大学、农科院等农业技术人才培育单位，为企业培育高质量人才，形成长期稳定合作，实现人力资源持续输送。当前，河北省内部分乳品企业已经形成了较强的技术优势。如石家庄市君乐宝乳品企业，在灭菌、益生菌等多项技术上全国领先，并掌握了更多的产品研发创新技术，提升了企业科技优势。

（三）带动作用显著

产业的发展并不是独立的，其与上下游产业、相关产业之间存在千丝万缕的联系，只有相关的产业之间形成良性互动，才能实现有效发展。当前，河北省奶业发展整体势头较好，这离不开息息相关的其他产业的支持，同时也促进了相关产业的发展。例如，奶业发展离不开交通运输、冷藏保鲜、医药健康、环境保护等多个行业的支持，它们为奶业的发展提供了便捷的条件。奶业的快速发展也为这些行业提供了有效的带动作用，实现了相互引导和相互促进。

四、战略、结构和竞争对手分析

经过前期的整顿，监管力度加大，目前河北省乳品企业正处于从数量扩张向整体优化、全面提高产业素质的关键时期转变，企业及市场具有很大的发展空间和潜力。

（一）产品研发和市场开拓能力不足

从产品结构看，河北省乳制品产品结构缺乏多样性，以液态奶为主。即使乳制品企业众多，但是产品相似性较高，缺乏多样性。只有部分较大品牌的乳品制造企业尝试新产品开发，但是受到消费习惯、营销策略、新产品特征及适用人群的影响，其成效并不显著，且在本地乳制品市场开发不足。

从消费者结构看，河北省乳制品销售多以本地销售为主，对省外市场的开发不足。只有石家庄君乐宝一家乳品企业较成功地对省外市场进行了开发。从产品的经销商和零售商类型来看，绝大部分是小型批发零售商及城郊居民，缺少大型的综合超市及餐饮娱乐场所。

（二）企业品牌劣势

目前，河北省共有 30 多家乳品企业，总产值在全国排第四位。但是从企业实力来看，河北省仅君乐宝一家企业具备真正的品牌优势，其他企业多存在规模较小、技术落后、产品低端等问题。因此，从品牌实力上看，河北省乳制品实力较弱。其中，奶粉乳制品的生产经营是河北省乳制品产业的弱项，极少有乳制品企业进行奶粉生产，即使进行奶粉生产也是初级加工品的生产供应环节。

另外，河北省丰富的奶业资源吸引了众多外省名牌乳品企业，如伊利、蒙牛、飞鹤、完达山等。这些企业进驻河北省，加剧了原料奶收购竞争，使得河北省的原料奶价格急剧上升，位于全国较高水平。进而，乳品市场被省外知名乳企大范围占领，本省企业在品质、技术、价格、服务上均不占优势，市场份额严重下滑。

（三）企业效益状况

从乳品企业单位销售成本效率①分析看，1998—2012 年河北省与山东省较接近，但低于全国乳品企业单位销售成本效率的平均水平。与全国其他乳业大省内蒙古、黑龙江等区域相比，2012 年河北省乳品企业单位销售成本效率仅为 1.23，而内蒙古、黑龙江分别为 1.36、1.29，均高于河北省（表 12-9）。

---

① 乳品企业单位销售成本效率＝乳品企业销售收入/乳品企业销售成本。

表 12-9 四地区乳品企业单位销售成本效率分析

地区	1998 年	2005 年	2010 年	2011 年	2012 年
全国	2.07	1.32	1.33	1.31	1.30
内蒙古	2.91	1.33	1.38	1.33	1.36
黑龙江	1.72	1.40	1.41	1.30	1.29
山东	2.20	1.25	1.30	1.28	1.27
河北	1.70	1.21	1.31	1.30	1.23

数据来源：《中国奶业统计资料 2013》。

河北省乳品企业利润总额方面，2012 年河北省 34 家乳品企业的产品销售额达到 192.95 亿元，占全国乳品销售收入的 7.8%，排名第四；利润总额为 12.11 亿元，占全国乳品利润总额的 7.6%，排名第六（图 12-5），乳品企业运营过程中成本比重偏高是造成利润额低的主要原因。

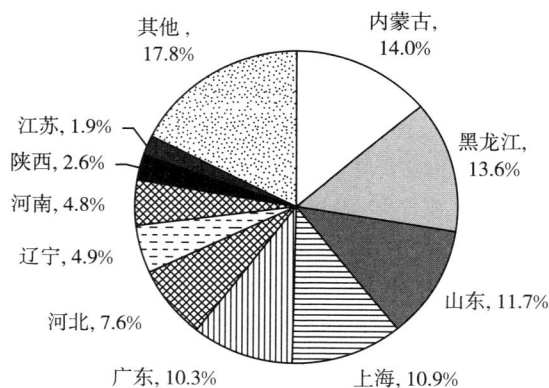

图 12-5 我国乳制品利润总额地区份额（2012 年）
数据来源：《中国奶业统计资料 2013》。

（四）国产乳品安全问题与进口奶粉的强势进入

食品安全是当前社会关注重点。在乳品安全方面，自"大头娃娃"等事件发生之后，社会和消费者对乳品安全的重视程度明显提高，部分消费者对国内乳制品安全失去信心，转而购买澳大利亚、新西兰等的乳制品品牌知名度较高的国外产品。此时，众多进口乳制品企业看准时机，以产品质量、营养、口感等优势抢占中国消费者市场。此外，由于中国乳品质量安全标准中蛋白质标准及细菌标准与国外标准存在较大差距，国内乳制品市场中进口产品数量激增，2011 年婴幼儿奶粉进口量达到了 78 300 吨，创历史最高水平。同时，河北省内企业发展中心偏向于中低端市场的竞争，高端市场受到了进口产品的冲击。

五、机会因素分析

当前的中国乳品市场环境面临着各类问题，这些问题同时也是机遇，对于任何企业来说，只有抓住机遇，才有发展机会。近两年来，国外乳制品频曝质量问题（表 12 - 10），尤其是 2013 年新西兰乳制品巨头恒天然集团旗下部分产品检出肉毒杆菌一事经爆出即受到公众广泛关注。我国是新西兰乳品最大的出口市场，事件发生后，国家质检总局、国家食品药品监督管理总局都在第一时间采取了行动，约谈相关企业，展开问题调查，公布婴幼儿配方乳粉生产企业名单等。多数消费者也反应过来，应该更支持国货，给国货一些信心。国内奶粉市场正在良性复苏，且这种复苏有加速的趋势。大品牌企业自治意识明显加强，政府及行业监管愈加严格，以及消费者心态日趋理性，这些"正能量"叠加在一起，产生共振，给国内乳品企业发展带来机遇，也为河北省乳品企业发展创造了条件。

表 12 - 10　国外乳制品质量事件

国家	时间	事件内容
美国	2010 年 9 月 22 日	美国雅培公司 9 月 22 日发表声明，以产品可能受甲虫污染为由，宣布召回部分 Similac 品牌的婴儿奶粉
	2011 年 12 月 23 日	21 日，全球最大零售商沃尔玛宣布，已从全美 3 000 多家超市撤回一批美赞臣生产的婴儿配方奶粉，原因是密苏里州的一名新生儿上周日在食用这种奶粉后患上重病，疑似受到罕见细菌感染，并在撤走维持生命的仪器后死亡
日本	2011 年 12 月 6 日	日本明治乳业公司 6 日公布，该公司生产的"明治 STEP"奶粉检测出微量放射性铯，公司决定召回约 40 万罐奶粉，进行无偿更换
韩国	2011 年 5 月 11 日	2011 年 5 月 10 日，国家质检总局公布信息显示韩国一款金典名作奶粉因亚硝酸盐超标，被列入质检总局"黑名单"。该奶粉产地为韩国，制造商为韩国第三大奶制品生产商每日乳业。国家质检总局表示，该批不合格金典名作奶粉共近 2 吨，已经被全部销毁，未流入我国市场
泰国	2010 年 7 月 1 日	泰国食品和药物管理局官员 2010 年 7 月 1 日说，管理局前一天下令召回超过 1.1 万箱经过高温处理的牛奶制品，理由是牛奶中含有消毒水
新西兰	2013 年 8 月 19 日	新西兰初级产业部 19 日宣布，由新西兰第二大乳品公司韦斯特兰乳品公司生产、出口至中国的两个批次乳铁蛋白被中国质检部门检测出硝酸盐含量严重超标。但问题产品并未流入市场，目前已被封存

数据来源：依据新闻资料整理结果。

六、政府因素分析

2007 年 9 月，国务院颁发了《关于促进奶业持续发展的意见》（国发〔2007〕31 号）。特别是三鹿奶粉事件后，又陆续出台了《乳品质量安全监督管理条例》《奶业整顿和振兴规划纲要》等，2013 年出台了《进出口乳品检验检疫监督管理办法》《关于进一步加强婴幼儿配方乳粉质量安全工作意见》等条例。河北省政府结合本地区奶业发展特点制定出符合本地发展的扶持、监管政策（表12-11），为促进河北省奶业的规范发展提供了有力保障。

表 12-11　近年来河北省奶业发展政策一览

年份	政策	发布部门	发布时间
2008 年	《乳制品质量安全监督管理细则》	河北省质量技术监督局	2008 年 12 月
2011 年	《河北省食品安全全程监管机制》《河北省食品安全风险预警机制》《河北省食品安全企业自律机制》《河北省食品安全社会监督机制》《河北省食品安全应急处置机制》《河北省食品安全责任追究机制》	河北省人民政府	2011 年 6 月
2012 年	《河北省现代农业发展规划（2012—2015 年)》	河北省人民政府	2012 年 7 月

数据来源：依据历年河北省奶业政策整理结果。

第三节　中美贸易战对河北省奶业竞争力影响分析

一、中美贸易战对上游奶牛养殖业的影响

奶牛养殖作为奶业产业链条中最基础的一环，受中美贸易摩擦的影响最大。河北省奶牛养殖饲料成本占奶牛养殖总成本的 60%～70%，青粗饲料费占奶牛养殖场饲料成本的 15%～25%。饲料成本的大幅度上升直接制约着河北省奶牛养殖者的信心。

（一）中国反制对美国进口大豆加征关税，导致豆粕价格的上升

我国是全球最大的大豆进口国，美国是全球最大的大豆产量国，我国每年进口美豆数量约占美豆总产量的 1/3 左右。2016—2017 年，我国大豆进口量 9 349 万吨，其中从巴西进口 4 534 万吨，占 48.5%，从美国进口 3 684 万吨，占 39.4%。豆粕作为精饲料的主要成分，作为蛋白的首选，其氨基酸种类比较齐全。对于

高产牛而言，精饲料中豆粕的含量占比为 20%～40%，才能满足奶牛对必要氨基酸的需要。一般产奶 35 千克以上的奶牛日饲养成本为 65 元，产奶 30 千克左右为 50 元。按照精粗饲料比 6∶4，一天一头高产奶牛的豆粕平均成本为 7.8～15.6 元。中美贸易摩擦，使得豆粕价格大幅度提高，2018 年 6—7 月一头奶牛日粮成本增长 0.2～0.5 元。

（二）中国反制对美国进口苜蓿加征关税，进一步加剧进口和国产苜蓿价格的上升

苜蓿作为"牧草之王"，是高产奶牛的必备口粮。与国产的苜蓿相比较而言，进口苜蓿质量高，含有大量的蛋白质、碳水化合物、胡萝卜素、维生素 C、B 族维生素、钙、磷等，因其在奶牛饲料中所占比重较大，消耗量较多，在短期内难以被替代。近 5 年来，我国进口苜蓿 95% 左右来自美国，主要原因是美国苜蓿价格低，产品质量优良，3% 左右来自西班牙，2% 左右来自加拿大等国。2017 年，我国进口的苜蓿总量为 140 万吨，其中 130.6 万吨从美国进口，占比 93.5%，同比增长 0.8%。受中美贸易摩擦影响，我国苜蓿干草进口增长也在变缓，苜蓿草的价格也受波及。据统计，苜蓿草以前进口价格为 1 904～2 640 元/吨，加征关税后，到岸价格预计会为 2 380～3 300 元/吨。与此同时，带动国内苜蓿草价格的大幅度提升，从目前 1 545～2 043 元/吨上升到 1 700～2 350 元/吨，上涨幅度达到 9%～15%。

（三）可替代数量和质量的进口苜蓿草供应不足，影响规模牧场生产效率

随着中国奶业畜牧业发展计划的开展，奶业畜牧业迅速扩张，苜蓿作为主要的饲料来源，需求量激增。为了满足市场需求，苜蓿进口不断增加。但是苜蓿遭遇加征关税政策影响后，进口美国苜蓿数量锐减，造成了国内苜蓿市场供应的不足。

海关数据显示，我国苜蓿年均进口量为 8 万～15 万吨（不算美国），苜蓿替代品年均进口潜力为 30 万～60 万吨。从河北省苜蓿市场供应情况来看，如果选择进口苜蓿，除了购买成本外，还需要承担较高的运输费用，这无疑会增加奶业畜牧业企业成本。如果寻求苜蓿替代品来弥补苜蓿供应不足问题，奶业畜牧业企业需面临调整饲料配方的问题，甚至会对产奶量和奶质产生影响，不利于企业长期发展战略的实行。

（四）大豆、苜蓿进口关税的提高，大幅增加河北省奶牛养殖成本

大豆与苜蓿作为两种重要的饲料，其价格的提升会大幅度提高奶牛养殖场的饲料成本。河北省作为养殖大省，2018 年 6 月底的奶牛存栏量为 92.9 万头，按每头奶牛日食苜蓿 3～5 千克计算，每日消耗进口苜蓿 5.71～13.2 元，加征关税后，则上升为 7.17～16.5 元，一头奶牛苜蓿成本增长 1.46～3.3 元，河北省奶牛日消耗苜蓿成本增加 135.6 万～306.6 万元。由于优质苜蓿干草是高产奶牛日粮必需的饲料，国内优质苜蓿草供应短缺将持续存在，国内的草业企业或许受益，但是对于国内奶牛养殖者尤其是河北省奶牛养殖者来说确实面临巨大的压力。据调研，苜蓿草占总饲料成本的12%～14%，占河北省奶牛总体养殖成本的10%，如果对苜蓿加征关税25%，短期而言，提高苜蓿关税，河北省每头奶牛的日粮成本要提高2%～3%，如果加上大豆进口关税，日粮成本提高会超过3%～6%。对于一千克奶而言，按照河北省奶牛平均每天产奶量为26千克计算，在不限量的前提下，豆粕与苜蓿关税提高使得一千克奶成本提高，一头奶牛成本每天增加1.66～3.8元，一千克奶成本增加0.063～0.15元。在河北省当前整个奶牛养殖成本很高，且成本下降的空间较小的情况下，很多奶牛养殖场处于不盈利与微盈利的状态。据调查，河北省生鲜乳限收量约占总产量的10%，奶牛养殖亏损面超过50%。如果成本下降1%～2%是可以略微盈利的，但是由于豆粕与优质苜蓿成本上升3%～6%（主要苜蓿影响比重最大），相当于生鲜乳收购价格要平均涨0.15～0.3元/千克，国内奶牛养殖场是由乳企收购奶，乳企具有定价权，并且乳企对奶牛养殖场的成本结构掌握得比较清楚，下游交售乳企对奶牛养殖场过度管制。上游牧场集中度极低，退出现象严重，再加上议价能力弱，定价接近于成本价，所以成本难以向最终产品转移，这就使得奶牛养殖环节压力倍增，利润更小，一些养殖户和大型养殖企业面临着巨大的挑战。所以说此次中美贸易战关税增加对奶牛养殖业的冲击不可估量。

二、中美贸易战对下游乳制品加工业的影响

中美贸易摩擦的升级，对我国以及河北省的乳制品加工业也带来了非常大的冲击。一般来讲，产品类别进口量占总进口量的比例低于10%，关税的变化不会对河北省奶业有较大影响。产品类别进口量占总进口量的10%～30%，就会对河北省奶业成本带来较大影响。达到30%以上，则会改变河北省奶业的发展格局。

2017年河北省乳制品进口为7 743吨，占全国进口的0.35%。其中，液态奶148吨，占全国进口的0.021%，干乳制品7 595吨，占全国进口的0.516%。河北省的乳制品从美国进口主要是奶粉和乳清，其中乳清粉影响最大，占到30.7%。乳清是奶酪生产过程中的附加品，奶酪生产过程中可以形成一定量的乳清。按照我国乳品制造厂商的规模，完全可以实现乳清自给自足。但是由于我国居民尚未形成对奶酪的消费习惯，奶酪制造较少，导致国内乳清供应有限。因此，乳清的供应依赖于进口乳清粉。

第四节　河北省奶业竞争力提升的对策建议

一、完善社会化服务体系，提高奶牛养殖效益

改变养殖场独立经营、独立管理、独立销售的模式，引进学习"整合＋托管"模式，在奶牛养殖、选种、配种、良种、饲养、产奶、医药等方面采取社会组织服务的方式，提高奶牛养殖专业化水平。专业分工的社会化服务，有助于减少奶牛养殖场成本，提高养殖和管理的专业化水平。在"整合＋托管"模式中，奶牛养殖场只需要在必要环节与社会组织进行合作，选择服务外包即可。社会组织包括奶牛繁育组织、粪污处理组织、医药健康组织等专业组织。

二、组建河北省奶业研究院，打造协同创新平台

为增强奶业技术创新能力和市场竞争力，建议由河北农业大学和君乐宝乳业集团牵头组建河北省奶业研究院，并纳入教育厅协同创新中心和科技厅产业技术研究院的管理和支持。河北农业大学拥有奶牛养殖、疫病防治、乳品加工、市场营销、奶业经济等多学科的人才和科研成果，君乐宝乳业集团拥有 9 个现代化大型牧场、16 个生产工厂，积累了丰富的产业发展经验。研究院的建立，旨在充分发挥产业技术研发集成、人才培养、奶业发展战略研究等优势，破解饲草料开发、选种选配、精准饲喂、疫病防控、质量管控、乳制品加工流通等方面的难题，推动奶业产业链各环节的创新，加大技术推广和人才培训力度，突破科研—养牛的"最后一公里"问题，提升奶业生产经营管理水平。

三、强化主体培育，提升奶农养牛的积极性

奶牛养殖场是奶业发展的主体，提升主体实力有利于整个行业的发展，将多主体进行联合有利于提升群体实力，实现规模效益。因此，应当培育壮大奶牛养殖场联盟，将不同规模的奶牛养殖场联合起来，形成合作组织，并以组织的形式加强对奶牛养殖生产、销售等环节的指引。在产品销售方面，奶牛养殖场联合起来可以提高其整体实力，保障组织话语权，维护奶农的经济利益。在生产方面，借助组织的力量可以进行鲜牛奶的初加工或深加工，丰富产品结构，扩展业务范围，提升行业竞争力。具体实施可借鉴国外在奶牛养殖的基础上办乳品加工厂，养、收、加、销一体化的经验。奶牛养殖户作为股东，以一种长远的发展的目光和策略来对待产业链，不追求某单一环节的快速发展，而牺牲另外的环节，从而保证牛奶质量和奶农的利益。

四、扩大优质饲草料生产，实现粗饲料本地化

一是抓住我国对美进口苜蓿加征关税的机遇，加速我国饲草种植从单一苜蓿向青贮玉米、燕麦、小黑麦等多元结构方向延伸。二是加大"粮改饲"力度，扶持培育种、养、加一体化的新型农业经营主体，开展以家庭为单位的适度规模养殖，饲草料自给自足，同时粪污可作为肥料还田，促进饲草料与奶牛养殖间的链接。三是在达到国内饲草产品质量标准的基础上，对照国际标准，引进检测设备，提高检测技术，丰富检测手段，提高检测要求。四是积极开发其他进口渠道，减少对美国饲草进口的单一依赖。五是加强对饲草的生产管理，保证苜蓿适期收获和生产链机械配套，以提高苜蓿品质。可借鉴山西省建立种植、收贮、加工利用、销售一体化产业体系的做法，应对气候等不利因素对苜蓿干草制造的影响，做大做强国内资产苜蓿。

五、增强创新能力，丰富产品结构

提升乳制品行业实力，本质上应当从核心技术入手，打造出更多高精尖的代表性企业，发挥龙头企业的带动作用。企业应当从生产规模、生产技术、人员结构、管理机制、资产结构、创新机制等方面加以完善或改革，提高企业实力的同时发挥带动作用，带动产业的发展，提升地区行业竞争力，扩展外部市场。政府要利用政策手段加强对龙头企业的支持，完善行业标准和法规，为企业发展提供坚实基础。

丰富产品结构。企业应深化产品市场和消费者市场调查，科学研究乳制品市场结构和未来走势，挖掘分析消费者消费偏好，加大乳制品开发力度，提高新产品的创新性。同时，政府要始终重视乳制品食品安全，严格遵循行业准则，监督执行产品安全标准，加强市场准入标准的落实，提高中小型企业的生产规范性，监督大型企业的生产安全性。当前，河北省乳制品产品结构较单一，尤其是奶粉、奶酪等部分产品的生产极为不足。利用喷粉技术能够有效实现奶粉制作，能够高效处理多余生鲜乳，避免浪费，同时增加产品种类，提高生产效率。国内奶粉市场多被进口品牌占领，自主品牌奶粉市场占有率不足。因此国家应在机器设备补贴、技术指导等方面予以支持，引导乳制品企业加强奶粉开发。另外，河北省乳制品产品档次较低，尤其是液态奶这一主要产品形式中，河北省乳制品企业多集中于对中低端市场的竞争，缺乏对高端产品的开发。

六、建立生产联合体，创新产供销利益联结机制

乳制品加工企业是乳业发展的核心主体，乳制品加工企业的发展对上下游

企业的发展有明显带动作用。因此，应当充分发挥乳制品加工企业的带头作用，实现乳业产业链的多主体联动，构建生产联合体，实现产供销利益联结。

从乳业产业链投入部分来看，奶牛养殖环节成本投入约占总投入的70%，乳品加工环节成本投入约占总投入的15%，流通环节成本投入约占总投入的10%，其他投入约占5%。从乳业产业链利润分配来看，奶牛养殖利润分配所得占总利润的10%，乳品加工利润分配所得占总利润的35%，流通环节占总利润的55%。由此可见，乳业产业链的投入产出比例并不合理，出现了明显的不协调。从奶牛养殖环节来看，其投入成本比例最大，获得利润占比最小。流通环节投入成本比例最小，获得利润占比最大。在这种情况下，如果乳业产业链遭遇冲击，奶牛养殖受影响最大，然而作为原料供应环节，奶牛养殖一旦出现问题，对其他环节也会产生明显影响。因此，要想实现各环节的有效联动和长期稳定发展，就必须优化各环节的投入产出配比，保护奶牛养殖户的权益，保障原材料供应。将风险均摊到各主体环节，提升单环节抗风险能力。主要措施包括：第一，制定鲜牛乳收购价格保护机制和市场价格调整机制。在鲜牛奶收购中，利用制度手段保障奶牛养殖场的利益，制定保护价制度稳定原材料供给。在市场行情较好时，利用市场价格调整机制，保障奶牛养殖户获利，提高其抵抗周期性风险的能力。第二，工业反哺工业，乳企反哺奶农。利用政策引导龙头企业反哺奶牛养殖场，发挥龙头企业的带动作用和乳制品企业的主体作用，通过技术指导、资金支持、管理创新等手段支持奶牛养殖场发展，推动实现奶牛养殖标准化、规模化、智能化，带动奶牛养殖户共同进步。

第十三章　河北省奶业产业经济绩效评价问题研究

第一节　环境约束下我国奶业全要素生产率评价

一、全要素生产率测算模型

借鉴 M. Pouryusef 等（2011）构建具有两阶段结构决策单元的全要素生产率指数的思想，将由 Chung 等（1995）提出的 Malmquist - Luenberger，指数模型用于两阶段生产过程中。在方向性距离函数的基础上，何枫等（2014）定义包含非期望产出的两阶段生产过程 Malmquist－Luenberger 指数模型：

$$MLPI_t^{t+1} = \left[\frac{1+\vec{D}_0^{t+1}(x^t,y^t,z^t,u^t,-x^t,y^t,-u^t)}{1+\vec{D}_0^{t+1}(x^{t+1},y^{t+1},z^{t+1},u^{t+1};-x^{t+1},y^{t+1},-u^{t+1})} \times \right.$$

$$\left. \frac{1+\vec{D}_0^t(x^t,y^t,z^t,u^t,-x^t,y^t,-u^t)}{1+\vec{D}_0^t(x^{t+1},y^{t+1},z^{t+1},u^{t+1};-x^{t+1},y^{t+1},-u^{t+1})} \right]^{1/2}$$

$$= \frac{1+\vec{D}_0^t(x^t,y^t,z^t,u^t,-x^t,y^t,-u^t)}{1+\vec{D}_0^{t+1}(x^{t+1},y^{t+1},z^{t+1},u^{t+1};-x^{t+1},y^{t+1},-u^{t+1})} \times$$

$$\left[\frac{1+\vec{D}_0^{t+1}(x^t,y^t,z^t,u^t,-x^t,y^t,-u^t)}{1+\vec{D}_0^t(x^t,y^t,z^t,u^t,-x^t,y^t,-u^t)} \times \right.$$

$$\left. \frac{1+\vec{D}_0^{t+1}(x^{t+1},y^{t+1},z^{t+1},u^{t+1};-x^{t+1},y^{t+1},-u^{t+1})}{1+\vec{D}_0^t(x^{t+1},y^{t+1},z^{t+1},u^{t+1};-x^{t+1},y^{t+1},-u^{t+1})} \right]^{1/2}$$

$MLPI_t^{t+1} > 1$ 表示具有两阶段生成过程的决策单元在从 t 到 $t+1$ 时期，全要素生产率增长，$MLPI_t^{t+1} < 1$ 表示全要素生产率降低，$MLPI_t^{t+1} = 1$ 表示不变。

$MLPI$ 可以分解为技术进步指数 $MLTECH_t^{t+1}$ 和综合技术效率指数 $MLEFFCH_t^{t+1}$。$MLTECH_t^{t+1}$ 表示从 t 到 $t+1$ 时期的生产技术变化或技术创新程度，代表两个时期内生产前沿面的移动。$MLTECH_t^{t+1} > 1$ 表示技术进步对全要素生产率增长有贡献。$MLEFFCH_t^{t+1}$ 表示从 t 到 $t+1$ 时期技术效率的变化。$MLEFFCH_t^{t+1} > 1$ 表示从 t 到 $t+1$ 时期技术效率上升对全要素生产率增长有贡献。

$$MLTECH_t^{t+1} = \left[\frac{1+\vec{D}_0^{t+1}(x^t,y^t,z^t,u^t,-x^t,y^t,-u^t)}{1+\vec{D}_0^t(x^t,y^t,z^t,u^t,-x^t,y^t,-u^t)} \times \right.$$
$$\left.\frac{1+\vec{D}_0^{t+1}(x^{t+1},y^{t+1},z^{t+1},u^{t+1};-x^{t+1},y^{t+1},-u^{t+1})}{1+\vec{D}_0^t(x^{t+1},y^{t+1},z^{t+1},u^{t+1};-x^{t+1},y^{t+1},-u^{t+1})}\right]^{1/2}$$

$$MLTECH_t^{t+1} = \frac{1+\vec{D}_0^t(x^t,y^t,z^t,u^t,-x^t,y^t,-u^t)}{1+\vec{D}_0^{t+1}(x^{t+1},y^{t+1},z^{t+1},u^{t+1};-x^{t+1},y^{t+1},-u^{t+1})}$$

二、投入、产出变量选取及样本选取

为更精确地评价环境约束下我国乳业供应链全要素生产率，将乳业供应链视为由奶牛养殖和乳制品加工两阶段串联而成的一般网络结构。本研究从乳业供应链运营机理出发，根据数据口径的科学性、可比性、统一性和可操作性原则，并参考国内外主要研究文献，构建上下游两阶段的投入、期望产出、非期望产出以及链接两阶段的中间变量指标体系，如图13-1所示。在上游奶牛养殖阶段投入固定资产、劳动力、精饲料获得中间产品原料奶，作为乳制品加工的主要原料之一，同时产生非期望产出粪污。在下游乳制品加工阶段，投入资产总额，最终产出为乳制品企业销售收入和利润。固定资产投入根据2011年为基期的固定资产价格指数进行调整，精饲料价格根据分地区农业生产资料价格分类指数中的饲料分项价格指数进行平减。各变量指标名称及具体定义见表13-1。

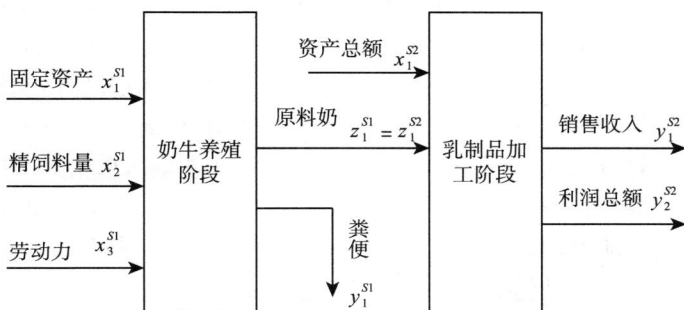

图13-1　乳业供应链结构

表13-1　投入产出变量统计分析

阶段	类型	变量名称	平均值	标准差	最大值	最小值
奶牛养殖阶段	投入变量	固定资产（万元）	90 807.31	111 519.6	466 653.8	2 482.2
		精饲料量（亿元）	45.621	62.614	241.3	1.23
		劳动力（万天）	1 826.181	2 645.919	12 678.73	68.454
	非期望产出变量	粪便（万吨）	390.076	543.103	2 082.69	13.1

（续）

阶段	类型	变量名称	平均值	标准差	最大值	最小值
乳制品加工阶段	中间变量	原奶总产量（万吨）	138.429	202.922	948.291	5.1
	投入变量	资产总额（亿元）	67.677	92.997	587.86	5.5
	期望产出变量	利润总额（亿元）	6.719	10.313	65.700	0.001
		销售收入（亿元）	100.770	112.315	633.57	4.48

数据来源：由 2011—2016 年《中国奶业年鉴》《中国奶业统计资料》整理得到。

（1）投入变量，奶牛养殖阶段主要选取固定资产、精饲料量、劳动力投入变量。其中，固定资产投入包括固定资产折旧、修理维护费、工具材料费和饲料加工费之和；饲料投入，尤其精饲料投入是奶牛养殖成本中重要组成部分，主要包括大麦、玉米等粮食饲料，以及糠麸饼、酒糟等农副产品；劳动力投入指奶牛养殖过程中经营者和雇佣工人直接劳动的天数。乳制品加工阶段选取资产总额作为主要的投入变量，指乳制品加工企业投入的固定资产和流动资产总额。

（2）中间产品变量，选取原料奶总产量。即以奶牛养殖场产出的不受价格影响的主产品牛奶的产量作为衡量标准，同时也是乳制品加工阶段的投入变量。

（3）期望产出变量，本研究选取可以体现乳制品加工企业产出能力和经营绩效的利润总额和销售收入变量来衡量。

（4）非期望产出变量，主要是奶牛养殖过程中产生的粪便污染物。

各投入和期望产出指标数据来源于 2011—2016 年的《中国奶业年鉴》《全国农产品成本收益汇编》《中国奶业统计资料》。非期望产出指标数据来源于第一次全国污染源普查中的《畜禽养殖业源产排污系数手册》。考虑到个别省份部分变量数据的缺失，本研究以 2010—2015 年除海南、西藏、江西以外的 28 个省级行政区域乳业供应链为样本，并按照减排手册划分为东北区、华北区、华东区、中南区、西南区、西北区六大区域。

三、我国奶业全要素生产率变化分析

本研究基于 28 个省份的乳业供应链上下游的投入产出数据，应用两阶段 Malmquist - Luenberger 指数模型，使用 maxDEA 软件估算环境约束下我国乳业供应链 2010—2015 年的整体、奶牛养殖阶段和乳制品加工阶段全要素生产率的变化趋势及其动因，具体测算结果见表 13 - 2。

（一）乳业供应链全要素生产率变化分析

（1）技术进步是拉动我国乳业供应链全要素生产率增长的动力源泉。由图

13-2 可知，我国乳业供应链全要素生产率在 2010—2012 年出现了 0.3% 下降，且主要源于技术进步的降低。2012—2015 年，全要素生产率指数分别有不同程度的增长。2010—2015 年的年均增长率为 5.36%，技术进步贡献了 5.97%，技术效率贡献了 -0.7%。由此可见，技术进步是推动我国乳业供应链全要素生产率增长的主要动力。

表 13-2　我国乳业供应链全要素生产率地区差异变化趋势

阶段	指标	年份	东北区	华北区	华东区	中南区	西南区	西北区	均值
供应链	Effch	2011/2012	0.992	1.018	1.076	0.962	1.058	1.062	1.030
		2012/2013	0.890	1.167	0.894	1.010	0.970	0.953	0.984
		2013/2014	1.047	0.959	1.108	0.994	0.961	1.003	1.015
		2014/2015	0.882	0.970	1.018	1.047	1.033	1.023	1.002
		均值	0.943	0.998	1.008	0.986	1.002	1.003	0.993
	Tech	2011/2012	0.943	0.998	1.008	1.002	1.002	1.003	0.966
		2012/2013	0.990	0.950	1.040	0.884	0.884	0.988	1.098
		2013/2014	1.134	1.126	1.107	1.059	1.059	1.103	0.999
		2014/2015	1.049	1.073	0.920	1.001	1.001	0.995	1.225
		均值	1.275	1.210	1.178	1.237	1.243	1.241	1.060
	MLPI	2011/2012	1.098	1.076	1.054	1.035	1.037	1.071	0.997
		2012/2013	0.965	0.966	1.099	0.907	0.934	1.072	1.080
		2013/2014	1.014	1.309	0.988	1.075	1.028	1.055	1.005
		2014/2015	1.096	1.010	1.004	0.994	0.961	0.995	1.221
		均值	1.041	1.082	1.0.35	1.000	0.989	1.047	1.053
奶牛养殖	Effch	2011/2012	1.759	1.431	1.235	1.088	1.138	1.016	1.247
		2012/2013	0.885	1.361	0.773	0.981	0.957	1.209	1.031
		2013/2014	0.938	0.858	1.262	1.032	0.919	1.075	1.032
		2014/2015	0.816	1.136	1.251	1.014	1.097	0.806	1.040
		均值	0.917	1.042	1.033	0.967	0.999	0.953	0.991
	Tech	2011/2012	0.940	0.755	1.024	0.884	0.810	0.896	0.889
		2012/2013	1.236	1.224	1.247	1.179	1.101	1.094	1.181
		2013/2014	1.186	1.180	0.848	1.107	1.030	0.913	1.027
		2014/2015	2.106	1.427	1.491	1.489	1.549	1.799	1.609
		均值	1.214	1.081	1.111	1.082	1.077	1.086	1.102
	MLPI	2011/2012	1.200	0.982	1.160	0.943	0.890	0.947	1.017
		2012/2013	1.106	1.630	0.948	1.146	1.047	1.238	1.188

（续）

阶段	指标	年份	东北区	华北区	华东区	中南区	西南区	西北区	均值
奶牛养殖	MLPI	2013/2014	1.108	0.926	1.007	1.149	0.895	0.957	1.004
		2014/2015	1.518	1.602	1.815	1.451	1.701	1.593	1.624
		均值	1.130	1.125	1.134	1.053	1.077	1.052	1.095
乳制品加工	Effch	2011/2012	0.987	0.950	1.006	0.954	1.045	1.084	1.004
		2012/2013	0.884	1.069	0.990	1.040	0.971	0.887	0.981
		2013/2014	1.087	1.038	1.038	0.977	1.017	1.011	1.025
		2014/2015	0.908	0.915	0.997	1.082	1.011	1.117	1.012
		均值	0.961	0.983	1.007	1.008	1.010	1.012	0.999
	Tech	2011/2012	0.988	1.041	1.052	0.970	0.933	0.996	1.001
		2012/2013	1.089	1.096	1.025	1.002	1.044	1.095	1.056
		2013/2014	1.009	1.073	0.971	0.980	0.993	1.008	1.005
		2014/2015	1.104	1.118	1.028	1.122	1.124	1.102	1.096
		均值	1.043	1.073	1.018	1.013	1.019	1.046	1.035
	MLPI	2011/2012	0.976	0.981	1.057	0.930	0.976	1.100	1.008
		2012/2013	0.962	1.172	1.016	1.038	1.011	0.967	1.032
		2013/2014	1.092	1.106	1.007	0.958	1.009	1.020	1.028
		2014/2015	1.000	1.010	1.026	1.213	1.137	1.213	1.103
		均值	1.005	1.055	1.024	1.020	1.029	1.060	1.034

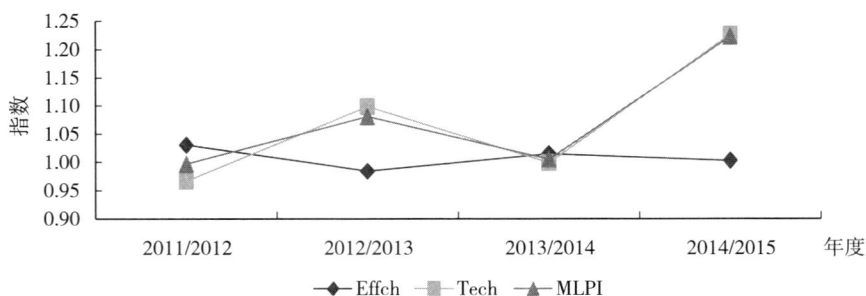

图 13-2　我国乳业供应链全要素生产率变化趋势（2010—2015 年）

　　（2）从六大地区层面来看，西南区、中南区、西北区、华东区、华北区和东北区的年均 MLPI 指数均有显著增长，且地区差异显著，增长幅度依次下降，分别为 1.283、1.276、1.270、1.189、1.169 和 1.131。六大地区的年均 Tech 指数都在 1.15 以上，华东区最小，为 1.178，东北区最大，为 1.275，说明我国乳业供应链的技术进步现象突出。相比较而言，华东区、西南区和西北区的年均 Effch 指数分别为 1.008、1.002 和 1.003，技术效率小幅度改善。东北区、华北区和中南区的技术效率则依次以 5.7%、0.2% 和 1.4% 的速度恶化。

（3）从省份层面来看，乳业供应链全要素生产率实现增长的省份有 20 个。其中，宁夏最高，年均增长 27.15%。年均增长率超过 10% 的有北京（13.39%）、湖北（15.02%）、吉林（18.89%）、陕西（21.61%）、浙江（18.09%）。广东、广西、贵州、湖南、辽宁、青海、山西和上海出现了负增长，增长率最低的为辽宁（-16.28%）。13 个省份的年均 Effch 指数小于 1，辽宁省最小，仅为 0.807，技术效率恶化最严重。河南和内蒙古的年均 Effch 指数等于 1，其余的 13 个省份的年均 Effch 指数大于 1，宁夏的技术效率以年均 13.605% 的速度增长，其次是浙江，年均增长幅度为 10.760%。除福建、广西、贵州、湖南和青海 5 个省份外，其他 23 个省份的 Tech 指数都大于 1，且陕西省的技术进步幅度最大。综上所述，我国乳业供应链上下游技术水平的提高是拉动乳业供应链全要素生产率增长的动力源泉，六大地区及不同省份间技术进步增长幅度存在的差异，使全国乳液供应链要素分布呈现明显差异。

（二）奶牛养殖阶段全要素生产率变化分析

（1）整体看，奶牛养殖 TFP 实现了年均 9.5% 的快速增长。2010—2015 年 MLPI 指数和 Tech 指数的变化趋势基本上是一致的，在 2013 年和 2015 年都有比较大的增长幅度。Effch 指数在 2012 年经历了最大幅度的增长后，2012—2015 年徘徊于 1 左右，技术效率并无较明显的改善。

（2）从六大地区层次看，东北区 MLPI 指数年均增长率为 13%，Effch 指数和 Tech 指数分别为 0.917 和 1.214，说明东北区奶牛养殖全要素生产率的高增长是技术进步拉动的结果。华北区和华东区的 MPLI 指数年均增长率分别为 12.5% 和 13.4%，均来源于技术效率提升和技术进步共同贡献。西南区、中南区和西北区奶牛养殖的全要素生产率年均增长幅度依次为 7.7%、5.3% 和 5.2%，且三地区的 Effch 指数年均值都小于 1，Tech 指数年均值都大于 1，由此可见，该三大地区奶牛养殖技术及粪便清洁技术水平的提升是全要素生产率增长的主要动力。由各地区的 MLPI 指数走势可以看出，华北区、西南区和西北区的 MLPI 指数呈现"W"形波动，其他三大地区的全要素生产率基本上呈现不同程度的上升趋势。从 Tech 指数的走势看出，我国奶牛养殖的技术进步在 2010—2012 年除了华东区外均出现明显的恶化，2012—2015 年各地区都呈现出明显的上升趋势。

（3）借鉴李翠霞和曹亚楠的划分标准，年均增长率大于 10% 的为高全要素生产率增长型，以陕西、吉林、宁夏、浙江和河南为代表的共 19 个省份属于此类型，其中陕西增长率高达 43.267%。年均增长率 5%～10% 的为中等全要素生产率增长型，仅山西省属于此类型，年均增长幅度为 6.108%。年均增长率 0~5% 的为低全要素生产率增长型，山东省为该类型。此外，甘肃、广东、广西、兰州、湖南、辽宁、青海、上海和新疆的全要素生产率年均增长率均为负值，即呈现不同程度的下降趋势。

（三）乳制品加工阶段全要素生产率变化分析

由图 13-3 和图 13-4 可以发现：①整体看，乳制品加工 TFP 温和增长。2009—2015 年我国乳制品企业的 MLPI 指数和 Tech 指数均呈现逐年增长趋势，年均值分别为 1.042 和 1.038，Effch 指数除 2011—2013 年出现小幅下降，其他年份也呈现不同程度的增长，年均值为 1.005。说明我国乳制品生产全要素生产率每年以 4.2% 的速度增长，这种增长是技术进步和技术效率提高双重作用的结果，相比较来看技术进步更显程度高。②从区域层面上看，六大区域的 MLPI 指数、Tech 指数及 Effch 指数均相差不大，西北区乳品企业全要素生产率增幅明显，达到了年均 6% 的增长速度，这种增长也是技术进步和技术效率提高双重作用的结果。其次是华北区，全要素生产率实现了年均 5.5% 的增长，其中技术进步贡献了 7.3%，技术效率萎缩了 1.7%。东北区的全要素生产

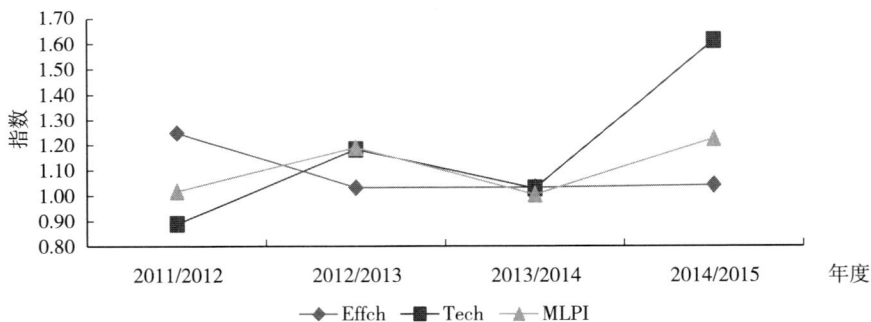

图 13-3　我国奶牛养殖全要素生产率变化趋势（2010—2015 年）

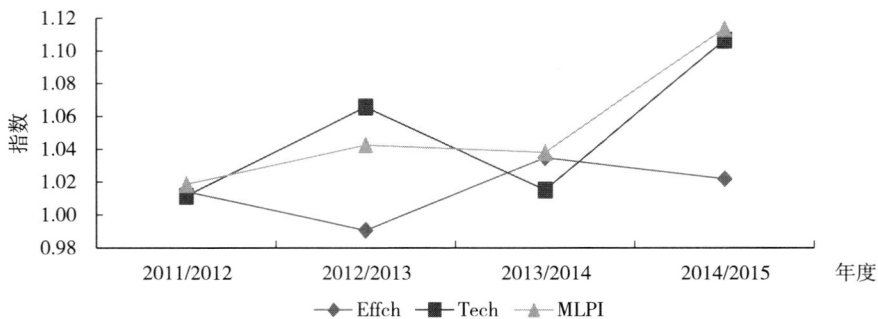

图 13-4　我国乳制品加工全要素生产率变化趋势（2010—2015 年）

率的增长率最小，仅为 0.5%，主要原因在于技术进步贡献率 4.3%，抵消了技术效率下降的 3.9%。③从省际层面看，除贵州、湖南、辽宁、青海、山西和上海 6 个省乳企的全要素生产率呈现年均下降趋势外，剩下的 22 个省份的年均 MLPI 指数都大于 1，实现了全要素生产率不同程度的年均增长。

四、环境约束下我国奶业全要素生产率影响因素分析

（一）全要素生产率影响因素选取

为进一步分析影响我国乳业供应链全要素生产率变化的因素，参考国内外已有研究，并结合自己的思考，以 28 个省份 2010—2015 年的乳业供应链全要素生产率为因变量，以奶牛养殖规模、奶牛养殖地区生产结构、环境规制、乳制品企业规模及盈利能力为自变量进行实证研究。由于全要素生产率属于动态分析指标，反映每年 TFP 变化的 MLPI 指数为环比变动指数，因此在进行计量分析时，将其转化为将 2011 年为基期的累积增长指数作为因变量。下面对各个变量加以解释说明。

（1）养殖规模（Scale），用以反映各省份的奶牛养殖业发展状况，由各省份奶牛存栏量来衡量。随着养殖规模的不断扩大，粪污产生量逐渐增加，对环境约束下的乳业供应链全要素生产率产生什么样的影响，有待进一步论证。

（2）地区生产结构（Structure），用以反映奶牛养殖在地区经济发展中所处的地位对乳业供应链全要素生产率的影响，由各省份奶产品产值占地区生产总值的比重表示。

（3）环境规制（Env），由地区环境污染治理投资占 GDP 的比重表示，环境规制强度越大，该比重越高，对环境被保护的重视程度越高，环境约束下的乳业全要素生产率可能越高。

（4）乳制品企业规模（Size），依据经济学理论，企业规模与经济效益之间存在规模报酬递增、递减和不变三种关系，企业规模对全要素生产率的影响方向和大小需要进一步实证分析。本研究使用各省份乳制品企业总产值与各省份乳制品企业数量的比值来表示。

（5）乳制品企业盈利能力（Profit），以各省份乳制品企业的利润额与销售收入的比值来衡量。一般而言，盈利能力较强的乳企在先进技术引进、技术自主创新研发、人力资源管理、生产运营管理等方面投入的资金较多，有利于全要素生产率的提高。

（二）全要素影响因素实证分析

本研究收集并测算了 2010—2015 年 28 个省份解释变量的数值，数据来源于 2011—2016 年的《中国奶业年鉴》《全国农产品成本收益汇编》《中国奶业统计资料》《中国统计年鉴》。样本变量的统计性描述见表 13-3。

表 13 - 3　变量的描述性统计分析

变量类型	变量名称	符号	均值	标准差	最小值	最大值
被解释变量	全要素生产率	$MLPI$	1.095	0.371	0.387	2.614
解释变量	养殖规模（万头）	$Scale$	53.434	74.397	1.800	285.300
	地区生产结构（%）	$Structure$	0.863	1.292	0.020	6.442
	环境规制（%）	Env	1.557	0.744	0.450	4.240
	乳制品企业规模（亿元）	$Size$	5.594	11.286	0.885	129.910
	乳制品企业盈利能力（%）	$Profit$	5.637	2.640	0.117	14.285

资料来源：2012—2016 年的《中国奶业年鉴》《全国农产品成本收益汇编》《中国奶业统计资料》《中国统计年鉴》。

本研究采用的固定效应回归模型表示如下：

$$MLPI_{it} = \beta_0 + \beta_1 \ln Scale_{it} + \beta_2 \ln Structure_{it} + \beta_3 Env_{it} + \beta_4 Size_{it} + \beta_5 Profit_{it} + \varepsilon_{it}$$

t 和 i 分别表示年度 t 及省份 i，$MLPI$ 为环境约束下乳业供应链整体全要素生产率，β 为待估计参数，ε 为估计误差。应用 stata 软件，逐步引入变量，先后估计了 5 个方程，检验了各变量与乳业供应链整体全要素生产率之间的相关系数，结果见表 13 - 4。

表 13 - 4　全要素生产率影响因素估计结果

变量	(1)	(2)	(3)	(4)	(5)
常数	2.370***	1.556***	1.240***	1.175***	1.197***
	(6.46)	(3.94)	(3.62)	(3.48)	(3.46)
$\ln Scale$	−0.411***	−0.257**	−0.279***	−0.199*	−0.195*
	(−3.48)	(−2.20)	(−2.79)	(−1.90)	(−1.85)
$\ln Size$		0.254***	0.245***	0.247***	0.249***
		(4.15)	(4.67)	(4.79)	(4.78)
$Profit$			0.070***	0.062***	0.0625***
			(6.35)	(5.44)	(5.41)
$Structure$				−0.165**	−0.170**
				(−2.22)	(−2.24)
Env					−0.020
					(−0.33)
$Sigma$	0.262***	0.245***	0.210***	0.206***	0.207***
	(6.18)	(7.49)	(11.65)	(12.25)	(11.85)

注：*、**、***分别表示在10%、5%、1%水平下显著，（）中表示 Z 统计值，Sigma 是回归的规模参数。

（1）奶牛养殖规模对乳业供应链全要素生产率具有负向影响，且通过了1％水平的显著性检验。这反映了随着奶牛养殖存栏量的增加，养殖密集度越大，粪污排放越集中，容易对环境造成严重污染，一定程度上降低了环境约束下乳业供应链的全要素生产率。

（2）乳制品企业规模对乳业供应链全要素生产率具有显著的正向影响，即乳企规模越大，规模经济带来的收益越大，全要素生产率越高。原因是规模较大的乳企运行效率和管理水平都较高，且能更好地引进和吸收国内外先进的技术，实现生产前沿面的外移，从而提升全要素生产率。因此，要加速中小型乳企资源优化配置，实现中大型乳企的整合重组。

（3）乳制品企业盈利能力与乳业供应链全要素生产率正相关，且非常显著。即乳业的盈利水平越高，乳制品的生产技术装备及生产工艺越先进，经营管理效率也较高，通过生产前沿面的外移或者追赶可以实现乳业供应链全要素生产率的提升。

（4）地区生产结构的系数为负，且通过了5％的显著性检验。这说明奶牛养殖业在各省份经济发展中所在地位对乳业供应链全要素生产率有比较显著的负向影响。

（5）环境规制的系数为负，但没有通过显著性检验。这说明地区环境污染治理投资对奶牛养殖粪污治理效果不明显，因而并没有在一定程度上起到促进乳业供应链全要素生产率提高的效果。

第二节　河北省不同规模奶牛养殖场经济效率分析

一、不同规模奶牛养殖场的单要素生产率分析

单要素生产率是指在考察某一种生产要素时，用其投入量作分母所得到的生产率。单要素生产率被用来反映某一要素投入产出情况，体现其投入量的节约，但是并不能反映整体生产效率的变化。奶牛养殖过程中涉及的生产要素很多，包括精饲料投入、粗饲料投入、人工成本、土地要素等。先测算各类要素生产率，再进行技术效率、生产效率的测度分析，如表13-5所示。

饲料成本是奶牛养殖成本的主要组成部分，饲料要素生产效率对整体效益有重要影响。因此，应重点分析精饲料要素生产率和粗饲料要素生产率。由表13-5可知，第一，精饲料要素生产率方面，在小规模奶牛养殖场的生产率最低，为3.83千克/千克，即每投入1千克精饲料，可以产出3.83千克牛奶；在中规模奶牛养殖场的生产率最高，达到3.95千克/千克；在大规模奶牛养殖场的生产率为3.92千克/千克。横向比较发现，精饲料要素生产率在不同规模

奶牛养殖场中表现差异不大。第二，粗饲料要素生产效率方面，在小规模奶牛养殖场的生产率为 1.55 千克/千克；在中规模奶牛养殖场的生产率为 1.60 千克/千克；在大规模奶牛养殖场的生产率为 1.65 千克/千克，生产率最高。第三，人工成本要素生产率方面，在小规模奶牛养殖场的生产率为 19.04 千克/工日；在中规模奶牛养殖场的生产率为 23.97 千克/工日；在大规模奶牛养殖场的生产率为 24.97 千克/工日，生产率最高。三种规模奶牛养殖场中人工成本要素生产率差异较大，大规模养殖场人工成本要素生产率是小规模的 1.31 倍。这说明小规模奶牛养殖场存在人力资本投入过多或者人力浪费的问题。第四，土地要素生产率方面，在小规模奶牛养殖场的生产率为 75.77 千克/亩；在中规模奶牛养殖场的生产率为 90.05 千克/亩，生产率最高；在大规模奶牛养殖场的生产率为 63.48 千克/亩。土地要素生产率受养殖规模影响较明显，其中土地要素在中规模奶牛养殖场中生产率最高，是小规模的 1.19 倍，是大规模的 1.42 倍。

表 13-5　规模化奶牛养殖场单要素生产率

规模	精饲料 （千克/千克）	粗饲料 （千克/千克）	劳动力 （千克/工日）	土地 （千克/亩）
小规模	3.83	1.55	19.04	75.77
中规模	3.95	1.60	23.97	90.05
大规模	3.92	1.65	24.97	63.48
平均值	3.90	1.60	22.66	76.43

二、不同规模奶牛养殖场的技术效率分析

（一）技术效率分析方法的选定

要想计算规模化奶牛养殖场的经济效率，需要实现生产前沿预测，具体预测方法有两种。第一种是参数法。以随机前沿计量方法 SFA 为例，确定随机前沿计算的生产函数，根据技术效率受随机误差项的影响强弱，精准表述生产函数。第二种是非参数法。以数据包络分析方法 DEA 为例，利用数学线性规划的特征，在空间坐标上投射决策单元投入产出值，以前沿面与该决策单元的距离作为绩效效率值，可以同时测量多项类型相同的变量的投入与产出的关系。非参数法无须确定精准的生产函数，可以避免在选择生产函数和设置变量权重时主观因素对测量结果准确性的影响。但是，非参数法也存在一些缺陷，仍以数据包络分析方法 DEA 为例，其无法消除环境、运气、随机误差项等因素可能带来的影响。为弥补这一缺陷，保证经济效率计算结果更加准确，

Fried（2002）将 DEA 与 SFA 进行结合运算，剔除环境、运气、统计噪音等影响因素，进行三阶段 DEA 分析，让计算结果更接近实际经济效率值。其计算过程包括：第一阶段采取 DEA 方法测算决策单元的经济效率；第二阶段以环境变量作为解释变量，以松弛变量作为被解释变量，基于 SFA 构建的函数模型进行计算，按照回归计算结果对投入和产出变量进行调整；第三阶段将调整后的投入和产出变量代入 DEA 进行计算，得出结果将更加准确。

（二）指标的设定

1. 投入产出指标的设定

为了更加准确地计算河北省规模化奶牛养殖场技术效率，在选取指标的过程中，本研究优先选择与规模化奶牛养殖场关系紧密的投入要素和产出要素。研究对象为规模相当的奶牛养殖场，研究样本为技术水平相当的产品，假定不同规模的奶牛养殖场处于相同的竞争和发展条件下，以保障决策单元基本同质。在投入指标和产出指标的选择上，应符合以下两个筛选条件：第一，投入指标应选择规模化奶牛养殖场生产成本的核心要素；第二，不同规模养殖场也应当选取相同指标，且保证单位一致。根据河北省规模奶牛养殖场的实际情况及生产环节分布，本研究在资料整理的基础上，选取以下指标进行分析，见表 13－6。

表 13－6　技术效率测度的指标

指标	具体指标	计量单位
产出指标	原料奶年产量	千克/头
投入指标	精饲料与粗饲料的量比	千克/千克
	劳动力投入	工日/头
	土地成本投入	亩/头

由表 13－6 可知，本研究选取原料奶牛产量为产出指标，选取饲料投入、劳动力投入、土地投入为投入指标。选取这三个指标作为投入指标，原因包括以下几点：第一，饲料投入成本选择精饲料投入与粗饲料投入的量比来表示，主要是因为饲料投入成本是规模化奶牛养殖场的主要成本，但是其价格容易受到粮食价格变动的影响，因而为了避免价格变动对计算结果的影响，选取相对稳定的精饲料与粗饲料的量比进行分析，剔除了价格因素的影响。第二，劳动力投入。根据前文研究可知劳动力投入是奶牛养殖场成本构成中次重要的因素，占比排在第二位。第三，土地成本投入。土地要素是规模化奶牛养殖场投入的基础要素之一，在总投入中占比较大，且土地成本易于计算，变化较小。第四，虽然固定资产投入也是奶牛养殖场的主要投入，但是由于固定资产变化

较大，不易统计，所以在此不将固定资产纳入考虑范围。

2. 环境变量的设定

环境变量包括内部和外部环境变量，奶牛养殖场技术效率的计算受到环境变量的影响较大，为了保障计算结果的准确性，需要事前设定环境变量。其中，内部环境是指生产过程中与投入产出相关的因素，外部环境是指与经营活动相关的因素。外部环境较为复杂，包括社会发展环境、国家政策、市场行情等社会因素，气候、土壤、水源、地理位置等自然因素，以及奶农学历、经验、技术水平等人文因素。环境变量指标如表13-7所示。

表13-7 影响奶牛养殖场技术效率的各因素

变量名称	变量解释	单位	平均值	标准差	最大值	最小值	备注
SEX	养殖场负责人性别	0＝女，1＝男	0.914 2	1.133 0	1	0	性别对养殖决策的影响作用
AGE	年龄	岁	44.593 3	9.608 6	68	26	人力资源积累的作用
EDU	受教育程度	0＝小学以下，1＝初中，2＝高中或中专，3＝大专及以上	2.137 1	0.954 8	3	0	人力资源积累的作用
NAT	是否是当地人	0＝当地人，1＝外地人	0.025 3	0.321 0	1	0	人员对周围环境的熟悉程度
TIME	从事奶牛饲养时间	年	11.406 7	6.281 6	36	3	人力资源积累的作用
TRAIN	是否参加过培训	0＝参加过，1＝没参加过	0.021 8	0.138 0	1	0	人力资源积累的作用
CONT	与乳品加工企业是否有购销协议	0＝有，1＝无	0.072 6	0.216 0	1	0	生产不确定性乳品企业对养殖户的影响
DIS	与居民区距离	米	966.993 3	1 173.417 2	5 000	0	污染对居民区的影响
LACT	泌乳牛比例	％	63.043 3	0.430 9	67.50	15.19	牛群结构
COW	饲养奶牛头数	头	697.650 0	2 417.321 9	23 340	18	饲养规模
DAY	泌乳天数	天	310.793 3	13.226 9	320	275	泌乳牛的产奶情况

（续）

变量名称	变量解释	单位	平均值	标准差	最大值	最小值	备注
GROUP	饲养奶牛分群情况	0＝不分群，1＝泌乳牛、干奶牛分群，2＝高、中、低，3＝高、低	2.054 8	1.415 7	3	0	牛群结构
VETER	是否有专门兽医	0＝是，1＝否	0.106 8	0.310 4	1	0	医疗防疫水平对奶牛场的影响
MODEL	养殖模式	0＝养殖小区，1＝家庭牧场，2＝租赁牧场，3＝小区＋家庭牧场，4＝乳企自建	1.855 8	1.703 3	3	0	养殖模式
FORMU	有没有正规配方	0＝有，1＝无	0.048 5	0.216 0	1	0	饲喂技术及水平
PARI	使用胎次	胎	3.960 0	1.062 7	7	3	奶牛的生产性能
TMR	使用 TMR 台数	台	1.223 3	0.773 7	4	0	牛场设备的影响
ALFA	苜蓿来源	0＝进口，1＝国产	0.825 2	0.465 6	1	0	苜蓿质量
REJE	拒收次数	次	1.430 0	2.166 9	12	0	外部因素对养殖的影响
ENTER	对接乳品企业	0＝蒙牛，1＝伊利，2＝三元，3＝君乐宝，4＝其他	0.675 2	1.629 2	4	0	乳品企业对奶牛养殖场的影响
ADD	有无其他收入	0＝有，1＝无	0.815 5	0.389 8	1	0	牛场有无后顾保障

数据来源：调研整理所得。

由表 13-7 可知，本研究对影响奶牛养殖场技术效率的各因素进行了划分，共计 21 个环境指标变量。这 21 个环境变量指标主要来自 4 个方面：第一，生物要素方面。由于奶牛种类的多样性，不同品种的奶牛对各类环境因素的适应情况也不相同，适合奶牛生长的环境有助于提高牛奶产量，提高牛奶质量。且不同生理阶段的奶牛对生长环境的要求也不相同。因此，生物要素选择了奶牛泌乳天数、平均胎次等环境变量。第二，社会经济因素方面。社会经济因素包含经济政策、社会环境、经济水平、地区政策、市场规范等多个方面，由于社会经济因素较为复杂多变，不易测量，因此，本研究选择了牛奶拒收次数、是否对接乳企、是否签订购销协议等作为经济社会环境变量指标。第三，投入要素方面。投入变量包含饲料投入、劳动力投入、土地投入、奶牛投入、医药投入、TMR 技术投入等基础性投入。第四，生产者特征要素方面。生产者特征主要涉及奶农个人的综合素质水平，包括奶农经验、受教育水平、技术水平等多个方面。

（三）不同规模奶牛养殖场技术效率测算及分析

1. 第一阶段 DEA 分析

DEA 分析法源自 Banker 等（1986）。与规模报酬不变的 CRS 模型相比较，规模报酬可变的 VRS 模型更容易进行计算，且其结果更加真实可信。规模报酬可变的 VRS 模型分为投入导向型和产出导向型。投入导向型，是指在确定的产出水平下，分析决策单元的最低成本投入。产出导向型，是指在确定的投入水平下，分析决策单元的最高产出水平。考虑奶牛养殖的产出水平相似，因此本研究选取投入导向型 VRS 模型对河北省奶牛养殖技术效率进行分析。

$$\begin{cases} \min\limits_{\theta, \lambda} \theta^k \\ \text{s. t.} \sum\limits_{k=1}^{168} \lambda_k x_n, k \leqslant x_n, k(n=1, 2, 3) \\ y_{m, k} \leqslant \sum\limits_{k=1}^{168} \lambda_k y_{m, k}(m=1) \\ \lambda_k \geqslant (k=1,2,3, \cdots, 168) \\ \sum\limits_{k=1}^{168} \lambda_k = 1 \end{cases} \quad (1)$$

式（1）中，$x_{n,k}$ 代表第 k 个养殖户的第 n 项投入，$y_{m,k}$ 代表第 k 个养殖户的第 m 项产出，λ_k 代表第 n 项投入，第 m 项产出的加权系数，θ^k 表示相应的效率值，取值范围是 $[0, 1]$，$\theta^k = 1$ 时样本效率值最高。本研究来源数据中包含 168 个决策单元，代入投入导向型 VRS 模型，在 DEAP2.1 软件中进行一阶段 DEA 分析，不同规模奶牛养殖场技术效率结果如表 13-8 所示。

表 13-8 第一阶段不同规模奶牛养殖场的技术效率值

规模	技术效率	纯技术效率	规模效率	标准差	最大值	最小值
小规模	0.821	0.881	0.932	0.147	0.935	0.378
中规模	0.892	0.936	0.953	0.101	0.997	0.484
大规模	0.927	0.941	0.985	0.113	1.000	0.443
平均值	0.880	0.919	0.957	0.120	0.977	0.435

从技术效率结果看，小、中和大规模奶牛养殖场的技术效率分别为 0.821、0.892、0.927，其中大规模奶牛养殖场技术效率最高，是小规模奶牛养殖场的 1.13 倍。这说明规模化养殖中，技术效率与规模大小成正相关关系。如果在其他条件不变的前提下，消除技术效率，三种规模的奶牛养殖场分别有 17.9%、10.8%、7.3% 的效率提升空间。在其他价格不变的情况下，改变技术效率可以有效改变奶牛养殖场利润空间。分解技术效率发现，河北省规模奶牛养殖场的纯技术效率低于规模效率，说明纯技术效率较低是影响河北省规模奶牛养殖场效率提升的根本原因。根据规模报酬可变的 VRS 模型假设条件，改小了计算结果代表着奶牛养殖场的经营管理情况。因此，河北省规模化奶牛养殖场效率较低的原因在于自身的经营管理水平较低。

图 13-5 列出了第一阶段技术效率值的分布情况，其中 50% 以上的奶牛养殖场技术效率达到了 0.9～1.0，奶牛养殖场数量达到 96 个，占比达到 57.14%。技术效率达到 0.8～0.9 的奶牛养殖场有 38 个，占比达到 23.21%。技术效率为 0.7～0.8 的奶牛养殖场有 14 个，占比达到 8.33%。技术效率为 0.6～0.7 的奶牛养殖场数量有 11 个，占比达到 6.55%。5 个奶牛养殖场技术效率达到 0.5～0.6，占比达到 2.98%。技术效率在 0.4～0.5 的奶牛养殖场有 2 个，占比为 1.19%。技术效率为 0.3～0.4 的奶牛养殖场占比为 0.60%。

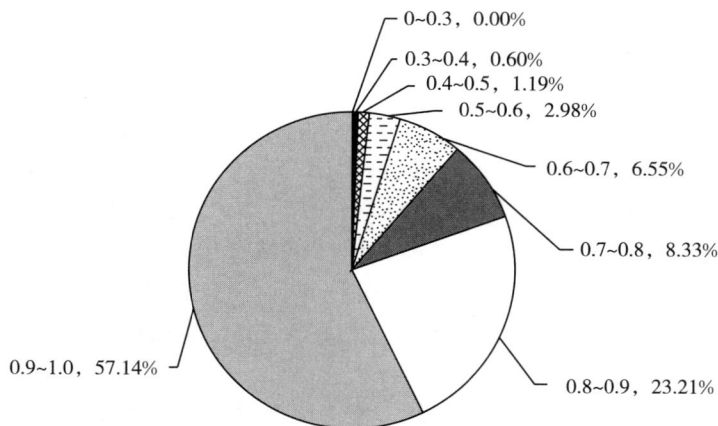

图 13-5 第一阶段技术效率总体分布情况

2. 第二阶段 DEA 分析

VRS 模型不能完全剔除外部环境、随机因素等对测算结果的影响，为了保证结果更加接近实际效率值，需要与参数模型 SFA 结合测算。Fried 等认为，第一阶段数据包络分析得出的投入产出松弛变量，代表了奶牛养殖场当前效率与最优效率之间的差距，主要受到环境因素、管理无效、统计噪音等因素的影响。因此需要采用参数模型，明确三种因素对测算结果的影响程度。

首先，建立松弛变量：

$$S_{n,k} = x_{n,k} - \sum_{k=1}^{168} \lambda_k x_{n,k} \geqslant 0 \quad (n=1,2,3; k=1,2,3,\cdots,168)(2)$$

其中 $S_{n,k}$ 表示第一阶段第 k 个奶牛养殖场在使用第 n 种投入的松弛变量，即最优投入与实际投入量的差值，$\sum_{k=1}^{168} \lambda_k x_{n,k}$ 是对应产出变量 y_k 在投入效率子集上的最优映射。

其次，拟合回归方程：

$$\begin{cases} s_{n,k} = f^n(z_k,\beta^n) + v_{n,k} + u_{n,k} \\ v_{n,k} \sim N(0,\sigma_{v,n}^2) \\ u_{n,k} \sim N(\mu^n,\sigma_{u,n}^2) \end{cases} \quad (3)$$

其中，$n=1$，2，3；$k=1$，2，…，168。$f^n(z_k,\beta^n)$ 是确定可行的松弛前沿，代表不可控影响因素对差额的影响，一般取为 $z_k\beta^n(z_k=z_{1,k}$，$z_{2,k}$，…，$z_{q,k}$；$k=1$，2，…，168)，z_k 为 q 个可观测环境变量，β^n 为待估参数。$v_{n,k}$、$u_{n,k}$ 分别表示统计噪音项和管理无效项，并且 $v_{n,k}$、$u_{n,k}$ 与 z_k 独立不相关。特别地，令 $\gamma=\sigma_{v,n}^2/(\sigma_{v,n}^2+\sigma_{u,n}^2)$，当 γ 趋近于 1 时，管理无效的影响起主导作用；趋近于 0 时，统计噪音的影响占主导作用。

最后，调整投入变量：

$$x_{n,k}^A = x_{n,k} + [\max(z_k\hat{\beta}^n) - z_k\hat{\beta}^n] + [\max(\hat{v}_{n,k}) - \hat{v}_{n,k}] \quad (4)$$

其中，$n=1$，2，3，$k=1$，2，3，…，168。式中 $x_{n,k}^A$ 和 $x_{n,k}$ 分别代表调整前后的投入量，$\max(\hat{v}_{n,k}) - \hat{v}_{n,k}$ 代表把所有奶牛养殖场调整至同一生产环境，即样本中最不利生产的环境。$\max(z_k\hat{\beta}^n) - z_k\hat{\beta}^n$ 代表奶牛养殖主体遇到的最坏运气。利用 SFA 模型通过最大似然法估计出来的结果（$\hat{\beta}^n$，$\hat{\mu}^n$，$\hat{\sigma}_{v,n}^2$，$\hat{\sigma}_{u,n}^2$）及管理无效的条件估计 $\hat{E}(u_{n,k}|v_{n,k}+u_{n,k})$，借鉴 Jondrow 等（1982）的方法将式（3）中的统计噪音与管理无效进行剥离，从而估计每个奶牛养殖主体统计噪音：$\hat{E}(v_{n,k}|v_{n,k}+u_{n,k}) = S_{n,k} - z_k\hat{\beta}^n - \hat{E}(u_{n,k}|v_{n,k}+u_{n,k})$。其中，$n=1$，2，3；$k=1$，2，3，…，168。根据以上结果，向上小幅度调整具有相对不利生产环境及坏运气的奶牛养殖场的投入，向上大幅度调整具有有利生产环境和好运气的奶牛养殖场的投入。

一阶段 DEA 测算中的松弛变量为被解释变量，表 13-9 中的规模奶牛养殖场技术效率影响因素合计作为解释变量，构建参数模型 SFA，在 Front 4.1 软件中进行测算，计算结果如表 13-9 所示。因为该模型是对环境变量进行回归分析，因而对其结果的分析通过其正负号进行判断，正号代表该环境变量的增加会增加投入松弛，造成成本上升、效率降低，负号代表该环境变量的增加不会增加投入松弛。由计算结果可知，环境变量增加导致投入松弛的变量包括是否参加过培训、是否签订购销合同、平均泌乳天数、奶牛分群情况、奶牛养殖模式、有无正规配方、使用胎次、有无额外收入。奶牛养殖场主体受教育程度、是否参加过培训、与乳品企业是否签订购销协议、奶牛养殖头数、平均泌乳天数、有无正规配方、有无额外收入，在1%的水平上检验结果显著，就是说以上因素会导致投入松弛。

表 13 - 9　第二阶段 SFA 估计结果

变量名称	精粗饲料比投入松弛	劳动力投入松弛	土地投入松弛
常数项	67.223 (44.478)	0.717 (4.273)	63.743 (2.091)
SEX	22.291 (42.106)	19.788 (41.814)	2.102 (38.575)
AGE	3.690 (4.244)	9.745 (8.151)	3.939 (3.531)
EDU	0.217 (0.103)	0.218 (0.101)	2.227 (1.012)***
NAT	574.119 (64.384)	360.836 (59.927)	88.394 (51.366)
TIME	3.732 (0.166)	2.338 (0.165)	32.512 (61.261)
TRAN	−33.700 (0.174)***	−2.367 (0.192)	−1.817 (0.126 0)***
CONT	−20.956 (26.259)	−20.269 (25.780)	−42.886 (25.673)***
DIS	0.480 (0.362)	5.058 (1.521)	0.516 (0.341)
LACT	41.978 (31.891)	54.034 (32.237)	8.525 (4.079)
COW	15.882 (6.570)***	4.522 (3.367)	16.849 (12.250)
DAY	−3.251 (4.634)	−2.544 (4.638)	−27.477 (3.950)***
GROUP	−0.117 (9.882)	−10.251 (14.131)	−0.110 (9.811)
VETER	31.213 (3.297)	88.762 (3.347)	7.418 (6.768)
MODEL	−0.101 (0.173)	−9.994 (0.191)	−7.237 (2.214 0)
FORMU	−2.697 (0.854)***	−2.839 (0.278)***	−20.390 (12.392)
PARI	−4.086 (3.813)	−0.453 (0.383)	−4.601 (2.714)
TMR	8.136 (7.697)	7.416 (6.712)	6.094 (2.633)
ALFA	63.972 (13.730)	54.123 (1.259)	2.521 (2.145)
REJE	2.340 (2.427)	22.288 (22.529)	48.509 (1.433)
ENTER	7.057 (8.645)	0.797 (0.863)	4.273 (0.834)
ADD	−58.078 (2.052)***	−1.420 (1.834)	−0.093 (0.163)***
σ^2	3.909 (73.967)***	3.874 (7.589)***	18.493 (24.678)***
γ	349.890 (2.087)	289.603 (2.870)	131.397 (6.294)
μ	73.978 (0.255)	66.988 (0.515)	44.978 (17.939)

注：*** 表示在1%的水平上显著，括号内为标准误差。

3. 第三阶段 DEA 分析

奶牛养殖场受到多个环境变量的影响，且表现为不同的影响程度和方向。同一环境变量对不同规模的奶牛养殖场产生的影响也不尽相同。因此调整模型，用投入 $x_{n,k}^A$ 代替原始投入量 $x_{n,k}$，避免了环境效应与统计噪音的影响，测算结果如表 13 - 10 表示。

表 13 - 10　第三阶段不同规模奶牛养殖场的技术效率值

规模	技术效率	纯技术效率	规模效率	标准差	最大值	最小值
小规模	0.731	0.889	0.822	0.122	0.918	0.325
中规模	0.854	0.951	0.898	0.094	0.953	0.502
大规模	0.828	0.970	0.854	0.100	0.919	0.499
平均值	0.804	0.937	0.858	0.106	0.930	0.442

对比第一阶段 DEA 分析结果与第三阶段 DEA 分析结果，技术效率有明显差异。第三阶段 DEA 分析避免了环境变量、统计噪音的影响，其分析结果中技术效率水平整体都出现了下降，但是不同规模奶牛养殖场的比较发生了变化。中规模奶牛养殖的技术效率最高，为 0.854，是小规模的 1.2 倍；小规模奶牛养殖场技术效率最低，为 0.731，较第一阶段的 0.821 技术效率水平下降了 10.96%，降幅明显；大规模奶牛养殖场技术效率为 0.828。三阶段分析结果中纯技术效率较第一阶段分析结果都有所增长，小规模奶牛养殖场纯技术效率上升了 0.91%，中规模奶牛养殖场纯技术效率上升了 1.60%，大规模奶牛养殖场纯技术效率上升了 3.08%。三阶段分析结果中规模效率较第一阶段分析结果有所下降，小规模奶牛养殖场规模效率下降了 11.80%，中规模奶牛养殖场规模效率下降了 0.57%，大规模奶牛养殖场规模效率下降了 13.03%，规模效率降幅最为明显。从平均效率水平看，河北省奶牛养殖场纯技术效率高于规模效率，说明规模效率差是影响河北省奶牛养殖技术效率水平的关键。因此，应当从规模效率方面入手，通过调整奶牛养殖场规模实现整体技术效率水平的提高。

对比第三阶段 DEA 分析结果中技术效率水平的分布情况可知，河北省奶牛养殖场技术效率水平在 0.9～1.0 的占比达到了 52.38%，占比最大；其次是技术效率水平在 0.8～0.9 的奶牛养殖场，占比达到了 27.38%；再次是技术效率水平在 0.7～0.8 的奶牛养殖场，约有 15 个，占比为 8.93%；技术效率水平在 0.6～0.7 的奶牛养殖场约有 11 个，占比为 6.55%；技术效率在 0.5～0.6、0.4～0.5、0.3～0.4 的奶牛养殖场占比分别为 2.38%、1.19% 和 1.19%；技术效率在 0.3 以下的奶牛养殖场不存在（图 13 - 6）。

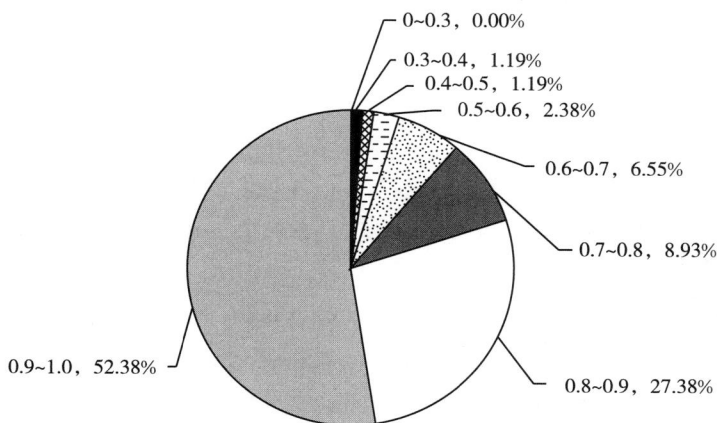

图 13 - 6　第三阶段技术效率总体分布情况

（四）影响技术效率的因素分析

在分析得到技术效率水平的基础上，需要对其具体影响因素加以分析，从而通过改善关键因素，达到提升整体技术效率水平的目的。基于第三阶段 DEA 分析，采取 DEA - Tobit 两步法进行分析，以 DEA 技术效率分析结果中的技术效率作为被解释变量，以技术效率的可能影响因素作为解释变量，通过 Tobit 回归模型分析解释变量与被解释变量之间的关系情况，从而寻找出关键指标。之所以选择 Tobit 回归模型，是因为技术效率的值较小，介于 0 和 1 之间，如果采用 OLS 进行估值计算，容易出现偏差且结果非一致的情况。具体回归过程如下：

建立 Tobit 模型：

$$TE_n = \beta_0 + \beta_n \ln X_n + \varepsilon_n \qquad (5)$$

其中 $n=1$，2，3，$\cdots$，21，X_n 为各环境变量，β_0 为常数项，β_n 为模型待估系数，ε_n 为随机扰动项，且 $\varepsilon_n \sim N(0, \sigma^2)$。$TE_n$ 为第 n 个奶牛养殖场对应的技术效率值。且当 TE * （观察到的因变量）大于 1 时，效率值取 1；当 TE * 小于 1 时，取其本身。

应用 Eviews 8.0 软件对河北省奶牛养殖技术效率的影响因素进行回归分析，结果如表 13 - 11 所示。回归分析结果中，正值代表该因素与技术效率之间是负相关的，负值代表该因素与技术效率之间是正相关的。由表中 T 值的分布情况可知，与技术效率无关的因素包括性别、年龄、受教育程度、是否本地人、是否签订合同、与居民区距离、奶牛分群情况、是否有专门兽医、苜蓿来源、拒收次数和对接乳品企业，与技术效率正相关的因素包括饲养奶牛头数，养殖模式，使用胎次，其他因素为负相关。

表 13－11　各因素对河北省奶牛养殖场技术效率影响情况

变量名称	系数	T 值	变量名称	系数	T 值
c	0.831 3*	3.575 4	DAY	−0.070 0**	−0.779 8
SEX	0.033 9	0.468 5	GROUP	−0.021 7	−0.863 1
AGE	0.003 2	1.388 1	VETER	−0.013 7	−0.251 0
EDU	−0.030 4	−1.315 3	MODEL	0.017 8*	0.793 1
NAT	0.060 0	1.028 2	FORMU	−0.091 9***	−0.558 8
TIME	−0.008 0*	−0.236 6	PARI	0.024 6**	0.036 7
TRAIN	−0.039 3*	−0.434 3	TMR	−0.310 1***	−0.473 9
CONT	0.014 5	0.156 0	ALFA	0.013 1	0.337 7
DIS	0.096 8	0.189 1	REJE	0.000 2	1.840 4
LACT	−0.275 0**	−0.509 9	ENTER	0.015 5	1.192 2
COW	0.515 0***	0.113 6	ADD	−0.016 8*	−0.355 3
R－squared	0.209 3		Log likelihood	60.388 1	

注：＊、＊＊、＊＊＊分别表示在10％、5％、1％水平上显著。

根据 Tobit 回归结果可以看出，从影响因素中与养殖主体相关的因素来看，养殖主体的年龄、受教育程度、性别、是否本地人对技术效率的影响都不显著，说明是无关的影响因素。而养殖主体的经验对技术效率的提高能够发挥明显作用，参加过技术培训的养殖主体也能够在技术效率中发挥培训的价值。因此，无论是政府组织的技术培训，还是乳品企业向养殖场提供的技术指导服务，都能够对养殖场技术效率提高发挥积极作用。从乳品企业方面看，养殖主体与乳品企业长期合作关系有利于降低养殖主体需要承担的市场风险，但是这种长期合作关系或者购销合同并不能提高养殖主体的技术效率。

从奶牛养殖环节的影响因素看，养殖场的养殖规模与技术效率之间成负相关。奶牛养殖规模的扩大，不仅不会对技术效率提高提供帮助，反而会增加饲养难度和投入，降低经营灵活性，导致技术效率水平下降。第一，从奶牛种群的结构来看，奶牛种群中泌乳牛所占比重及其平均泌乳天数对养殖场技术效率的高低有明显影响。更高的泌乳牛比重，说明有更多的奶牛能够为养殖场产奶作贡献，同时泌乳牛平均泌乳天数越长对提高技术效率水平越有利。第二，从奶牛饲养方面来看，奶牛饲养规模及其使用胎次与养殖场技术效率呈负相关。奶牛饲养规模越大、使用胎次越长越不利于养殖场技术效率的提高，相反奶牛饲养规模越小、使用胎次越短越有利于养殖场技术效率的提高。一般来看，河北省奶牛养殖场多以黑白花牛为主，这种奶牛平均使用胎次为 3～4 次，甚至达到 5～6 次，较高的使用胎次导致了养殖场技术效率低下。第三，从养殖场养殖模式看，奶牛养殖场的养殖模式选择是否合适、养殖配方是够正规也是影响技术效率的重要因素。选择适合的养殖模式有利于成本的减少和技术效率的提高。目前，可以选择多种奶牛养殖模式，主要有乳企自建、养殖小区、家庭牧场、租赁牧场和混合经营模式。由于各种养殖模式的经营方式、管理条件等都不相同，其造成的技术效率差异明显。其中，传统的养殖小区模式逐渐被淘汰，更多的养殖场选择租赁牧场模式或者乳企自建模式。各种模式都有优劣，关键在于选择适合的养殖模式，才不会造成成本的浪费，从而最大限度地保证效率。此外，奶牛养殖场是否拥有正规饲养配方也是影响技术效率的关键。奶牛饲养配方是养殖过程中的关键因素，如果没有正规饲养配方就会对牛奶产量和品质等造成不利影响。因此，要想保证产奶量和奶质，养殖场就务必要掌握正规配方。正规配方多来源于有合作关系的乳品企业，因此需要建立一定的长期合作关系。

三、不同规模奶牛养殖场的配置效率分析

（一）配置效率分析方法的选定

基于配置效率的经济内涵可知，配置效率与技术效率的乘积就是经济效率。在分析过程中，对经济效率内涵不作具体规定。根据数据类型、行为假设和效率类型，对其关系进行了梳理，如表 13-12 所示。

表 13-12　经济效率具体类型与数据类型、行为假设之间关系

数据类型	行为假设	效率类型
投入数量、产出数量	无	技术效率（指向产出和指向投入）
投入数量、产出数量、投入价格	成本最小化	成本效率及其分解的技术效率、配置效率（指向投入）
投入数量、产出数量、产出价格	收益最大化	收益效率投入数量、产出数量（指向投入）
投入数量、产出数量、投入数量、产出价格	利润最大化	利润效率及其分解的技术效率、配置效率（指向投入和指向产出）

资料来源：Coelli 等（1998）。

本研究所使用数据来源于对河北省规模化奶牛养殖场的调研，样本数据内容包括奶牛养殖的基本信息、投入信息、产出信息等。在进行投入产出分析时，设定利润最大或者成本最小的假定目标，利用调查数据进行分析。但是，在实际走访调查中发现规模相当的养殖在经营方式、产奶量、交易价等方面差异并不明显且相对稳定。在这种相对稳定的产出环境中，要想提高养殖场的经济效益，就只能从成本投入方面着手。因此，本研究选择成本最小作为假定目

标，对当前调查数据进行测算，比较收益相当的情况下养殖场的成本投入，从而得到配置效率、技术效率、经济效率之间的关系。具体研究方法，仍选择上文使用的 DEA 模型，对投入要素进行测算。

（二）指标的设定

为提高河北省规模化奶牛养殖场配置效率分析结果的准确度，特选择与奶牛养殖密切相关的投入和产出要素作为指标。根据与测算技术效率时相同的指标选取原则，选定了原料奶年产量为产出指标，依据成本最小化假设下要求的数据类型，投入指标又添加了劳动力投入额和土地投入额。劳动力投入额是劳动力投入量的辅助指标，旨在衡量每个奶牛养殖场人均工资水平，以元/人为核算单位。土地投入额则为土地投入量的辅助指标，养殖场采用固定年租金或以当年玉米和小麦价格乘以作物重量来计价的浮动租金，以元/亩为单位（表 13-13）。特别地，由于各个奶牛养殖场粗饲料构成差异明显，且玉米、豆粕波动幅度较大，饲料投入额核算难度较高，因此，未将精、粗饲料价格纳入研究范围。

表 13-13 配置效率测度的指标

指标	具体指标	计量单位
产出指标	原料奶年产量	千克/头
投入指标	精饲料与粗饲料的量比	千克/千克
	劳动力投入量	工日/头
	劳动力投入额	元/人
	土地投入量	亩/头
	土地投入额	元/亩

（三）不同规模奶牛养殖场配置效率的测定及分析

利用 DEA 2.1 软件对 VRS 模型进行测算，将河北省规模养殖调查数据代入模型中，进行投入和产出测度分析，最终得到成本效率，经整理后如表 13-14 所示。成本效率与技术效率之比即为规模效率，其取值范围是 [0，1]，规模效率越大说明奶牛养殖场规模越合适。由计算结果分布情况可知，河北省不同规模奶牛养殖场配置效率差异较小，总体维持在 0.810～0.901 的水平，总体配置水平较低。这说明在技术水平一定的前提下，最优要素投入组合的产出效率是较低的。小规模奶牛养殖场配置效率为 0.844，中规模奶牛养殖场配置效率为 0.901，大规模奶牛养殖场配置效率为 0.810。其中，中规模奶牛养殖场配置效率最高，是大规模奶牛养殖场的 1.11 倍；大规模奶牛养殖场配置效率最低；小规模奶牛养殖场配置效率介于二者之间。因此，中规模奶牛养殖场要素投入效率可提升空间为 9.9％，大规模奶牛养殖场要素投入效率可提升空间为 19.0％，小规模奶牛养殖场要素投入效率可提升空间为 15.6％，养殖场配置效率越高，越有利于经济效率的提升。

表 13－14　河北省不同规模奶牛养殖场配置效率值

规模	配置效率	标准差	最大值	最小值
小规模	0.844	0.093	0.943	0.275
中规模	0.901	0.068	0.939	0.471
大规模	0.810	0.082	0.957	0.363
平均值	0.852	0.081	0.946	0.370

此外，技术效率也是提升经济效率的重要手段。在配置效率不断优化的过程中，应当提高技术水平，发挥技术效率的作用。二者是相互支持的关系，需要共同提高，才能实现养殖场经济效率的提升。

根据配置效率的综合分布情况（图 13－7），可以发现，河北省不同规模奶牛养殖场配置效率以 0.9～1.0 水平的居多，占比为 48.21％，共 81 家。配置效率为 0.8～0.9 的奶牛养殖场，占比为 27.38％，共 46 家。配置效率为 0.7～0.8 的奶牛养殖场，占比为 9.52％，共 16 家。配置效率为 0.6～0.7 的奶牛养殖场，占比为 7.74％，共 13 家。配置效率为 0.5～0.6 的奶牛养殖场，占比为 3.58％，共 6 家。配置效率为 0.4～0.5 的奶牛养殖场，占比为 1.79％，共 3 家。配置效率为 0.3～0.4 的奶牛养殖场，占比为 1.19％，共 2 家。配置效率在 0.3 以下的奶牛养殖场仅有 1 家，占比为 0.60％。并且有 97 个奶牛养殖场的配置效率高于样本平均值，占样本总量的 57.74％。

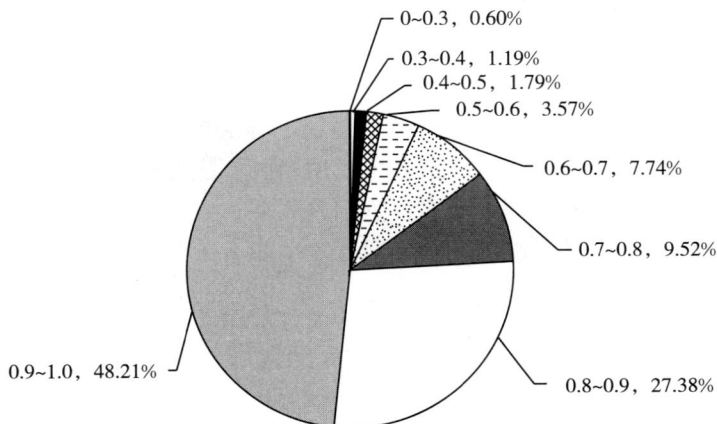

图 13－7　配置效率总体分布情况

(四) 配置效率影响因素分析

河北省奶牛养殖场配置效率影响因素分析仍然选用 Tobit 模型，建立 Tobit 模型：

$$PE_n = \beta_0 + \beta_n \ln X_n + \varepsilon_n \qquad (6)$$

其中 $n=1$，2，3，…，21，X_n 为各环境变量，β_0 为常数项，β_n 为模型待估系数，ε_n 为随机扰动项，且 $\varepsilon_n \sim N(0, \sigma^2)$。$PE_n$ 为第 n 个奶牛养殖场对应的配置效率值。且当 PE∗（观察到的因变量）大于 1 时，效率值取 1；当 PE∗ 小于 1 时，取其本身。

本部分选择的环境变量大致分为以下五类，具体变量解释如下。

反映养殖场主特征的变量：性别（SEX）、年龄（AGE）、受教育程度（EDU）、是否本地人（NAT）。

奶牛养殖情况：泌乳牛比例（LACT）、饲养奶牛头数（COW）、奶牛泌乳天数（DAY）、养殖模式（MODEL）。

养殖技能的变量：从事奶牛饲养时间（TIME）、是否参加过培训（TRAIN）、饲养奶牛分群情况（GROUP）、是否有专门兽医（VETER）、使用胎次（PARI）、有没有正规配方（PORMU）。

销售情况变量：与乳品企业是否签订购销协议（COUNT）、对接乳品企业（ENTER）、拒收次数（REJE）。

其他：与居民区距离（DIS）、苜蓿来源（ALFA）、使用 TMR 台数（TMR）、有无其他收入（ADD）。

运用 Eviews 8.0 软件对河北省奶牛养殖场配置效率影响因素进行回归分析，如表 13－15 所示。结果为正值说明该变量与配置效率呈负相关，结果为负值说明该变量与配置效率呈正相关。根据表中结果可知，与配置效率不相关的因素包括养殖场主的性别、年龄、是否本地人、奶牛饲养时间、是否参加正规培训、养殖场与居民区距离、是否有专门兽医、奶牛饲养模式、苜蓿来源、拒收次数和对接乳品企业变量，与配置效率呈正相关关系的包括性别、年龄、是否本地人、是否与乳品企业签订购销协议、与居民区距离、平均泌乳天数、奶牛分群情况、有无正规配方、泌乳牛使用胎次、苜蓿来源、对接乳品加工企业及有无额外收入因素，其他因素为负相关关系。

与养殖主体相关的影响因素中，配置效率并不受养殖者的性别、年龄、是否本地人因素的影响。养殖者受教育程度在 10% 的显著性水平上，与配置效率呈负相关关系，即受教育程度越高，养殖场配置效率越低。究其原因，主要是受教育程度越高，养殖者在管理经营过程中考虑的因素越多，更加顾虑，不利于经营决策的制定。养殖者饲养时间的长短与配置效率呈负相关关系，即养殖时间越长，对养殖场配置效率越不利。究其原因，主要是长时间的饲养经历让养殖者更倾向于相信自己的经验，这与奶牛养殖规模化、标准化、智能化发展是不匹配的，长期来看势必会阻碍养殖场配置效率的提高。以上两个因素相比较，受教育程度因素的系数更多，说明配置效率受受教育程度因素的影响程度远大于饲养时间的影响程度。然而，在分析结果中，是否参加过正规培训并没有对配置效率发挥作用。究其原因，可能是当前智能化养殖处于起步阶段，且各地各单位组织的培训较少，尚未显现其作用。

表 13 - 15　各因素对河北省奶牛养殖场配置效率影响情况

变量名称	系数	T 值	变量名称	系数	T 值
c	8.132 1***	1.862 8	DAY	−0.258 6***	−1.147 4
SEX	−0.026 7	−0.220 5	GROUP	−0.036 6*	−2.168 6
AGE	−0.009 4	−0.730 9	VETER	0.186 9	0.702 2
EDU	0.062 9*	1.917 5	MODEL	0.074 9**	0.288 1
NAT	−0.170 2	−1.398 7	FORMU	−0.019 4**	−0.101 9
TIME	0.021 4	1.190 5	PARI	−0.123 6	−0.224 5
TRAIN	0.074 2	0.566 9	TMR	0.845 3	0.196 5
CONT	−0.599 1*	−0.530 3	ALFA	−0.052 4*	−0.643 3
DIS	−0.321 2	−1.005 4	REJE	0.061 1	0.239 8
LACT	0.743 1	0.330 2	ENTER	−0.145 8	−1.485 9
COW	0.905 8***	0.119 1	ADD	−0.997***	−0.003 8
R - squared	0.258 4		Log likelihood	354.265 7	

注：*、**、***分别表示在10%、5%、1%水平上显著。

与奶牛养殖相关的影响因素中，配置效率受到饲养规模的影响明显。在1%的显著性水平上，奶牛饲养规模与配置效率呈正相关关系，即奶牛饲养规模越大，管理成本越高，对管理技术要求更高，如果不能达到与之适应的养殖水平，养殖场配置效率就会越低。第一，在种群构成中，泌乳牛的占比对养殖场产奶量有直接影响，泌乳牛占比越高，产奶量越高，配置效率越高。但是随着泌乳牛产能的下降和淘汰，必须保证较高的泌乳牛占比才能实现较高的配置效率。泌乳牛的平均泌乳天数也会影响配置效率，应当保持较高的平均泌乳天数。第二，在使用胎次方面，使用胎次越多，奶牛的产能就会下降，成本不变或增加的基础上，越来越低的产奶量会导致配置效率的降低。当前，河北省规模化奶牛养殖场的使用胎次情况都不乐观，因此养殖场主应当注意保持牛群的高质才能保障高产，实现更高的配置效率。

（五）规模化奶牛养殖场技术效率和配置效率的影响因素对比分析

为了对养殖场技术效率、配置效率影响进行具体解释，对两种效率的影响因素进行了归纳对比，总结结果如表 13 - 16 所示。

表 13 - 16　各因素影响技术效率、配置效率情况汇总

变量名称	对技术效率的影响	对配置效率的影响	变量名称	对技术效率的影响	对配置效率的影响
c			DAY	（＋）	（＋）
SEX			GROUP		（＋）
AGE			VETER		
EDU		（－）	MODEL	（－）	（－）
NAT			FORMU	（＋）	（＋）
TIME	（＋）		PARI	（－）	
TRAIN	（＋）		TMR	（＋）	
CONT		（＋）	ALFA		（＋）
DIS			REJE		
LACT	（＋）		ENTER		
COW	（－）	（－）	ADD	（＋）	（＋）

注：其中（＋）代表正向影响，（－）代表负向影响，没有标注的为不产生影响的因素。

1. 同时影响技术效率和配置效率的因素

根据上表可知，对于两种效率的影响，存在一些共同因素。主要包括：①奶牛饲养头数。奶牛饲养头数直接影响着养殖场规模大小，不同规模的养殖场配置效率和技术效率有所不同，可见奶牛饲养头数是关键的影响因素。饲养规模对技术效率和配置效率的影响，主要表现为中等规模养殖场的技术效率和配置效率最高，大规模养殖场的技术效率和配置效率都比较低。②平均泌乳天数。奶牛泌乳天数直接影响着养殖场出奶量的多少，平均泌乳天数越多，越有利于技术效率和配置效率的提高。因此，奶牛养殖场需要保证一定的泌乳牛的占比和更高的泌乳天数。③养殖模式。与养殖规模相配套的养殖模式是提高技术效率和配置效率的关键，并不是规模越大越好，而应当是越适合越有利。随着租赁牧场模式和乳企自建模式的蓬勃发展，养殖场应当寻找合适的养殖模式，从而降低投入浪费，提高经济效益。④饲料配方。饲料喂养是奶牛养殖的关键和主要内容之一，是否有正规饲料配方直接影响奶牛生长和产奶量情况。因此，建议选择乳企自建养殖场或者养殖场与企业长期合作的方式，以保障对正规配方的使用权。

2. 仅对技术效率产生影响的因素

对比发现，存在部分影响因素只对技术效率有影响，而对配置效率没有影

响。主要包括：①奶牛饲养时间。TIME越长，饲养者对新技术、新理念、新模式的理解和接受能力越差，不利于技术要素发挥其作用。因此饲养时间仅对技术效率有明显影响。②是否参加正规培训。正规培训主要对象是养殖场主及饲养人员，也属于养殖场主自身方面的因素，养殖业主个人素质的提高有利于技术效率的提高。③泌乳牛比例。奶牛养殖场需要保障泌乳牛更替中稳定的牛群占比，才能够保障稳定的牛奶产出。对于泌乳牛的筛选、甄别和养护，需要一定的技术因素。

3. 仅对配置效率产生影响的因素

在所选择的变量中，仅对配置效率产生影响的因素包括：①受教育程度。养殖主体的受基础教育程度对配置效率有负向影响，受教育程度越高，在管理及决策过程中往往考虑的面更广些，过于谨慎，从而出现顾此失彼的现象。而该变量未对技术效率产生影响。②与乳品加工企业是否签订购销协议。奶牛养殖场与乳品企业之间稳定的合作关系有助于降低养殖场面临的价格风险，减少生产不确定性造成的损失，对配置效率产生积极影响，但其对奶牛的饲养管理技术并不产生影响。③奶牛分群情况。93.56％的奶牛养殖场进行分群管理，牛群可以分为泌乳牛、青年牛、育成牛、干奶牛等形式。对奶牛分群，进行精细化管理，有助于增强养殖场应对外来环境干扰的能力，对配置效率产生显著影响。④苜蓿来源。苜蓿作为饲料的主要组成部分，其来源对配置效率构成显著影响，主要原因是进口与国产苜蓿在干湿水分比例、价格、口感、营养等方面均存在较大差异，且进口苜蓿的营养物质对提高奶牛自身体质，增强免疫力有益。

4. 对技术效率和配置效率均不产生影响的因素

所选择的变量中，有7个因素对技术效率和配置效率不产生影响，包括：①性别。在调查过程中，91.1％养殖场负责人为男性，占较大比例，8.9％为女性，但性别并未对两种效率构成影响，由此可见，男、女在奶牛养殖管理决策中的差距并不大。②年龄。养殖主体的年龄是个综合性指标，包含自身年龄及劳动力强度，对未来预期情况等信息，年龄并不与奶牛养殖经验或能力成正相关，因此年龄变量对两种效率的影响并不显著。③是否本地人。奶牛养殖主体是否本地人对奶牛养殖的技术效率、配置效率不产生影响。④与居民区距离。养殖场与居民区之间的距离涉及奶牛养殖过程中排放的污染物是否对周围居民产生影响，距离越远，与周围居民发生冲突的概率越低。估计结果显示养殖场与居民区距离对奶牛养殖不会起任何作用。⑤是否有专门兽医。奶牛养殖场专门的兽医可以及时发现、治疗存在疫病的奶牛，抑制病情的恶化，但与养殖场的技术效率和配置效率并不构成显著影响。⑥拒收次数。原料奶被拒收次数较多容易降低养殖信心，但其影响程度甚微，不足以成为影响两种效率的重要因素。⑦对接乳品企业。各家乳品企业与养殖场签订的购销协议内容大致相同，对奶牛养殖场的技术效率和配置效率不起任何作用。

第三节　促进河北省奶业经济绩效提升的对策建议

一、适度规模化经营，推进标准化专业化生产

中规模奶牛养殖的技术效率和配置效率都是最高的，规模大并未体现其规模优势。因此，适度规模化经营有助于提升效率。实现规模化经营，是发展高产、优质、高效奶业的必由之路。选择适度规模经营，需要结合养殖场的地理环境、自然条件、农作物结构、土地吸纳指数、投资者经济实力等综合因素，合理布局。充分做好调研和风险评估工作，全面梳理养殖过程中出现的问题，作出客观判断及评价。另外，要从长远角度适当调整牛群结构。河北省泌乳牛总体比例偏高，由于饲料成本的不断上涨，奶牛养殖场加快了对老弱病残牛的淘汰速度，而青年牛无法及时转为泌乳牛，会造成原料奶供应的阶段性波动，不利于养殖场的持续经营。

通过加大宣传力度，提升奶牛养殖户对标准化养殖可行性及必然性的认识。建立包括母牛选种选配、产犊、牛群周转、饲料、劳动力、产奶在内的生产管理规范，指导奶牛养殖场进行标准专业化生产，使各生产项目目标明确，有章可循。并定期检查、总结，以提高计划完成率，为下一年的生产计划提供参考依据。廊坊、唐山一带可以充分发挥区域优势，在推进集生产、加工、销售于一体化模式的基础上，不断向标准化、规模化、集约化发展。

二、加强职业技术培训，加快技术推广进程

由乳品加工企业、饲料生产企业及政府部门组织的培训大多是针对养殖技术方面的指导，较少涉及如何应对市场波动方面信息。因此，奶牛养殖场可以通过定期举办技术培训班，邀请专家讲座，参加社会职业技术培训班等途径，对原料奶从业人员进行综合指导，使他们掌握奶牛养殖的科学知识和技能，使其能依据原料奶价格的波动，合理预期供需情况，及时调整生产及管理方向。通过各种途径实现奶牛养殖场人员、资金、技术、设备的协调与使用，使奶牛养殖业沿着健康高效的轨道运行。

全方位加快技术推广进程，不仅需要加大对奶牛饲养管理关键技术、营养调控技术、饲料加工技术、粪污处理技术等方面的科技投入力度，还需要促进科学技术成果的转化，积极推进奶牛养殖综合配套技术的推广。例如，在饲养管理方面，采用全混合日粮饲料饲喂技术，提高奶牛的单产及平均泌乳天数。

分群管理奶牛，降低疫病传染率，提高管理精细化程度。在疫病疫情方面，重点推广奶牛疫病防控技术，健全口蹄病、乳房炎等疫情防治体系。在粪污处理方面，积极推广粪便生物发酵无害化处理技术，实现资源的循环利用及养殖场的可持续发展。

三、密切养殖场与乳企关系，共建"利益共沾，风险共担"新机制

奶牛养殖场与乳品制造企业的关系是唇齿相依的，要想实现双方共同发展的理想目标，就需要密切二者之间的关系，构建利益共同体，实现风险共担和利益共享。即使在奶价制定、产品检测等方面乳品制造商占据明显优势，乳企也应当充分尊重奶牛养殖场在乳制品产业链中的重要地位和作用，保障奶牛养殖场充分发挥其作用也是保障乳企原材料供应稳定性的重要要求。因此，在利益博弈过程中，乳企应当在保障自身利益的同时，尽量不侵犯奶牛养殖场的切身利益。在此基础上，乳企还应与奶牛养殖场建立长效合作，在经济形势较好的时候实现利益分享，在经济形势较差的时候实现风险共担。为了实现双赢，乳企应通过长效合作机制对奶牛养殖场予以技术指导，也为提高奶源质量提供一定保障。

四、完善多元化补贴政策，健全社会化服务体系

扩大补贴范围，细化补贴政策。第一，在现有财政补贴政策的基础上，增加奶牛良种补贴力度，鼓励奶农保证牛群结构的质量，尤其是对优质牛、泌乳牛的补贴。第二，扩大奶牛补贴范围。除了对奶牛良种的补贴，应增加奶牛生产中的机器设备补贴、农业保险补贴、价格补贴等更多的补贴内容，在多个方面予以奶牛养殖场政策支持。第三，丰富奶牛补贴方式。采取明补、暗补及明补暗补相结合的方式，在成本投入、融资、销售等多个环节进行补贴，保障补贴政策的落实。

完善社会服务，提供优质发展环境。奶牛养殖场在资金、技术、信息等方面均处于劣势地位，受到一定的社会服务不完善的影响。为了缓解这一问题，在技术方面，政府应当建立社会化公共信息平台，保障信息流动自由。在技术方面，引导冷藏技术、冷链技术、乳制品初加工技术的升级，乳企应当对自己的上游产业给予一定的技术支持。在资金方面，政府通过支持农业小额贷款，企业保障销售款的及时支付，都能够为养殖者提供更加充足的资金来源。

五、发挥高效养殖场示范带头作用，拓宽交流学习渠道

推动高效率养殖场的建设，发挥带头作用，加强养殖场之间的信息交流。

主要方式包括：第一，鼓励高效率养殖场通过"传帮带""一对一"的方式帮助其他养殖场提高效率；第二，通过电视采访、报道、宣讲等方式，宣传成功养殖模式，分享成功养殖经验；第三，构建地区或者行业合作组织，通过组织内的团结协作促进高效率养殖场建设。

六、采用多种环境规制方式，提高环境规制效果

首先，改变先污染后治理的传统环境保护模式，通过奶牛养殖生产环境控制技术、粪便资源化利用技术、生态养殖技术、污染控制技术的研发和推广，从源头上尽可能减少污染物的产生量。其次，政府相关部门应采取与养殖场改造相配套的"以奖代补"等激励政策，加大粪污治理设备的补贴额度和覆盖面，促进奶牛养殖粪污循环利用和生态环境保护。最后，实施养殖粪污分区治理。分析六大区域的土地、地表水、经济负荷压力，依据土地和水环境承载力，合理规划各区域的养殖规模，积极推进种养结合，制定相应的技术规范和污染物排放标准，因地制宜，加强管理。

第十四章　河北奶业振兴重大技术创新专项绩效评价研究

第一节　河北奶业振兴重大技术创新专项实施现状

一、河北奶业振兴重大技术创新专项实施现状

作为奶业大省，响应党中央提出的奶业振兴号召，提高奶业技术创新，加快推进奶业振兴步伐。因此在 2019 年 4 月河北省科技厅研究编制的 2019 年度河北省省级科技计划项目申报指南中包含奶业振兴重大技术创新专项。专项包含支持奶业振兴重大技术创新专项项目 50 项左右，具体承担单位如表 14 - 1 所示。

表 14 - 1　河北奶业振兴重大技术创新专项承担单位情况

单位类别	数量（个）	占比（%）
政府单位	10	20
科研院所	17	34
高等院校	14	28
企业	9	18

专项具体分类如表 14 - 2 所示。

表 14 - 2　河北奶业振兴重大技术创新专项技术类别

技术类别	数量（个）	占比（%）
奶牛良种繁育技术	4	8
优质粗饲料生产技术	12	24
营养与饲养技术	9	18
疫病防控技术	9	18
废弃物资源化利用	3	6
乳品研发与品牌创建	13	26

专项中每个项目财政资金支持强度为 50 万元左右，项目执行期一般为 2～3

年。作为一个刚刚兴起的创新专项,众多项目都没有结题,目前尚无关于河北奶业振兴重大技术创新专项的绩效评价研究,因此本文的研究对河北奶业振兴重大技术创新专项的绩效评价具有一定借鉴意义,也相信未来会有越来越多的关于奶业振兴重大技术创新专项的绩效评价研究。

二、河北省省级科技计划项目绩效评价现状

虽然河北奶业振兴重大技术创新专项是一个刚刚兴起的项目,专家学者对它的研究较少,但河北省曾开展省级重大科技成果转化项目的绩效评价工作,也对河北省省级科技计划项目的绩效评价起到了借鉴作用。2018 年河北省财政厅发布《河北省省级重大科技成果转化项目绩效评价报告》,通过设立绩效评价指标并打分的方式,发现科技成果转化项目的实施取得了良好效益,激活了企业创新创业活力,大大提高了河北省的生产力水平。

近几年河北省发布了多个省级科技计划项目,绩效评价工作任重道远。当前河北省关于省级科技计划项目的绩效评价方法较单一,虽然有些专家学者用到了一些评价方法,如层次分析法和德尔菲法,但相关评价管理部门的评价人员仍依靠自身经验对评价指标的权重进行主观赋值法,对评价结果的科学性和严谨性产生了较大影响。此外,对实施环节和验收环节疏于管理,成果转化率偏低。目前河北省省级科技计划项目绩效评价尚无相关政策性的法律法规,绩效评价工作的顺利开展,需要法律制度的制约和监督。而一套健全的绩效评价体系也是必不可缺的,评价指标应根据项目的差异性有所调整,指标的设立也应该使用科学的方法进行选择,以反映综合的评价结果。省级科技计划项目的绩效评价工作不容忽视,需要借助多部门协同合作,才能建立协调统一的绩效评价体系,从而得到一个科学、合理、精确的评价结果。

第二节　河北奶业振兴重大技术创新专项
绩效评价指标体系的构建

一、绩效评价指标体系构建的目标和原则

(一)绩效评价指标体系构建的目标

河北奶业振兴重大技术创新专项是政府作为发起者确定发展方向,投入财政资金,相关部门(省科技厅)作为组织者并负责管理和监督,最终由科研单位、高校、企业等实施者承担,进行具体项目创新与研发的活动。为检验项目实际成果,对专项进行绩效评价,因此绩效评价指标体系构建的目标应该围绕发起者、组织者和实施者展开。首先,绩效评价指标体系构建的目标是衡量河北奶业振兴重大技术创新专项中立项是否规范合理,财政资金投入是否科学有

效，资金发放是否及时到位，为政府日后发起更多的科技计划项目在确定发展方向，资金投入方面提供借鉴。其次，绩效评价指标体系应反映项目预算的合理性，项目管理制度的健全性和财务管理制度的有效性，为专项组织部门提供项目管理依据和监督职能。最后，针对项目实施后的实际结果，绩效评价指标体系构建的目标是提供精确、完整的信息，让项目实施者看到全面的科研成果，并衡量项目在经济、社会、环境等方面的效益，以实现资金投入和综合效益的协调统一。通过对河北奶业振兴重大技术创新专项绩效评价指标体系的构建，对项目的绩效管理水平进行判断，清晰明了地看到专项实施的最终成果和产生的效益，并发现其中的不足，提出对策和建议，增强财政资金的使用效率，提高科技计划项目的管理水平，更好地促进绩效评价指标体系的构建。

（二）绩效评价指标体系构建的原则

1. 科学性原则

在构建绩效评价指标体系时，必须采用科学的方法选取指标，根据收集到的准确数据，按照定性评价与定量评价相结合，理论与实际相结合的方式，使绩效评价指标体系严谨科学，这样才能保证绩效评价结果的客观和准确。

2. 系统性原则

绩效评价指标体系根据专项的具体内容，形成一个层次结构，各层次指标构成一个完整的系统，全面反映专项的整个实施过程。评价指标的设计要以全局为重，系统完整地反映绩效评价的目标。

3. 可理解性原则

绩效评价应提供准确有效、清晰明了的评价结果，因此，评价结果要便于项目组织者和实施者理解。指标选择尽量简化，层次划分准确，使评价人员在评价过程中的具体操作合理规范，从而得到容易理解的评价结果，为项目管理提供依据。

4. 可操作性

构建绩效评价指标体系，重点在于实际应用。因此，对于绩效评价方法的选择不要过于复杂。没必要一味地追求顾全项目的各个方面，计算各级指标权重，而采用过于烦琐、深奥的研究方法，保证科学合理即可，没有十全十美的绩效评价方法。在指标的设计上也要通俗易懂，从而使整个绩效评价流程易于上手操作。

5. 体现绩效目标要求

根据目标一致性原则，绩效评价指标要与绩效目标保持一致型。因此，对绩效评价指标体系的构建要体现绩效目标的要求。绩效评价指标体系的设立必须体现绩效目标，坚持可持续发展的原则。

二、绩效评价指标的选择

采用文献分析法，收集大量有关绩效评价的文献和国内各省市开展的科技计划项目绩效评价指标表，如河北省现代农业技术体系创新团队建设项目绩效评价指标表、河北省省级引智项目绩效评价评分表、内蒙古应用研究类项目绩效评价指标表等，筛选出与本研究有关的指标，再采用实地调查法，到河北奶业振兴重大技术创新专项中申请项目的单位和企业进行调研，了解项目的完成情况和项目产出情况，同时考虑到奶业振兴重大技术创新专项主要涉及科研成果转化的特征，丰富项目产出相关指标，遵循科学性、系统性、可理解性等原则，建立一个粗略的绩效评价指标体系。最后向专家寻求意见，主要涵盖参与河北奶业振兴重大技术创新专项的管理人员和财务人员、河北省奶牛产业体系经济岗位专家、河北省奶源管理办公室研究员以及河北省畜牧良种工作站畜牧师，增加一些体现河北奶业振兴重大技术创新专项特点的指标，剔除一些不贴切不重要的指标，最终建立一套适合河北奶业振兴重大技术创新专项的绩效评价指标体系。

评价指标体系一般分为三种体系形式，分别是层次型评价指标体系与网络型评价指标体系以及多目标型指标体系，本研究所采用的是层次型指标体系。将河北奶业振兴重大技术创新专项绩效评价指标体系分为三个层次，其中一级指标为项目设置、项目管理和项目效果，分别对应二级指标 6 个，三级指标 22 个，具体的绩效评价指标体系如表 14 - 3 所示。

表 14 - 3 河北奶业振兴重大技术创新专项绩效评价指标表

一级指标	二级指标	三级指标
项目设置	项目决策	立项依据充分性
		项目立项规范性
		绩效目标合理性
	项目投入	财政资金到位率
		自筹资金到位率
		预算编制合理性
		预算资金到位率
项目管理	财务管理	财务管理制度健全性
		财务制度执行有效性
		财务支出合理性
		财务支出与预算相符率

（续）

一级指标	二级指标	三级指标
项目管理	组织管理	项目管理制度健全性
		项目管理制度有效性
		项目质量可控性
		信息公开实现率
	项目产出	实际完成率
		质量达标率
		完成及时率
项目效果		科研成果
	项目成果	经济效益
		社会效益
		环境效益

为了在使用时和专家打分时对三级指标有一个清楚的理解，下面对三级指标的含义进行解读：

"项目决策"中"立项依据充分性"是考察项目立项是否有充分的依据；"项目立项规范性"考察项目申请、设立过程是否符合相关要求；"绩效目标合理性"考察项目所设定的绩效目标是否依据充分，是否符合客观实际。

"项目投入"中的"财政资金到位率"考察财政资金发放的到位情况；"自筹资金到位率"考察自筹资金的到位情况；"预算编制合理性"考察项目预算编制的合理程度；"预算资金到位率"考察各层级预算资金及时、足额到位情况，用以反映各层级预算资金的到位程度。

"财务管理"中"财务管理制度健全性"考察财务制度是否健全、完善、有效，是否保障资金规范与安全运行；"财务制度执行有效性"考察项目财务制度是否符合相关规定，用以反映和考核财务制度的有效执行情况；"财务支出合理性"考察项目实施过程中资金的使用规范程度，项目资金使用是否符合相关法律法规、制度和规定，用以反映和考核项目资金使用的规范性和安全性；"财务支出与预算相符率"考察项目实施过程中实际财务支出占预算资金的比重，反映财务支出是否超出预算资金的情况。

"组织管理"中"项目管理制度健全性"考察该项目是否具备可参考的管理办法，反映管理制度的健全性；"项目管理制度有效性"考察该项目实施是否符合相关管理规定；"项目质量可控性"考察是否为达到项目质量要求而采取了必需的措施进行保障；"信息公开实现率"考察项目的公示内容、公示方式以及公示时间是否合规，用以反映项目公示的规范情况。

"项目产出"中"实际完成率"考察项目完成后，项目产出数量对于任务合同书中任务指标的完成率；"质量达标率"考察项目完成后，项目产出是否达到任务合同书中的质量要求；"完成及时率"考察项目是否按任务合同书中预期的结项时间完成，反映项目完成的及时性。

"项目成果"中"科研成果"考察项目的成果鉴定数量和专利申请、科研成果获奖、发表论文以及相关人才培养情况；"经济效益"考察通过项目在基地或使用单位实施，与周边地区未使用进行对比所产生的经济比较效益；"社会效益"考察项目实施所产生的社会综合效益；"环境效益"考察项目实施所产生的生态效益，反映对周边环境的影响，是否节能减排，防治污染等。

三、基于层次分析法的指标各级权重的计算

在设计了河北奶业振兴重大技术创新专项绩效评价的指标后，要对指标的权重进行计算。通过第二章对重大技术创新专项绩效评价的方法对比分析后，本文选择了层次分析法进行计算。在充分掌握了层次分析法原理后，使用YAAHP软件应用层次分析法并计算出每个指标的权重。YAAHP软件是一款层次分析法辅助软件，提供模型构造、计算和分析等服务。通过YAAHP软件计算河北奶业振兴重大技术创新专项绩效评价指标的权重，首先要根据指标表在软件中绘制层次结构模型图，并设计专家调查表，由专家根据同一层次的指标对影响因素的重要性进行两两比较并打分，然后将数据录入软件，生成判断矩阵，通过一致性检验，最后得出权重的结果。

（一）各级指标权重的计算过程

1. 绘制层次结构模型图

根据河北奶业振兴重大技术创新专项绩效评价指标表在YAAHP软件中绘制层次结构模型图。目标层设置为河北奶业振兴重大技术创新专项绩效评价，再对专项绩效评价情况进行分解，分层次设置一二三级指标，最终绘制的层级结构模型图，如图14-1所示。

2. 专家打分

设计专家调查问卷（见附录），以参与程度、管理程度、了解程度以及监管情况为标准确定专家，分发给10名参与河北奶业振兴重大技术创新专项的管理人员、财务人员，河北省奶牛产业体系经济岗位专家，河北省奶源管理办公室研究员，河北省畜牧良种工作站畜牧师。本次问卷调查共发出10份，收回10份。

3. 对专家调查问卷的数据进行验证和汇总

将10份专家调查问卷录入YAAHP软件进行计算，执行判断矩阵一致性计算和测试，若一致性指标CR<0.1，则数据有效；若CR>0.1，则数据无

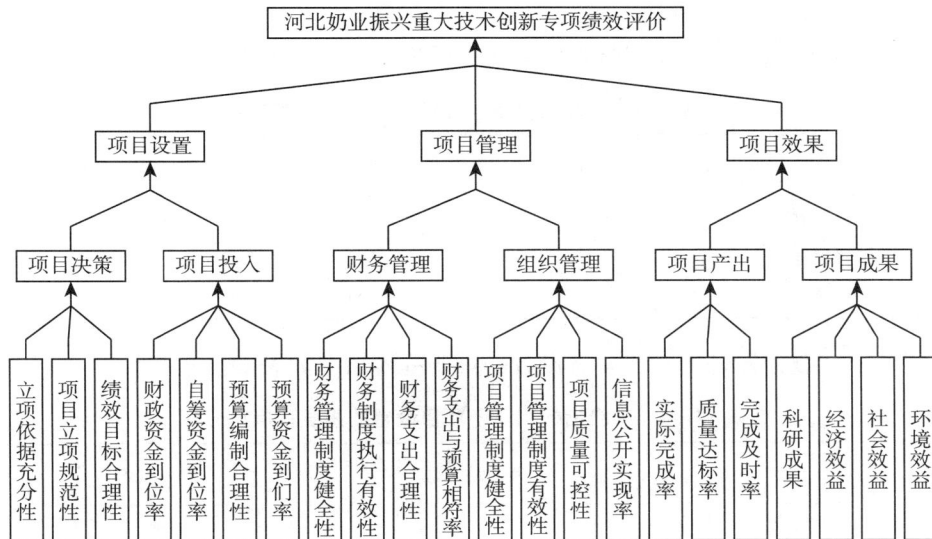

图 14 - 1　YAAHP 软件中绘制的河北奶业振兴重大技术创新专项绩效评价层次结构模型

效。发现 3 份调查问卷未通过一致性检验，再将问卷返还给对应专家进行修改，最后 10 分调查问卷都通过了一致性检验。通过对比 10 名专家对各层次指标两两比较后的打分情况，对每两个指标对比的 10 个分数去掉一个最高分、去掉一个最低分后取众数，确定最终的河北奶业振兴重大技术创新专项绩效评价打分表，通过一致性检验后计算指标权重。

河北奶业振兴重大技术创新专项绩效评价指标表共设计了三层指标，需要各位专家根据经验对每一层次指标相对它所属上一级指标的重要程度进行两两比较，然后结合表 14 - 4 的 1～9 标度法，得到任意两因素的重要性程度之比。例如，一级指标中的项目设置、项目管理、项目效果三个指标相对于总目标的重要程度进行两两比较，根据其重要程度给出分值。

表 14 - 4　1～9 标度法

标度	含义
1	表示两个因素相比，具有相同的重要性
3	表示两个因素相比，一个因素比另一个因素稍微重要
5	表示两个因素相比，一个因素比另一个因素明显重要
7	表示两个因素相比，一个因素比另一个因素强烈重要
9	表示两个因素相比，一个因素比另一个因素极端重要
2，4，6，8	上述两相邻判断的中值
倒数	因素 i 与 j 比较的判断 aij，则因素 j 与 i 比较的判断 $aji = 1/aij$

汇总后的打分结果如下所示。

3 个一级指标相对总目标的重要程度情况如表 14-5 所示。

表 14-5　一级指标相对总目标的重要程度打分

	项目设置	项目管理	项目效果
项目设置	1	3	2
项目管理	1/3	1	1
项目效果	1/2	1	1

2 个二级指标是相对于项目设置的重要程度情况如表 14-6 所示。

表 14-6　二级指标相对于项目设置的重要程度打分

	项目决策	项目投入
项目决策	1	3
项目投入	1/3	1

2 个二级指标相对于项目管理的重要程度情况如表 14-7 所示。

表 14-7　二级指标相对于项目管理的重要程度打分

	财务管理	组织管理
财务管理	1	1/5
组织管理	5	1

2 个二级指标相对于项目效果的重要程度情况如表 14-8 所示。

表 14-8　二级指标相对于项目效果的重要程度打分

	项目产出	项目成果
项目产出	1	3
项目成果	1/3	1

3 个三级指标相对于项目决策指标的重要程度情况如表 14-9 所示。

表 14-9　三级指标相对于项目决策指标的重要程度打分

	立项依据充分性	项目立项规范性	绩效目标合理性
立项依据充分性	1	3	1
项目立项规范性	1/3	1	1/3
绩效目标合理性	1	3	1

4 个三级指标相对于项目投入指标的重要程度情况如表 14-10 所示。

表 14-10 三级指标相对于项目投入指标的重要程度打分

	财政资金到位率	自筹资金到位率	预算编制合理性	预算资金到位率
财政资金到位率	1	1/3	1/3	1/3
自筹资金到位率	3	1	1	3
预算编制合理性	3	3	1	1
预算资金到位率	3	1/3	1	1

4 个三级指标相对于财务管理指标的重要程度情况如表 14-11 所示。

表 14-11 三级指标相对于财务管理指标的重要程度打分

	财务管理制度 健全性	财务制度执行 有效性	财务支出 合理性	财务支出与 预算相符率
财务管理制度健全性	1	3	1	3
财务制度执行有效性	1/3	1	1/3	1
财务支出合理性	1	3	1	1
财务支出与预算相符率	1/3	1	1	1

4 个三级指标相对于组织管理指标的重要程度情况如表 14-12 所示。

表 14-12 三级指标相对于组织管理指标的重要程度打分

	项目管理制度 健全性	项目管理制度 有效性	项目质量 可控性	信息公开 实现率
项目管理制度健全性	1	1	1/5	3
项目管理制度有效性	1	1	1/5	3
项目质量可控性	5	5	1	5
信息公开实现率	1/3	1/3	1/5	1

3 个三级指标相对于项目产出指标的重要程度情况如表 14-13 所示。

表 14-13 三级指标相对于项目产出指标的重要程度打分

	实际完成率	质量达标率	完成及时率
实际完成率	1	5	3
质量达标率	1/5	1	1/3
完成及时率	1/3	3	1

4 个三级指标科研成果相对于项目成果指标的重要程度情况如表 14 - 14 所示。

表 14 - 14　三级指标科研成果相对于项目成果指标的重要程度打分

		经济效益	社会效益	环境效益
科研成果	1	1/5	1/5	1/5
经济效益	5	1	1/3	1/3
社会效益	5	3	1	1
环境效益	5	3	1	1

4. 录入数据，检验判断矩阵一致性

将汇总打分表录入 YAAHP 软件后，得到每一层次的判断矩阵。归一化判断矩阵每一列得到归化矩阵，按照每一行求和得到列向量，通过归一化上述列向量，可以获得到代表目标层权重的特征向量，然后为了验证数据的有效性，需要计算判断矩阵的一致性。首先，计算判断矩阵的最大特征根 λ_{max}：

$$\lambda_{max} = \frac{1}{n} \sum_{i=1}^{n} \frac{(AW)_i}{wi}$$

其次，计算一致性指标 CI：

$$CI = \frac{\lambda_{max} - n}{n - 1}$$

其中 λ_{max} 是矩阵的最大特征值，由 YAAHP 软件自动生成；n 为矩阵中的指标个数；CI 是衡量不一致的数量标准，所以把 CI 称为一致性指标。

最后得出一致性比率 CR：

$$CR = \frac{CI}{RI}$$

RI 为平均随机一致性指标，层次分析法创始人萨蒂的计算结果如表 14 - 15 所示。

表 14 - 15　平均随机一致性指标 RI 值

N	1	2	3	4	5	6	7	8	9	10
RI	0	0	0.58	0.89	1.12	1.26	1.36	1.41	1.46	1.49

根据 YAAHP 软件给出的每一个判断矩阵的 λ_{max} 值，计算一致性指标 CI，再根据平均随机一致性指标 RI 值，通过公式计算得出一致性比率 CR。各个判断矩阵的一致性比率都满足 CR<0.1，满足判断矩阵一致性的要求。表示本文所建立的河北奶业振兴重大技术创新专项绩效评价指标体系的各判断矩阵

中相应各指标之间逻辑关系明确，权重计算结果合理。各个判断矩阵的一致性检验结果如表 14 - 16 所示。

表 14 - 16　各判断矩阵一致性检验汇总

判断矩阵	λ_{max}	CI	RI	CR
整体	3.018 3	0.009 15	0.58	0.015 78
项目设置	2.000 0	0	0	—
项目管理	2.000 0	0	0	—
项目效果	2.000 0	0	0	—
项目决策	3.000 0	0	0.58	0
项目投入	4.154 5	0.051 5	0.89	0.057 87
财务管理	4.154 5	0.051 5	0.89	0.057 87
组织管理	4.154 5	0.051 5	0.89	0.057 87
项目产出	3.038 5	0.019 25	0.58	0.033 19
项目成果	4.154 5	0.051 5	0.89	0.057 87

5. 计算指标权重

将汇总打分表录入 YAAHP 软件，并通过一致性检验后，得到整个河北奶业振兴重大技术创新专项绩效评价指标权重，如图 14 - 2 所示。

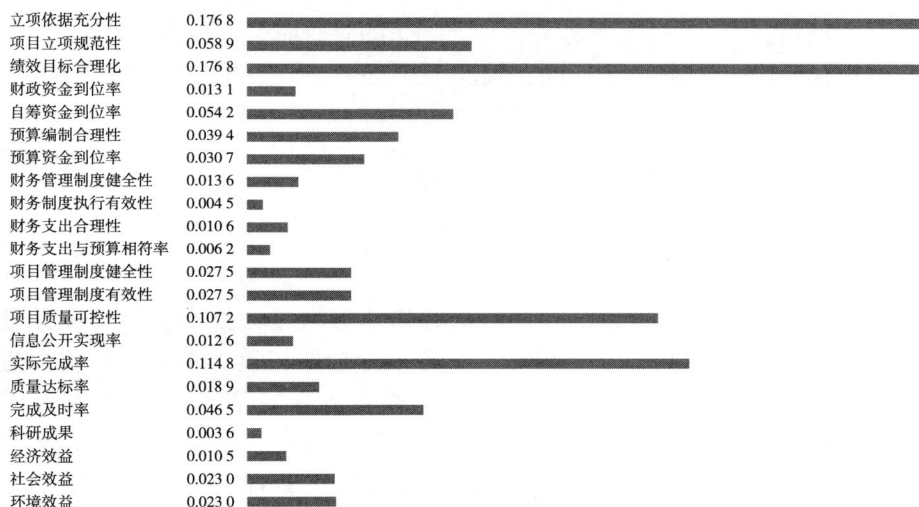

指标	权重
立项依据充分性	0.176 8
项目立项规范性	0.058 9
绩效目标合理化	0.176 8
财政资金到位率	0.013 1
自筹资金到位率	0.054 2
预算编制合理性	0.039 4
预算资金到位率	0.030 7
财务管理制度健全性	0.013 6
财务制度执行有效性	0.004 5
财务支出合理性	0.010 6
财务支出与预算相符率	0.006 2
项目管理制度健全性	0.027 5
项目管理制度有效性	0.027 5
项目质量可控性	0.107 2
信息公开实现率	0.012 6
实际完成率	0.114 8
质量达标率	0.018 9
完成及时率	0.046 5
科研成果	0.003 6
经济效益	0.010 5
社会效益	0.023 0
环境效益	0.023 0

图 14 - 2　河北奶业振兴重大技术创新专项绩效评价指标权重

（二）各级指标权重计算结果分析

从指标权重的结果来看，专家普遍重视项目设置阶段，综合权重占到

河北省奶业竞争力提升路径与对策研究

0.549 9，尤其是对于立项依据充分性和绩效目标和理性的考察。正所谓"万事开头难"，政府作为各类科技计划项目、技术创新专项的发起者，一定要明确发展方向，完善关于各类项目的制度规定，使项目立项有充分的依据。立项后设立的绩效目标也要科学合理，符合客观实际，目标设定不宜过于困难，以至于难以实现并且浪费社会资源，也不宜过于简单，导致科研成果没有新的突破，与技术创新专项的理念背道而驰。关于财政资金的到位率，不需过多关注，都会及时发放。而自筹资金的到位率需要重点关注，资金是保障一个项目实施的动力，一般自筹资金都会是财政资金的两到三倍甚至更多，自筹资金的及时到位，才会使项目顺利开展。

项目管理方面重点关注组织管理的项目质量可控性。毕竟能承担重大技术创新专项的单位和企业都拥有较高的科技实力和完备的财务制度，以及较充足的资金支持，因此专家对实施单位的财务制度比较放心。而项目的管理制度值得重视，完善的项目管理制度并有效执行，可以保障项目的成功实施。项目质量可控性指标更是可以考察是否为达到项目质量要求而采取了必需的措施，反映承担项目的单位对项目质量的控制情况，保证项目在绩效目标的规定下保质保量地完成。

项目效果方面侧重于对项目产出的实际完成率和完成及时率的考察。在耗费了大量财政资金、社会资源和科研人员的大量精力后，项目实际产出的完成情况和及时情况是专家重点关注的部分，也是绩效评价工作重点考核的地方。而专家对项目产出后产生的效益不局限于当下的科研成果、专利获奖和人才培养情况，而是深究其背后更深远的效益，尤其是社会效益和环境效益，体现了全面协调、可持续发展的观念。

第三节　基于模糊综合评价法的 T 项目绩效评价

在第四章中，运用层次分析法对河北奶业振兴重大技术创新专项绩效评价指标体系进行了构建，并计算出了各级指标的权重。本文中的河北省省级科技计划项目下的河北奶业振兴重大技术创新专项于 2019 年年初开始实施，具体项目的执行期一般为 2～3 年，选取的河北奶业振兴重大技术创新专项中的 T 项目，结项时间为 2020 年底，目前已完成预期绩效目标，进入整合数据的项目汇总阶段，通过实地调研获取了真实准确的一手资料，可以进行适当的绩效评价。因此在本章中，将在层次分析法的基础上，运用模糊综合评价法，对 T 项目进行绩效评价，以求得到一个较为科学合理的评价结果。

• 248 •

一、模糊综合评价法基本原理介绍

在对河北奶业振兴重大技术创新专项进行绩效评价时，设立的指标体系中包含多个定性指标，尚无明确的界限和数值标准。模糊综合评价法就是把绩效目标按层级划分为具有若干子目标的因素集，然后设定对应的评语集，通过专家打分，计算得出单个因素集的评语等级，再根据层次分析法计算出的各级指标权重，建立从因素集到评语集的模糊关系，最后将各级指标的评语等级汇总，得出整体的绩效评价分析结果。从 22 个三级指标入手，根据专家的打分情况，得出二级指标的分析结果，再倒推至一级指标，根据其对应的权重，计算出一级指标的分析结果，最后再通过整理计算，得出综合的绩效评价结果。

二、T 项目基本概况

（一）T 项目承担单位简介

T 项目的承担单位为石家庄天泉良种奶牛有限公司，该公司位于石家庄鹿泉区上庄镇，成立于 2006 年，是一家专门利用家畜胚胎移植及相关生物技术快速扩繁优秀奶牛、肉牛新品种的农业科技型股份制企业，公司为河北省高新技术企业、石家庄市农业产业化重点龙头企业、国家级奶牛核心育种场，建有河北省奶牛繁育工程技术研究中心、河北省院士工作站、石家庄市奶牛胚胎生物工程技术研究中心，拥有河北省巨人计划创新团队，是中国农业大学、河北农业大学教学实践基地，也是河北省国际科技合作基地、河北省引智成果推广示范基地。主营业务包括：奶牛胚胎生产及服务、良种高产奶牛和种公牛培育、高品质生鲜乳等。

公司占地面积 60 亩，奶牛存栏 1 050 头，年产优质生鲜乳 4 300 多吨，平均单产 11.3 吨，冠军牛单产达到 19 吨，是河北省奶牛品种最好、单产最高的奶牛场之一。公司 2018 年新建 3 500 米² 综合实验楼，包括实验室 1 000 米²，有体内胚胎实验室、活体采卵及体外胚胎实验室、分子实验室、基因库等。仪器设备主要包括活体采卵仪、二氧化碳培养箱等。

公司在家畜繁育技术方面，尤其在牛胚胎生物技术方面有着突出的优势，拥有"牛 Y－染色体重复序列特异性引物及鉴定牛早期胚胎性别的 PCR 方法"发明专利，年产牛体内胚胎 30 000 枚以上，牛胚胎移植总数占全国的 85％以上。是全国唯一一家开展的奶牛胚胎性别鉴定和性别鉴定胚胎移植产业化工作的企业。

公司先后主持或参加国家项目 18 项，省市级项目 20 余项，先后获得省部级以上科技进步奖 5 项，获国家发明专利 3 项，发表科技论文 40 余篇（其中SCI 论文 11 篇），建立 PCR 奶牛胚胎性别鉴定技术、双犊诱导技术等新工艺

4 项。

(二) T 项目主要内容

(1) 利用全基因组检测技术选育荷斯坦牛核心育种群。利用全基因组技术筛选优秀个体，开展个体选配，培育优秀种牛，建立优质高产奶牛核心群。选择具有清晰完整的系谱信息、DHI 头胎体型数据的中国荷斯坦母牛，检测高密度全基因组 SNP 芯片，基于基因组选择参考群数据库，计算个体的每个育种目标性状的基因组育种值（GEBV）和中国奶牛基因组性能指数（GCPI），基于此建立核心育种群。

(2) 优质高产奶牛高效扩繁技术。通过整合优化 AMH 供体筛选技术、活体采卵体外受精（OPU－IVF）高效体外胚胎生产技术、性别鉴定技术，快速扩繁优质高产奶牛。

研究不同药品及同期发情方案对母牛同期发情定时输精效果的影响，确定适于规模化牛场的定时输精方案和最佳繁育方案。

(3) 后备母牛精细化饲养管理技术。优化初乳收集、保存、解冻、灌服的操作规范及流程，保证犊牛的初乳采食的质量；应用犊牛酸化奶技术，提高犊牛成活率、日增重，降低发病率。根据后备牛各阶段的生长发育特点及饲养目标，建立犊牛（0～6 月龄）、育成牛（7～14 月龄）、青年牛（15～24 月龄）的阶段饲养方案，为优质高产奶牛生产性能的发挥提供基础保障。

(三) 项目验收考核指标

(1) 技术指标。整合优化 AMH 供体筛选技术，头均获得可用胚数提高 2 枚以上；性别鉴定准确率 99％以上，成本下降 50％以上；同期发情定时输精方案，21 天妊娠率达到 28％以上。

(2) 经济指标。新增经济产值 1 000 万元以上。

(3) 技术创新。育种核心群：高产奶牛 200 头，A2 纯合子母牛 200 头，k 酪蛋白基因母牛 50 头。新技术：AMH 供体筛选技术、体外胚胎生产技术、同期发情定时输精技术。规程标准：性别鉴定、犊牛饲养管理、体外胚胎生产。论文专利：论文 3～5 篇，专利 2～3 项。

(4) 社会效益。通过项目实施，可以提高供体母牛体内外胚胎生产效率，充分利用高产供体母牛资源，降低胚胎生产成本。优化同期发情定时输精程序，提高 21 天妊娠率，减少空怀天数。通过多项奶牛现代繁育技术的集成与推广，将大大提高奶牛场的繁殖效率、良种覆盖率及精准化饲养管理水平，提高本地奶牛单产，降低饲养成本，使养殖户增收。

(四) T 项目进度安排和完成情况

2019 年 1 月至 2019 年 4 月，利用全基因组技术筛选优秀个体、A2 及 Kappa 酪蛋白基因型个体组建生产特色原奶种群；2019 年 5 月至 2019 年 10

月，对筛选出的优秀个体开展个体选配，利用高效奶牛扩繁技术，生产胚胎并移植，培育优秀种牛；2019 年 11 月至 2020 年 2 月，在威县国家级农业科技园区内研究同期发情定时输精技术的繁殖效率和利润平衡点，确定规模化奶牛场最佳繁育方式；2020 年 3 月至 2020 年 5 月，开展犊牛精细化饲养研究，统计犊牛成活率及发育指标，分析数据；2020 年 6 月至 2020 年 12 月，汇总项目数据，准备项目验收材料。

通过实地调研，截至 2020 年 8 月，T 项目已基本完成预期技术指标和技术创新指标，由于时间的关系，经济指标和社会效益仍有待考察。项目具体经费情况见表 14 - 17。

表 14 - 17　T 项目具体经费情况

主要研究内容	项目任务分解	分项任务经费概算	材料费（万元）	测试化验加工费（万元）
利用全基因组检测技术	利用全基因组技术筛选优秀个体	检测费：500 头×220 元/头＝11 万元		11.0
选育荷斯坦牛核心育种群	筛选 A2 及 Kappa 酪蛋白基因型个体			
	AMH 供体筛选	检测费：100 头×50 元/头＝0.5 万元		0.5
	供体超排	超排费用：200 头次×1 500 元/头次＝30 万元	39.0	
		供体饲养费用：200 头次×30 天×15 元/天＝9 万元		
	胚胎性别鉴定费	胚胎性别鉴定费：1 200 枚×40 元/枚＝4.8 万元		4.8
优质高产奶牛高效扩繁技术	奶牛活体采卵研究	活体采卵：60 头次×400 元/头次＝1 万元	2.4	
	体外受精技术研究	体外受精：300 枚×50 元/枚＝1.5 万元	1.5	
	胚胎移植	受体牛同期发情处理：800 头次×100 元/头次＝8 万元	68.0	
		受体牛饲养费：800 头×15 元/天×50 天＝54 万元		
	不同药品及同期发情方案研究	适配母牛饲养费：1 000 头次×100 元/头次＝4 万元	10.0	

（续）

主要研究内容	项目任务分解	分项任务经费概算	材料费（万元）	测试化验加工费（万元）
后备犊牛精细化饲养管理技术	初乳收集、保存、解冻、灌服研究	犊牛饲养费：50 头×60 天×15 元/天＝4.5 万	4.5	
	犊牛酸化奶技术	酸化奶制作：50 头×60 天×1 元/天＝0.3 万	0.3	
合计			125.7	16.3
间接费用			3.5	
出版			2.0	
会议			0.5	
劳务			2.0	
合计			148	

三、T 项目的模糊综合评价

（一）模型选择与评价因素

1. 构建评价因子集

对某一事物进行评价，如果评价的指标因子为 n 个，分别记为 u_1，u_2，u_3，…，u_n，则这 n 个评价因子便组成一个评价因子的有限集合 U，$U＝[u_1$，u_2，u_3，…，$u_n]$。例如项目决策（B_1）的因子集为 $B_1＝[$立项依据充分性（C_1），项目立项规范性（C_2），绩效目标合理性（C_3）$]$。

2. 构建评语登记集

构建评语登记集 $V＝[V_1$，V_2，V_3，V_4，$V_5]＝[$非常好，较好，一般，较差，非常差$]$。

（二）专家打分

根据第四章设立的河北奶业振兴重大技术创新专项绩效评价指标体系，设计出 T 项目模糊综合评价法专家打分表，详细介绍了 T 项目的基本情况、考核指标和完成情况，使专家对 T 项目有一个全面的了解，以做出科学合理的评判。此次专家打分环节共邀请 10 名专家，全部是政府财政、审计部门评审专家，项目咨询公司专家和政府部门负责项目管理的领导，长期从事科技计划项目绩效评价的理论研究和实践，从事领域的工作时间全部在 5 年以上，而且对 T 项目有一定的了解。汇总结果如表 14 – 18 所示。

表 14 – 18　专家打分汇总

一级 指标	二级 指标	三级指标	权重	非常好	较好	一般	较差	非常差
项目 设置 (A_1)	项目 决策 (B_1)	立项依据充分性（C_1）	0.176 8	7/10	2/10	1/10	0	0
		项目立项规范性（C_2）	0.058 9	8/10	1/10	1/10	0	0
		绩效目标合理性（C_3）	0.176 8	7/10	2/10	1/10	0	0
	项目 投入 (B_2)	财政资金到位率（C_4）	0.013 1	9/10	1/10	0	0	0
		自筹资金到位率（C_5）	0.054 2	4/10	5/10	1/10	0	0
		预算编制合理性（C_6）	0.039 4	3/10	5/10	1/10	1/10	0
		预算资金到位率（C_7）	0.030 7	3/10	5/10	2/10	0	0
项目 管理 (A_2)	财务 管理 (B_3)	财务管理制度健全性（C_8）	0.013 6	3/10	5/10	2/10	0	0
		财务制度执行有效性（C_9）	0.004 5	2/10	6/10	2/10	0	0
		财务支出合理性（C_{10}）	0.010 6	3/10	4/10	3/10	0	0
		财务支出与预算相符率（C_{11}）	0.006 2	2/10	4/10	4/10	0	0
	组织 管理 (B_4)	项目管理制度健全性（C_{12}）	0.027 5	1/10	3/10	5/10	1/10	0
		项目管理制度有效性（C_{13}）	0.027 5	1/10	3/10	4/10	1/10	1/10
		项目质量可控性（C_{14}）	0.107 2	1/10	4/10	3/10	0	0
		信息公开实现率（C_{15}）	0.012 6	0	5/10	2/10	2/10	1/10
项目 效果 (A_3)	项目产 出(B_5)	实际完成率（C_{16}）	0.114 8	7/10	2/10	1/10	0	0
		质量达标率（C_{17}）	0.018 9	3/10	6/10	1/10	0	0
		完成及时率（C_{18}）	0.046 5	7/10	3/10	0	0	0
	项目 成果 (B_6)	科研成果（C_{19}）	0.003 6	3/10	6/10	1/10	0	0
		经济效益（C_{20}）	0.010 5	3/10	7/10	0	0	0
		社会效益（C_{21}）	0.023 0	2/10	7/10	1/10	0	0
		环境效益（C_{22}）	0.023 0	2/10	5/10	3/10	0	0

（三）二级指标的模糊评价

1. 项目决策（B_1）

因素集 $B_1 =$ [立项依据充分性（C_1），项目立项规范性（C_2），绩效目标合理性（C_3）]，根据 10 名专家对二级指标项目决策下的 3 个三级指标进行打分，得到单因素评定集：

$$R_{B1} = \begin{bmatrix} 0.7 & 0.2 & 0.1 & 0 & 0 \\ 0.8 & 0.1 & 0.1 & 0 & 0 \\ 0.7 & 0.2 & 0.1 & 0 & 0 \end{bmatrix}$$

再根据第四章中使用层次分析法得到的三级指标 D_1、D_2、D_3 的权重为 0.176 8、0.058 9、0.176 8，由此可得出权重矩阵为 $W_{B1} = [0.176\ 8, 0.058\ 9, 0.176\ 8]$。

$$B_{B1} = W_{B1} \cdot R_{B1} = [0.176\ 8, 0.058\ 9, 0.176\ 8] \cdot \begin{bmatrix} 0.7 & 0.2 & 0.1 & 0 & 0 \\ 0.8 & 0.1 & 0.1 & 0 & 0 \\ 0.7 & 0.2 & 0.1 & 0 & 0 \end{bmatrix}$$

对 B_{B1} 进行归一化处理，得到 $B_{B1} = [0.714\ 3, 0.185\ 7, 0.1, 0, 0]$。由此得出，根据专家对项目决策下的 3 个三级指标的打分，认为项目决策方面非常好的隶属度为 0.714 3，较好的隶属度为 0.185 7，一般的隶属度为 0.1，较差的隶属度为 0，非常差的隶属度为 0。根据模糊数学中隶属度最大原则，从项目决策绩效指标来评价该项目为"非常好"。

2. 项目投入（B_2）

因素集 $B_2 = $ [财政资金到位率（C_4），自筹资金到位率（C_5），预算编制合理性（C_6），预算资金到位率（C_7）]，根据 10 名专家对二级指标项目投入下的 4 个三级指标进行打分，得到单因素评定集：

$$R_{B2} = \begin{bmatrix} 0.9 & 0.1 & 0 & 0 & 0 \\ 0.4 & 0.5 & 0.1 & 0 & 0 \\ 0.3 & 0.5 & 0.1 & 0.1 & 0 \\ 0.3 & 0.5 & 0.2 & 0 & 0 \end{bmatrix}$$

再根据第四章中使用层次分析法得到的三级指标 C_4、C_5、C_6、C_7 的权重，得出模糊综合评价集：

$$B_{B2} = W_{B2} \cdot R_{B2}$$

$$= [0.013\ 1, 0.054\ 2, 0.039\ 4, 0.030\ 7] \cdot \begin{bmatrix} 0.9 & 0.1 & 0 & 0 & 0 \\ 0.4 & 0.5 & 0.1 & 0 & 0 \\ 0.3 & 0.5 & 0.1 & 0.1 & 0 \\ 0.3 & 0.5 & 0.2 & 0 & 0 \end{bmatrix}$$

$$= [0.054\ 5, 0.063\ 46, 0.015\ 5, 0.003\ 94, 0]$$

对 B_{B2} 进行归一化处理，得到 $B_{B2} = [0.396\ 7, 0.461\ 9, 0.112\ 8, 0.028\ 6, 0]$，由此得出，根据专家对项目投入下的 4 个三级指标的打分，认为项目投入方面非常好的隶属度为 0.396 7，较好的隶属度为 0.461 9，一般的隶属度为 0.112 8，较差的隶属度为 0.028 6，非常差的隶属度为 0。根据模糊数学中隶属度最大原则，从项目投入绩效指标来评价该项目为"较好"。

3. 财务管理（B_3）

因素集 $B_3 = $ [财务管理制度健全性（C_8），财务制度执行有效性（C_9），财务支出合理性（C_{10}），财务支出与预算相符率（C_{11}）]，根据 10 名专家对二级指标财务管理下的 4 个三级指标进行打分，得到单因素评定集：

$$R_{B3} = \begin{bmatrix} 0.3 & 0.5 & 0.2 & 0 & 0 \\ 0.2 & 0.6 & 0.2 & 0 & 0 \\ 0.3 & 0.4 & 0.3 & 0 & 0 \\ 0.2 & 0.4 & 0.4 & 0 & 0 \end{bmatrix}$$

再根据第四章中使用层次分析法得到的三级指标 C_8、C_9、C_{10}、C_{11} 的权重，得出模糊综合评价集：

$B_{B3} = W_{B3} \cdot R_{B3}$

$$= [0.013\ 6, 0.045, 0.010\ 6, 0.006\ 2] \cdot \begin{bmatrix} 0.3 & 0.5 & 0.2 & 0 & 0 \\ 0.2 & 0.6 & 0.2 & 0 & 0 \\ 0.3 & 0.4 & 0.3 & 0 & 0 \\ 0.2 & 0.4 & 0.4 & 0 & 0 \end{bmatrix}$$

$$= [0.009\ 4, 0.016\ 22, 0.009\ 28, 0, 0]$$

对 B_{B3} 进行归一化处理，得到 $B_{B3} = [0.269\ 3, 0.464\ 8, 0.265\ 9, 0, 0]$，由此得出，根据专家对财务管理下的 4 个三级指标的打分，认为财务管理方面非常好的隶属度为 0.269 3，较好的隶属度为 0.464 8，一般的隶属度为 0.265 9，较差的隶属度为 0，非常差的隶属度为 0。根据模糊数学中隶属度最大原则，从财务管理绩效指标来评价该项目为"较好"。

4. 组织管理（B_4）

因素集 $B_4 = $［项目管理制度健全性（$C_{12}$），项目管理制度有效性（$C_{13}$），项目质量可控性（$C_{14}$），信息公开实现率（$C_{15}$）］，根据 10 名专家对二级指标财务管理下的 4 个三级指标进行打分，得到单因素评定集：

$$R_{B4} = \begin{bmatrix} 0.1 & 0.3 & 0.5 & 0.1 & 0 \\ 0.1 & 0.3 & 0.4 & 0.1 & 0.1 \\ 0.2 & 0.4 & 0.3 & 0.1 & 0 \\ 0 & 0.5 & 0.2 & 0.2 & 0.1 \end{bmatrix}$$

再根据第四章中使用层次分析法得到的三级指标 C_8、C_9、C_{10}、C_{11} 的权重，得出模糊综合评价集：

$B_{B4} = W_{B4} \cdot R_{B4}$

$$= [0.027\ 5, 0.275, 0.107\ 2, 0.012\ 6] \cdot \begin{bmatrix} 0.1 & 0.3 & 0.5 & 0.1 & 0 \\ 0.1 & 0.3 & 0.4 & 0.1 & 0.1 \\ 0.2 & 0.4 & 0.3 & 0.1 & 0 \\ 0 & 0.5 & 0.2 & 0.2 & 0.1 \end{bmatrix}$$

$$= [0.026\ 94, 0.065\ 68, 0.059\ 43, 0.018\ 74, 0.004\ 01]$$

对 B_{B4} 进行归一化处理，得到 $B_{B4} = [0.154\ 1, 0.375\ 7, 0.340\ 1, 0.107\ 2,$

0.022 9]，由此得出，根据专家对组织管理下的 4 个三级指标的打分，认为组织管理方面非常好的隶属度为 0.154 1，较好的隶属度为 0.375 7，一般的隶属度为 0.340 1，较差的隶属度为 0.107 2，非常差的隶属度为 0.022 9。根据模糊数学中隶属度最大原则，从组织管理绩效指标来评价该项目为"较好"。

5. 项目产出（B_5）

因素集 $B_5 = $ ［实际完成率（C_{16}），质量达标率（C_{17}），完成及时率（C_{18}）］，根据 10 名专家对二级指标项目产出下的 3 个三级指标进行打分，得到单因素评定集：

$$R_{B5} = \begin{bmatrix} 0.7 & 0.2 & 0.1 & 0 & 0 \\ 0.3 & 0.6 & 0.1 & 0 & 0 \\ 0.7 & 0.3 & 0 & 0 & 0 \end{bmatrix}$$

再根据第四章中使用层次分析法得到的三级指标 C_{16}、C_{17}、C_{18} 的权重，得出模糊综合评价集：

$$B_{B5} = W_{B5} \cdot R_{B5}$$
$$= [0.114\ 8, 0.018\ 9, 0.046\ 5] \cdot \begin{bmatrix} 0.7 & 0.2 & 0.1 & 0 & 0 \\ 0.3 & 0.6 & 0.1 & 0 & 0 \\ 0.7 & 0.3 & 0 & 0 & 0 \end{bmatrix}$$
$$= [0.118\ 58, 0.048\ 25, 0.013\ 37, 0, 0]$$

对 B_{B5} 进行归一化处理，得到 $B_{B5} = $ [0.658, 0.267 8, 0.074 2, 0, 0]，由此得出，根据专家对项目产出下的 3 个三级指标的打分，认为项目产出方面非常好的隶属度为 0.658，较好的隶属度为 0.267 8，一般的隶属度为 0.074 2，较差的隶属度为 0，非常差的隶属度为 0。根据模糊数学中隶属度最大原则，从项目产出绩效指标来评价该项目为"非常好"。

6. 项目成果（B_6）

因素集 $B_6 = $ ［科研成果（C_{19}），经济效益（C_{20}），社会效益（C_{21}），环境效益（C_{22}）］，根据 10 名专家对二级指标项目成果下的 4 个三级指标进行打分，得到单因素评定集：

$$R_{B6} = \begin{bmatrix} 0.3 & 0.6 & 0.1 & 0 & 0 \\ 0.3 & 0.7 & 0 & 0 & 0.1 \\ 0.2 & 0.7 & 0.1 & 0 & 0 \\ 0.2 & 0.5 & 0.3 & 0 & 0 \end{bmatrix}$$

再根据第四章中使用层次分析法得到的三级指标 C_{19}、C_{20}、C_{21}、C_{22} 的权重，得出模糊综合评价集：

$$B_{B6} = W_{B6} \cdot R_{B6}$$

$$= [0.003\ 6, 0.010\ 5, 0.023, 0.023] \cdot \begin{bmatrix} 0.3 & 0.6 & 0.1 & 0 & 0 \\ 0.3 & 0.7 & 0 & 0 & 0.1 \\ 0.2 & 0.7 & 0.1 & 0 & 0 \\ 0.2 & 0.5 & 0.3 & 0 & 0 \end{bmatrix}$$

$$= [0.013\ 43, 0.037\ 11, 0.009\ 56, 0, 0]$$

对 B_{B6} 进行归一化处理，得到 $B_{B6} = [0.223\ 5, 0.617\ 4, 0.159\ 1, 0, 0]$，由此得出，根据专家对项目成果下的 4 个三级指标的打分，认为项目成果方面非常好的隶属度为 0.223 5，较好的隶属度为 0.617 4，一般的隶属度为 0.159 1，较差的隶属度为 0，非常差的隶属度为 0。根据模糊数学中隶属度最大原则，从项目成果绩效指标来评价该项目为"较好"。

（四）一级指标的模糊评价

为了对项目整体进行全面的绩效评价，需要在二级指标分析结果的基础上对一级指标的评价进行更高层次的模糊评价分析。

1. 项目设置（A_1）

因素集 $A_1 = [$项目决策（B_1），项目投入（B_2）$]$，根据 10 名专家对一级指标项目设置下的 2 个二级指标打分后计算得到的评价结果，进行归一化处理后得到单因素评定集：

$$R_{A1} = \begin{bmatrix} 0.714\ 3 & 0.185\ 7 & 0.1 & 0 & 0 \\ 0.396\ 7 & 0.461\ 9 & 0.112\ 8 & 0.028\ 6 & 0 \end{bmatrix}$$

再根据第四章中使用层次分析法得到的两个二级指标 B_1、B_2 占整体绩效评价的权重为 0.412 5、0.137 5，则权重矩阵为 $W_{A1} = [0.412\ 5, 0.137\ 5]$，因此得出项目设置的模糊综合评价集：

$$B_{A1} = W_{A1} \cdot R_{A1}$$

$$= [0.412\ 5, 0.137\ 5] \cdot \begin{bmatrix} 0.714\ 3 & 0.185\ 7 & 0.1 & 0 & 0 \\ 0.396\ 7 & 0.461\ 9 & 0.112\ 8 & 0.028\ 6 & 0 \end{bmatrix}$$

$$= [0.349\ 1, 0.140\ 1, 0.056\ 76, 0.003\ 9, 0]$$

对 B_{A1} 进行归一化处理，得到 $B_{A1} = [0.634\ 9, 0.255, 0.103\ 1, 0.007, 0]$，由此得出，项目设置方面非常好的隶属度为 0.634 9，较好的隶属度为 0.255，一般的隶属度为 0.103 1，较差的隶属度为 0.007，非常差的隶属度为 0。根据模糊数学中隶属度最大原则，从项目设置绩效指标来评价该项目为"非常好"。

2. 项目管理（A_2）

因素集 $A_2 = [$财务管理（B_3），组织管理（B_4）$]$，根据 10 名专家对一级指标项目管理下的 2 个二级指标打分后计算得到的评价结果，进行归一化处理后得到单因素评定集：

$$R_{A2} = \begin{bmatrix} 0.269\ 3 & 0.464\ 8 & 0.295\ 9 & 0 & 0 \\ 0.154\ 1 & 0.375\ 7 & 0.340\ 1 & 0.107\ 2 & 0.022\ 9 \end{bmatrix}$$

再根据第四章中使用层次分析法得到的两个二级指标 B_3、B_4 占整体绩效评价的权重为 0.035、0.174 9，则权重矩阵为 $W_{A2} = [0.035，0.174\ 9]$，因此得出项目管理的模糊综合评价集：

$$B_{A2} = W_{A2} \cdot R_{A2}$$
$$= [0.035, 0.174\ 9] \cdot$$
$$\begin{bmatrix} 0.269\ 3 & 0.464\ 8 & 0.295\ 9 & 0 & 0 \\ 0.154\ 1 & 0.375\ 7 & 0.340\ 1 & 0.107\ 2 & 0.022\ 9 \end{bmatrix}$$
$$= [0.036\ 4, 0.082, 0.068\ 8, 0.018\ 7, 0.004]$$

对 B_{A2} 进行归一化处理，得到 $B_{A2} = [0.173\ 4，0.390\ 7，0.327\ 7，0.089\ 1，0.019\ 1]$，由此得出，项目管理方面非常好的隶属度为 0.173 4，较好的隶属度为 0.390 7，一般的隶属度为 0.327 7，较差的隶属度为 0.089 1，非常差的隶属度为 0.019 1。根据模糊数学中隶属度最大原则，从项目管理绩效指标来评价该项目为"较好"。

3. 项目效果（A_3）

因素集 $A_3 = $ [项目产出（B_5），项目成果（B_6）]，根据 10 名专家对一级指标项目效果下的 2 个二级指标打分后计算得到的评价结果，进行归一化处理后得到单因素评定集：

$$R_{A3} = \begin{bmatrix} 0.065 & 0.267\ 8 & 0.074\ 2 & 0 & 0 \\ 0.154\ 1 & 0.375\ 7 & 0.340\ 1 & 0.107\ 2 & 0.022\ 9 \end{bmatrix}$$
$$B_{A3} = W_{A3} \cdot R_{A3}$$
$$= [0.180\ 2, 0.060\ 1] \cdot$$
$$\begin{bmatrix} 0.065 & 0.267\ 8 & 0.074\ 2 & 0 & 0 \\ 0.223\ 5 & 0.617\ 4 & 0.159\ 1 & 0 & 0 \end{bmatrix}$$
$$= [0.132, 0.085\ 4, 0.023, 0, 0]$$

再根据第四章中使用层次分析法得到的 2 个二级指标 B_5、B_6 占整体绩效评价的权重为 0.180 2、0.060 1，则权重矩阵为 $W_{A2} = [0.180\ 2，0.060\ 1]$，因此得出项目管理的模糊综合评价集：

对 B_{A3} 进行归一化处理，得到 $B_{A3} = [0.549\ 1，0.355\ 2，0.095\ 7，0，0]$，由此得出，项目效果方面非常好的隶属度为 0.549 1，较好的隶属度为 0.355 2，一般的隶属度为 0.095 7，较差的隶属度为 0，非常差的隶属度为 0。根据模糊数学中隶属度最大原则，从项目效果绩效指标来评价该项目为"非常好"。

（五）项目绩效模糊综合评价

通过以上研究，已经计算出全部层级指标的模糊综合评价，并得出了各级指标层对项目绩效不同等级评语的隶属度。为了对项目进行整体的绩效评价，下面根据一级指标对项目进行模糊综合评价。

项目整体绩效因素集 $T=[$项目设置$（A_1）$，项目管理$（A_2）$，项目效果$（A_3）]$，根据上一节计算的一级指标分析结果，进行归一化处理后得到单因素评定集：

$$R_T = \begin{bmatrix} 0.634\,9 & 0.255 & 0.103\,1 & 0.007 & 0 \\ 0.173\,4 & 0.390\,7 & 0.327\,7 & 0.089\,1 & 0.019\,1 \\ 0.549\,1 & 0.355\,2 & 0.095\,7 & 0 & 0 \end{bmatrix}$$

再根据第四章中使用层次分析法得到的 3 个一级指标 A_1、A_2、A_3 占整体绩效评价的权重为 0.549 9、0.209 8、0.240 2，则权重矩阵为 $W_T=[0.549\,9,$ $0.209\,8，0.240\,2]$，因此得出项目的模糊综合评价集 T：

$$\begin{aligned} T &= W_T \cdot R_T \\ &= [0.549\,9, 0.209\,8, 0.240\,2] \cdot \\ &\quad \begin{bmatrix} 0.634\,9 & 0.255 & 0.103\,1 & 0.007 & 0 \\ 0.173\,4 & 0.390\,7 & 0.327\,7 & 0.089\,1 & 0.019\,1 \\ 0.549\,1 & 0.355\,2 & 0.095\,7 & 0 & 0 \end{bmatrix} \\ &= [0.517\,4, 0.307\,5, 0.148\,5, 0.022\,5, 0.004] \end{aligned}$$

对 T 进行归一化处理，得到 $T=[0.517\,5，0.307\,5，0.148\,5，0.022\,5，0.004]$，由此得出，整个项目绩效非常好的隶属度为 0.517 5，较好的隶属度为 0.307 5，一般的隶属度为 0.148 5，较差的隶属度为 0.022 5，非常差的隶属度为 0.004。根据模糊数学中隶属度最大原则，该项目的综合绩效评价结果为"非常好"。

（六）项目结果评价分析

项目的绩效评价是一个整体过程，需要从前期的项目设置、中期的项目管理、后期项目的产出和效果进行综合评价。本章使用模糊综合评价法，从三级指标倒推至一级指标，最后进行项目整体的综合评价，分析最终的评价结果，项目设置、项目管理、项目效果的绩效评价结果分别为"非常好""较好""非常好"，可以说 T 项目无论是前期设置还是最终效果，都是十分成功的。其中：

（1）项目设置中的项目决策指标绩效评价结果为"非常好"，说明项目前期的立项依据十分充分，是切实可行的；项目立项严格按照规范，符合相关要求；预期绩效目标符合客观实际，科学合理。项目投入指标绩效评价结果为"较好"，财政资金到位及时，自筹资金到位率仍有提升空间，预算编制需要在原有基础上更加详尽。

（2）项目管理中的财务管理指标绩效评价结果为"较好"，承担 T 项目的公司财务制度有待完善，应严格按要求实行报账制、审核批准制和会计审核制，保障资金规范、安全运行，专款专用；项目资金在实际使用中符合相关法律法规、制度和规定，基本做到了规范性和安全性；财务支出没有超过预算支出。项目管理中的组织管理指标绩效评价结果为"较好"，承担公司管理制度较为健全且能做到有效执行，对于科研工作的进行有严格的规章制度，可以严格把控项目的进度和成果的质量，且最大限度地做到了信息公开，使公司管理人员和有关部门可以清晰了解项目的进展和成果。

（3）项目效果中的项目产出指标绩效评价结果为"非常好"，项目产出数量完全达到项目合同书中任务指标的完成率；具体任务完成后，项目产出的质量也满足合同书中的质量要求；并在合同书中预期的结项时间完成，结项及时。项目效果中的项目成果指标绩效评价结果为"较好"，项目中的专利申请和论文发表将在项目的最后阶段，汇总项目数据和准备项目验收材料时完成；项目产生的经济、社会、环境效益均为"较好"，通过项目中多项奶牛现代繁育技术的集成与推广，大大提高了承担公司奶牛场的繁殖效率、良种覆盖率及精准化饲养管理水平，未来通过政府的扶持和技术推广，可以提高本地奶牛单产，降低饲养成本，使养殖户增收。但是由于项目刚刚完成，务必会产生一些积极影响，项目的经济、社会效益尤其是环境效益仍需持续关注。总体来说，该项目的实施应用发挥了一定的作用，产生了积极影响。

第十五章 生鲜乳价格风险测度与管理

第一节 生鲜乳价格波动特征

一、生鲜乳价格波动整体情况

从 2009—2019 年我国生鲜乳年度收购平均价格的走势（图 15-1）来看，我国生鲜乳年度收购价格表现出年度波动的特征。按"谷—峰—谷"来划分轨迹，我国生鲜乳收购价格在 2009—2013 年、2013—2015 年两阶段的波动周期比较明显。2009 年我国年度生鲜乳收购价为 2.44 元/千克，到 2012 年上涨到 3.89 元/千克，涨幅为 59.42%；2013 年下降到 3.62 元/千克，降幅为 6.94%；2014 年上涨到 4.04 元/千克，涨幅为 11.60%；2015 年下降到 3.45 元/千克，降幅为 14.60%；2016—2018 年我国生鲜乳收购价趋于平稳，大体稳定在 3.47 元/千克左右；2019 年我国生鲜乳价格有升高趋势，年均价格达到 3.66 元/千克。

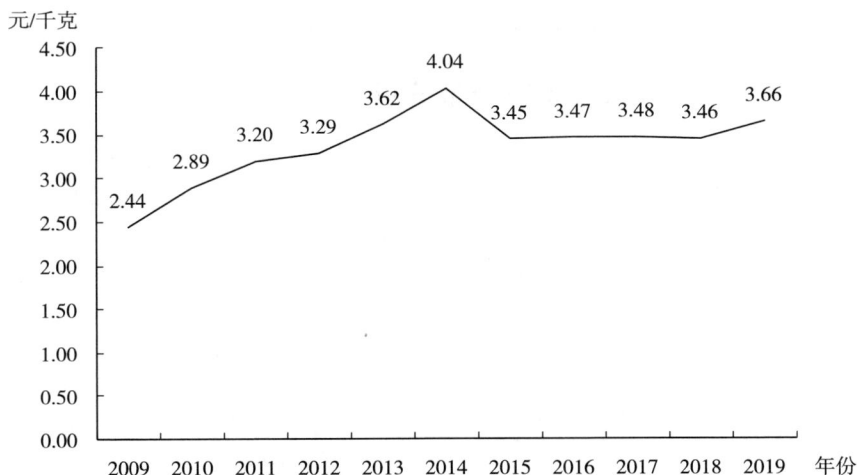

图 15-1 2009—2019 年我国生鲜乳年均价格变化趋势

从表 15-1 可分析出，我国生鲜乳价格分别在 2009 年、2010 年、2013 年和 2014 年 4 个年份中出现过剧烈的波动，其波动系数［又称变异系数，计算公式为（生鲜乳年标准差/生鲜乳年平均值）×100%］分别为 4.55、4.68、6.41 和 3.89，其中 2013 年波动最为强烈，全距也达到了 0.73。自 2014 年之后，生鲜乳价格走势呈略微波动状态，其波动系数也在 1.6 左右浮动。2018 年生鲜乳价格受中美贸易战的影响，养殖成本的波动导致生鲜乳价格波动略有增加，2019 年我国生鲜乳价格略有小幅波动，波动系数为 3.02。

表 15-1   我国生鲜乳收购价格数据描述性统计分析

时间	最小值（元/千克）	最大值（元/千克）	均值（元/千克）	全距（元/千克）	标准差（元/千克）	波动系数（%）
2009 年	2.31	2.63	2.44	0.32	0.11	4.55
2010 年	2.68	3.12	2.89	0.44	0.14	4.68
2011 年	3.18	3.25	3.20	0.07	0.02	0.62
2012 年	3.27	3.35	3.25	0.08	0.03	0.84
2013 年	3.4	4.13	3.62	0.73	0.23	6.41
2014 年	3.79	4.24	4.04	0.45	0.16	3.89
2015 年	3.4	3.56	3.45	0.16	0.05	1.54
2016 年	3.39	3.56	3.47	0.17	0.06	1.63
2017 年	3.41	3.55	3.48	0.14	0.05	1.40
2018 年	3.37	3.59	3.46	0.22	0.06	1.84
2019 年	3.53	3.86	3.66	0.33	0.11	3.02

二、生鲜乳价格波动季节特征分析

Census X12 季节调节法。在时间序列的观察中数据往往显现出月度或季度的循环变动，然而生鲜乳价格的季节性变动掩盖了其经济发展的客观规律，因此在对生鲜乳价格进行计量分析之前应对数据进行季节调整。因为季节调整法中的加法模型存在一定的局限性，所以本章节采用 Census X12 季节调节法中的乘法模型对我国生鲜乳价格进行季节调节，将数据分为趋势循环要素（TCt）、季节要素（St）和不规则要素（It），设生鲜乳的价格为 Y，将价格中的季节要素和不规则要素从 Y 中分离出来，则表达式为：$Y=TC\times S\times I$。

图 15-2、图 15-3、图 15-4 分别是 2009—2019 年我国生鲜乳

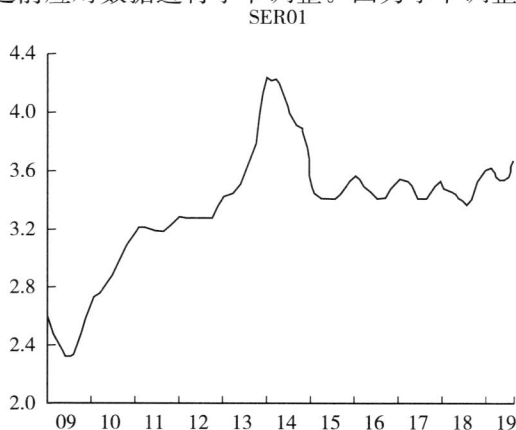
SER01

图 15-2   我国生鲜乳价格时间序列

价格时间序列图和季节调整后我国生鲜乳价格时间序列图。如图 15 - 2、
图 15 - 3 所示，2009—2019 年我国生鲜乳价格整体上升，随着我国乳制品需
求不断增大，2009 年我国生鲜乳收购价格不断增长，到 2013 年达到最高值，
之后价格大幅度下降。2015 年至今我国生鲜乳价格保持在一个水平线上，波
动幅度属于正常范围，在 2009—2011 年和 2013—2015 年有两次较大的波动。

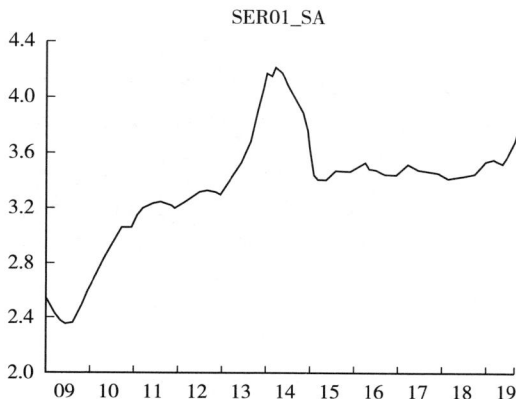

SER01_SA

图 15 - 3　季节调整后我国生鲜乳价格时间序列

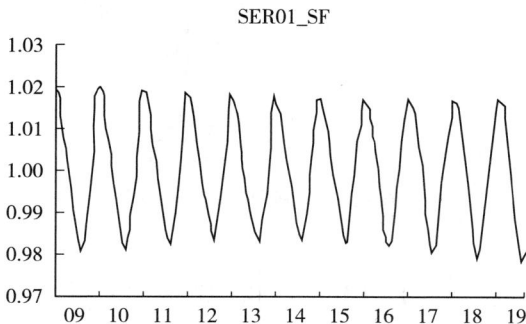

SER01_SF

图 15 - 4　季节因素

由图 15 - 4 可知，2009—2019 年我国生鲜乳价格季节因子序列周期性变
化明显，波动曲线呈正弦曲线型，说明各年生鲜乳价格季节性变化高度相似，
季节性特征明显，波动幅度也基本一致。受奶牛泌乳生理期和我国春节乳制品
需求加大的影响，我国生鲜乳价格从每年 7—8 月开始回升到 1 月左右到达最
高值，随气温的升高生鲜乳蛋白量减少且产量增大，价格逐渐下降到 6 月达到
最低值。从各年份波峰波谷出现月份来看我国生鲜乳价格季节稳定性逐渐
平稳。

三、生鲜乳价格波动随机特征分析

将生鲜乳原始序列数据的季节因子、长期循环趋势因素剔除，单独将我国生鲜乳价格的随机波动特征呈现，随机因子、残余变动都表示一个序列的不规则波动，而不规则波动主要反映了突发性自然灾害、质量安全和及时政策等事件对价格产生的影响。如图 15 - 5 所示，2009—2019 年我国生鲜乳价格随机因素并没有体现出长期的上升或下降的趋势，除 2014—2015 年波动幅度较大之外，整体波动相对比较平缓。2015—2019 年我国生鲜乳价格随机性波动比 2015 年之前波动幅度小，说明 2015 年之后我国生鲜乳随机波动逐渐趋于平缓。2009—2019 年，最高值出现在 2014 年 11 月左右为 1.015，最低值出现在 2015 年 2 月左右为 0.98，波动幅度为 0.035。2014 年前后的大波动主要受恒天然"毒奶粉"事件、进口奶粉价格暴跌、我国产业政策调整等事件的影响，造成河北和山东等地频频发生"倒奶杀牛"的恶性事件，2015—2019 年波动平稳。

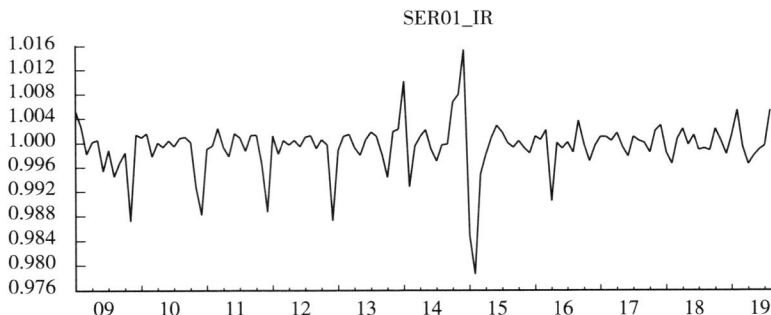

图 15 - 5　不规则变动序列

第二节　基于 H - P 滤波法的生鲜乳价格波动趋势分析

一、长期趋势分析

H - P 滤波模型。H - P 滤波法是分析长期趋势中比较常用的研究方法之一，是对 Census X12 季节调节法的进一步分析，将趋势循环要素（TCt）再次分离开来，更好的观察时间序列的趋势成分。假设生鲜乳的价格为 Y，则 YT 是生鲜乳价格的趋势成分，Yc 是生鲜乳价格的循环波动，则有：$Yt = YtT + YtC$，$t = 1，2，3，…，T$。本研究选取奶业的月数据为基本参数，所以平滑指数 λ 为 14 400。

在我国生鲜乳月度价格 X12 季节调节的基础上，利用 H－P 滤波法将我国生鲜乳的趋势周期序列（T－C）进行分离，结果如 15－6A 所示。图 15－6B 和图 15－6C 分别表示我国生鲜乳原始时间数据的长期趋势曲线和周期波动循环曲线。

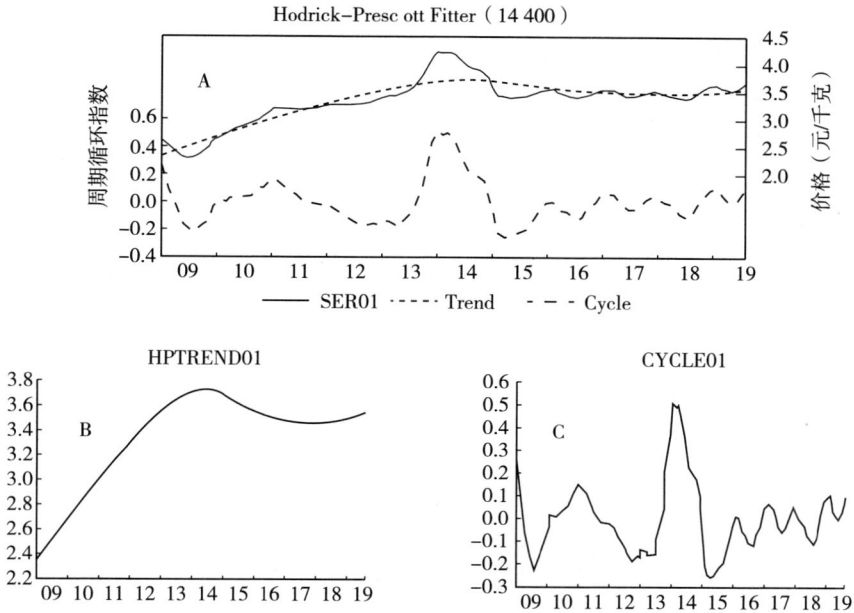

图 15－6　2009—2018 年我国生鲜乳价格趋势成分和周期成分

2009 年 1 月至 2019 年 8 月，我国生鲜乳价格呈整体上升趋势，2009—2015 年我国生鲜乳价格上涨迅速，在 2014 年 3 月达到最高点之后开始下降，2015 年至今价格没有太大的波动，趋于平稳。总体上看，我国生鲜乳价格在 2009 年 1 月至 2019 年 8 月分为两个阶段。第一阶段，2009 年 1 月至 2013 年 12 月，是我国奶业快速发展期，1978—2013 年我国乳制品产量总量由 97.1 万吨增加至 3 650 万吨，每年平均增加 13.40%，2000 年以来更是增速明显。2013 年我国奶牛存栏量为 1 440 万头，百头存栏占比相对 2008 年的 19.5% 增加到 37%，产奶量跃居全球第三。从乳制品的产量来看，我国国民生活水平逐渐提高，对乳制品消费每年均保持两位数的增长。从养殖成本角度分析，饲料的价格可直接影响奶牛养殖成本的变化。据农业部数据显示，2013 年前我国玉米和豆粕价格呈上升趋势，与我国生鲜乳价格上涨时间节点基本吻合。除宏观因素和通货膨胀外，2009—2013 年我国生鲜乳价格长期上涨主要受到国民对乳制品的需求增加和饲料成本增加的影响。

第二阶段，2014 年 1 月至今我国生鲜乳价格呈下降至接近平稳的缓慢增长趋势。从图 15 - 6A 可看出，2013—2014 年出现较大波动，价格从最高点突然下降之后趋于价格较低但相对平稳的走势。原因如下：一方面我国乳制品需求下降，2008 年我国奶业"三聚氰胺"事件、2013 年的恒天然"乌龙"事件等乳品质量安全问题使国民对国产奶制品信心全无，重创我国奶业的发展。2015 年我国奶业乳制品销售总额为 3 328.52 亿元，增长率仅仅为 0.93%，而 2014 年的增长率为 16.46%，2016 年我国人均液态奶消费量仅为 20.3 千克，反观西方发达国家如澳大利亚为 106.6 千克。另一方面，2014 年我国奶业市场出现生鲜乳过剩现象，加上海外廉价优质奶粉的进口等因素，导致我国生鲜乳价格持续走低。我国乳产品消费者对海外低价优质奶粉保持一贯的热衷，国产奶粉缺乏竞争力。以全脂奶粉产量和进口量为例，在"三聚氰胺"事件暴发前我国进口全脂奶粉量为 5.9 万吨，2017 年进口量为 50 万吨。2018 年我国奶业形势逐渐变好，从长期趋势曲线可看出，2018 年我国生鲜乳价格有回暖趋势，总体表现为：规模养殖场逐渐增多、生鲜乳价格创下近 3 年历史最高、养殖效益逐渐好转。

二、周期循环分析

图 15 - 6C 中，按照"谷—峰—谷"的原则可将 2009 年 1 月至 2019 年 8 月我国生鲜乳价格波动划分为 6 个周期，其中有 4 个完全周期和 2 个不完全周期（表 15 - 2）。从峰值和谷值来看，生鲜乳价格的周期曲线在 0 值上下波动，由表 15 - 2 可知，我国生鲜乳价格平均一年形成一个波动周期，除第一周期和第二周期中波长达到 38 个月和 22 个月，其余 4 个周期平均在 15 个月左右。从波动频率来看，我国生鲜乳价格波动比较剧烈。

表 15 - 2　2009 年 1 月至 2019 年 8 月我国生鲜乳价格波动周期

周期	时间	波长（月）	峰值	达峰值时长（月）	谷值	达谷值时长（月）	振幅
1	2009 年 8 月至 2012 年 9 月	38	0.16	18	−0.18	20	0.34
2	2013 年 5 月至 2015 年 3 月	22	0.52	14	−0.25	8	0.77
3	2015 年 4 月至 2016 年 8 月	16	0.01	11	−0.12	5	0.13
4	2016 年 9 月至 2017 年 6 月	9	0.07	5	−0.06	4	0.13
5	2017 年 7 月至 2018 年 7 月	12	0.05	5	−0.12	7	0.17
6	2018 年 7 月至 2019 年 12 月	17	N	N	N	N	N

第一个周期从 2009 年 8 月至 2012 年 9 月，波长为 38 个月，振幅 0.34，虽然持续时间较长，但这个周期波动幅度较平缓。这一周期主要受"三聚氰

胺"乳品安全事件的影响。国家大力管控食品安全，加上"三聚氰胺"风波过后，我国奶业市场渐渐恢复，价格慢慢上升并在 2011 年 1 月达到最高点。第二周期从 2013 年 5 月至 2015 年 3 月，波长为 22 个月，振幅 0.77，此次波动周期较短且非常剧烈，也是从 2009 年至今最为剧烈的一次。2013 年我国奶业经历了太多事情，之前埋下的伏笔、低价优质进口奶粉、市场需求变化等问题接踵而至，给本来就脆弱的中国奶业市场带来了不小的冲击。2011 年前后国家推进标准化农场快速建成，导致小规模的散养户纷纷推出奶业行业，然而规模化养殖场根本不能弥补奶业市场需求缺口，导致 2013 年我国奶牛存栏量和生鲜乳产量大幅下降，导致生鲜乳供不应求，因此我国生鲜乳价格一路上升，达到波峰仅 14 个月。高额的价格使多数奶企看到商机，纷纷加入扩大规模的队伍，也有一部分企业转向购进进口奶粉。但随之而来的却是我国国民的消费疲软致使大部分奶企销售迟滞，被迫停止收购生鲜乳。2014 年我国生鲜乳价格受此次因素的影响再次大幅度下跌，于 2015 年跌入低谷。

之后的 4 个周期波长平均在 15 个月左右，振幅都保持在 0.2 左右，相对之前两个周期波动较平缓，生鲜乳价格基本稳定但持续低迷。2015 年之后我国奶业供求问题基本解决，主产区甚至出现奶源过剩的现象和受到进口奶粉的影响，生鲜乳价格保持在低迷状态。2016 年以来，国际生鲜乳减产，进口奶价攀升使国内外乳制品差价减小，短期内奶价倒挂得到缓解。由于持续低迷的奶价着实影响到我国奶业的发展，2017 年"全面奶业振兴"的意见出现在中央 1 号文件中。我国奶价正在呈缓慢波动上升的趋势，从图 15-6C 中也能看出该趋势，从波动周期中也能发现我国生鲜乳周期波动越来越平稳。

三、基于 ARIMA 模型的生鲜乳价格预测

ARIMA 模型是时间序列预测分析方法之一。ARIMA（p，d，q）中，AR 是"自回归"，p 为自回归项数；MA 为"滑动平均"，q 为滑动平均项数，d 为使之成为平稳序列所做的差分次数（阶数）。ARIMA（p，d，q）模型可以表示为：

$$(1 - \sum_{i=1}^{p} \phi L^i)(1-L)^d X_t = (1 + \sum_{i=1}^{q} \theta_i L^i)\varepsilon_t$$

其中 L 是滞后算子（Lag operator），$d \in \mathbb{Z}$，$d > 0$。

本研究运用 ARIMA（p，d，q）模型对我国 2019 年 11 月至 2020 年 4 月的生鲜乳收购价进行短期预测。因为 2009 年 1 月至 2015 年 12 月属于我国奶业上升期，且已有多数学者对其进行了大量的分析，所以本研究选取的时间数据为 2016 年 1 月至 2019 年 4 月，此段时间具有明显的季节效应。在出现伪回

归现象的前提下，本研究首先对数据 SER01 进行平稳性检验，选择 ADF 检验法进行检验。如表 15 - 3 所示，SER01 序列在 5％的显著水平下接受原假设，即存在单位根，此序列为不平稳序列。对此序列进行一阶差分后在 5％的显著水平下拒绝原假设，因此生鲜乳价格在一阶差分后为平稳序列，此时模型中 d 值为 1。

表 15 - 3   季节调整后的生鲜乳价格单位根检验结果

变量	ADF	5％临界值	P 值	结果
SER01	−2.322 573	−2.884 477	0.166 5	不平稳
D（SER01）	−4.325 222	−2.884 477	0.000 6	平稳

通过观察一阶差分后 SER01 序列的自相关和偏相关图并且考虑到了季节效应，初步确定 3 个 p、q 值，ARIMA（0，1，1）、ARIMA（1，1，1）、ARIMA（1，1，0）。根据模型的显著性检验和 AIC 值准则，最终选取拟合度最好的模型 ARIMA（1，1，0）进行预测。模型检验结果如表 15 - 4 所示。

表 15 - 4   模型检验 AIC 值

p、q 值	（0，1，1）	（1，1，1）	（1，1，0）
AIC 值	−156.06	−154.47	−156.49

经检验时间序列 SER01 的结果可知，模型 P 值为 0.9718，假设 P 值大于 0.05 临界值时接受原假设为白噪声序列。本研究选取的 2016 年 1 月至 2019 年 4 月的价格数据构建的模型较好，残差均为白噪声，当 ar（1）增加一个单位，则 D（SER01）减少−0.624 0。我国生鲜乳价格序列的回归模型结果如表 15 - 5 所示。

表 15 - 5   选定模型结果

变量	系数	标准差	T 值
AR（1）	−0.624 0	0.541 9	−1.202 3
R - squared	0.000 8		
AIC	−156.49		

之后，对 2019 年 5 月至 2019 年 7 月季节调整后的生鲜乳价格运用 ARIMA（1，1，0）模型进行模拟，将模拟的生鲜乳价格和实际价格进行对比，如表 15 - 6 所示。模型预测结果的平均相对误差为 0.021 6，拟合较好。因此可以运用此模型对我国生鲜乳 2019 年 11 月至 2020 年 4 月的价格进行预测，结果见表 15 - 6。表 15 - 6 显示，我国生鲜乳在未来 6 期内价格会随着现

在的上升趋势呈现小幅度上升。

表 15 - 6　2019 年 11 月至 2020 年 4 月生鲜乳价格预测结果

预测时间	预测值	实际值	绝对误差	相对误差
2019 年 5 月	3.50	3.54	0.04	0.011 2
2019 年 6 月	3.46	3.53	0.07	0.019 8
2019 年 7 月	3.43	3.55	0.12	0.033 8
均值	3.46	3.54	0.07	0.021 6

第三节　基于 VAR 模型的生鲜乳价格风险测度

一、生鲜乳价格风险的概念界定

农业风险可分为自然风险、市场风险、技术风险和社会风险等。农业市场风险是指农产品在市场销售过程中，由于市场供求因素、农产品价格波动因素、贸易条件和政策变化等因素的影响或管理失误和市场信息不对称等因素导致农业从业者在经济上遭受不可抗的损失，如生产成本中的饲料价格上涨、劳动力价格上涨、再例如同行竞争使得生鲜乳在市场中的价格上下起伏、国外奶源的进口、原料奶的质量安全等都可以对奶业造成不小的冲击和威胁。我国政策性奶牛保险及科技的发达使得我国奶业在应对自然风险和疫病风险时驾轻就熟，而市场风险可以说是最难应对、最难预测的一种风险。

奶业市场风险主要体现为生鲜乳在市场中的价格，而生鲜乳市场价格受很多因素影响，如从宏观角度分析奶业市场风险主要有生鲜乳市场价格波动风险、交易契约风险、生鲜乳质量、产量风险和政策风险等，其中价格波动风险是奶业市场面临的最常见的风险，无论是生鲜乳产量减少还是交易中的价格协商，最终可以体现生鲜乳价值的标志还是生鲜乳的价格。基于此，本研究以整个产业链的视角界定生鲜乳价格风险，指在奶业的生产过程中所面临的生鲜乳价格下降或成本的上升导致奶业从业者在经营过程中达不到预期的利润而造成的损失，但由于成本的变动最终也会反映在生鲜乳价格波动中，因此，本研究主要是基于生鲜乳价格波动对奶业市场风险进行研究。

二、生鲜乳价格风险的因素分析

（一）乳制品进口冲击加剧

2008 年是我国奶业发展的转折点，"三聚氰胺"造成的影响对我国奶业来说是不可磨灭的，从 2008 年之后，我国奶业成了"进口乳制品大国"。从数据分析，我国在 2008 年之前在国际贸易中进口乳制品并不多，国内完全可以自给自足，2008 年我国进口乳制品仅 38.7 万吨。从《中国奶业年鉴 2018》乳制品进口总量数据来看（图 15 - 7），2013—2019 年我国进口乳制品总量从159.21 万吨增加到 297.3 万吨，年增长率在 12.8%，乳制品进口量在 6 年间翻了一倍左右，2018 年我国乳制品进口额首次突破 100 亿美元，可以看到我国乳制品进口依然在快速增长，这不利于我国奶业健康发展，甚至对国产乳制品品牌的竞争力造成打击。

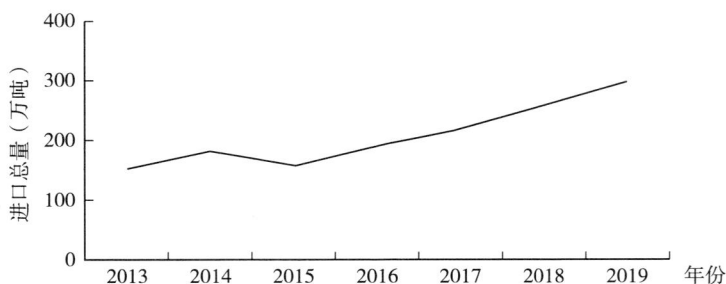

图 15 - 7　2013—2019 年我国乳制品进口总量

进口乳制品最直接的影响就是大量低价乳制品的购入将影响我国生鲜乳的正常销售，反映到市场上就会导致我国生鲜乳价格低迷，奶农无利可图。2017年我国奶粉进口量为 71.73 万吨，占干乳制品进口总量的一半，2019 年我国奶粉进口量为 101.5 万吨，相对于 2017 增加了大约 30 万吨，这 30 万吨进口量相当于国内减少生鲜乳需求 255 万吨、减少奶牛 102 万头和造成 10 万人的失业。而且近几年我国液态奶进口也大幅增长，2017 年我国液态奶进口量达70.17 万吨，同年奶业大国日本仅 100 吨，因为液态奶具有易坏易腐、成本高等特点，液态奶的大量进口会减少我国消费者福利，但 2019 年我国液态奶进口总量为 92.4 万吨。因此，我国奶业发展受日益增加的乳制品进口量的影响会越来越大，提升我国乳制品质量，严格执行食品安全标准，使我国消费者对我国奶业质量重拾信心，才是我国奶业将要走的重要道路之一。

（二）奶牛养殖成本波动大

生产成本是由可变成本和不可变成本所组成的，生产成本是影响价格的直接表现，而养殖场的场地、劳动力和设备都是不可变成本，可变成本的 86%为奶牛的饲料成本，奶牛饲料价格的上涨会直接导致奶牛养殖主体生产成本的上升和经济效益的下降。玉米、豆粕和苜蓿在奶牛养殖业中属于精饲料，但我国苜蓿、大豆的种植面积近几年来不断减少，在奶业市场供给紧张，然而我国对苜蓿和大豆又太过于依赖国际进口，据统计数据显示，2019 年我国大豆进口量为 8 850 万吨左右，是国内大豆生产量的 6 倍左右；苜蓿价格依旧在提高，据调研，受中美贸易摩擦影响，2019 年 2 月进口苜蓿价格已经达到每吨 3 100 元左右，同比涨幅超过 20%。所以在国际奶牛饲料价格不断升高的环境下，2019 年我国奶牛养殖业生产成本有所上升，据奶业经济数据显示，2019 年我国奶业单位养殖成本从 1 月的 3.30 元/千克上升至 12 月的 3.40 元/千克，全年增长 3%。

近些年我国生鲜乳成本一直处于居高不下的状态，居于 2.5～4.0 元/千克，多数奶牛养殖场处于微盈利与亏本的边缘。由于中美贸易战导致苜蓿价格提高，生鲜乳收购价必须提高 0.1 元/千克才能弥补由养殖成本增加带来的损失。我国奶业中下游乳企与上游养殖企业的生产产销不平衡问题一直存在，乳制品加工行业集中度高，市场占有份额大，乳品企业与养殖企业利益联结机制不健全，国内奶牛养殖场千克奶价由我国下游乳企掌控，上游牧场议价能力弱，这就使得奶牛养殖环节压力倍增，利润更小，从而导致奶牛养殖场与乳品企业的矛盾更加严峻。

（三）奶业主体融资难

近年来，我国奶牛养殖规模发生了巨大变化，具体表现为散户退出，养殖小区、百头牧场建起。但是看似宏大工程的背后问题也日益凸显。奶业产业由于属性特殊，在众多产业中属于高风险行业，投入大，周期长，所以我国从事奶业生产的主体普遍面临融资困难等资金问题。目前我国牛奶养殖业正处于转型高峰期，但过于频繁的规模化转型、设备升级、高压政策和成本增加等，对奶业主体带来了巨大的经济压力，忽略了奶业从业者投入产出效益。在此过程中，奶业主体需要大量资金来弥补资金链的断裂，然而我国在奶业金融服务方面并没有给予太多的关注，导致部分养殖主体或乳企的退出，严重影响了我国奶业的发展。

从各个奶业大省的奶业发展现状分析，奶业主体似乎都面临资金短缺的问题，2019 年山东省印发了关于奶业振兴的方案，但关于对奶业财政的支持却没有被提及；河北省在对奶业主体调研过程中发现，奶业养殖主体在转型中因资金链断裂而最终退出该行业；河南省总结了目前该省奶业发展的现状，分析发现该省奶业养殖主体普遍发生了亏损现象，原因是饲料价格上涨，环保政策压力大，没有金融支持政策，许多养殖场处于倒闭的边缘；大理市也重点强调了资金缺乏是制约该市奶业发展的重要因素之一。在调研中发现，农民对巨大的购牛资金无力承担，政府资助贷款申请难、周期长、额度小。归根结底，该市奶业众多问题都与资金缺乏有很大关系。

（四）环保政策对养殖主体影响大

2017 年以来我国奶业逐渐恢复往日的生机，国家也高举奶业振兴大旗，我国奶业事业蒸蒸日上，但随着奶业振兴和养殖业逐渐发达，畜禽粪污和动物尸体成了养殖业最棘手的事情，如果处理不当对养殖业和整个环境都有很大的影响。其实我国早在 2013 年就颁发过相关文件，之后 5 年内每年都有关于畜牧业环保相关政策。2019 年我国多家奶企因环保问题被罚，甚至被迫关停养殖，可以说目前来看环保问题成为我国奶业养殖业重要制约因素。以河北省三河市的华夏牧业为例，2018 年赛科星集团的华夏畜牧养殖场因环保问题被迫外迁奶牛 7 197 头，直接损失奶牛 2 400 余头。因为环保问题，京津冀奶牛存栏量呈下降趋势，与 2011 年三地原料奶产量相比，由 2011 年的 591.58 万吨下降到 2016 年的 554.2 万吨，其中北京与 2011 年相比下降了 28％，天津下降了 33.86％，河北下降了 4％。从以上数据来看，环境污染问题也的确成为我国奶业发展路上的绊脚石。

（五）生鲜乳生产主体议价地位低

我国生鲜乳价格波动较为频繁，深入研究发现，我国奶业的生产方式、不完善的利益联结机制等因素，在很大程度上影响了我国奶业养殖主体议价能力。我国奶业长时间的散养模式造成了我国奶源分散、奶农议价能力低的现状，近年来，我国奶牛养殖规模化程度越来越高，但乳企在议价环节中占据垄断地位，利益联结机制不能起到利益共享、风险共担的作用等因素，导致我国奶农议价能力低的现状仍未得到有效的解决，在奶业市场中依然处于风险较高的薄弱位置。

奶牛养殖场是奶业产业的根基，也是市场风险主要承担者，奶农一部分将生鲜乳自己加工后在市场中出售，一部分由乳制品加工企业收购，而加工企业为了使利润最大化只能降低对散户生鲜乳的收购价格，由于散户规模小产量低只能对收购价格妥协，久而久之生鲜乳市场价格就会降低，散户无利润可言就逐渐转型，慢慢退出奶业市场之后生鲜乳短缺，乳企之间加强竞争将生鲜乳市场价格抬高，这样又造成散户盲目扩张，由此造成奶业市场的恶性循环、生鲜乳价格剧烈波动的局面。

三、生鲜乳价格风险的测度

（一）生鲜乳价格风险测度方法的选择

学术界对价格波动程度的定义方法有很多，较为简单的评估方可以粗略看出波动频率，比如数据的变异系数或折线图。国外学者 Berentsen 等（2012）在荷兰利用变异系数和减损值对两种模式的奶牛养殖场进行风险对比，得出新型有机牧场存在比传统牧场更高的风险。Benni 等（2013）通过分析瑞士部分奶牛养殖场 10 年的相关数据并观察走势图，指出市场价格价格波动越频繁农户遭遇风程度越高。

2000 年以来，我国学者对于奶业风险研究大多在于定性分析上，如我国奶业将会面临生鲜乳市场价格波动的风险、养殖场面临因饲料上涨而导致亏损的危险、奶牛疫病死亡风险和环保压力等风险（王永康，2004；吴宗学，2012）。在 20 世纪 90 年代初，一种科学的且建立在数理统计基础上的风险评估方法在国外学术界被广泛使用，这种方法不仅统一了风险测量标准而且也使用于如利率、汇率、股票以及商品市场价格等综合风险，它被称作 Value at Risk，简称 VaR 风险值。我国学者张峭等（2010）首次运用 VaR 风险值测量法计算评估了我国农产品市场价格风险程度，并得出我国以鸡蛋市场、活鸡市场、牛羊肉和猪肉为代表的 5 种农产品的市场风险较大的结论。之后 VaR 模型在国内被广泛使用，郭军等（2013）将 EVT 理论与 VaR 模型相结合，也计算出我国生猪市场价格风险值。2015 年我国奶业动荡逐渐平稳，我国学者开始意识到我国奶业市场依然存在较大市场风险，何伟忠等（2015）将 VaR 模型引用在我国奶业市场中，经选取阈值和运用广义帕累托模型最终计算出我国奶业市场风险的 VaR 值，根据风险值显现我国奶业市场风险较高，次年魏艳娇等（2016）通过生鲜乳月价格分布模型测算出我国奶业市场 VaR 值，与其他学者结论相同，认为我国奶业市场风险依然较高。2016 年之后我国很少在有学者对我国奶业市场价格风险程度进行综合分析，因国家大力发展奶业，我国奶业最近似乎走出了低谷，价格直线上升，2019 年末我国生鲜价格达到近 5 年最高值，2020 年预计价格还会持续上升，为防止我国奶业价格再次波动，因此本文旨在对我国奶业市场风险进行评估。

从众多学者的研究成果来看，对于奶业市场风险的衡量和评估中，使用方法大体相同，而变异系数等简单的统计方法只能体现某一特定时段价格波动的风险，忽略了价格波动的概率分布，所以本研究选择建立在数理之上的 VaR 风险值测量法对我国生鲜乳价格波动进行准确的度量，此模型运用在我国奶业市场中旨在估算出我国生鲜乳市场价格在未来波动下可能的损失。

本研究对我国生鲜乳市场价格风险的测度主要分三个步骤：第一步，构建我国生鲜乳价格波动序列，剔除生鲜乳市场价格趋势，计算出反映我国生鲜乳价格风险大小的 RSV 序列；第二步，构建我国生鲜乳市场风险的概率分布模型，反映生鲜乳价格风险的概率分布特征；第三步，计算我国生鲜乳价格风险值 VaR。

VaR 模型是科学的，其计算方法是建立在统计学的基础上，且可将风险转化为具体数值。其表达公式为：

$$\text{Prod}(p > \text{VaR}) = 1 - c, \quad 0 < c < 1$$

P 在公式中的表达为生鲜乳价格在特定时期的损失，c 为显著水平。

（二）构建生鲜乳价格波动序列

确定市场价格等时间序列长期趋势的方法大致可以分为三种：第一种是回

归模型法，该方法运用统计回归技术，建立时间线性和非线性，对时间序列进行分析，虽然在模拟趋势变化上很有效，但该方法结果主观性太强，不适用随机性时间序列；第二种是移动平均模拟法，该方法客观简单，易于使用，其运算原理是以时间序列的滑动时段计算出滑动平均值来模拟趋势，但缺点为计算过程中原始样本会有 2K 个损失；第三种是指数平滑法，该方法是上述两种方法的结合，优点在于既不必对样本进行主观判断，又不会对原始数据造成损失，是一种较好的趋势模拟方法，因此本研究采取指数平滑法对我国生鲜乳月价格进行趋势拟合。

本研究选取了 2010 年 1 月至 2020 年 4 月的生鲜乳市场价格作为测算样本，数据来源为《中国奶业年鉴》《奶业经济观察》等，本研究中的生鲜乳价格是指生鲜乳市场收购价格。因为生鲜乳价格受季节和通货膨胀的影响，因此在使用模型前已经将季节趋势和通货膨胀因素剔除，之后使用指数平滑法对我国生鲜乳月价格时间序列进行拟合（图 15 - 8）。

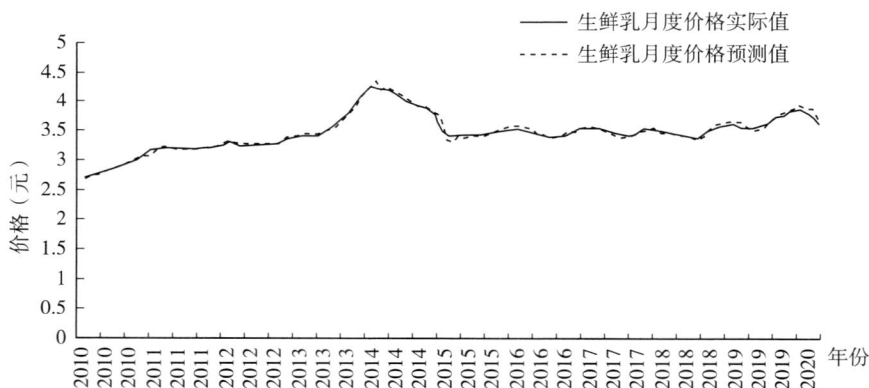

图 15 - 8　生鲜乳月度价格时间序列趋势拟合

图 15 - 7 为我国 2010—2020 年生鲜乳月度价格时间序列趋势拟合图，一条为生鲜乳月度价格实际值，另一条为通过指数平滑法预测出的生鲜乳月度价格预测值。根据生鲜乳月度价格的预测值和实际值，计算出生鲜乳价格的随机波动值，计算公式如公式（1）所示。

$$p_w = p - p_t \qquad (1)$$

其中，p 为生我国鲜乳月度价格实际值，p_t 为生鲜乳价格预测值，p_w 为生鲜乳价格随机波动值。最终，计算出月度价格相对随机波动序列 $PRSV = p_w/p_t$，时间序列如图 15 - 9 所示。

服从平稳性、正态性假定是对生鲜乳价格相对随机波动序列分析的前提条件。因此，本研究首先对生鲜乳价格的相对随机波动序列进行平稳性检验。单

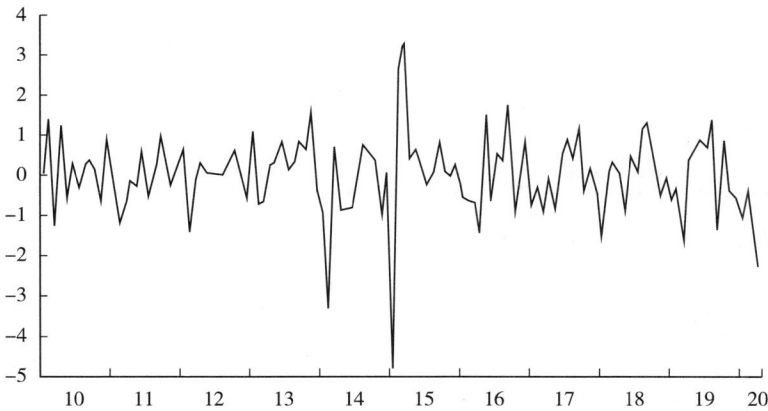

图 15-9　生鲜乳月度价格相对随机波动序列

位根检验是最常见的非平稳过程之一，即检验特征方程是否有单位根。本研究运用 DF 检验（Dickey-Fuller）方法对生鲜乳价格的相对随机波动序列进行单位根检验。

　　根据 DF 检验结果可知，DF 统计量值为 $-10.982\,48$，小于 1% 显著水平下 t 统计量的临界值 $-3.484\,198$，说明生鲜乳月度价格相对随机波动序列在 1% 显著水平下拒绝原假设"数据不平稳"，所以生鲜乳月度价格相对随机波动序列在 1% 的显著水平下为平稳序列。

　　进一步对生鲜乳价格相对随机波动序列进行描述性统计量分析（RSV），如表 15-7 所示。其中，JB 统计量在序列观测值为正态分布的原假设下服从自由度为 2 的卡方分布，若 JB 统计量大于卡方分布的临界值，则拒绝服从正态分布的原假设。

表 15-7　生鲜乳月度价格相对随机波动序列描述性统计量

	PRSV
Mean	$-0.014\,885$
Median	$-0.002\,116\,1$
Maximum	$3.342\,442$
Minimum	$-4.796\,387$
Std. Dev.	$1.003\,052$
Skewness	$-0.764\,010$
Kurtosis	$7.655\,374$
Jarque-Bera	$124.038\,0$

（续）

	PRSV
Probability	0.000 000
Observations	124

由表 15-7 可得：第一，Skewness 偏度系数为 -0.764 010，小于 0，即生鲜乳价格在多数情况下低于平均值，呈现出左偏态趋势；第二，峰度 Kurtosis 系数值为 7.655 374，大于 3，说明相对于正态分布的凸起程度，生鲜乳价格相对随机波动序列分布凸起程度更大；第三，JB 统计量值为 124.038 0，大于卡方分布的临界值，说明在 1% 的显著水平下，拒绝总体服从正态分布的原假设。因此，需要进一步探讨生鲜乳价格的概率分布模型。

（三）构建概率分布模型

上文曾提到，虽然通过计算生鲜乳月价格的方差、标准差和变异系数等简单的统计量也能对生鲜乳价格风险情况进行粗略的描述，但存在波动程度和发生概率相等的假设。如生鲜乳价格每天发生波动的概率与多年一遇的大波动具有相等的发生概率，这是不符合实际情况的。因此，有必要对生鲜乳价格随机波动（RSV）的概率分布进行分析。

Burr 分布、Log - Logistic 分布、Logistic 分布、Lognormal 分布、Weibull 分布 5 种概率分布模型是国内外相关研究领域中应用最为广泛的。本研究选用 Burr 分布模型，检验结果如表 15-8 所示。

表 15-8　生鲜乳价格相对随机波动序列最优概率 burr 分布

最优分布	参数值
Burr 分布	$k=1.198$，$a=652\ 251.7$，$\beta=40\ 710.4$，$\gamma=-40\ 710$

注：k 和 a 是 Burr 分布的形状参数（$k>0$，$a>0$），β 为规模参数（$\beta>0$），γ 为位置参数（$\gamma \leqslant x \leqslant \infty$）。

根据表 15-8 可知，概率分布模型的 Burr 分布的 K-S 检验、A-D 检验和卡方检验通过分布最优的假设，所以这里采用 Burr 分布进一步测算我国生鲜乳价格市场风险值，即 VaR 值。利用极大似然法估计我国生鲜乳价格相对随机波动序列最优概率分布模型 Burr 分布的参数值。

（四）实证结果分析

运用 matlab 软件，在最优概率分布模型 burr 分布进行参数估计的基础上，运用 VaR 模型计算出在 95% 置信度下我国生鲜乳价格风险值区间为 [-17.24%，10.14%]，即在 95% 的概率水平下，生鲜乳月度价格相对随机波动序列最大上涨幅度为 10.14％，最大跌幅度为 17.24％。根据计算出的数值，并参照我国学者张峭在 2010 年运用 VaR 模型计算出我国主要畜产品市场价格风险值区间 [－10％，10％]，认为在当前的形势下，我国生鲜乳市场价格风险高于其他畜牧业。

第四节 奶业市场风险管理的策略选择

一、奶业市场风险管理的目标

目前我国奶业面临的风险主要是由生鲜乳价格下跌或投入成本上升，导致我国奶业从业者达不到预期收入水平的市场风险。包括奶业在内的我国农产品市场风险日益凸显，已经成为农业从业者乃至政府都需要谨慎防范的问题。从近两年的学术报道中可发现，我国学者正在积极探索研究新型农产品风险管理工具，我国农业市场已经发生了变化，长期以来我国农业风险管理的重点在于产量和收入风险方面，对市场价格波动风险缺乏关注。

我国学者安毅、方蕊通过对比了多个发达国家的农业市场风险管理办法得出我国农产品市场与国际大环境联系紧密，且国际农产品价格均处于下降期，众多因素也会影响农产品价格，使其下跌，我国农产品市场价格风险在未来难以预料，因此提出应加快建立针对我国不同类型农产品的风险管理工具和防控体系，保护我国农产品市场价格的平稳性。张峭（2016）指出，随着我国农产品市场和国际农贸市场的联系越来越紧密，国际政治、全球气候等因素导致我国农产品市场风险逐渐加大，应积极利用农产品期货、期权来分散我国农产品市场风险。

综上所述，我国学者通过吸取国外经验或研究新型政策项目，其目的是更好地应对我国农产品市场风险的发生。结合宏观角度和我国奶业市场风险的概念，我国奶业市场风险管理的目标就是采用最适合我国国情的奶业市场风险管理工具，使我国奶业从业者受到的奶业市场价格波动风险带来的损失最小化。从现实意义上讲，进行风险管理的目标可以分 3 个方面：第一，减小生鲜乳市场价格的波动对奶农和乳企利润的影响；第二，有利于养殖主体减小在实施风险管理计划过程中遇到的偏差；第三，降低产业链各环节产生的风险，促进我国奶业产业链健康发展。

二、奶业市场风险内部抑制策略

（一）建立生鲜乳价格预测预警机制

（1）完善生鲜乳价格预警体系。政府有关部门应加强奶业产业的监管，通过建立奶业信息采集点对我国奶业主要生产省和主要消费省的生鲜乳生产成本、供应主体市场供应情况、乳制品市场贸易数据等，进行定时、准确、客观的收集，并对收集数据进行分析、计算、整合，使之形成完善的价格预测预警体系。

（2）建立生鲜乳预警信息综合部门。政府应组建一个由多部门共同分享和监管的生鲜乳价格监管中心，形成农业行业信息、奶业国内外贸易信息、饲料价格走势信息等多信息共享平台；定期组织相关部门举行研讨会，做到多方信息联动。

（3）完善生鲜乳价格调控系统。我国生鲜乳价格信息经监测和预测之后应第一时间通过预警机制发布到信息共享网络平台。从及时、准确地发布生鲜乳价格信息的角度分析，一方面使养殖主体的生产量有一个方向标，起到指导作用；另一方面，价格信息的及时发布为奶业决策部门和政府的市场调控提供有效的支持。

（二）加强对奶牛养殖场的金融支持

（1）开展养殖业专项金融服务。政府应尽快建立奶业发展基金，在奶业行业组织中选择一个最高管理基金的机构并给予授权，由此机构统一管理奶业产业基金和制定奶业发展战略；通过成立调研小组对发展困难养殖主体和乳企进行综合测评并给予金融服务策略；政府应大力支持金融机构与养殖主体的合作，针对养殖主体在生产中面临的困难开展金融服务，如探究活体奶牛抵押贷款、成品存货抵押贷款、应收账款质抵押贷款等多样性的融资金融服务品种。

（2）提升金融机构对奶业服务的积极性。政府要鼓励当地金融机构积极开展和创新涉及奶业的业务，财政部门也可以为金融机构制定专门的奶业投资风险补偿方案，对于处理奶业金融业务态度积极的金融机构出台相应奖励和优惠政策，鼓励当地金融机构积极探索新型奶业融资业务，如设备融资、场地融资、牲畜融资等，也可充分利用互联网探索电子化融资，加强"政府＋银行＋企业或养殖主体"的融资模式。

（三）奶业市场风险转移策略

1. 构建乳企与奶农的利益联结机制

（1）完善乳企和奶农之间的订单。第一，规范且严格遵守订单内容，明确合约双方应负的责任和义务、明确合约双方的履行方式、明确合约双方违约时的处理方式，使其具有法律效应；第二，借鉴国外经验，积极培育奶农专业合作组织，支持有条件的养殖场（户）自建乳制品加工厂，通过延长产业链提高抵御市场风险的能力；第三，建立生鲜乳价格协商机制，优化生鲜乳收购的市场秩序。建立由县级及以上地方人民政府引导，乳品企业、奶农和行业协会等多方参与的生鲜乳价格协商机制，改变乳企对生鲜乳价格的控制权。此外，乳品企业与奶农应签订长期稳定的购销合同，形成稳固的购销关系，避免奶源过剩时乳企拒奶限奶，也对奶农违反合同约定随意交售生鲜乳行为进行约束，进一步稳定和规范生鲜乳市场。

（2）提升奶农的议价能力。应把重点放在加强养殖主体组织化水平上，充分发挥奶农在生鲜乳价格形成中的作用，提升奶农在生鲜乳价格形成中的主导地位。政府利用宏观调控，发挥政策协调作用，加强奶业下、中、上各个环节的利益联结，大力鼓励中小型奶牛养殖主体组织发展具有合作共赢、平台共享、提升养殖水平等性质的奶农合作社，奶农通过合作社可以以集体谈判的方式制定价格形成制度，提升整体议价能力，与中、上游环节形成收益共享、风险共担的利益格局。

2. 探索我国生鲜乳期货市场

（1）增加生鲜乳品种期货，调节期货市场产品结构。第一，通过有力的政策扶持推进农产品期货市场发展，继续优化农产品期货市场中的主要的期货产品，如大豆、玉米等，保持主要产品在我国农产品期货市场的份额；第二，加快期货市场创新步伐，开发牛奶期货产品，如选择奶类的上市交易所、设计奶类交易的最小变动价位和最低保证金、确定奶类期货的交割要素、制定奶类产品期货价格机制等。

（2）建立健全价格监管体系。不断完善政策监管体系，规范期货市场，提高农产品期货上市的标准，使其健康发展，争取从投机行为的根源进行限制；制定农产品期货市场投机惩罚制度或相关法律，严厉打击对农产品期货市场进行恶意炒作、操纵市场、以谋取私利的行为，让期货市场真实反映农产品价格变动趋势，真正发挥农产品期货的价格发现和分散农产品价格风险的功能，为奶类等其他农产品期货上市营造一个健康良好的交易环境。

（3）加强农民在农产品期货市场中的参与度。政府应不断优化农产品期货市场交易主体，加强在乡村等农业生生产主体中对期货市场的宣传，由政府组织相关农民定期参加产品期货市场知识讲座。农产品期货市场不但要涵盖大型农业企业或其他新型农业经营主体，而且要逐步将农产品生产主体纳入进来。进一步明确政府、金融机构、相关企业及农业合作组织、个人在农产品期货市场中的权利与义务，进一步规范其内容、形式和程序，厘清农产品期货市场中各个主体的权责范围，从多个环节、多个层面保障期货市场价格发现、分散风险功能的发挥。

3. 探索生鲜乳目标价格保险制度

（1）加大财政补贴力度。目前我国各大保险公司对奶牛保险产品的研发积极性不高，因此本研究建议政府应在财政上加大对奶牛保险产品主体的支持力度，激发保险公司在奶牛保险产品中的创新动力。如各保险公司成立牛奶保险产品创新基金，鼓励承办机构大力开发新型保险产品，对优秀创新型保险产品设计团体给予现金奖励。

（2）选择试点区试运行生鲜乳价格保险。政府和保险公司应积极宣传生鲜乳价格保险运行原理和特点，成立宣传小组，以讲座、授课等宣传方式将生鲜乳价格保险给参保者带来的风险保障等详细介绍给奶牛养殖主体；利用互联网、手机短信等便捷方式构建生鲜乳价格保险网络答疑平台，使养殖主体充分了解生鲜乳价格保险。以政府主导，保险公司运营的方式在试点区进行生鲜乳价格保险试运行，总结在运行中的问题。

第四部分

奶业振兴综合篇

第十六章　河北省奶业振兴模式研究

第一节　河北省奶业经营模式现状分析

2018 年 6 月政府在《国务院办公厅关于推进奶业振兴保障乳品质量安全的意见》中指出"坚持产业一体化发展方向，延伸产业链，建立奶农和乳品企业之间稳定的利益联结机制，推进形成风险共担、利益共享的产业格局，增强奶农抵御市场风险的能力"和"支持有条件的养殖场（户）建设加工厂，提高抵御市场风险能力"。2018 年 9 月，中共中央政治局委员、国务院副总理胡春华在全国奶业振兴工作推进会议上强调："发展以奶农为主体的生产经营体系，加快推进奶业转型升级，支持有条件的奶农和合作社发展乳制品加工流通。"2018 年 12 月，国家 9 个部门联合印发了《关于进一步促进奶业振兴的若干意见》，该意见认为应当不断优化中国奶业产业局部，创新发展模型，全面振兴奶业发展，建立奶农奶企联动机制，密切合作关系。国家奶业一体化相关政策的出台为养殖户走出困境，开辟新模式提供了思路。

建立奶业一体化模式使整个产业链更加顺畅，奶牛养殖户选择合作对象的自由权增强，可减少养殖和加工环节间的信息不对称、利益分配不合理的现象，规避奶牛养殖户面临的养殖风险。该模式目前主要有三种实现形式：一是养殖大户自行开展一体化经营，打造鲜奶吧；二是养殖户加入专业奶牛合作社，由合作社组织建立乳品加工厂；三是中大型养殖户为主体进行加盟，建设合作牧场，通过联营模式进行乳品加工。

一、一体化经营的奶吧模式

（一）鲜奶吧模式

鲜奶吧是指通过收购生鲜乳进行即时的加工、制作，最大限度地保留生鲜乳中的营养成分，为顾客提供新鲜、安全、高品质的乳制品及休闲舒适的活动场所。近年来，鲜奶吧成为乳品行业发展的一种新形式、新业态，越来越多的牧场选择开办鲜奶吧来改善生鲜乳收购价格低的状况，消费者对鲜奶吧的认可程度也在日益提高。目前奶吧的运营模式主要是打造以"养殖场＋奶吧"为主体的直营模式，以养殖场为奶源基地，在城市中心开设奶吧店或连锁奶吧店。

（二）河北省发展鲜奶吧模式的可行性分析

河北省是我国奶牛养殖大省，奶牛养殖业是河北省的一大优势产业。河北省优越的自然地理条件，对发展养殖业具有先天优势。一方面，奶牛养殖户数量庞大，养殖规模差异化较大，并且比较分散；另一方面，养殖户长期受到乳品企业的压榨，获取利润较少。在这种情况下发展奶吧模式不仅能够较好地整合不同规模养殖户的资源，还有可能为养殖户带来可观的收益，摆脱对乳品企业的依赖，改善目前的状况。目前奶吧的投资少，盈利空间大，当地已经有发展不错的奶吧经营实例可供借鉴和学习，发展奶吧的预期收益要大于预期损失，所以河北省发展鲜奶吧的模式是可行的。

目前，奶吧在发展过程中仍面临诸多问题，主要受到两方面因素的制约：一是如何保证鲜奶安全地从养殖场到消费者手中。目前河北省仅出台《河北省"奶吧"食品安全管理办法》，虽然在生鲜乳流通的各个环节都进行了规范，并规定鲜奶当天生产当天加工，但监管力度不足，在质量保障方面仍存在隐患。二是奶吧的管理及巴氏奶的市场开拓问题。养殖户从养殖行业跨到奶吧面临一定管理层面的问题，有些养殖场尝试经营鲜奶吧，但最终倒闭的居多。因此奶吧的经营者应是具有一定管理思想和市场运作能力的相关人士，目前这方面人才短缺。另外，巴氏奶由于受到消费习惯、冷链物流等诸多因素的制约，较难在北方开拓市场。

二、奶牛合作社模式

（一）奶牛合作社的发展模式

奶牛合作社指奶牛养殖户联合起来进行合作生产、经营的一种组织形式。在国际上，很多国家采取奶牛合作社的发展模式，如丹麦、美国等国家。目前，中国的奶牛合作社主要采取"养殖场＋奶农"的发展模式，以大型奶牛养殖场为主体，养殖户自愿加入合作社，统一购买饲料，采用先进技术共同养殖，统一销售。

（二）河北省发展奶牛合作社模式的可行性分析

奶牛合作社能将养殖户联合起来，共同进行生产经营，有利于扩大养殖规模，降低饲料及设备等生产成本。另外，通过统一培训、统一管理，能够提高养殖户的专业化养殖技术及管理人员的技术水平，在保障牛奶质量水平的同时提高生产效率。奶牛合作社的建立有助于河北省奶牛养殖业发展，这种模式可使养殖户联合起来，提高对外话语权，更好地维护养殖户的利益，增加养殖户的收入。

但河北省奶牛合作社发展缓慢。大部分奶牛合作社早已"名存实亡"，多数是由原来的养殖小区转变成独立的养殖场。因此推动"奶农＋合作社＋公司"模式，需要在奶牛合作社的建立机制、运行模式、政策支持与引导等方面进一步探索，寻找有效的解决途径。

三、合作牧场模式

(一)合作牧场的运营模式

合作牧场是指几个牧场大户联合起来,共同建立一个乳品企业,进行乳制品的生产、经营、销售等一系列工作。合作牧场的模式可以解决鲜奶价格低、卖不出去的问题,但是开展合作牧场模式尚需大量的资金、人员和品牌的建设以及较强的产品市场开拓能力。

(二)河北省发展合作牧场模式的可行性分析

通过牧场之间合作建立乳品企业,可以解决生鲜乳收购价格低的问题,牧场通过成立乳品企业加工生鲜乳获取更多的利润。牧场自己生产加工乳制品,保证了奶源的安全与健康,降低了相关部门的监管难度,提高了消费者对乳制品的信任。

奶牛养殖具有行业特殊性,不同养殖场距离较远,难以联合。另外,我国发布的《乳制品工业产业政策》中关于市场准入条款规定,"进入乳制品工业的出资人应当符合以下条件:现有净资产不得低于拟建乳制品项目所需资本金的2倍,总资产不得低于拟建项目所需总投资的3倍,资产负债率不得高于70%,连续3年盈利",以及"新建液态乳项目日处理生鲜乳能力(两班)须达到500吨及以上"。这一规定导致市场准入门槛较高,资金需求较大,因此难以建立乳品企业进行乳制品生产。再者,市场环境波动导致企业面临较大经营风险,难以在建立初期达到连续3年盈利。而对于新建的液态乳项目日处理500吨,一些规模不足的合作牧场产奶量无法达到,且加工生鲜乳的机器设备加大了资金损耗,导致牧场无法承担。而乳品企业成立后,其面临的是蒙牛、伊利等大型乳品企业,无论是生产能力还是知名度都很难与其抗衡,更多的消费者会选择知名度高的产品,销售量可能难以达到预期,乳品企业的竞争力依然不强。

三种模式从实施的难易程度看,奶吧的模式更容易操作;从养殖户意愿的角度看,其迫切需要成立奶牛合作社来提高养殖户的组织化程度。三种模式的比较如表 16 - 1 所示。

表 16 - 1　三种一体化模式的比较

组织模式	出资形式	奶牛养殖	销售方式	收入分配	优势	存在问题
奶吧	个人出资	自有养殖基地或合作	自营自销	归自己所有	投资较少、利润较高、自主性较大	缺乏专业的设施设备,可能存在质量问题;经营管理难度较大

（续）

组织模式	出资形式	奶牛养殖	销售方式	收入分配	优势	存在问题
合作社	入股合作社，不需出资	社员自有养殖基地	由合作社统销	向乳品企业交付的价格与向社员收购价格的差额以及社员的会员费	养殖户提高了话语权，议价能力提高	自主性较差，利润较少
合作式牧场	两人及以上人员按照比例出资	合作者自有牧场	自营自销	按照出资比例分配	资金充足、养殖规模较大	在利润分配方面容易产生纠纷

第二节　辉山乳业全产业链一体化发展模式的启示

一、种养加销全产业链一体化发展模式

自 2003 年起，辉山乳业便树立了以打造乳品全产业链为核心的战略发展目标。目前，辉山乳业已经拥有了国内乳品行业中最全的产业链，涉及牧草、精/粗饲料、奶牛选种、培育、繁殖、产奶、乳制品加工等完整环节，实现了从草场到牧场，再到餐桌的全产业链发展模式，成为世界乳品行业的全产业链创新者。

（一）中国最集中的苜蓿草种植基地

为保证全产业链开端牧草的高质量，辉山乳业精选加拿大驯鹿、美国金黄后等优质苜蓿品种，探索现代农业种植技术，集中种植可达到中国质量标准最高等级的紫花苜蓿草，现已拥有近 50 万亩苜蓿草及辅助饲料种植基地，实现了草蓿一体化。

（二）中国最多的现代化自营牧场

辉山拥有全国最大的娟姗奶牛牧场，自建精饲料加工厂年产量可达 50 万吨，进口奶牛规模达到 20 万头，自营养殖场 80 多个。辉山乳业是中国第一个建立现代化自营牧场的企业，对自营牧场实行集中化管理，严格监控奶牛的饲料、饮水及健康指数等方面。

（三）国内唯一一家 100% 奶源来自规模化自营牧场的大型乳制品企业

辉山乳企的奶源全部来自自营牧场，保证了奶源的稳定性及奶质的标准和安全。4 座现代化乳品生产加工厂全部实行纵向一体化管理，且全部配备了国际标准的加工、包装设备和质量检测体系，能够全程监控从生产加工到产品出

厂的每一个环节，确保乳制品的高端品质。依托自营牧场和全产业链发展模式，以优质高蛋白乳品和新鲜低温产品不断优化产品结构，扩大差异化竞争优势。辉山产品矩阵涵盖杀菌乳、灭菌乳、乳酸乳、奶粉、炼乳、奶酪、奶油、乳糖、乳清粉等多个产品类别。管理体系成熟，管理技术先进，从品质与质量上使辉山乳制品得到了根本保障。

二、全产业链一体化发展模式的优势

自营牧场和全产业链模式有利于解决奶业质量问题，确保乳制品质量安全，是中国乳制品行业未来发展趋势，是促进乳企取得良好的经济、社会和生态效益，进一步提升其竞争力和可持续发展能力的有效路径。

（一）奶源优势将成为未来乳企的核心竞争力

2015年《婴幼儿配方乳粉产品配方注册管理办法》的出台，对生产婴幼儿乳粉的奶源提出了更高的标准。2016年4月21日，中国农垦乳液联盟主席联席会发布了与国际标准接轨的国内最高企业标准《中国农垦生鲜乳生产和质量标准》，以及即将推出的"中国农垦生鲜乳"品牌标示，引导乳制品生产企业更多地使用生鲜乳作为原料。因此，拥有"农垦"标识的奶源优势将成为未来乳企的核心竞争力。

（二）集约化、规模化和标准化的奶源基地建设可以较低的成本获得较高的经济效益

集约规模化经营有助于降本、提质、增效，在现有的奶价普遍偏低的市场情况下，可以继续保持一定的持续发展能力。辉山乳业2016年的原料奶成本为2 026元/吨（2015年2 161元/吨），凭借远高于行业平均水平的品质，原奶平均售价在市场逆境中仍达到了4 415元/吨（2015年4 873元/吨）。集团创新的种养加销相结合模式，降低了奶牛饲喂成本，率先实现了草畜一体化的中国现代化养殖模式。

三、河北省乳业种养加销一体化发展模式借鉴

农业部颁发的《全国草食畜牧业发展规划（2016—2010年）》明确提出在奶牛产业布局上，引导乳品企业投资奶源基地建设，针对华北地区要加快小区改造升级为牧场，探索农副饲料资源综合利用新模式，形成种养加一体化产业布局。种养加一体化的全产业链模式能够解决奶业生产经营各环节的利益脱节和不均衡问题，实现真正意义上的农业产业化，是国家大力倡导和政策支持的生产模式。只有规模化养殖、加工才能确保奶牛健康和牛奶质量，因此，全产业链模式能从根本上解决"种养加""产加销"不协调的矛盾，进而达到生鲜乳质量和数量的可控性。借鉴辉山乳业全产业链一体化模式，河北省可以尝试

以下模式探索：

（一）奶牛养殖场联盟，实现种养加一体化的生态规模养殖和新鲜供给一体化销售模式

目前，在新常态经济大背景下，原料奶价格一路下滑，乳制品企业限量收购，养殖场出现了卖奶难问题。河北省现有持生产许可证的乳品企业 43 家，受现有乳企方圆 100 千米内不允许新建乳企的政策限制，廊坊、石家庄等多市中规模的奶牛养殖场无法通过自建乳企进行加工销售。2015 年 3 月通过的《河北省"奶吧"食品安全管理办法》开辟了一种生鲜乳销售渠道。首先，各奶牛养殖场通过联盟方式实现适度规模化、标准化生产经营，满足《河北省"奶吧"食品安全管理办法》中所提出的"奶吧"开办者应具备的基本条件，建立具有较高水平软硬件平台的规范化奶吧及鲜奶美食作坊，加工巴氏鲜奶、酸奶、奶酪及各种牛奶美食，直接配送到户。目前在美、韩、日等发达国家，巴氏鲜奶消费占乳品消费的 90％以上，在台湾占 70％以上，而在中国大陆仅为 20％左右。借助鲜奶顺应消费趋势及巨大的潜在发展空间，逐步构建核心优势，通过社区终端店面消费者可体验、监督从生鲜乳到巴氏鲜奶的每个加工流程，有助于培养其认知及消费鲜奶的习惯。同时，通过直营或加盟鲜奶吧连锁店，可以快速建立消费者的品牌信心。

（二）奶牛养殖场与乳品企业联盟，实现种养加销一体化

为了进一步管控和保障奶源质量安全，蒙牛、伊利、三元等乳品加工企业延长产业链，加强了自营牧场建设。但因奶牛进口、饲养等成本投入太多，资本压力较大，对于中小型乳企而言，自营牧场并不适用。因此，可通过奶牛养殖场与乳品企业联盟的方式，实现种养加销一体化。首先，奶牛养殖场需要改变现有的养殖模式和产业经营模式，实现适度规模化、标准化养殖，保证奶源安全，提高原奶质量，降低成本、保证效益。其次，将规模化养殖场与乳品企业联盟，以共同参股的方式将奶农与乳品企业双方利益绑定在一起，实现风险共担，利益均衡，从根本上解决目前中国奶业产业过度分散的问题。如河北省君乐宝乳品企业自有奶源仅占 20％，80％奶源来源于社会牧场，与大、中、小型奶牛养殖场共 200 多家建立了合作关系。在与奶源规划部部长及奶源处处长的座谈中，了解到君乐宝乳品企业计划挑选若干家优质奶牛养殖场进行资源整合，形成联合社，君乐宝乳企与奶农联合社互相持股，从而实现真正的养加销一体化。

第三节　威县奶业振兴的金牛模式

一、威县奶业振兴的基本做法

威县辖 11 镇 5 乡、1 个高新技术开发区、1 个国家农业科技园区、522 个行政村，面积 1 012 千米²，人口 60 万人，耕地面积 114 万亩。自 2014 年被省委、省政府确定为河北省首个综合改革试点县后，威县县委、县政府高度重视乡村振兴工作，按照一二三产业融合发展和生态循环的思路，以君乐宝乡村振兴示范区创建为载体，以培育乳业产业发展、打造奶业振兴示范县为契机，将产业转型升级与生态环境、乡村旅游、脱贫攻坚等紧密结合起来，走出了一条全产业链规划布局，强化政策扶持，探索保障机制，创新金融模式的奶业振兴发展之路。

（一）全产业链规划布局：着力打造黑龙港流域现代奶业产业园

2013 年 12 月，君乐宝集团第一个万头牧场签约，现已建成万头奶牛牧场 3 个，存栏奶牛 3.06 万头，日产鲜奶 450 余吨，奶牛规模化养殖比例达到 100%；年产 16 万吨液态奶的乳制品深加工项目正式投产运营，日处理鲜奶 480 吨以上；种植牧草 5 万亩，年产苜蓿、燕麦、全株青贮玉米等优质牧草 19.03 万吨。预计到 2020 年建成 5 个万头奶牛牧场，1 个万头肉牛（公犊）养殖牧场，总存栏 9 万头，15 万亩标准化饲草基地，2 个乳品深加工厂，1 个肉牛屠宰加工厂，5 个配套加工基地，1 个物流中心，3 个旅游观光区，打造北方知名乳业小镇。目前，威县已建成黑龙港流域内最大的奶牛养殖集散地，为君乐宝提供稳定奶源。

（二）强化政策扶持：创造最佳投资环境

资金上，县财政落实补贴 3 000 万元，积极争取"粮改饲"等上级专项资金 1.6 亿元，支持项目建设。设施上，县财政投资 7 000 万元，建成区 100 千米² 实现水、电、路、信"四通一平"。通过教育部定点帮扶，产品列为学生营养餐计划，还在教育部直属高校食堂开设示范窗口。

（三）探索保障机制：形成推动君乐宝乡村振兴示范区发展的强大合力

一是统一土地流转价格机制。为避免矛盾纠纷，保护农民利益，加快土地流转速度，统一按每年每亩 400 千克小麦的市场价给予农户补贴，短短 15 天完成 4 000 亩土地流转程序，保障项目实现当年开工、当年投产。

二是帮办代办机制。2014 年 12 月，成立全省首家行政审批局，完全接管了县直 26 个部门的 166 项审批工作，集中审批权限，集中于行政审批专用章，不需其他公章。为了提高服务效率，全面推行帮办代办机制，持有效证件可以帮办代办全部业务，降低审批成本，提高服务便捷性。由原来的"重审批，请监督"模式转变为现在的"简化审批，监管分离"模式。2015 年成立了"中介超市"，主要是为了加快办事效率，缩短办事流程，提供中介一站式服务。2016 年建立了"一厅覆盖便民企"制度，通过行政服务大厅综合办理业务。2017 年退出了"七十证合一"政策，实行一证通行，动态监管。即将开工建设的"四牧"项目，成为首批项目投资承诺备案制试点。

三是管委会管理服务机制。专门成立主管副县长任主任，有关乡镇和部门为成员的管委会，创新"园区一体管理、项目一体招商、土地一体流转、资源一体整合、智力一体引进、产业一体发展"的运行机制，破解跨区域管理难、涉农力量整合难、项目摆放规范难、发展质量保证难等问题，坚定龙头企业投资的决心和信心。

（四）创新金融模式：有效提升金融服务质效

县政府、县农业局与贫困户和农投公司共同探索开发了三种金融模式，实现企业降本增效，村集体、群众增收，县域经济发展的多赢局面。

一是资产收益扶贫"金牛模式"。威县第三个万头牧场以及年产16万吨液体乳及乳饮料生产线项目的建设探索创新了"国企融资建厂、扶贫资金入股、企业租赁经营、集体经济受益、贫困群众分红"的资产收益扶贫"金牛模式"。具体做法是：威县人民政府授权县农业局通过公开招标方式选择威县威州现代农业投资有限公司，签订特许经营协议，负责本项目的投资、融资、建设、招商及运营维护等。第三牧场固定资产投资2.5亿元，乳制品深加工项目投资3.7亿元，均由威州农投公司通过村集体整合涉农资金作为资本金，并将各户扶贫资金折股量化，由村集体与威州农投公司签订入股协议，形成贫困户和村集体股份。在此基础上，政府协助威州农投公司向金融机构融资，并提供有利于资金融资的合法性文件。项目合作年限为17年（建设期2年，运营期15年），合作期限届满，项目移交至政府。龙头企业君乐宝乳业公司租赁经营第三牧场和乳品深加工项目，每年支付一定数额的租赁费用。威州农投公司每年取得的租赁收益，向金融机构还本付息后，分红到村集体账户，形成村集体收益，133个村集体增收558.6万元。贫困户每年按入股资金的10%分红，带动4 567名贫困群众每年分红298.26万元。同时，贫困户可以成为特惠股东，向其优先安排特惠岗位、公益岗位，使其通过劳动得到额外的收益。项目全部建成后，年产值60亿元，年税收2亿元，提供就业岗位3 800个。

二是合营托管模式。其具体做法是：探索"龙头企业＋专业合作社＋银行＋贫困户"托养模式，君乐宝投资5 000元，贫困户以小额扶贫贷款投资2万元，代购托管奶牛300头，惠及253个建档立卡贫困户，每户每年分红1 600元。

三是专业饲草种植分工协作模式。其具体做法是：采用"龙头企业＋专业合作社＋农户"模式，共同引进黑龙江艾禾农业科技公司，流转土地5万亩专业种植优质饲草，由专业合作社组织、联系、管理农户，发展订单种植2万亩。

二、威县奶业振兴实践的启示

（一）先进的养殖技术与科学规划的精细化管理相结合，大幅度降本、提质、增效，是实现奶业振兴规划目标的根本路径

《河北省奶业振兴规划纲要（2018—2025年）》明确了，到2022年实现奶牛存栏 164 万头，500 头以上奶牛场存栏量占 90％以上，生鲜乳总产量 595 万吨，销售收入 100 亿元以上的乳品集团达到 3 家，其中 300 亿元以上的 1 家，进入全国前 3 名，全球前 20 强。乳制品产量达到 500 万吨，居全国第一的目标。2017 年河北省乳牛年末存栏数为 124.6 万头，位居全国第四；牛奶总产量 458.1 万吨，位居全国第三；奶类总产量 465.4 万吨，位居全国第三。据河北省畜牧兽医局奶站全数监测，截至 2018 年 6 月底，全省共有奶站 982 家，奶站存栏奶牛 92.9 万头。在短期内增加奶牛存栏量较为困难的条件下，要实现规划目标的根本路径是提高单产。目前河北省泌乳牛平均单产为 28 千克左右，每千克生鲜乳成本 3 元。而威县君乐宝一牧单产 36 千克，一千克奶成本 2.9 元，二牧单产 41 千克，一千克奶成本 2.7～2.8 元。其低成本、高产量、高质量得益于以下两点：一是优良的品种和先进的养殖技术。君乐宝与国际顶尖的奶牛育种机构 CPGC 合作，引进世界一流的荷斯坦高产奶牛品种及奶牛繁育、奶牛养殖、选育配种、疾病控制等各个环节的先进技术，全面提升奶源综合管理水平。二是精细化、标准化管理。君乐宝一牧、二牧细化建立了饲料、设备、兽医、繁育、财务等各个专业部门，从伊利、蒙牛、现代牧业等知名乳业集团引进专业化的高层管理人员，并组织管理人员去日本丰田学习精细化管理理念。每个部门实施标准化管理，将关键控制点进行细化、优化与量化，制定统一的操作规程和行为规范，最终形成准确、成熟、规范的标准操作程序 SOP。同时，成立一个组织，监督、检查和评估 SOP 执行效果，并根据设备的更换、工艺的改进、技术的升级等不断修订完善 SOP。三是全产业链一体化保障奶产品质量。为了最大限度保护牛奶免疫因子活性，缩短输送鲜奶的管道距离至 275 米，压缩从挤奶到加工的时间，仅需 2 个小时。工厂采用瑞典利乐、美国斯必克、意大利威派克等世界一流设备，生产采用蒸汽浸入杀菌、低温反渗透浓缩、无菌冷灌装等世界先进技术，乳产品质量指标参数均超过国家和欧盟认证标准，居国际领先水平。

（二）强力推进奶业全产业链一体化发展，解决乳品企业和奶农利益联结问题，是杜绝拒奶限奶，促进奶量提升的根本保障

着力打造集饲草—养殖—加工—休闲观光于一体的全产业链一体化发展模式，模式形成风险共担、利益共享的奶业发展共同体，是保障河北省奶业产量稳定增长，实现规划目标的前提条件。以九部委印发的《关于进一步促进奶业振兴的若干意见》中明确指出的"支持奶农发展乳制品加工，支持加工企业反哺奶农"为政策依据，结合目前河北省生鲜乳价格形成机制的不合理，以及约有1 070 个规模化养殖场、43 家乳制品加工企业，市场供求关系不平衡的现状，河北省奶业全产业链一体化发展模式可以有以下几种：一是借鉴威县君乐宝一牧、二牧的做法，鼓励生产婴幼儿乳粉和少数高端乳制品之外的其他规模化乳品加工企业（年销售额 2 000 万元以上）自建牧场，与千头以上奶牛养殖场签订合作协议，相互参股，形成股份制联合体。二是借鉴山东智汇奶联社的做法，在坝上草原牧区、山前平原农牧结合区和黑龙港流域农草牧结合区三大奶牛养殖集聚区首先成立奶农合作社，再借鉴新西兰恒天然、荷兰菲仕兰等的做法，由奶农合作社建立乳企，奶农通过奶农合作社成为乳企会员股东，才能从根源上杜绝奶农在不断增加生鲜乳产量时，乳品企业拒收限收及奶价不合理波动的情况。三是借鉴威县君乐宝三牧的做法，以政府、国有企业融资的形式投资建设乳制品加工厂，若干家千头以上的奶牛养殖场入股反租经营乳品加工厂，集养殖加工于一体。四是家庭牧场自主兴办小型特色巴氏奶、冰激凌、乳饮料等生产加工，发展集奶吧与休闲旅游、体验观光于一体的产业链。

（三）创新"政府＋奶农＋金融机构"金融服务模式，解决奶农自建乳制品加工企业资金压力问题，是促进河北省奶业一体化发展的根本前提

借鉴威县资产收益扶贫"金牛模式"和合营托管模式，采取政府、金融机构、乳制品企业、奶牛养殖场、各级农业担保公司和社会资本合作的方式，用足用好国有商业银行、农业发展银行、国家开发银行等优惠信贷资源业务广、信誉好的特点，要特别注重提升地方性银行对地方畜牧业提供信贷支持的积极性。同时，拓宽生物活体抵押、农业机械抵押等贷款抵押范围，盘活畜牧业金融要素。由省、地方财政共同出资成立畜牧业贷款担保基金，或鼓励龙头企业独立组建担保公司，与财政资金主导建立的担保公司共同支撑畜牧养殖贷款担保任务。通过创新金融服务模式，有效发挥金融工具的作用，撬动金融和社会资本投入奶业振兴。

（四）进一步加大政府扶持力度，创造精准高效的服务环境，是吸引投资建厂，实现奶业一体化的强大助推力量

要打造现代奶业产业园，实现奶业振兴目标，政府政策扶持是强大的助推力量。一是加大对"粮改饲"、优质苜蓿种植及轮作休耕的补贴力度，扩大优质专用饲草料生产，实现粗饲料本地化，减少饲草进口量，降低饲料成本。二是统筹相关资金，重点支持奶业发展聚集区建设。在奶牛养殖方面，加大金融信贷支持，如通过地方财政政策减免支农金融服务机构的相关税费，或对投向畜牧业领域的贷款给予适当奖励的方式来加大金融机构畜牧放贷力度。在乳制品加工厂建设方面，地方政府要优先保障用地用电，实现水、电、路、信"四通一平"。在乳制品销售方面，鼓励更多的规模化乳制品加工企业积极参与学生饮用奶计划，获得定点生产学生饮用奶资质。完善学生饮用奶定点生产企业扶持政策，通过学生奶定向补贴方式，继续支持学生饮用奶奶源基地建设，扩大学生饮用奶覆盖范围和拓展市场消费渠道。同时，借鉴学生饮用奶计划，可以制定婴幼儿、老人、贫困人口饮用奶的政策支持办法。三是多途径宣传、培育河北省乳品品牌。政府相关部门通过媒体定期对比发布河北省与国外进口生鲜乳及乳制品质量安全监测指标权威信息。通过专题报道、专家访谈等形式宣传奶业振兴行动成效、奶业技术创新和产品质量，通过奶业小镇消费者体验养殖、加工等形式提升消费者科学饮奶认知，增强社会大众对国产乳制品的消费信心。

第十七章　河北省奶业振兴的 SWOT 分析与战略研究

第一节　河北省奶业 SWOT 分析

一、优势分析（Strength）

（一）饲草料资源丰富

河北省地处北纬 36°～42°黄金奶源带，气候适宜奶牛养殖，拥有天然草场 4 266 万亩，种植苜蓿、燕麦等优质牧草 80 万亩、全株玉米 203 万亩。充足的饲草料供应，为河北省奶业振兴提供了可靠支持。

（二）规模养殖率高

河北省规模化养殖场数量已达到 1 070 个，其中 98％的养殖场奶牛存栏量超过 300 头，远超全国平均水平。在规模养殖的基础上，越来越多的企业向标准化、智能化、信息化养殖迈进。

（三）原料奶和液态奶产量高、质量好

根据 2017 年统计数据，河北省奶牛总存栏量约为 1 246 000 头，产奶量超过 458 万吨，全国排名第三。液态奶产品规模位居全国之首，液态奶营养主成分、食品安全等均远高于国家标准，实现了与国际标准对接，达到了出口水平。

（四）监管体系完善

构建了多层次监管体系，实行上下联动，落实监管责任。对生鲜乳采取定期和不定期检查相结合的方式，产品随机抽检，过程全面检查。同时，注重检查结果的反馈及对整改进度的监督复查。

二、劣势分析（Weakness）

（一）奶业产业整体竞争力不强

本研究测算了各省份奶业的显示性比较优势指数（RCA，代表一个产业整体竞争力水平），前 5 名为内蒙古、黑龙江、上海、北京、新疆，RCA 分别为 3.99、3.76、3.22、3.16、1.73。河北省 RCA 得分为 1.72，全国第 6 名，虽高于全国平均水平（RCA＝1），但只相当于内蒙古的 43.1％。由此可见，河北省奶业发展程度与奶业强省之间还存在较大差距。

（二）乳企结构和产品供需结构不平衡

从地理位置来看，河北省地域内有乳品加工企业 42 家，总量在全国前列。但是从企业所属省份看，河北省注册的本地乳品加工企业只有 6 家。这 6 家企业包含君乐宝在内，其余 5 家均为中小规模企业。

从乳制品产量上看，河北省乳制品产量全国最高，液态奶产量远超第 2 名内蒙古。但是，河北省乳制品中九成以上都是液态奶，而内蒙古液态奶产量是其乳制品产量的 45.5%。与内蒙古相比较，河北省乳制品结构严重失衡，过于单一，缺乏产品的多样性。此外，从产品含量上看，河北省乳制品营养成分低于内蒙古，科技含量高的特色产品少，低脂无糖产品少，奶酪黄油等高附加值产品不多。

（三）奶牛养殖水平仍然较低

全省奶牛养殖场从业人员的素质较低，专业知识缺乏，先进饲养技术不能充分应用，良种覆盖率低，近亲繁殖严重，饲料转化率不高，产奶期短，疫病多发。特别是奶牛单产水平与发达地区相比仍有一定差距。2017 年河北省规模养殖场成母牛头年单产平均 7.3 吨，上海市为 9.4 吨。据美国奶业资深专家 Frank Delfino 博士介绍：美国成母牛平均单产 11.6 吨，最高单产达到 35.5 吨。

（四）乳企与养殖场的利益联结机制脆弱

河北省内已经形成了有效的养殖场与乳企的合作联动，大多采取购销合同的方式开展合作，生鲜奶收购价格仍由乳企主导，虽然畜牧行政主管部门做了很大努力，也取得了一定成效，但是奶牛养殖场仍然处于弱势地位。这环境非常不利于养殖场的长期发展，近年来越来越多的奶牛养殖场出现转让和退出的行为，约占全省的 12.5%。随着牛奶拒收、限收、倒奶事件等的出现，奶牛养殖场退出情况愈演愈烈。对奶牛养殖场退出原因进行的调研显示，交售乳企对奶牛养殖场的管制是退出的主要原因。

三、机会分析（Opportunity）

（一）京津冀协同发展和雄安新区建设

京津冀协同发展和雄安新区建设为河北省奶业振兴提供了空间和动力。从产业对接上看，京津冀三地资源禀赋和产业优势具有互补性，京津奶牛养殖科技水平高、资本市场活跃，但是土地承载能力有限，环保压力大。河北省可发挥资源和产业优势，利用京津的资本、技术和市场资源，积极承接京津奶业的转移。雄安新区建设、冬奥会等都会带来更大的市场空间。

（二）乳制品消费需求将持续增长

本研究对河北省 2020 年乳制品新增需求量进行了预测，按照河北省城镇化水平转移速度计算，利用系统动力学模拟仿真三种不同情境下乳制品市场需求量，预测结果如下：低城镇化水平下低转换速率（是指没有饮奶习惯的人群转为消费者的比例）方案的预测结果为 96 万吨，低城镇化水平下高转换速率方案的预测结果为 109.6 万吨，高城镇化水平下高转换速率方案的预测结果为 120.9 万吨。2017 年数据显示，中国人均每天奶类产品消费量为 100 克左右，而根据《中国居民膳食指南》的要求，每人每天奶类产品消费量应在 300 克以上，由此可见当前中国奶类消费仍然不足，具有巨大的市场潜力，未来河北省和全国乳制品消费将有较大增长空间。而且消费者对优质乳制品需求旺盛，调查显示，消费者选择的时候会更倾向于购买更好的产品，并愿意支付更高的价格，这将成为未来十年的主流，我国乳制品新增消费中八成是进口产品，充分说明国内消费者对于高品质乳制品的需求。国家放开二胎政策，也为奶业振兴提供了广阔市场。

（三）国家对奶业的重视为奶业发展提供了政策保障

2018 年，国务院常务会议审议通过了《关于加快推进奶业振兴和保障乳品质量安全的意见》，全面布局奶业振兴，河北省也非常重视，许勤省长提出了奶业"四个一流"的要求，河北省迎来了自 2008 年发生的"三聚氰胺"事件以来奶业发展最大的战略机遇期。

四、威胁分析（Threaten）

（一）进口大包粉和乳制品的冲击较大

随着欧盟取消牛奶生产配额和中新、中澳自贸区协定全面实施，加上我国乳制品低关税政策，大量国外乳制品进入中国市场，国内乳制品企业市场竞争压力增大。根据 2017 年乳制品进出口统计，婴幼儿配方奶粉进口量达到 29.6 万吨，同比增长 33.7%；乳制品进口量达到 247.1 万吨，约合 1 485 万吨生鲜乳，挤占了 40.6% 的国内生鲜乳市场需求；中国品牌市场中达能、美赞臣、惠氏三大品牌达到了 330 亿元的销售额。中国鲜奶及奶制品受到了严重冲击。

（二）消费培育不足

一是消费者对河北省乳制品的信心不足。尽管河北省乳制品质量达到了历史最好水平，但消费者对河北省乳制品的信心仍然不足。本研究的消费者调查显示，省内消费者对河北省乳制品不信任比例为 12.56%，比较信任占 84.3%，只有 3.14% 完全信任；北京消费者对河北省乳制品不信任的占 40.09%，比较信任的占 52.25%，7.66% 完全信任。尤其是婴幼儿奶粉洋品牌占据国内奶粉市场的半壁江山，许多家庭仍然热衷于海淘或代购洋奶粉，即使是洋奶粉出现不少安全问题后，仍难以撼动这种现象，原因是消费者不了解中国乳业所做的努力。二是消费者对乳品知识了解不够。绝大多数消费者不懂复原乳与鲜乳的区别、巴氏奶与超高温灭菌奶的区别以及各种乳制品的营养知识。

（三）畜牧业进入资源和环境约束"双紧"时期

随着《关于加快推进畜禽养殖废弃物资源化利用的意见》和环保新政三十条出台，奶牛养殖业面临着巨大的环保压力。畜禽粪污处理需要资金，畜牧业发展需要饲料作物种植和养殖用地，导致奶牛养殖业与粮食作物种植争土地、争资源现象将更加突出。

第二节　河北省奶业振兴的战略选择

综合分析河北省奶业的优势、劣势、机会和威胁，有以下四种战略可供选择。

SO战略：充分利用产业和资源优势，积极承接京津奶业产业转移；创新营销方式，开拓京津冀和雄安新区乳制品消费市场；抓住农业供给侧改革机遇，发展种养加全产业链模式。

WO战略：创新产品结构，发掘消费潜力；壮大河北省乳制品加工业，打造更多的河北省知名乳制品品牌；加大科技和管理技术投入，提高养殖效率。

ST战略：城镇推广巴氏奶，发挥本土加工企业优势，农村开发低价适用乳制品；大力宣传河北省生鲜乳监管结果，重振消费信心；研究粪污处理新技术，减少环境污染。

WT战略：提高养殖管理水平，走节本增效发展道路；打造河北省乳企知名品牌，提升市场消费信心；淘汰低产、高污染奶牛养殖场（小区）。

根据河北省的情况，本研究认为应选择SO战略，即抓住机遇、发挥优势、补齐短板、全产业链发展。

第三节　促进河北省奶业振兴的对策建议

一、以降成本、补短板为重点，提高奶牛养殖水平

普及TMR全混合日粮饲喂技术，提高饲料转化率，提高产能。鼓励发展牧场社会化服务体系，形成奶牛养殖的"整合＋托管"模式，实现产出高效、资源节约的目标。支持粗饲料加工本土企业的发展，努力实现粗饲料供应本土化。河北省奶业投入中有七成属于饲料成本，且省内苜蓿市场供应不足，多依赖于进口，由此可见河北省奶牛饲料市场需求旺盛，供应不足。实现粗饲料供应本土化，既能够开发国内市场，又能够提高奶业饲料供应的安全性和稳定性。政府应当加大"粮改饲"力度，大力发展饲草料产业，扶持培育种养结合的新型农业经营主体，按照奶牛养殖规模，配套扩大种植青贮玉米、苜蓿、燕麦等优质牧草，有效降低成本。

二、以生产生态协调为目标，引导家庭牧场适度规模经营

发达国家的经验表明，奶牛的适度规模养殖是奶业发展的趋势和必然选择。对比西方国家奶牛养殖模式，以家庭牧场养殖模式为主，养殖规模适当与牧场承受能力相匹配。调研结果显示，奶牛养殖成本随着养殖规模的扩大而增加，研究结果显示，河北省奶牛养殖规模效益较差，仍有较大提升空间。因此，河北省应积极探索与资金、饲料、市场等因素相适应的规模养殖。

三、以优化产业、产品结构为突破口，加快发展乳品加工业

根据产业组织理论的指导，单一企业无法对行业结构或市场结构产生影响，因此需要将产业内的企业进行组织联合，才能够实现产业结构和市场结构的优化。河北省乳品企业结构中，大型企业较少，缺少知名企业；乳制品市场结构中，产品结构单一，液态奶占据了绝对市场份额，缺少对高端产品市场的开发；乳企品牌结构中，君乐宝一枝独秀，缺少更多的全国乃至全球品牌形象。改善结构问题，只有进行产业内的组织优化才能实现。

四、以科技创新为支撑，提升奶业信息化智能化水平

强化奶牛养殖规范和标准，推进科学化养殖。扩大奶牛生产性能测定（DHI）的应用范围，提高奶牛综合生产性能。依托高校和科研机构以及国家、省奶牛产业技术体系专家团队，通过技术合作共同开展技术攻坚工作，团结协作解决行业内技术瓶颈，利用科技手段实现企业供应和奶业振兴。

五、实行以质论价，强化乳业利益联结机制

实行以质论价，加强对消费者的引导和教育，采用标识法区分复原乳和生鲜乳，是强化乳业利益联结长效机制的根本途径。台湾地区在 20 世纪 80 年代也曾遇到过与河北目前类似的情形，台湾采取了明确标识的做法，复原乳和生鲜乳制品粘贴不同的醒目标识，实行不同的价格，同时加大宣传力度。这一措施有效地抑制住了大包奶粉对奶牛养殖业的冲击。我国目前用复原乳和生鲜乳生产乳制品的价格基本相同，消费者不了解复原乳与生鲜乳的区别，因此无法辨别产品的质量差异。

六、借鉴国际经验，推行奶牛政策性保险制度

美国在奶业市场形势波动导致奶农利润大幅度波动时，采用"牛奶利润保护计划"应对，其实质是对养殖场的利润进行保险。奶牛养殖场自行选择投保的利润门槛和产量比例，当实际利润低于投保的利润门槛时，按门槛利润与实

际利润的差额、奶牛养殖场选定的产量补贴比例以及历史产量核算补贴金额。同时，按照自己选定的保费标准承担与投保产量成正比的保费。该措施能在一定程度上实现牛奶生产利润相对稳定和波动幅度下降。

七、重塑消费者信心，推广奶制品文化

中国奶制品市场仍有较大的开发空间，奶制品文化的不成熟和食品安全导致的消费者焦虑，严重影响了国内奶制品市场的开发。奶业发达国家，由政府、行业协会等开展奶制品文化宣传活动，提高消费者对奶制品的认识和了解程度。通过公益活动等方式，宣传奶制品文化，鼓励消费者增加奶制品的购买。中国奶制品市场需要从奶制品文化角度入手，深耕市场需求。政府可以通过给予经费支持的方式，并通过网络、广播、宣讲等方式向消费者推介奶制品文化。同时，需要修复、重塑消费者信心，重燃消费者对国内奶制品品牌的希望。

第十八章 新冠肺炎疫情对河北省奶业振兴的影响

第一节 新冠肺炎疫情对河北省奶牛养殖业的影响及对策建议

新冠肺炎疫情发生以来，因为交通受阻，一些企业停产停工，供应不畅，奶牛养殖业受到了较大影响。针对这一问题，河北省奶牛产业体系调研了全省各设区市（含定州、辛集市）的 209 家规模养殖场（占全省 845 家奶牛养殖场的 24.73%）。调研内容主要是疫情发生对奶牛养殖场的生产和销售造成的影响，重点涉及饲料饲草供应、生鲜乳运输与销售、员工复工、疫病防控等方面情况。

一、调研对象的基本情况

调研主要集中在奶牛养殖场较多的石家庄、唐山、保定和张家口市，调研的 209 家奶牛养殖场中，有石家庄市 69 家，唐山市 36 家，保定市 34 家，张家口市 17 家，衡水市 15 家，邢台市 12 家，廊坊市 7 家，邯郸市 6 家，承德市 4 家，辛集市 4 家，秦皇岛市 2 家，沧州市 2 家，定州市 1 家。

从调研养殖场的规模来看，奶牛存栏量在 500 头以下的为 56 家，501～1 000 头的 112 家，1 001～2 000 头的 31 家，2 000 头以上的 10 家，其中万头牧场 2 家，具体数据见表 18-1。从养殖场饲养奶牛的年限来看，被调研的养殖场场主养殖奶牛时间在 3 年以下的有 4 家，养殖时间 3～5 年的有 25 家，6 年及以上的有 180 家，占比 86.12%，由此可见，被调研的养殖场场主都有较丰富的奶牛养殖经验与技术。

表 18-1 不同规模养殖场数量结构

奶牛存栏量	养殖场数（家）	比例（%）
500 头以下	56	26.79
501～1 000 头	112	53.59
1 001～2 000 头	31	14.83
2 000 头以上	10	4.78
总计	209	100.00

二、疫情对河北省奶牛养殖业的影响

(一)饲草饲料等物资供应紧张

1. 物资供应不及时是养殖场最担心的问题

新冠肺炎疫情期，养殖场最担心的问题是"饲料、兽药等生产物资及防疫物资供应不足"，占比达 54.07％；其次是"动物疫病的暴发"，占比为 20.10％（图 18-1）。物资供应不足的原因除了疫情期各地设关、设卡使道路不通外，还有工厂复工不足，尤其是运输公司。养殖场反映在运费增加的情况下也找不到运输车供应饲草饲料等物资。

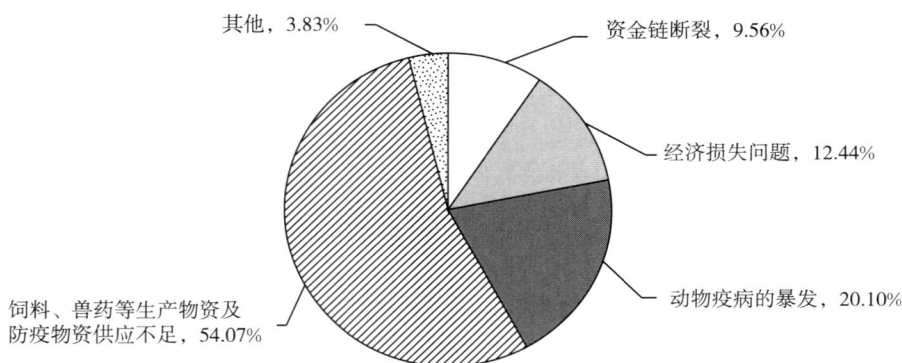

图 18-1　养殖场最担心的问题

2. 饲草饲料供应困难使养殖场面临"断粮"危机

为阻断新冠肺炎疫情而采取的封村、封路措施，虽有效保障了人们的生命财产安全，但也导致饲料厂、兽药厂年后无法正常复工复产，饲草饲料运输受阻，养殖场面临生产资料断货，奶牛无法正常饲养的问题。

由图 18-2 可以看出，疫情发生后，有 172 家（占比 82.30％）养殖场没有额外储备或仅有部分物资储备。截至调研时间点 2 月 10 日，58.85％的养殖场精饲料仅能维持 10 天以内，30.14％的养殖场粗饲料储备不足 10 天，36.84％的养殖场兽药储备不足 10 天，44.02％的养殖场防疫物资储备不足 10天。随着疫情防控期的持续，预计 2 月底有 90％的奶牛养殖场面临精饲料断供危机，70％的奶牛养殖场面临粗饲料的供应困难。

(二)生鲜乳运输受阻，引发销售困难

新冠肺炎疫情防控，也影响了生鲜乳的运输。调研显示，209 家被调研的养殖场中，有 30.62％的养殖场交奶不顺畅，其中有 68.75％的养殖场反映由于地区道路管制，通行受限，运输车时常被卡，保鲜期极短的生鲜乳很难及时送达乳品企业（图 18-3）。新冠肺炎疫情发生以来的调研数据显示，已有 26

家养殖场的生鲜乳遭乳企限奶或拒收，养殖场成本回收困难，利润难以保障，占调查样本的 12.44%。

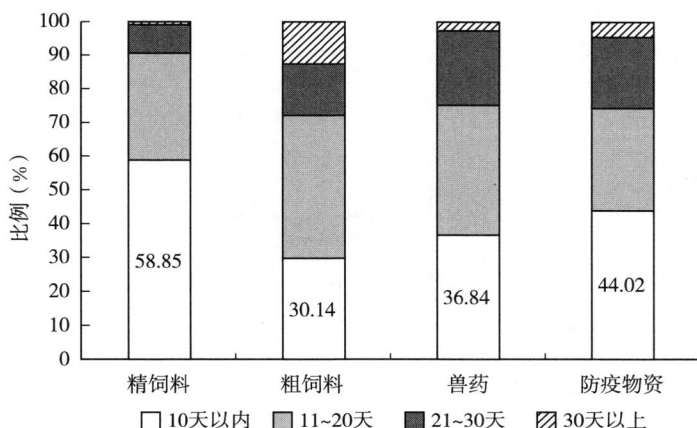

图 18-2　精粗饲料、兽药等生产物资维持天数

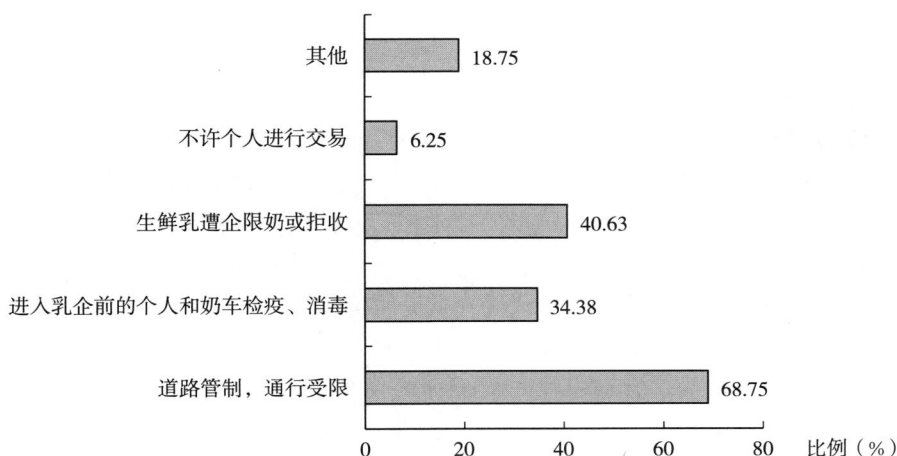

图 18-3　生鲜乳销售不顺畅的原因

（三）乳制品市场消费受挫，乳企降低生鲜乳收购价

受新冠肺炎疫情的影响，乳制品市场需求量下滑，个别企业销售量下降80%。乳企销售环节受阻，传导到养殖场，势必影响奶价及生鲜乳收购的稳定，导致部分乳企未能严格执行生鲜乳购销合同。除 40.19% 的养殖场奶价不变外，有 37.80% 的养殖场反映奶价下降，降幅在 0.2 元/千克以内（包括 0.2元）的占比 19.62%，降幅在 0.2~0.5 元/千克的占比 11.96%，还有 6.22%的养殖场反映收购价格下降 0.5 元/千克以上。另外有 22.01% 的养殖场的生

鲜乳价格因疫情的影响待定（图 18 - 4）。生鲜乳价格待定的养殖场中，有的养殖场已被乳企电话通知奶价要下调，有的养殖场需要到奶款结算日才能知道具体价格。因此可以推算，受新冠肺炎疫情的影响，河北省约有 60% 的养殖场遭遇奶价下调的风险。

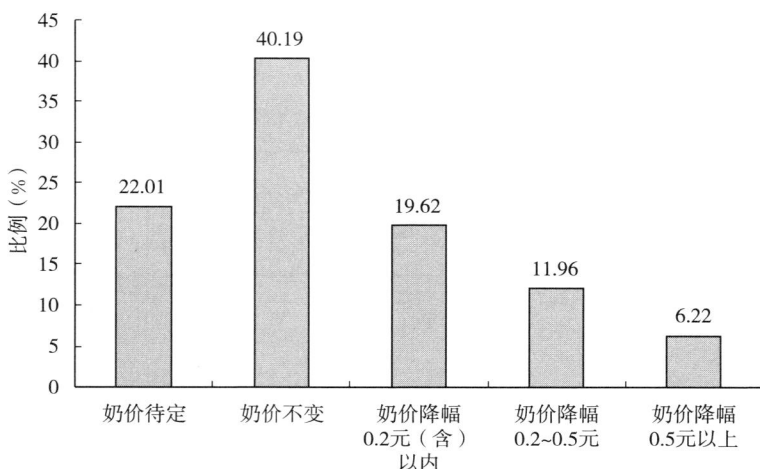

图 18 - 4　奶价变动情况

（四）员工不能按时复工，影响奶业产业链的正常运转

受新冠肺炎疫情影响，有 31.10% 的奶牛养殖场员工因交通阻断无法出行，不能及时复工，影响了养殖场的正常运营。同时奶业产业链的其他主体均面临这一问题，产业链的上游企业如饲料、兽药、防疫物资供应商等，以及下游的乳品加工企业、运输企业、代理商等，均有员工复工复产延迟的问题。另外本身牧场部分岗位人员流动性就比较大，疫情期间增加了用工难度和用工成本，这对奶牛养殖场的影响也较大。

调研显示，有 58.37% 的养殖场反映：因村镇道路封闭，运输车辆无法正常通行，且新冠肺炎疫情导致的延期复工，造成淘汰的小牛、低产牛积压在养殖场，不能及时外销，增加养殖成本。

（五）养殖场病死牛处理不及时，存在疫病传播风险

有 58.37% 的养殖场反映，病死牛、淘汰牛因疫情不能正常处理对养殖场的安全生产造成了较大影响。第三方无害化处理厂延期开工，病死牛不能及时运离养殖场，加上天气转暖，势必给养殖场造成较大的动物疫病传播风险。

针对此次疫情，养殖场有疫情防范措施的比例高达 95.69%，主要从"生鲜乳运输车出入养殖场时要求司机佩戴口罩、测量体温"（占比 96%）、"车辆出入养殖场需消毒、出入路口增加消毒环节"（占比 90.50%）、"每天关注员

工的身体情况"（占比 95％）、"养殖区域定期的消毒、防疫"（占比 96.50％）
等方面进行疫情防控。但 43.54％的养殖场对于疫情的应对准备不足，饲草饲
料、兽药、防疫物资等日常必需、必备物资储备不足。

（六）固定资产投资过大，仍是养殖场的主要压力

针对疫情过后的持续发展问题，调研显示：49.76％的养殖场认为，固定
资产投资过大是其最主要的生存与发展压力；20.57％的养殖场认为，环保政
策的密集出台，也加大了其养殖生存压力；乳企收购生鲜乳的要求过多、过高
（15.31％）也增加了养殖场的生存与发展压力（表 18－2）。固定资产投资过
大、回收周期较长、回报率较低的状况是奶牛养殖场今后发展的主要阻碍。

表 18－2　养殖场主要的压力来源

项目	人数（人）	比例（％）
固定资产投资过大	104	49.76
土地租金太多	5	2.39
乳企要求高	32	15.31
环保压力过大	43	20.57
其他	25	11.96
总计	209	100.00

三、对策建议

（一）建立绿色运输通道，保障相关车辆的及时出入

在保证疫情防控措施落实到位的前提下，加强交通运输部门的调运组织管
理，落实好部门的"三不一优先"和"一断三不断"的工作要求，对养殖场、
加工厂、屠宰场所需的运输车辆实行绿色通道，保障奶牛养殖场饲草饲料、药
品、疫苗、淘汰牛和生鲜乳运输车辆的正常运行。

（二）采取有效激励措施，推进相关企业复工复产

各部门应采取针对性的有效措施，推进饲料、兽药、屠宰加工等企业和无
害化处理厂在做好新冠肺炎疫情防控的基础上，加快员工返厂，及时恢复生
产。不仅要满足养殖场生产资料的需求及牧场病死牛、淘汰牛的及时处理，而
且要保障其生鲜乳正常的产销秩序。

（三）加强关键技术的科技攻关，提高饲养管理水平

加大现代农业产业技术体系奶牛创新团队建设力度，组织专家重点攻关关
键核心技术，推进奶业转型升级，提高生产质量和效率。针对部分优质粗饲料
不足的情况，一方面积极开展调整饲料配方的研究，在保证奶牛营养需求的前
提下，采用本地易取得的饲料原料；另一方面，加快推进饲草饲料本土化研

究，保障未来奶业的可持续发展及竞争力的增强。科学指导乳肉兼用牛的发展，强化养殖户抵御风险、提高经济收益的能力。

（四）加大疫情监测预警力度，切实抓好防控工作

进一步完善疫情监测工作机制，建立联防联控工作模式，加大监测预警力度。着力开展日常监测、强制免疫、消毒灭源、检疫监管及紧急疫情的应急值守等工作。帮助养殖户落实好日常的各项防控措施，规范报告并严格处置突发疫情，坚决防止疫情的扩散蔓延，切实抓好防控工作。

（五）加强疫情防控意识的宣传引导，营造全员防控的良好氛围

政府部门应完善防疫、检疫检测、隔离消毒制度和生物安全防控措施。通过电视、网络、微信公众号等多种渠道，加强对民众防控意识的宣传引导。奶牛养殖场要提高员工的防控意识，加强对员工疫情安全和防护知识培训。对办公室、生活区、养殖区、饲草料堆放区等人员频繁流动且相对集中的区域严格消毒。实施封场管理，牧场员工尽量不出场，不接待外来人员。防止新型冠状病毒人畜交叉传播。

（六）协调产业链各环节，拓宽乳制品销售渠道

当前，乳制品产销两端呈现双重挤压现象，奶业产业链的上游和下游出现了"两头叫"，乳企不好过，养殖场更不好过的困难局面。在新冠肺炎疫情防控的关键时期，为了稳定河北省奶业生产，缓解疫情防控期出现的暂时性"卖奶难"等问题，可考虑启动应急措施，建立"三个一点"的机制，即养殖场生鲜乳价格降一点，乳品企业盈利少一点，财政临时性补贴一点。乳企生产出价廉物美的疫情防控乳制品，实施定点供应与低价促销。既可解决牛奶销售难题，又可以引导消费者多喝奶，提高自身免疫力，有效促进疫情防控工作的圆满完成。

第二节　奶牛养殖场复工复产难的问题研究

为了及时化解疫情给恢复奶牛养殖带来的不利影响，继续解决好饲料饲草成本高、生鲜乳销售价格低等复工复产后面临的突出问题，针对这一问题，河北省奶牛产业体系调研了全省各设区市（含定州、辛集市）的456家规模养殖场（占全省奶牛养殖场的53.96%）。调研内容主要是复工复产以来，奶牛养殖场面临的短期及长期困难，重点涉及饲料饲草成本、防疫物资费用、千克奶成本、生鲜乳销售价格等。

一、调研对象的基本情况

调研涵盖河北省13个市区，主要集中在奶牛养殖场较多的石家庄、唐山、保定市。调研的 456 家奶牛养殖场中，石家庄市 103 家，唐山市 115 家，秦皇岛市 8 家，邯郸市 3 家，邢台市 39 家，保定市 52 家，张家口市 29 家，承德市 21 家，沧州市 22 家，廊坊市 17 家，衡水市 21 家，定州市 22 家，辛集市 4 家。从调研养殖场的规模来看，奶牛存栏量在 500 头以下的为 157 家，501～1 000 头的 217 家，1 001～2 000 头的 56 家，2 000 头以上的 26 家，其中万头牧场 6 家。从养殖场饲养奶牛的年限来看，被调研的养殖场养殖奶牛时间在 3 年以下的有 13 家，养殖时间 3～5 年的有 37 家，6 年及以上的有 406 家，占比 89%，由此可见，被调研的养殖场场主都有较丰富的奶牛养殖经验。从河北省奶牛养殖场的养殖模式来看，单纯的个体经营（主要靠家庭成员）82 家，单纯私营（主要靠雇工）135 家，"个体经营或私营＋合作社"105 家，公司经营 112 家，"公司＋养殖场（户）"14 家，其他 8 家。由此可见，大多数属于公司经营或者单纯私营，单纯的个体经营（主要靠家庭成员）即家庭牧场模式比重也较高，这反映出家庭牧场对农村经济发展发挥着越来越重要的作用。

二、复工复产后面临的难题

据调研，针对复工复产后疫情造成的影响的缓解情况，有 50 家奶牛养殖场反映没有缓解，经营面临严重困难，可能倒闭，占比 10.96%。稍有缓解，勉强维持经营的奶牛养殖场有 192 家，占比 42.11%。基本缓解，仍有一些问题，但总体稳定的奶牛养殖场共有 110 家，占比 24.12%。由此可见，复工复产后，奶牛养殖场依旧面临很多难题。面临的难题如下：

（一）饲草饲料等物资价格上涨

第一，粗饲料价格上升是养殖场面临的突出问题。复工复产后，粗饲料价格 3、4 月时与疫情前相比，大部分奶牛养殖场都反映粗饲料价格上涨，其中 182 家奶牛养殖场反映上升 10% 以内，占比 39.91%。反映上升比例为 10%～20% 的奶牛养殖场共 171 家，占比 37.5%。第二，精饲料供应价格上涨。精饲料价格 3、4 月时与疫情前相比，多数奶牛场上涨明显，有 249 家奶牛场反映上升 10% 以内，占比 54.61%，有 109 家奶牛场反映上涨 10%～20%，占比 23.9%。第三，防疫费用增加。疫情之下，防疫费用比之前增加明显，反映上升 10% 以内的有 161 家，所占比例为 35.31%，上升 10%～20% 的有 78 家，比例为 17.11%。第四，千克奶成本增加。据调研，456 家奶牛养殖场，366 家奶牛场反映千克奶成本增加，千克奶成本增加 0.1 元以下的为 36 家，增加 0.1 元（含）至 0.2 元的 115 家，增加 0.2 元（含）至 0.3 元的 114 家，增加 0.3 元（含）至 0.4 元的 62 家，增加 0.4 元以上的 39 家，成本不变的为 42 家，由此可见，大多数奶牛养殖场千克奶成本增加在 0.1～0.3 元。在生鲜乳收购价格低迷的情况下，奶牛养殖接近盈亏平衡点，据业内估测，有 50％的养殖场潜在亏损。

（二）乳制品市场消费受挫，乳企降低生鲜乳收购价

新冠肺炎疫情发生，乳制品消费量下降，也影响了乳企乳制品的销售。压力传导，引发乳品企业生鲜乳收购价下滑及限收拒收等情况，调研显示，209 家被调研的养殖场中，有 84.43％奶牛养殖场反映奶价下降。6.58％生鲜乳遭乳企限奶或拒收，27.41％的奶牛养殖场交奶时不知鲜奶收购价。在调研的 456 家奶牛养殖场中，197 家奶牛养殖场 2 月的奶价为 3.3 元以下，78 家奶价为 3.3 元（含）至 3.4 元，45 家 3.4 元（含）至 3.5 元，20 家 3.5 元（含）至 3.6 元。250 家奶牛养殖场 3 月奶价为 3.3 元以下，103 家奶价为 3.3 元（含）至 3.4 元，47 家 3.4 元（含）至 3.5 元，20 家 3.5 元（含）至 3.6 元。据调研，2 月、3 月生鲜乳交易均价跌破 2020 年一季度省生鲜乳交易最低参考价格（3.61 元/千克）。由此可见，河北省奶价下降态势明显。

（三）奶牛养殖场面临的长期困难

针对奶牛养殖场面临的长期困难，调研显示有环保设施改造压力大（62.94％），融资困难（56.36％），固定资产投资比较大（55.7％），牧场与乳企未形成稳定的利益联结关系（37.06％），用地不足（33.77％）等诸多问题。由此可见，环保压力与融资困难、固定资产投资大是奶牛养殖场普遍面临的三大突出难题，这是制约河北省奶业发展的重要原因。因此，河北省要抓好机遇，立足自身优势、资源承载力，完善奶业发展的政策措施，下力气解决制约奶业发展的突出问题，加快河北奶业振兴步伐。

（四）奶牛养殖场养殖信心不足

据调研，有 210 家奶牛养殖场预计在未来一年增加奶牛数量，扩大规模，但前提是有资金支持，贷款政策放宽，其他 236 家奶牛养殖场有大部分没有扩群计划，有一部分有缩减计划，这反映出奶牛养殖场对河北省奶业发展前景充满希望但又缺乏信心，充满担忧。

三、保障奶业顺畅运行的政策建议

（一）培育本土优质饲料饲草业，降低养殖成本

饲草饲料在奶牛养殖成本中占有 60％以上的比重，因此大力培育本土优质饲料饲草业，降低养殖成本势在必行。积极推进种养结合发展模式，根据农区种养实际情况，尝试养殖区舍和放牧相结合的形式，探索农牧交替循环和以种草带动奶牛养殖业发展的经营模式。积极推进"粮改饲"政策，加速全株玉米青贮本土化进程。加大科研创新力度，大力研发苜蓿等饲草料种植技术和收获加工机械，促进本土苜蓿种植的产量与质量提高。针对降低饲草料成本的典

型案例要及时总结并推广，引导养殖户节本增效，增强河北省奶牛养殖业的竞争力。

（二）支持养殖户发展乳制品加工，多方促进乳制品销售

政府部门应积极修订《乳制品工业产业政策（2009 年修订）》，放宽乳制品加工行业准入条件，大力支持有条件或有基础的奶牛养殖场或合作社发展乳制品加工业。养殖场或合作社严格遵循政府政策规定，确保安全生产。以乳制品安全保证为前提条件，实现种养加销产业一体化的经营模式。培育带有地方特色的奶制品，多方面拓宽销售渠道，从而实现一二三产业融合。树立奶牛养殖场发展"自有牧场＋奶吧"等产销模式示范点，在城市和人口密集区开展巴氏奶生产、销售，培育巴氏奶等的消费群体。大力拓宽销售渠道，可以发展直供模式，以奶酪、发酵乳和巴氏杀菌乳等乳制品为重要产品，直接供给酒店、饭店、餐厅、餐馆、学校食堂等。此外，充分利用数字经济的发展，积极促进其推广"互联网＋乳制品销售"行动计划，培育乳制品新的销售渠道。

（三）放宽养殖货款条件和强化养殖保险，缓解养殖融资困难，降低养殖风险

政府应放宽奶牛养殖场贷款条件，建立适宜养殖业发展的产业链融资模式，拓宽抵押物范围，将奶牛作为生物资产纳入其中，最大限度盘活奶牛养殖场流动资金，同时将符合条件的中小牧场贷款纳入农业信贷担保体系予以支持。此外，对奶牛养殖的保险政策进行完善，做好保险公司和奶农的对接服务，完善奶牛产业保险服务方案，完善风险分担机制。支持保险公司以奶牛养殖主体为重点客户，调整产品结构，开发符合养殖主体保险需求的新产品，如保额补充型商业保险、收入保险、价格指数保险等。后疫情时代，奶业发展需要一定的恢复期，各级政府应继续保持对养殖环节的扶持力度，保障奶农收益，确保政策连续性。加大资金投入力度，加快精准技术服务，综合提高养殖企业管理水平和盈利能力，帮助奶牛养殖户降本增效、转型升级，增强奶农的养殖信心，力促全省奶业振兴。

（四）大力发展家庭牧场，建设奶业社会化服务体系

大力支持养殖户发展适度规模的养殖场，优化养殖户规模化养殖的政策措施，鼓励养殖户朝着家庭牧场方向转变。推进家庭牧场的培育进度，加快河北省家庭牧场社会服务体系的建立与健全，对家庭牧场开展奶牛育种、技术指导、牛场管理、产品营销等一站式培训和服务。建立奶牛养殖主体服务平台，实行家庭牧场生产过程计算机信息化管理、精细化管理，包括基础信息管理、业务管理和统计分析等功能。

第三节 新冠肺炎疫情对河北省乳制品消费的影响

一、调查问卷的基本情况

2020 年 4 月，针对新冠肺炎疫情，团队通过电话访谈、微信和线上发放问卷的形式，对疫情期间河北省乳制品消费进行调研。本次调研主要集中在身边同学较多的城市，如唐山、石家庄、保定、张家口等地区，共发放问卷 200 份，收回问卷 173 份，其中有效问卷 155 份。其中石家庄市 25 份，唐山市 10 份，张家口市 15 份，廊坊市 4 份，保定市 67 份，衡水市 9 份，邯郸市 7 份，邢台市 6 份，承德市 5 份，秦皇岛市 3 份，沧州市 2 份，定州市 2 份。调查样本的基本情况如表 18 - 3 所示。

表 18 - 3 调查样本的基本情况

统计特征	类别	数量（份）	占比（%）
性别	男	75	48.22
	女	80	51.78
年龄	20 岁以下	24	15.23
	21~30 岁	62	40.13
	31~40 岁	47	30.08
	41~50 岁	14	9.16
	51 岁及以上	8	5.40
受教育程度	小学及以下	18	11.67
	初中	31	19.74
	高中	47	30.45
	大学及以上	59	38.14
月收入水平	2 000 元以下	25	16.20
	2 000~3 999 元	60	38.78
	4 000~5 999 元	42	27.21
	6 000~7 999 元	15	9.92
	8 000 元及以上	13	7.89
居住地区	农村	64	41.37
	城市	91	58.63
合计	—	155	100

二、疫情对乳制品消费情况的影响程度

根据图 18-5，可以看到，14.96％的消费者认为疫情对乳制品消费购买行为无影响，39.92％的消费者认为疫情对乳制品消费购买行为有一点影响，认为疫情对乳制品消费购买行为影响一般的占 27.37％，认为疫情对乳制品消费购买行为影响较大的占 12.33％，5.42％的消费者认为疫情对乳制品购买行为影响非常大。

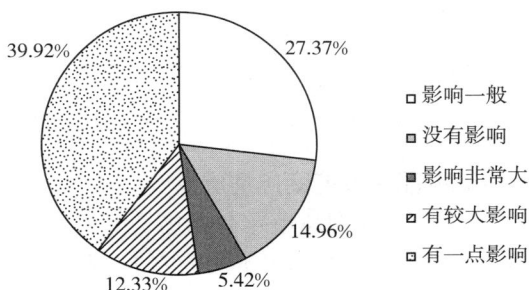

图 18-5　疫情对消费者乳制品购买行为影响程度

（一）消费者购买频率和金额的变化情况

疫情期间消费者对乳制品购买频率的变化情况如图 18-6 所示。在乳制品购买频率方面，消费频率没有任何变化的消费者占 19.78％；受到疫情期间外出交通受阻等影响，减少外出购买乳制品频率的消费者占 65.00％；15.22％的消费者增加了乳制品的消费频率。

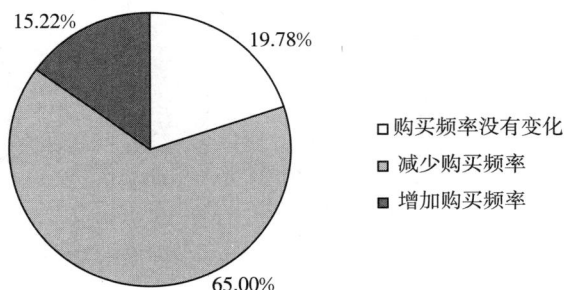

图 18-6　疫情期间消费者对乳制品购买频率的变化情况

在乳制品消费金额方面，如图 18-7 所示，乳制品消费金额虽然受疫情影响较大，但仍有 40％的消费者在乳制品的购买上增加了消费支出。有 41 位消费者选择了购买金额变化不大。有 63 位消费者选择了购买金额有所减少，消费金额减少的原因主要是居家隔离、出行不便。但不可否认，疫情在一定程度

上提升了广大消费者对乳制品营养价值的认识，使得部分消费者增加了乳制品的购买金额。

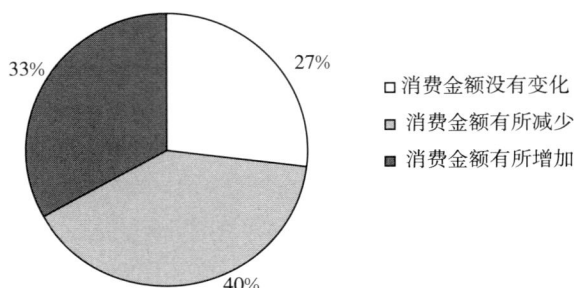

图18-7　疫情期间消费者对乳制品消费金额的变化情况

（二）消费者购买乳制品渠道的变化情况

在乳制品购买渠道方面，大型超市及商场仍是广大消费者的最主要购买渠道，占比高达58.78％（图18-8）。订奶渠道方便、省时、时间固定，受到了13.24％的消费者的青睐。有18.10％的消费者通过淘宝、拼多多等购物软件购买乳制品，年轻的消费者群体喜欢方便快捷地购买乳制品，而网络购物不仅能满足条件，还给消费者提供了更丰富的选择，所以网络购物受到了他们的极大欢迎。在小卖部购买的消费者仅占不到10％。

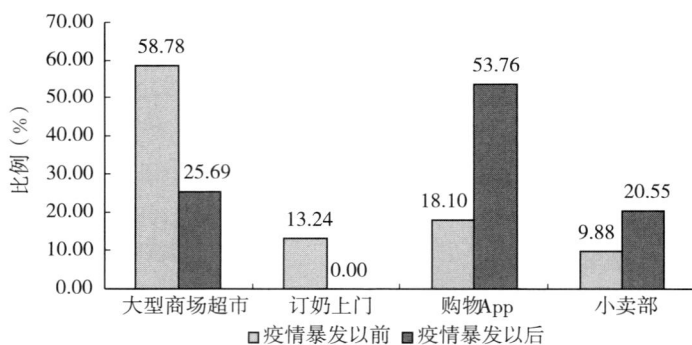

图18-8　疫情期间消费者购买乳制品的渠道变化情况

疫情期间，配送服务暂停，这部分消费者不得不改变乳制品购买渠道。同时，去超市、商场等购买乳制品的消费者也大幅降低，仅为25.69％。通过小卖部购买乳制品的消费者和通过淘宝、拼多多等购物软件购买乳制品的消费者反而大幅上升，总占比达74.31％。其可能的原因是小卖部为个人独立经营且并未强制要求关闭，购物软件虽然等待物流配送的时间较长，基本上为一周左右，但是因为其安全性而在疫情期间受到消费者青睐。

（三）消费者消费结构和观念的变化情况

在消费者购买乳制品的结构方面，购买奶粉的消费者比例由 8.32％降至 2.46％，购买高温灭菌奶（纯牛奶）的比例由 63.45％上涨至 80.23％（图 18 − 9）。纯牛奶仍是消费的主流，也可能是因为春节前各商场超市的囤货较多。购买酸奶的比例变化不大，由 13.69％变化至 15.61％，购买乳饮料和冰激凌等其他乳制品的比例下降幅度较大，由 14.54％降至 1.7％。

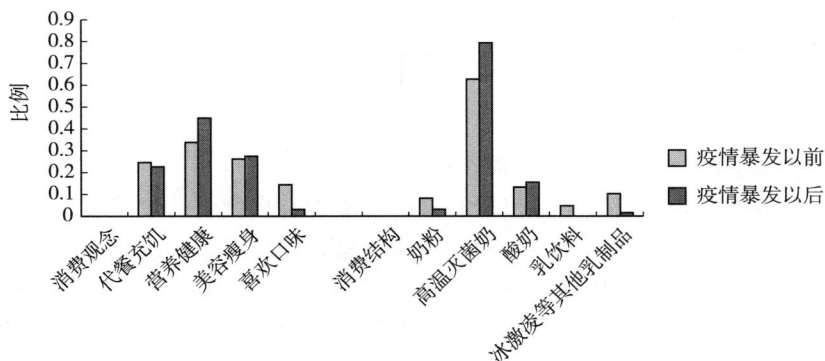

图 18 − 9　疫情期间消费者消费乳制品结构和观念的变化情况

在乳制品观念方面，选择代餐充饥的消费者比例变化不大，由 24.78％变为 23.56％，可能是因为消费者养成的饮用乳制品的习惯不易更改。选择营养健康的消费者比例上升幅度最大，由 34.23％升为 45.63％，结合前文购买超高温灭菌奶（纯牛奶）和酸奶的比例上升的数据能够分析出，消费者对乳制品的营养价值功能愈发看重，极有可能是因为在疫情期间，消费者期望能够通过食用乳制品来达到提高自身免疫力的效果，疫情提高了部分消费者对健康的重视程度，从而改变了他们的消费观念。选择美容瘦身的消费者比例上升幅度较小，由 26.36％变为 27.45％，可以看出乳制品的美容和调节肠胃的功能特性也是消费者消费乳制品的一个原因，各大乳品企业可以利用美容瘦身和营养价值等卖点加强宣传。

（四）线上电商乳制品消费有所增长

疫情期间，许多消费者乳制品购买从线下转移到线上。这也得益于我国发展迅猛的互联网经济和物流配送服务，可以预计，随着疫情防控常态化，线上消费购买乳制品也会渐渐成为一种主流。

网络直播购物是这几年兴起的购物新风尚，观看直播消费群体尤以"80后"和"90后"居多，几乎占一半数量。有数据显示，19～30 岁的消费者占网络购物总人数的 49％左右，已经成为在线消费的中坚力量。年轻人具备更复杂的网络购物技能，喜欢追求新鲜事物。在体验到线上购物商品种类丰富，购买方便快捷等种种好处之后，逐渐养成了网络购物的消费习惯。

每个商家都在直播，人人都在看直播。各种购物软件的兴起给各大小商户提供了网上销售的新渠道。互联网和物流行业的飞速发展促使了大大小小的"淘宝村""淘宝镇"出现。在网上购买乳制品的线上消费者的购物能力也不容小觑，不论是"618 年中大促"，还是几乎要演变成囤货购物节日的"双十一"和"双十二"，全省各地区乳制品的购买力都十分强劲。孕婴童产业观察数据显示：在 2019 年京东平台"618 购物节"，河北省位于购买国货奶粉的榜单前列，充分展现出巨大的消费潜力。

疫情期间各大乳品企业在销售方式上也进行了新的探索。乳品企业通过与消费者沟通取得了消费者的信任，通过手机微商和社群电商销售乳制品，每天分派专人专送，为消费者提供新鲜乳制品，为消费者解决"最后一公里"的不方便问题。

（五）功能性乳制品成为消费新热点

疫情期间有很多营养专家提出观点呼吁人们合理饮食，膳食搭配，营养均衡。饮用乳制品可以增加身体蛋白质的摄入量，能够有效提高自身免疫力，对新型冠状病毒有预防作用。"免疫力"和"如何提高自身免疫力"一度成为热门搜索词。因为疫情，万千消费者的营养健康意识有了明显的提升。而饮用乳制品可以方便快捷地增加蛋白质的摄取，乳制品也一时间成为销售热门，尤其是一些有着明显保健功能的乳制品十分受到消费者的欢迎，在乳制品细分市场中逐渐脱颖而出。

消费者购买乳制品除了有提高自身免疫力的需求以外，还有相当大的一部分年轻消费者食用乳制品以期望能够达到皮肤美容和保持身材的效果。据调查研究发现：河北省乳制品消费者追求美容、瘦身、健身等功能的比例达到了 26.38％。随着乳制品消费人群结构的变化，年轻消费者逐渐多了起来，年轻人的消费需求不容忽视。青少年不仅饮用液态乳制品，而且对黄油、奶酪、冰激凌等口感口味更丰富的产品需求很大。中国奶业协会 2018 年的最新调查数据显示，"90 后"和"00 后"等年轻人是冰激凌、奶油和黄油的消费主力军，人均消费量达到了 33.98 千克。消费者对乳制品的功能化的需求明显，乳品企业可以根据各种不同的功能对乳制品进行细分再投入市场，能够更有针对性地面对消费人群。

三、促进河北省乳制品消费的对策建议

（一）积极调整产品结构，推出或推广适应性产品

新冠肺炎疫情带来消费习惯、消费心理及终端环境的变化，乳品企业应根据这些变化调整产品结构，推出有针对性的产品，企业在疫情期间开发产品时应该充分考虑产品的延续性和产品的开发周期、生命周期。

（二）加大对乳制品的宣传力度，促进乳制品消费

相关机构的调查结果显示，我国居民每天奶类的摄入量为 26.6 克，与

《居民膳食营养指南》每天 300 克液态奶推荐量相比，还有较大差距，需要加强居民营养教育与消费引导，提高乳制品消费量。《国务院关于实施健康中国行动的意见》及《健康中国行动（2019—2030 年）》从干预健康影响因素的角度提出实施健康知识普及行动和合理膳食行动。科学合理的营养膳食能有效改善营养状况、增强抵抗力，有助于新型冠状病毒感染的肺炎防控与救治。行业协会、相关乳制品企业及媒体，应借助居民在疫情期间对健康信息关注多的特点，加大食用乳制品有利于健康的宣传力度。

（三）创新营销模式并发挥乳品企业的社会作用

乳品企业要创新营销模式，利用此次疫情宣传"牛奶能提高人体免疫力"这一科学常识，通过实施全员营销、网络营销、社区营销等方式拉动消费这一关键环节，来带动产业发展。建议乳品加工企业积极探寻当前疫情防控形势下低温乳制品的销售渠道，传统的订奶、送奶上门、超市和奶吧销售均受到疫情的影响，可以借鉴快递送餐模式，加大线上销售力度；通过线上宣传，鼓励广大消费者在当前疫情防控形势下更要多喝奶、喝好奶，提高人们的抵抗力；鉴于各大乳企目前都有不同程度的产品积压，又值疫情防控关键时刻，建议乳企充分发挥企业的社会担当作用，积极捐赠优质乳制品，以实际行动支持当前的疫情防控工作。

（四）引导消费 INF 奶和巴氏奶

INF，英文为 Infusion Technology，即蒸汽浸入式杀菌技术。君乐宝企业经过长达 3 年的实验最终创新研发出了 INF 0.09 秒超瞬时杀菌技术和低温无菌灌装技术，能够更多地保留牛奶中的活性蛋白，同时使产品保质期达到 19 天。其技术原理是在一个巨大的真空蒸汽空间中，让牛奶以自然滴落的方式均速通过这个蒸汽空间，实现快速升温。这样就能在有效杀灭病菌的同时，还能保留更多的活性蛋白，是牛奶杀菌方面的革命性技术。

巴氏牛奶能够在最大程度上保留乳制品的营养价值，本应该受到乳品企业的大力推广，但是很多乳品企业将精力集中在超高温灭菌奶的生产上面。巴氏奶的生产量也较少，市场供应不足，导致有很多消费者对两种杀菌方法的认识不够，甚至无法区分巴氏奶和普通超高温灭菌奶。甚至还有一部分品牌打着巴氏灭菌奶的旗号进行宣传，但是保质期能达到 180 天，这无法使消费者真正享受巴氏奶的营养价值。

实力雄厚的乳品企业应该向君乐宝企业学习，加大研发新技术的投入力度，学习 INF 杀菌技术，应用于更多产品。要大力宣传 INF 杀菌新技术，让消费者了解 INF 奶的营养价值。各大乳品企业要明确对巴氏奶的品质要求，规范管理巴氏奶品种。同时政府也要给予 INF 奶和巴氏奶生产的乳品企业相应的政策支持，引导居民的消费习惯，推动巴氏奶的消费。

第十九章 国内外奶业发展案例

第一节 荷兰奶业高质量发展成功案例

一、基本情况

荷兰国土面积约 4.154 3 万千米^2，仅比海南省大些。地处北纬 49°至 53°，土地肥沃，气候温和，雨量充沛，饲草资源丰富，具有天然牧羊奶牛的地理优势。牧场总面积占全国总面积的 28% 左右，2019 年牧场 1.63 万个，泌乳牛存栏量接近 159 万头，平均规模 98 头。其中，一百头奶牛以上规模的牧场有 6 600 多家，占比达 36.9%，80% 的牧场为荷兰皇家菲仕兰公司的自家牧场。牛奶年产量 1 378.8 万吨，奶牛平均单产 8.96 吨，乳脂率 4.41%，乳蛋白率 3.58%。种植牧草的耕地面积超过 60%，饲草来自自有农场的家庭牧场占 90% 以上，每年户外放牧 120 天、每天 6 小时以上的牧场占比达到 81%。生鲜乳价格在 2.78 元/千克左右。

荷兰是世界上第二大农畜产品出口国，畜牧业产值占农业产值的 70% 左右，是国民经济的支柱，而奶牛的养殖占畜牧业的 70% 以上。荷兰乳品产业链由超过 18 000 名奶农、53 家乳品加工厂，以及 25 家乳品企业构成。奶牛存栏量在 160 头左右，泌乳牛数量为 85 头左右的家庭牧场年净收入达到 6.4 万欧元，其中，原料奶销售利润占 79.6%，从乳品公司获得的现金分红、债券分红占 20.4%，足以使奶农进入城市中产阶级行列。乳制品的年出口额超过 70 亿欧元，是世界上品质最好的乳制品之一。荷兰奶牛的平均年产奶量为 8 100 千克，中国每头奶牛平均年产奶量为 3 100 千克；荷兰每 100 克原料奶中的能量指标为 275kJ，高于我国的 225kJ。碳水化合物、脂肪、蛋白质分别为 5.26g、3.9g、3.22g，高于我国的 3.4g、3.2g、2.8g。其余维生素、微量元素指标，除了镁的含量与我国相当外，其他均高于我国水平。

二、荷兰奶业高质量发展打造过程

（一）"家庭牧场——合作社"一体化的奶业产业链布局模式

"家庭牧场——合作社"一体化模式是荷兰能够以有限的资源将其奶业发展强大的关键。"从牧场到餐桌"的奶业产业链运营模式中主要包括"家庭牧场"和"乳业合作社集团公司"2 个主体。种养一体化的家庭牧场存栏规模全群在 150～200 头左右，其中，牧场放牧的普通型经营模式除了有奶牛场用地外，周边还拥有种植用地，牧场所需粗精饲料基本上自给自足，同时养殖业形成的粪污为种植业提供了肥料。全球五大乳品企业之一的荷兰皇家菲仕兰有限公司属于由分散在荷兰、德国和比利时的约 2 万名普通奶农组成的菲仕兰乳业合作社全资拥有。奶农负责原奶生产，并且持有乳企股份，乳企协调并控制从原料奶收购到乳制品生产、销售整个产业链。菲仕兰必须全部收购会员牧场的牛奶，且会员享受保底收购价。每三天收一次奶，一辆奶罐车同时收三家牧场的奶，两天后奶农即可登录菲仕兰网站查询牛奶的质量和价格。一旦生奶检测质量不合格，不仅要废弃整车奶，还要赔偿其他两家牧场三天的牛奶产量，损失约为牧场全年营业额的 3％，牧场全年净收入的 15％。如果一家牧场一年内不符合安全标准达到两次，会员资格就会被取消，合作社将拒收其牛奶，银行不再向其提供贷款，保险公司也将拒绝向其出售农业保险产品，奶农将面临破产困境。

（二）高素质奶农和乳企员工

荷兰奶农通常文化素质较高，一般接受过中等或高等教育，甚至有的奶农还获得了大学的农业学士或硕士学位，在传承家族的奶牛养殖技术的同时，还学会了现代化养殖技术，以及科学的农场管理。菲仕兰秉承"积极主动、训练有素的员工可以帮助企业挖掘牛奶更大价值"的理念，创办"菲仕兰企业大学""中国青年领袖学院"及"菲常菁英"项目，制定适合员工岗位和特点的人才发展计划，培养中高层管理人才，不断提升项目参与者领导力，为企业的持续发展保驾护航。

（三）专业化的第三方技术服务体系和乳品研发中心

荷兰奶牛健康、营养和育种等方面是由牧场之外的强大技术服务体系来运营。专业饲料公司提供精饲料，并根据牛奶指标和牛群数据以及牧场的实际状况，为农场提出建议配方；皇家菲仕兰为牧场配备的签约兽医对奶牛健康饲养提出建议方案；CRV 奶牛育种公司每隔几周派人去农场提供奶牛人工授精服务，根据农场奶牛的谱系和发展战略，量身定制育种方案。第三方公司定期检查和评估奶牛在户外操场的时间是否达到每天不少于 6 小时，每年不少于 120 天，据此评估奶价。由荷兰皇家菲仕兰乳制品公司、政府部门、瓦赫宁根大学及研究中心三方紧密协作组建的"食品硅谷"乳品研发中心，享有 300 多项专利技术，拥有 450 多名专业研究人员致力于充分开发出"牛奶中的一切珍贵天然营养"。

（四）全面的第三方质量检测体系和高认定标准

由荷兰牛奶监管中心与专业的检测公司合并产生的 Qlip 公司是主要负责原料牛奶检测的第三方实验室，能很好地保证检测结果的公平公正。同时负责乳制品的半成品和成品检测，并对牧场环境、产业链生产流程和体系认证进行评估。乳企根据检测和评估结果确定原料奶价格，按照计价体系将奶款支付给奶农。

（五）智能化、数字化和精益化管理

牧场养殖规模化、机械化、智能化水平非常高，播种、施肥、收割、饲料加工和饲喂、挤奶、牛舍清理等全部采用自动化机械，一个牧场的设备投入至少 100 万欧元。2015 年荷兰牧场使用机器人挤奶的比例超过了 20%。利用大数据进行牧场管理、乳制品生产和防控，节本提质增效俱佳。

（六）以可持续发展为核心目标的奶业补贴政策

荷兰奶业补贴政策的目标可概括为：通过促进技术进步确保奶业产业生产的合理发展；通过对生产要素的最佳配置来提高生产率；通过增加奶农的个人收入，确保农业社区的公平生活水平；稳定奶业市场；确保生鲜乳及乳制品的供应量；确保以合理的价格向消费者提供乳制品。其核心目标是促进荷兰奶业健康可持续发展。自 2013 年起只向那些关注生态环境保护和动物福利，所生产的产品符合食品安全和质量标准的家庭农场提供直接补贴。

三、推广经验与做法

（一）创新"家庭牧场＋合作社＋公司"的奶业供应链发展模式

种养一体化家庭牧场是实现土地、水源、奶源、环境相互配套，推进河北省奶业长期可持续发展的养殖模式；中小规模家庭牧场组建合作社，奶农生产的原料乳交给合作社，合作社、政府及乳品企业三方协商议定生鲜奶价格，是保障奶业供应链养殖端和加工端利益联结的组织化模式；存栏百头的家庭牧场在生产组织模式、自动化养殖水平和科学创新能力等方面都有很大的提升空间。推广"家庭牧场＋合作社＋公司"的奶业发展模式，是实现河北省奶业高质量持续发展的必然途径。

（二）推进智能化、精益化奶业供应链管理体系

结合《河北省智慧农业示范建设专项行动计划（2020—2025）》建立比较完善的智能奶业供应链体系，推进物联网、人工智能、大数据、区块链、5G 等现代信息技术与奶牛养殖和乳制品加工深度融合，最终实现生产智能化、服务在线化、管理精益化。同时，着力打造信息化、集成化、智能化的全链条质量安全管控体系。支持养殖场配备智能化、信息化设备，通过数据管理实现对每头牛的精准化养殖，充分挖掘每头牛的生产潜力，提高奶牛单产水平，降低奶牛养殖成本，提高奶牛生产效率。提升智能工厂精益化、数字化水平，保障产品全生命周期品质管理，实现产品研发与消费者需求的精准对接。

（三）创新高附加值乳品研发技术

一是整合国内顶尖资源，借助京津冀奶业协同创新发展，联合构建国内领先的技术研发和产学研合作平台，共同推动先进乳品技术在河北省的快速落地，推动河北省乳业高端高质量发展。二是龙头企业君乐宝可借鉴中国中地乳业控股有限公司、河南花花牛、伊利和南京卫岗经验，加入中荷奶业发展中心，将荷兰牧场先进的运营管理经验以及乳制品深加工等核心技术引进来，并建立长期的沟通和跟进机制，为河北省奶业产业链的食品安全、产品质量和生产效率的提升提供技术和智力支持。

（四）创新土地制度设计和政策工具

从国家和省级层面加大政策统筹力度，通过创新政策工具，打通资金和各项支持政策触达奶牛养殖场和乳品企业的"最后一公里"。一是土地制度设计和支撑。种养一体化和家庭牧场的适度规模化需要配套的土地制度作为支撑，需要国家或地方政府在土地政策上作出一些重大改革，每家养殖场有地种，减小粗饲料如玉米青贮的收割半径，减少苜蓿草、燕麦草等优质牧草的进口量，降低饲料成本。二是促进合作社组织体系建立的法规制度设计。三是奶牛补贴及高附加值产品生产补贴的普惠性政策设计。取消所有项目申报形式的扶持政策形式，大中小规模养殖场同时享受同等政策。并且增加扶持政策向"种养一体化""适度规模化"奶农组织化等方面大幅度倾斜。对用国产奶源做高附加值产品给予适当补贴。

（五）建立职业奶农和高科技乳业人才培养体系

高度重视战略性奶业科技人才和战略性乳业科技企业家的培养，进而加快实现颠覆性技术突破，提高奶业产业的持续创新能力。一是整合国内资源，开展基础型科研，推广应用技术，定向教学培训，展示政府协会及合作伙伴最新成果，在更高层次和水平上，实现科研、技术、人才和市场等创新资源的融合交流、互利互惠、合作共赢。二是继续开展中荷奶农交流项目，打开中国奶农与荷兰奶农的交流通道，将荷兰牧场先进的运营管理经验推广到中国，为中小型牧场探索一种创新可持续的管理模式。三是可以进一步开展中荷乳制品加工交流项目。把中国乳企管理人员、乳业学者和专家"送出去"荷兰进行实地考察、交流和学习，通过小规模、重实践的培训课程，把荷兰乳业技术"嫁接"到中国。

（六）建立第三方技术服务体系和生鲜乳质量安全检测机构

一是建议育种、疾病防控和治疗等服务通过专业化的社会化企业或者机构提供，将大大提高技术质量和经济效率。二是由河北省畜牧总站与专业的检测公司合作成立河北省奶业第三方质量安全检测实验室，主要负责生鲜乳质量检测，为河北奶源品质提供背书，为河北省奶业高质量品牌建设及消费者信心恢复提供保障。三是借鉴国家奶业科技创新联盟制定的一套涵盖养殖—加工—营销等全产业链 17 项标准的优质乳标准化技术体系,拟定高质量乳品标准化技术体系。

第二节　国外生鲜乳价格风险管理成功案例

一、美国

美国是世界农业大国,在奶业方面也是世界前五强牛奶生产国之一,年奶产量约是我国的 4 倍,值得一提的是美国奶牛存栏量从 1982 年就开始呈逐年递减形势,30 多年来美国奶牛存栏量从 2 574 万头减少到 2019 年的 935 万头。虽然美国奶牛场的总数量也在逐年递减,但 500 头以上规模的大型养殖场却在增加。虽然存栏量在逐渐减少,但产奶总量却在不断上升,而且美国在奶业销售方面国内完全可以自给自足。反观中国,粗略计算 2018 年进口乳制品数量相当于我国 2018 年生鲜乳产量的一半。美国奶业高度发展背后的原因本研究认为离不开以下几点:

(一)自然条件优厚

美国拥有在养殖奶牛上优越的环境,其平原的面积巨大,而且土地肥沃。以加利福尼亚州为例,其地貌广阔,气候温暖适宜,整个州泌乳奶牛 190 万头,养殖模式多以 3 000 头以上的大型养殖场养殖为主。美国的奶牛品种优良,不仅在外形上健康强壮,而且其乳房的结构也是牛奶高产的重要因素之一。美国人的离不开牛奶,美国居民的饮食习惯决定了美国奶业的发展,美国人的身体健康离不开牛奶。相关数据显示,近几年美国乳制品的消费增长速度甚至超过了美国新增人口的速度,这与美国人的饮食习惯脱离不了关系,就像中国传统食物豆浆、油条一样,美国人已经将牛奶、奶酪及其他乳制品当成他们每天的主食之一。2018 年美国液态奶销量达 2 200 万吨左右,奶酪销量为 566 万吨,其他乳制品黄油、脱脂奶粉等共计 128 万吨左右。

(二)优质种牛培育体系

美国奶牛品种优良且单产量高,单产量高是美国奶牛特点之一。1982 年美国奶牛每年单产量达 5 000 千克/头以上水平,至 2019 年高达 10.5 吨/头。我国 2018 年奶牛单产量为 7.4 吨/头,而美国在 2014 年奶牛单产量就已突破 10 吨/头。在奶牛遗传建设方面,美国建立了较为完整的优质奶牛数据共享平台,此平台可供其他相关牧场免费查询奶牛的生产性能、后裔测定等重要信息。关于 DHI(生产性能测定),美国拥有世界最大规模的奶牛生产性能测定数据,且政府鼓励使用奶牛冻精技术,2015 年美国共向不同奶牛养殖场销售优质冻精 2 300 万剂。

（三）先进科学的管理体系

科学的饲养和管理是我国养殖场普遍面临的难题，美国在这一方面可以说非常领先。在牛舍设计方面，为保证奶牛的体温，每个牛舍都有配套的温度调节设备，而且牛舍内部布局科学，从奶牛的觅食、休息到奶牛的挤奶形成一种可循环的工厂一体化布局，这样不论是泌乳奶牛还是犊牛都有一个舒适干净的生活环境，保证了奶牛产奶的质量和安全。在养殖场设备方面，美国大部分养殖场都使用现代化技术管理方式，如全混合日粮饲养技术（TMR）、挤奶机器人、犊牛自动饲养等技术，充分降低了人工成本。大规模的集约化管理使美国奶牛养殖大大降低了投入成本，有效提高了牛奶生产率，目前我国奶牛养殖人工成本较高，管理理念相对落后，机械化程度低，而美国这种先进的集约化管理已经成为主流。

（四）健全的支持奶业的政策

奶业保险是一个有效的、安全的、可以保护奶业市场安全的工具。美国主流的奶业风险管理工具是奶牛收益保险。与我国奶牛保险不同，美国的奶牛收益保险运行机制是以养殖场收入为基准的，当农户的"参保收益"低于"最终受益"时，保险公司就会将两者之间的差额以保险的形式补给农户，这样农户在市场交易中就会有最低收益保障，而我国奶牛保险是以奶牛死亡为基准的自然风险保险。美国是一个非常看重利用市场来化解市场风险的国家。20世纪90年代美国芝加哥交易所就推出了针对奶业市场的奶牛期货和期权。2008年，多数美国奶牛养殖户反映饲料成本上涨并且生鲜乳价格逐渐降低，在此背景下，美国农业风险管理局首次推出符合美国国情的奶业保险LGM-dairy（乳业毛利保险），2014年增加险种MMP-dairy（乳业毛利保障计划）。这两个险种都是基于奶农收益的保险，都具有成本低、执行能力强和道德风险低的优点。除此之外，美国还颁布了许多针对乳制品生产加工、销售、关税等环节的严格监管制度，如《原奶保护价收购政策》《乳制品进口分摊项目》《乳制品检验标准方法》《美国乳制品加工法规与标准》等。

二、日本

日本奶业发展虽然不能和美国、欧盟国家等相比，但结合日本国土面积、山多地少、人口数量密集和饲料缺乏等因素，日本奶业还可以在恶劣条件下快速地发展，甚至发展水平在世界奶业先进国家行列。日本受资源因素影响，畜产品主要依靠进口，但乳制品自给率高达80%以上。从奶牛存栏数量和年产奶量上比较，日本远不及我国，但日本奶牛单产水平比我国奶牛单产水平高，2017年日本奶牛平均单产8 410千克/头，而且单产在逐年增加，其发展水平在亚洲最高。日本最初奶牛养殖模式以家庭散养为主，之后日本奶业因第二次世界大战休整了 2 年之久，直至 1949 年日本政府才开始重整畜牧业。日本奶业发展较早，经历了快速增长期、产量下降养殖转型期、完善稳定期且奶牛存栏数量逐渐增多，但小型养殖场逐渐减少，规模养殖场逐渐增多，奶牛单产水平逐渐提高，纵观国际奶业大国，其发展历程和发展趋势大致相同。

日本有一段时期是处于奶业低迷期。1980 年日本经济正在迅速发展，并且国际贸易也高度自由化，大批国外乳制品的涌入加上国内奶源过剩，民众对国内乳制品需求减少，导致日本在那一时期奶业受到挫折，生鲜乳价格不稳定。日本奶业高度发达的背后的原因有以下几点：

（一）完善的食品安全管理体系

奶业安全是关于整个奶业市场的重要因素，我国就是奶业重大安全事件导致生鲜乳价格剧烈波动，日本在 2000 年初也经历过类似奶业安全事件，日本政府给予了高度重视，且分工明确，各自负责。2002 年，日本出台《食品安全法》，此法规定有两个机构专门负责食品安全问题：其中一个负责食品安全标准方面，如食品添加剂的评估、农药残留等；另一个负责制定投入品的安全标准，如保证食品的安全性、改善产业运作机制等。监管部门由各个领域的专家组成，通过发现问题来制定奶业从业安全标准以达到奶业风险管理的目的。此外，日本奶业的第三方检测队伍也比较庞大，包括行政部门、奶农团体、兽医团队等。

在生产方面，为了保证生鲜乳的质量安全，政府出台了相应的规定，如《奶牛卫生管理指南》，此办法中有针对饲料管理条款、设备卫生管理条款、奶牛饲养条款、鲜奶销售管理条款、从业者的职业培训条款等，每个条款里有大大小小十几项规定，而且从业者必须按照每一项去记录且保留，以便相关部门的检查。在对从业者的管理要求中，1996 年在《食品卫生法》中加入更为严格的 HACCP 认定制度。要求从业者制定专门的管理规范手册，管理记录手册，使用兽药记录，牛舍消毒记录，提供饲料、农药、化肥记录表等。对挤奶员的要求也颇为严格，包括生鲜乳的收集、交货和消毒等工作要求。

（二）价格稳定政策

经本研究发现，日本奶业市场中并没有像美国那样的奶牛保险或者奶业期货市场，日本奶业市场价格平稳发展靠的是日本强大的政府支持政策。如表 19-1 所示，日本奶业在时间节点变化中没有表现得一帆风顺，从 1965 年开始到 2013 年，日本生鲜乳市场价格大约经历了 4 个阶段。虽然价格在不断变化，但是价格总走势线在 20 世纪 70 年代后期呈下降趋势。由表 19-2 可知，在奶农利润率方面日本也经历了 4 个变动节点。过度的利润率波动会对奶农的收益造成冲击。从表中信息可得知目前日本生鲜乳市场价格和利润率的波动幅度逐渐平缓，体现了日本对生鲜乳价格管理的成效。

表 19 - 1　日本生鲜乳价格变化节点

时期	生鲜乳价格变化
20 世纪 70 年代初	缓慢上升
20 世纪 70 年代初至后期	快速上升
20 世纪 80 年代初至 21 世纪	缓慢下降
2007—2013 年	缓慢上升

表 19 - 2　日本奶农利润率变化节点

时期	利润率变化
20 世纪 60 年代初	快速上升
20 世纪 70 年代后期	快速下降
20 世纪 80 年代中期至 90 年代初期	上升和下降波动
20 世纪 90 年代中后期	波动平缓

日本奶业支持政策的发展分为 3 个阶段：第一阶段，1961 年为积极应对当时日本奶业市场由供需因素导致的奶农利润率的波动和改善日本奶业市场环境，日本政府推出法案《畜安法》，全称《畜产物价格稳定等相关的法律》。此法案起初没有针对生鲜乳及乳制品的相关价格设定，同年 12 月，在此基础之上政府成立了"畜产振兴事业集团"，其性质与日本农林水产省相同，专门负责乳制品和指定肉类的销售并规定生鲜乳价格波动范围。第二阶段，因 20 世纪 60 年代中期以前，日本奶农的利润率一直处于较低的状态，所以日本在生鲜乳价格设定方面存在诸多异议，市场风险日益凸显。1966 年，日本政府为解决这一问题出台了《加工原料乳生产者补给金等暂定措施》，此法案的出台保护了奶农在日本奶业中的议价地位，建立了"一元收购、多元销售"的市场销售体系，且政府通过资金补贴等政策将生鲜乳市场价格维持在一定的水平内。第三阶段，2000 年日本政府对原有的法案进行了补充和修订，删除了其中多余的功能，使日本生鲜乳销售系统更简洁。

《加工原料乳生产者补给金等暂定措施》是日本奶业稳定的基础法案，虽然日本没有实施像美国一样的奶业价格保险之类的关于奶业价格的保险，但是此法案的运作机制和奶牛价格保险运行机制有相似之处，它的主要做法是：第一，为了稳定产量，平衡供需，乳制品加工需要通过有关部门的批准，按照年度计划生产；第二，由于地貌原因，需要确立专门提供生鲜乳加工地带；第三，确立生鲜乳最低出售价格、乳企收购价格和政府对奶农的补贴价格；第四，政府组织一个团体，此团体专门统一向奶农收购生鲜乳并销售给不同的生鲜乳加工企业；第五，政府对乳制品进口贸易增加管控，以此来保护日本本国的乳制品企业。由此可看出，日本在奶业市场价格风险管理体系中都是以本国奶农的利益为出发点，以保护本国奶业为基础思想，此体系在运营中也的确保护了日本奶农的利益，稳定了本国生鲜乳在市场中的价格。

三、澳大利亚

奶业在澳大利亚农业中排名第三名，前两名分别是牛肉和小麦。澳大利亚国土面积广，与美国相同，在自然和地理方面占绝对的优势。2015年澳大利亚人口2 394万人，其中有将近4万人从事奶业工作，2018年奶业从业者增加到4.26万人。从1985年左右到2015年，澳大利亚奶牛养殖场从19 380个减少到6 102个，下降了原有的2/3之多，2018年减少到5 699个，平均每个奶牛场存栏273头。与其他奶业强国相同，澳大利亚的奶牛养殖场数量也在规模化建设中逐渐减少，1985年澳大利亚牧场平均规模为93头，而中国当时主流规模为5～10头。2018年澳大利亚奶牛存栏量为156万头，相比2015年减少了10万头左右，奶牛平均单产为6吨左右，奶牛单产水平高、基因好，且我国将近一半的改良种牛来自澳大利亚的进口。

澳大利亚的奶业受季节和气候的影响非常大。2002年澳大利亚气候适宜，奶产量大大提高，奶农包括乳企的利润可观，但2003年和2006年两次严重的干旱使澳大利亚的奶业遭受了重创，大部分乳企的财务出现了负增长的状况。澳大利亚的生鲜乳市场价格被称为"出场"价格，其价格标准比较混乱，受很多因素的影响，政府和法律不会干预价格的设定。但强大完善的金融支持体系是澳大利亚奶业可以健康、持续发展的"后台"。

（一）金融立法体系

在整个农业中，澳大利亚政府为了促进本国农业的发展，于1998年前后出台了《农户支援法案》和《农村调整法》，法案主要内容是通过补贴来帮助陷入财务困难的农户，使他们可以重整旗鼓，各州政府也纷纷响应制定了当地的惠农政策。除了享受农业优惠政策外，澳大利亚针对本国奶业也有专门的法案。1986年，澳大利亚政府出台相关法案《乳制品法案》，其中规定收取奶业产业服务税，用来建立奶业产业保证基金；1999年为刺激出口，规定征收出口消费税，对出口进行补贴。2014年澳大利亚政府根据之前惠农政策出台《家庭农场支持法案》，规定因长期经营不善而亏损的牧场可得到最长3年的政府补贴，旨在提高奶农积极性，克服困难。

（二）金融支持政策

上文提到在《家庭农场支持法案》中有一项向农户提供最长3年补贴的政策，此政策就是澳大利亚奶业金融支持政策中的一项，简称FHA。因澳大利亚奶业具有强烈的季节性特点，且澳大利亚的牧场比较依赖本地牧草，所以干旱优惠贷款是政府为了应对长期干旱导致奶牛减产的政策。除此之外，澳大利亚针对奶业可能面临的所有市场风险都出台了相应的政策，如乳制品复苏优惠贷款、税收延期政策等。政府的支持政策是一方面，农户自身的知识和识别风险能力也是一方面，为此澳大利亚政府通过成立一些金融服务机构来满足农户自己学习金融知识和提高识别风险的能力的需求，如免费向农户提供金融咨询服务的农村金融服务中心、农业金融论坛等。

（三）奶业基金项目

澳大利亚奶业金融服务体系中最具有本国特点的就是奶业产业基金的建立，它对澳大利亚的奶业发展作出了巨大的贡献。产业基金的来源由奶牛服务税、政府部分资金和杠杆资金构成，但是其中一半的资金来源于奶牛服务税。资金的用途是投资澳大利亚政府以 3 年为周期的、确定投资的奶业创新或发展的计划。这些计划是以 3 个思想为中心而设立的，即可以提升奶牛养殖场的利润和竞争力、维持本国乳制品品牌的竞争力、培养更多的奶业专业人才，如牛群改良计划、喂养一体化、提升奶牛繁育性能等，可以说澳大利亚的产业基金项目确实为澳大利亚奶业发展指明了方向。

四、奶业发达国家经验对我国奶业市场的启示

（一）完善我国奶业利益联结机制

发展"种养结合"模式，在保证环境适宜的情况下也能提供优质的牧草；建立奶业风险基金，加强养殖场和乳企之间的利益联结，加强对奶农集体的组织，鼓励奶农以集体谈判方式商议价格，提高奶农在市场中的议价地位，共同抵抗奶业市场风险。

（二）提供金融政策支持

美国、日本乃至澳大利亚等奶业大国在政府补贴机制方面都非常完善，力度很大，对当地的奶业快速发展起到了关键性的作用，从美国的牛奶收入保险到日本的《不足支付》法案等，这些政策都是以奶农的利益作为出发点去实施的，奶农利润有了基本的保证其积极性才会提高。澳大利亚关于奶业贷款种类很多，包括干旱贷款、奶业重启贷款等多种针对奶业中面临的困难而设立的信贷种类，由于奶业产业属于多环节相互作用的产业，因此需要大量的资金支持。政府在其中可以加大资金扶持力度、降低利息或延迟利息归还时间等；增加信贷种类，将信贷种类多元化，使产品可以有多个受众。

（三）探索奶牛价格保险

积极推行牛奶收入保险，政府和保险公司应该起到带头宣传的作用，打破我国奶业保险产品的单一性，从保价格的目的出发，做到稳定奶农收益、产业

链风险共担的格局，政府重点对奶牛价格保险主体提供优惠政策，提高创新的积极性。

（四）加强奶业生产安全监管

从奶业大国的经验分析，对生鲜乳的生产安全和卫生安全的监管都是非常严格的。综合我国奶业市场发生过的乳制品质量安全事件，我国应把乳制品生产质量安全放在首位，强化产能，提升生鲜乳的品质，加强乳品生产全程管控，落实乳品企业质量安全第一责任。支持乳品企业建设婴幼儿配方乳粉的优质奶源基地，通过自有自控的管理模式进一步提高婴幼儿配方乳粉乳品的品质。

第三节　中欧奶业政策发展比较研究

一、欧盟奶业政策发展历程

欧盟奶业取得如此成就，既得益于自然环境、基础物流设施、文化传承和教育水平，又与欧盟出台的一系列奶业发展政策息息相关。

（一）奶牛养殖政策

欧盟各国以小规模家庭牧场为主，且能在世界奶业中占据重要地位，离不开奶业政策的扶持。1968 年，欧共体出台价格支持政策，通过提高原料奶及乳制品价格的方式支持奶牛养殖者、加工者及中间商等。1961 年起欧共体原料奶产量迅速增长，在 1980 年达到了 15 418 万吨。牛奶产量过剩使得欧盟内部市场奶价下降，同时向外出口额增大，巨额补贴给政府造成了一定的财政压力。1984 年，欧共体出台"牛奶配额制度"，意图通过限制牛奶产量来稳定市场价格和降低财政压力。2003 年，为了进一步减缓财政压力，欧盟农委切断了财政直接补贴与产量的关系，将其与环保和质量挂钩，出台了"交叉达标"机制。在此机制下，欧盟将对采用保护环境、绿色可持续方式经营的养殖者给予经济补贴，并组织专业人士验收牧场，未达标者进行处罚。这一方式极大程度地改善了欧盟奶牛养殖的发展方式。2007 年，国际乳制品市场需求增大，牛奶配额制度在一定程度上限制了欧盟奶业的发展。因此，欧盟在 2008 年增加了 2％的配额，并从 2009—2014 年每年增加 1％的生产配额。2009 年，国际奶业价格崩盘，奶农遭受了极大损失。欧盟政府提出"牛奶一揽子计划"，通过"强制性合同"等方式提高奶牛养殖者在产业链中的地位，此项措施保护了奶农利益并稳定了牛奶价格。2015 年，随着世界乳制品消费量的逐步增大，欧盟正式取消了牛奶配额制度。

（二）流通贸易政策

1962 年，欧共体出台了"共同农业政策"，其中包括价格干预机制、进口限制、出口补贴、共同责任税及门槛保护等措施。欧共体意图通过该项政策保护内部流通市场的供求平衡和价格稳定。1992 年，欧盟迫于自身财政压力和外部关税贸易总协定的规定，对共同农业政策进行改革，推行"奶业市场化政策"。该政策取消了"共同农业政策"中的共同责任税，削减了部分乳制品的干预价格。2003 年，欧盟再次对"共同农业政策"进行了改革，取消了已经实行 10 年左右的目标价格，减少了政府对市场的干预。2007 年，为了保证内部市场乳制品消费稳定，欧盟取消了对黄油和脱脂奶粉等奶制品的出口补贴。但此项措施阻碍了欧盟的奶业进一步发展，挫伤了各国奶牛产业的发展积极性，因此在 2009 年予以废止。

（三）质量监管政策

质量问题是决定乳制品生产加工、流通贸易生命力的关键问题。1999 年，欧盟颁布了《食品安全绿皮书》，标志着欧盟食品安全监管框架的基本形成。2002 年出台的《食品法规一般原则和要求》提出要建立食品安全追溯体系、遵循风险分析原则、明确食品安全责任归属并决定成立欧洲食品安全局。2004年出台的《食品卫生法规》制定了食品卫生相关要求，包含生产加工、流通消费全环节；《动物源性食品特定卫生规则》规定了原料奶的相关标准要求；《人类消费的动物源性食品官方控制规则》则明确了政府进行食品卫生监管的权限和程序（表 19 - 3）。

表 19 - 3　欧盟奶业政策一览

政策方向	发布年份	法规名称
奶牛养殖	1968	"价格支持"
	1984	"牛奶配额制度"
	2003	"交叉达标机制"
	2008	"增加牛奶生产配额"
	2009	"牛奶一揽子计划"
	2015	"取消牛奶配额制度"
流通贸易	1962	"共同农业政策"
	1992	"奶业市场化政策"
	2003	"取消目标价格"
	2004	"重新实施内部市场干预措施"
	2007	"停止黄油和脱脂奶粉出口补贴"
	2009	"恢复乳制品干预和补贴计划"

（续）

政策方向	发布年份	法规名称
	1999	《食品安全绿皮书》
	2002	《食品法规一般原则和要求》
质量监管	2004	《食品卫生法规》
	2004	《动物源性食品特定卫生规则》
	2004	《人类消费的动物源性食品官方控制规则》

二、中国奶业政策发展历程

（一）奶牛养殖政策

2004 年，农业部制定《关于推进畜禽现代化养殖方式的指导意见》，提倡进行规模化养殖。2005 年农业部出台《奶牛良种补贴试点项目资金管理暂行办法》，自此我国开始实施奶牛良种补贴政策，对荷斯坦牛、娟珊牛、三河牛等良种能繁奶牛进行补贴，以改善我国奶牛品质，促进了我国原料奶产量的增长。2007 年，国务院颁布《关于促进奶业持续健康发展的意见》，安排专项资金进行奶牛养殖规模化建设。2012 年中央 1 号文件提出"振兴奶业苜蓿发展行动"，决定在东北、华北、西北三大区域建设高产优质苜蓿示范片区，并安排项目资金予以补助。2015 年农业部发布《关于"镰刀弯"地区玉米结构调整的指导意见》，开展"粮改饲"试点工程。对试点县市进行高额补助，变单纯的"粮仓"为"粮仓、奶罐、肉库"三位一体。2018 年，国家安排专项资金 20 万～70 万元重点扶持"中小沼气工程"项目，安排资金 300 万～1 000 万元扶持"畜禽粪污资源化利用试点项目"，意在鼓励推广养殖废弃物和排泄物建设沼气池等，发展循环农业。2019 年农业农村部出台《关于实施家庭农场培育计划的指导意见》，大力倡导家庭牧场养殖方式，以实现最佳规模养殖效益。2020 年，农业农村部印发《2020 年畜牧产业扶贫和援藏援疆行动方案》，方案指出要对中小奶牛养殖场进行升级改造，提升粪污利用效率，提高奶牛养殖收益。

（二）流通贸易政策

2000 年，国家提出"学生奶饮用计划"，在全国多所中小学推广实施。这一举措不仅有利于青少年身体素质提高，还为我国乳制品消费市场培养了大量的潜在消费者。为保护国内乳企健康发展，维持国内乳制品消费市场稳定，我国乳制品进口关税一直处于较高水平。2005 年，为降低国内市场中进口乳制品的价格，保护消费者权益，我国奶粉进口关税由 2000 年的 25％降低为 10％，2013 年进一步降低为 5％。2008 年，中国与新西兰签订了"自由贸易协定"，决定于 2019 年之前取消大部分新西兰进口商品关税。2011 年，大量进口乳制品涌入国内市场，中国决定对原产地为新西兰的十多个税号乳制品采取特殊保障措施。2013 年，国家出台了《进出口乳品检验检疫监督管理办法》，规定了乳品进出口相关问题细则，保障了我国乳制品流通贸易的稳定。

（三）质量监管政策

2008 年，三鹿事件对我国乳制品消费市场造成了极大的动荡。为此，国务院出台《乳制品质量安全监管条例》，明确了乳制品从养殖场到消费者手中各个环节质量监管的责任人，建立了追责制度。农业部连同国家工商总局出台《生鲜乳购销合同》和《生鲜乳收购管理办法》，对生鲜乳交易提出了规范性要求。2010 年，卫生部公布了《生乳》（GB 19301—2010），制定了生鲜乳统一标准，进一步对生鲜乳质量进行监管。同年 9 月颁布了《关于进一步加强乳制品质量安全工作的通知》，对乳制品生产进行了严格细致的规定。11 月又出台了《企业生产婴幼儿配方奶粉许可条件审查细则》及《企业生产乳制品许可条件审查细则》加大了对乳制品生产许可的审查力度和后续检验力度。2011 年，农业部公布了《奶畜养殖和生鲜乳收购运输环节违法行为依法从重处罚的规定》，严厉打击了乳制品生产运输过程中的违法行为。2015 年《中华人民共和国食品安全法》出台，被称为"史上最严厉的食品安全法"，重点构建了力度大、覆盖面广的安全监管机制。2016 年实施《婴幼儿配方乳粉产品配方注册管理办法》，对我国婴幼儿配方奶粉作出了严格的注册规定，以保证婴幼儿奶粉的质量安全。2020 年，农业农村部印发《2020 年生鲜乳质量安全监测计划》，监测区域覆盖 30 多个省份，监测对象主要为生鲜乳收购站和运输车，旨在促进我国养殖业绿色、健康、高质发展（表 19 - 4）。

表 19 - 4　中国奶业政策一览

政策方向	发布年份	法规名称
奶牛养殖	2004	《关于推进畜禽现代化养殖方式的指导意见》
	2005	《奶牛良种补贴试点项目资金管理暂行办法》
	2007	《关于促进奶业持续健康发展的意见》
	2012	中央 1 号文件提出"振兴奶业苜蓿发展行动"
	2015	《关于"镰刀弯"地区玉米结构调整的指导意见》
	2018	"循环农业"
	2019	《关于实施家庭农场培育计划的指导意见》
	2020	《2020 年畜牧产业扶贫和援藏援疆行动方案》
流通贸易	2000	"学生饮用奶计划"
	2005	"下调关税"
	2008	"中新自由贸易协定"
	2011	"特殊保障措施"
	2013	《进出口乳品检验检疫监督管理办法》

（续）

政策方向	发布年份	法规名称
质量监管	2008	《乳制品质量安全监管条例》
	2008	《生鲜乳购销合同》
	2008	《生鲜乳收购管理办法》
	2010	《生乳》（GB 19301—2010）
	2010	《关于进一步加强乳制品质量安全工作的通知》
	2010	《企业生产婴幼儿配方奶粉许可条件审查细则》
	2010	《企业生产乳制品许可条件审查细则》
	2011	《奶畜养殖和生鲜乳收购运输环节违法行为依法从重处罚的规定》
	2015	《中华人民共和国食品安全法》
	2016	《婴幼儿配方乳粉产品配方注册管理办法》
	2020	《2020 年生鲜乳质量安全监测计划》

三、中欧奶业政策比较分析

（一）欧盟奶牛养殖政策扶持力度大、注重环境保护

奶牛养殖作为奶业产业链中最基础也是最关键的环节，对奶业健康发展有着决定性作用。欧盟在奶牛养殖环节中实施的政策十分注重保护奶农的利益。欧盟所提出的"价格支持""牛奶一揽子计划"等，都维护了奶农的利益，提高了奶农的生产积极性。与此同时，欧盟并非一味追求规模化、产量高，而是兼顾了养殖水平、奶农利益和环境友好。"交叉达标机制"等，就将奶牛养殖和环境保护紧密结合。欧盟奶业养殖扶持政策实行多年，在各国均得到普及，推动了欧盟奶业高水平发展。中国在奶牛养殖方面所采取的政策手段十分单薄，主要就是采用"黄箱政策"进行价格补贴。并且，国内政策补贴力度多年未变，政策普及度也不够，收益较小。同时，在奶牛养殖环节中，中国对科技化养殖政策推行力度较小，所出台的奶业相关政策也较少涉及。

（二）欧盟流通贸易政策针对性强，符合自身发展状况

欧盟在乳制品流通贸易方面所采取的政策手段十分丰富，在 WTO 允许范围内综合采用价格干预机制、贸易政策和其他临时性政策进行扶持。既稳定了内部市场价格，又巩固了世界较大乳制品出口区域之一的地位，同时减缓了财政压力。中国自加入 WTO 后，为遵循自由贸易协定，多次出台降低乳制品进口关税的政策。大量的进口乳制品冲击了国内消费市场，反而压制了国内乳企的发展。

（三）欧盟质量监管部门专职专管，政策体系完整

欧盟针对原料奶和乳制品的质量监管政策早在 20 世纪就已经出台，并且建立了从"农田到餐桌"的质量监管体系和完善的责任追溯体系。这些政策和

相关标准的出台明确了奶业生产各个环节的质量监管责任，保证了欧盟高质量乳制品的出产。中国自 2008 年才有专门进行乳制品质量监管的相关政策，目前虽然已经出台了许多法律法规，但其中存在着职能重复、监管力度不够、处罚力度小等问题，仍未形成健全的质量监管体系。

四、对我国奶业发展的启示

（一）依据我国奶业发展特点制定具有针对性的、相对稳定的奶业政策

欧盟从一开始实行"牛奶配额制度"到 2015 年取消该制度，是与欧盟奶业实际发展状况相符合的。我国应紧密结合奶业发展存在的问题，以及奶业发展最终目标，及时制定明确的、可稳定贯彻实施的政策。针对近年来我国奶牛养殖仍存在饲养方式落后、生产效率低下等问题，国家确立的政策应注重引导奶牛养殖向规模化、集约化、科技化方向发展，原奶产量与质量并重，经济发展与环境友好共举。应加大对奶牛养殖环节的扶持力度，精准扶持、多手段扶持。针对乳制品加工业中仍存在的奶荒时争抢奶源，奶剩时拒奶限奶等无序竞争和忽视社会责任的行为，国家相关政策应对乳制品加工企业进行标准化、规范化整顿。在乳制品流通贸易环节中，国家应在 WTO 规则以内对进口乳制品进行一定程度的政策限制，保障国内乳企的生存空间。

（二）大力提升政策执行的效率和效果

欧盟等国家和地区拥有专门的奶业监管机构负责奶业相关政策的确立和执行。我国奶业产业链管理主体多元化，原料奶供应、生鲜乳加工和乳制品市场销售分别由农业农村部、工业和信息化部和市场监督管理部门管理，政策的制定和执行需要联合三大部门机构。各管理主体在一定程度上各自为政，在政策执行过程中，缺乏及时高效的管理信息共享和通报机制，难以形成系统的政策制定和落实机制，从而影响政策落实效率和效果。因此，我国应组建专门机构负责相关奶业政策的执行，防止政策执行中互相推诿、普及不力等问题的发生。此外，应该加大政策的宣传普及力度，使政策受益者能做到对政策内容了然于胸。同时，执行过程中应简化各种不必要的环节。例如，降低规模化改造补贴申报门槛，减小奶农等从业者的申报难度等，以便政策更好地推行。

（三）注重政策监管和实施效果评估

政策的出台、执行是助力我国奶业快速、高质量、可持续发展的重要环节，政策的监管和绩效反馈则是重中之重。在奶业振兴相关政策出台、执行后，国家有关部门应组织专家学者对政策执行状况进行调研、反馈和绩效评价。根据奶业从业者的反馈情况和绩效评估结果适时调整奶业政策扶持力度或其执行方式，并对调整后政策的执行效果进行预测、仿真，以保障国家对奶业发展的帮扶真正落到实处。

第四节　中荷奶业补贴政策发展比较研究

一、荷兰奶业补贴政策改革发展历程

荷兰奶业补贴政策主要执行欧盟共同农业政策（CAP），补贴的对象主要是家庭农场，其发展演化过程如表 19-5 所示。1962 年建立了欧盟共同农业政策，主要目的是提高家庭农场主抵御自然风险和市场风险的能力，保障农场主收入稳定增长，其核心是建立包括目标价格、门槛价格及干预价格的价格支持体系。在 1960 年代初至 1990 年代初，CAP 试图通过各种干预措施来实现欧盟国内市场农产品价格的上涨。如通过为牛肉、牛奶等商品安排共同市场组织（CMO）来保护国内市场免受国际竞争。1984 年建立的乳制品配额制通过对国内供应数量进行限制，将国内价格维持在一个较高的水平上。随后，CPA 经历了几次里程碑式的改革。

表 19-5　荷兰奶业贴补政策改革发展历程

年份	内容
1962	为提供安全的食品供应，提高生产率并确保农业社区的公平生活水平，建立 CAP
1984	建立乳制品配额制
1992	为控制农产品产量，实施 MacSharry 改革，标志着补贴机制从以价格支持为基础转向以价格支持和直接补贴为主
2000	实现了进一步降低价格支持水平，扩大直接补贴的范围并加大其补贴力度
2003	中期审查改革，大幅度缩减了基于农产品产量的直接补贴，实行单一家庭农场补贴支付机制，并将农业补贴与食品安全、动物福利及生态环境保护等严格挂钩
2008	CAP 的"健康检查"提议废除牛奶生产配额，同时减少对大型农场的经济援助
2013	只向重视生态环境保护、关注动物福利、产品符合食品安全和质量标准的家庭农场提供直接补贴
2014	实施《乳品法》，旨在支持荷兰乳业发展的同时限制磷酸盐产量的增长
2015	为了应对牛奶需求的增长及全球乳制品市场贸易自由化协议，欧盟的乳制品政策更加以市场为导向，废除了牛奶生产配额制

（一）第一次重大改革——MacSharry 改革

1962 年的价格支持政策推动荷兰奶农的生产量急剧增加，欧盟不得不以内部价格购买所有剩余产品。1992 年，欧盟对 CPA 进行了首次重大改革，即 MacSharry 改革，降低之前的价格支持水平，转向基于农场的种植面积或牲畜存栏数进行直接支付。通过对农场主进行直接补贴来提高其收入水平，同时实施农业结构调整政策，标志着取消价格支持体系的开始。

（二）第二次重大改革——2000 年议程及 2003 年中期审查改革

2000 年，欧盟颁发了 2000 年议程，进一步降低干预价格，扩大直接补贴

的范围和力度，通过增加直接支付来补偿价格削减。2003 年实施中期审查改革，进一步削弱了农产品生产与补贴之间的联系，使用将付款与生产"脱钩"的单一付款系统，该系统包括单一农场付款（SFP）和单一区域付款（SAP）两种支持形式。家庭农场不论生产水平或类型如何，只要遵守食品安全环境及动物福利等相关标准，即使没有生产，都将获得直接支付。自 2007 年起，荷兰采用单一农场付款方式，每年向奶农支付的费用完全由欧盟资助。由表19-6可以看出，近 10 年来，每年的资助金额在农场总产值中所占比重在 5.1%～10.4%，在家庭农场收入中所占比重最高达 97.5%，最低为 23.1%，均值为51.22%。由此可见，荷兰政府直接支付补贴对家庭农场收入的影响非常大。

表 19-6　2008—2017 年荷兰奶牛养殖直接付款补贴状况

年份	直接付款总额（欧元）	直接付款总额在农场总产值中所占比重（%）	直接付款总额在家庭农场收入中所占比重（%）
2008	24 570	8.5	41.8
2009	24 900	10.4	48.6
2010	24 540	7.9	51.2
2011	24 510	7.1	41.3
2012	24 430	7.3	72.8
2013	24 840	6.3	38.5
2014	24 390	5.9	37.5
2015	22 520	6.3	59.9
2016	23 020	6.5	97.5
2017	23 050	5.1	23.1

数据来源：Netherland Farm Accountancy Data Network。

（三）第三次重大改革——走向 2020 共同农业政策

牛奶配额成功解决了供过于求的问题，但也扭曲了市场，在竞争较弱的地区保持牛奶产量，致使部分奶农的生产率较低。为了应对全球对牛奶的日益增长需求及全球贸易自由化协议，欧盟的乳制品政策更加具有竞争力，于 2008年的"健康检查"中提出废除牛奶配额制度。2010 年，欧盟对 CPA 进行了新一轮重大改革，公布了《走向 2020 共同农业政策——应对未来粮食、自然资源和区域挑战》，明确规定了自 2013 起只向那些关注生态环境保护和动物福利，所生产的产品符合食品安全和质量标准的家庭农场提供直接补贴。为了避免因取消牛奶配额而导致的奶量快速增长，以及高牲畜密度带来的氮磷高排泄量等环境问题，荷兰政府出台了一项新的粪肥政策《乳品法》，并于 2014 年开始实施，以支持荷兰奶业的"软着陆"。2015 年 4 月 1 日正式废除了牛奶配额制度。

二、荷兰奶业补贴政策的特征

（一）奶业补贴政策目标的明确性

基于欧盟共同农业政策，荷兰奶业补贴政策的目标可概括为：通过促进技术进步，确保奶业产业生产的合理发展；通过对生产要素特别是劳动力要素的最佳配置，提高生产率；通过增加奶农的个人收入，确保农业社区的公平生活水平；稳定奶业市场；确保生鲜乳及乳制品的供应量；确保以合理的价格向消费者提供乳制品。其核心目标是促进荷兰奶业健康可持续发展。1962—2015年，荷兰奶业补贴政策的历次调整均以此核心目标为出发点和落脚点。

（二）奶业补贴政策目标的立法性

欧盟农业政策的目标源于 1958 年 1 月 1 日生效的《罗马条约》，随后于 2009 年 12 月生效的《里斯本条约》将《罗马条约》更名为《欧洲联盟运作条约》，其合并版本重申了 CAP 最初的目标，并构成了目前共同农业政策法律基础的组成部分。欧盟将共同农业政策的目标列入立法，该法律依据成为荷兰奶业补贴政策得以实施、不断演化并取得进展的前提和基础。同时，比较明确的法律依据，使得每年的补贴预算相对固定，奶农可以根据其享受的相对稳定的补贴项目和金额合理安排生产活动。

（三）奶业补贴政策手段的多样性

纵观 CPA 的改革发展历程，可以发现，补贴政策手段是随着 CAP 政策目标的不断调整而逐步丰富和优化的。荷兰对奶业的支持主要反映在生产补贴方面，先后经历了完全单一的价格支持，与生产相关的直接补贴，与生产"脱钩"的单一家庭农场付款，只向注重生态、资源、动物福利的农场提供补贴四种方式的演变，补贴工具的运用比较丰富。

三、我国奶业产业补贴政策演化历程

结合郑军南等将改革开放后我国奶业产业政府规制划分的四个阶段，梳理我国奶业补贴政策的变迁历程如下：

（一）快速发展阶段（1978—1992 年）

自 1978 年开始，国家和地方政府陆续出台了"以奶换料"的平价饲料供应政策，实施合理的收购价格政策，并引进联合国世界粮食计划署和欧洲经济共同体的援助项目。奶制品行业的投资主体日益多元化，资本来源逐步丰富化，奶牛存栏、原料奶及奶制品产量稳步增长，我国奶业基本完成了从卖方市场向买方市场转变的历史性跨越。

（二）波动发展阶段（1993—2003 年）

该时期我国逐步放开饲料价格，取消了"以奶换料"的平价饲料供应政策，但因牛奶销售价格改革未能及时同步进行，奶料比价下降致使奶农收益急剧下滑，极大地挫伤了奶农养牛的积极性。我国奶业发展缓慢并趋于停滞，1993 年前后出现了全国范围的杀牛倒奶现象，牛奶产量第一次出现负增长。随后进行的奶业市场化竞争改革，取消了国家层面的成本补贴、定价控制、市场准入等规制措施，放开了乳制品市场和牛奶购销价格。各奶业发展区域通过采取奶牛购买补贴来应对奶业波动，刺激了牛奶产量再次快速增长。

（三）提质发展阶段（2004—2013 年）

自 2004 年开始，随着奶业行业集中度不断提高，行业竞争日益加剧。乳制品安全事故频发，产业链严重受损。为了振兴我国奶业，促进奶牛养殖业增长方式的转变，先后出台了一系列补贴政策。2005 年出台了奶牛良种补贴策。重点支持农民兴办的奶牛养殖小区，只针对荷斯坦奶牛实行实物冻精的补贴方式。随后，不断扩大奶牛良种补贴实施范围，并建立后备母牛补贴制度。2007 颁布的《国务院关于促进奶业持续健康发展的意见》将牧业机械和挤奶机械纳入财政农机具购置补贴范围。2008 年出台了标准养殖场建设补贴政策，中央财政安排 2 亿元资金针对奶牛标准化规模养殖小区建设予以不同额度的补助。2011 年建设资金增加到 5 亿元。2015 年中央财政安排 10 亿元，对存栏量 300头以上的养殖场给予补贴。2008 年奶牛保险被列入中央财政农业保险补贴范围。2012 年实施了"振兴奶业支持苜蓿发展政策"，中央财政每年安排项目资金达 5.25 亿元。2015 年开展粮改饲和种养结合模式试点。各种奶业新政的出台和实施，标志着我国奶业开始从数量扩张型向质量提升型转变。

（四）转型发展期（2014 至今）

自 2014 年起我国奶业产业进入从数量型向质量效益型转变升级的关键时期，奶源基地建设是加快奶业转型升级的重要驱动力。受国际奶业市场的冲击，我国原料奶价格持续下跌，乳品企业拒奶限奶致使奶农倒奶现象再次发生。取消散户养殖，加速推进老旧奶牛养殖小区改造升级成标准化养殖场使奶农面临着巨大的生存压力。为确保我国奶业平稳地转方式、调结构、降本、提质、增效，先后出台了一系列补贴政策。如 2018 年出台的《关于推进奶业振兴保障乳品质量安全的意见》提到，加大政策扶持力度，继续实施良种繁育体系建设、标准化规模养殖、振兴奶业苜蓿发展行动、养殖废弃物资源化利用及生鲜乳收购运输监管体系建设等。随后地方奶业大省如内蒙古、河北等相继出台的加快奶业振兴的实施意见中均加大了各项补贴的范围和力度。

四、荷兰奶业补贴政策发展经验对我国的启示

与荷兰奶业补贴政策相比，中国的奶业补贴政策起步较晚，且存在奶业补贴政策目标不明确、政策工具单一、政策手段滞后等现象，起到的效果也不明显。通

过详细分析荷兰奶业补贴政策演化过程及其特点，探索有助于进一步完善我国奶业补贴政策体系的可行性建议，以促进我国奶业产业的健康可持续发展。

（一）增强我国奶牛养殖补贴政策的立法性和稳定性

荷兰奶业补贴政策的制定和执行，均是以现行法律授权为依据。政策立法保证了政府对奶业支持项目支出的稳定性与连续性。而我国中央政府在某一时期对奶业的补贴政策则是应急和被动的，支出弹性较大。致使我国奶业每一发展时期，政府补贴政策措施的滞后性与不稳定性都成为我国奶业产业波动的原因之一。因此，应尽快加强我国奶业补贴政策的立法建设，确保奶业稳定发展。

（二）高度重视产业预测和预警，加强我国奶业补贴政策调整的及时性和主动性

与荷兰相比，中国奶业存在补贴政策目标缺失、政策手段被动和滞后等问题。在萌芽发展期，政府在产业进出限制、产品质量等方面均缺乏相应的有效政策目标和要求。为培育产业、促进产业迅速增长，相继出台系列价格规制、资金支持等数量导向型的补贴扶持政策。随着产业规模的不断扩张，当出现无序发展、恶性竞争甚至产品质量危机和环境恶化时，再出台质量导向型的产业补贴政策。因此，政府规制部门应在深入研究我国奶业产业发展规律的基础上，注重产业预测和预警，提前制定尽可能完善的补贴政策，并主动实施，以发挥最大效用。

（三）积极探索促进我国奶业资源、环境可持续发展的补贴方式

大规模高密集奶牛养殖场产生的空气、水、土壤污染会给生态环境带来极大压力。近年来，奶业发达国家都十分关注生态保护和可持续发展。如荷兰政府为抑制磷酸盐产量的增长，于2014年出台了一项新的粪肥政策《乳品法》，并与乳业部门制定了一系列措施。我国在这方面的支持政策相对薄弱。在目前我国奶业振兴的关键时期，需重点支持规模养殖场粪污资源化利用配套实施建设项目，在支持合理使用农用有机肥、节水养殖工艺及设备改进方面积极创新补贴形式，减轻奶业环境污染，提升资源循环利用效率。

（四）创新适用于不同地区、不同养殖规模及组织形式的奶业补贴手段

我国幅员辽阔，东西南北地区间奶业养殖发展水平差异性较大。对于内蒙古、山东、河北等生鲜乳主产区的奶业振兴，除应加大基础补贴力度外，还需积极拓展新的补贴方式，如可结合智能化奶牛养殖场建设等专项资金给予补贴性贷款等措施。从全产业链视角，要加快奶牛养殖的标准化、规模化和专业化，提升我国奶业在价格和质量上的国际竞争力，推动产业转型升级，需借助合作组织等社会力量。可借鉴荷兰"家庭牧场＋奶业合作社"这一成功经验，给予重点补贴和培育。

参 考 文 献

安达，李彤，祝丽云，2020. 资源环境约束下河北省奶业可持续发展研究 [J]. 中国乳品
　　工业，48（12）：38-42.

白亮，2013. 新疆政策性林果业保险的发展对策研究 [J]. 新疆职业大学学报，21（3）：
　　22-24.

蔡丹娜，2014. 辉山乳业：3.6克乳蛋白的制高点 [J]. 新营销（7）：66-67.

蔡文灿，2012. 环境金融法初论 [J]. 西部法学评论（1）：15-23.

曹暕，2005. 中国农户原料奶生产经济效率分析 [J]. 中国农业经济评论，3（2）：126-150.

曹暕，孙顶强，谭向勇，2005. 农户奶牛生产技术效率及影响因素分析 [J]. 中国农村经
　　济（10）：42-48.

常理，2016. 放心奶离不开产业链通力合作 [J]. 农产品市场周刊（22）：34-35.

陈刚花，2016. 论国有大型设计企业的设计质量控制 [J]. 科技资讯，14（1）：77-78.

陈凯伟，2017. 新罗区科技创新项目绩效评价体系研究 [D]. 泉州：华侨大学.

陈晓鹏，2017. QuEChERS-UPLC-MS/MS 同时测定乳制品中 42 种类固醇激素残留的研
　　究 [D]. 广州：广州大学.

陈晓曦，桂燃，简家琛，2018. 我国上市商业银行监管效率实证研究 [J]. 时代金融，715
　　（33）：91-93，102.

褚林然，2014. 河北省奶业产业链及其整合模式研究 [D]. 保定：河北农业大学.

邓广波，李广丽，李德辉，等，2011. 黑龙江省肇东市奶牛养殖业现状及发展对策 [J].
　　中国乳业（3）：18-20.

邓颖，2008. 黑龙江省奶牛养殖业循环经济问题与对策研究 [D]. 哈尔滨：哈尔滨理工
　　大学.

邓宗兵，吴朝影，封永刚，等，2014. 中国区域公共服务供给效率评价与差异性分析 [J].
　　经济地理，34（5）：28-33.

董艳玲，陈平，吕晔，2012. 论开发性金融与国家竞争优势——基于钻石理论的分析 [J].
　　中外企业家（9）：51-54.

杜嘉倩，马嘉营，张雨晴，等，2020. 河北省"粮改饲"政策实施效果分析 [J]. 中国乳
　　业（12）：7-11.

方勇华，2018. 供给侧结构性改革背景下我国畜牧业金融保险惠农政策创新研究 [J]. 黑
　　龙江畜牧兽医（18）：31-33.

封卫娟，2012. 苏州市小餐饮食品安全长效监管机制的探讨 [J]. 中国卫生监督杂志，19
　　（4）：338-340.

高倩倩，2015. 基于产业链视角的河北省奶业发展问题研究 [D]. 保定：河北农业大学.

拱睿，2020. D市低龄老年人再就业问题研究 [D]. 大连：大连海事大学.

谷粟琨，2019. 奶业振兴新形势下对于河北省完善奶业保障机制的思考 [J]. 中国奶牛（9）：58－63.

谷粟琨，王晓芳，赵慧秋，2018. 河北省奶业发展现状与思考 [J]. 中国奶牛（10）：62－65.

贵州省第十三届人民代表大会第二次会议，2019. 关于贵州省 2018 年全省和省本级预算执行情况与 2019 年全省和省本级预算的决议 [J]. 贵州省人民代表大会常务委员会公报（2）：45.

郭超靖，2005. 中国乳品产业市场结构与企业的差异化竞争策略分析 [J]. 河南工业大学学报（社会科学版）（1）：18－21.

郭锦辉，2018. 我国奶业正迈入全新发展阶段 [N]. 中国经济时报，10－04（4）.

郭亚军，2012. 基于三阶段 DEA 模型的工业生产效率研究 [J]. 科研管理，33（11）：16－23.

和明杰，刘款，杨柳，2018. 河北省巴氏奶市场情况分析 [J]. 合作经济与科技（2）：150－152.

河北省奶牛产业创新团队产业经济岗位，2020. 应对新冠肺炎疫情影响促进河北省奶业复苏 [N]. 河北科技报，11－08（S4）.

胡亮亮，2012. 政策性农业保险可持续发展的机制与路径探析——以江苏省南京市为例 [J]. 金融纵横（2）：38－42.

胡宇虹，2021. X企业奶牛生物资产计量属性研究 [D]. 保定：河北农业大学.

胡宇虹，祝丽云，李彤，2020. 中欧奶业政策比较研究及对我国的启示 [J]. 河北农业大学学报（社会科学版），22（4）：14－20.

黄靖鑫，2019. 规模化奶牛养殖场成本核算研究 [D]. 保定：河北农业大学.

黄小芳，2007. 对我国乳制品行业产业组织的实证研究 [D]. 厦门：厦门大学.

辉山，2016. 中国乳业品牌的新王者 [J]. 中国品牌（7）：58－59.

霍青梅，2008. 乳制品行业呼唤全程冷链物流建设 [J]. 物流技术与应用（8）：51－55.

金壮龙，2002. 中国航天产业竞争力研究 [D]. 上海：复旦大学.

景文宏，黄文秋，周潮，2009. 欠发达地区农村贫困性质的转变和扶贫战略调整——以甘肃为例 [J]. 西北人口，30（4）：58－66.

孔洁珉，2014. 辉山乳业：不疾而速 [J]. 首席财务官（12）：32－43，10.

兰力，2003. 入世后中国三大产业核心竞争力分析与战略对策 [D]. 北京：对外经济贸易大学.

李亮节，2011. 基于文化视角的福建茶产业竞争力研究 [D]. 福州：福建农林大学.

李萌，2013. 三阶段 DEA 模型的方法与实证研究 [D]. 北京：北京协和医学院.

李萌，2019. 基于比较优势理论的中国奶牛养殖业布局优化研究 [D]. 哈尔滨：东北农业大学.

李瑞红，2012. 提高乳品加工业科技创新能力对策研究 [D]. 保定：河北农业大学.

李胜利，曹志军，2006. 2005 年我国奶业的热点问题与发展趋势 [J]. 中国畜牧杂志（4）：

38 - 41.

李胜利，曹志军，牟海日，等，2006. 我国奶业发展热点问题分析 [J]. 北方牧业（11）：6 - 8.

李婷，2014. 黑龙江省乳业竞争力评价与障碍因素研究 [D]. 哈尔滨：东北农业大学.

李彤，2020. 当前形势下河北省奶牛养殖业应对策略 [N]. 河北农民报，02 - 18（6）.

李彤，赵慧峰，祝丽云，等，2018. 振兴河北奶业的问题与建议 [N]. 河北农民报，05 - 24（A6）.

李晓硕，2021. 河北省乳制品消费行为影响因素研究 [D]. 保定：河北农业大学.

李晓硕，刘宇鹏，2020. 河北省城镇乳制品消费情况分析 [J]. 现代农村科技（1）：20 - 23.

李艳，宁素恒，赵国丽，等，2016. 奶牛养殖信息化技术的发展与应用 [J]. 中国乳业（3）：16 - 19.

李赞，2019. 提高农业保险理赔服务问题研究——以某财险公司为例 [J]. 南方农机，50（7）：68 - 69.

李兆林，李正洪，刘桂瑞，2013. 世界奶业合作化发展的经验与启示 [J]. 中国乳业（2）：21 - 22.

连晶晶，王秀芳，2017. 完善河北省畜牧业金融支持的对策研究 [J]. 河北软件职业技术学院学报，19（1）：11 - 15.

刘秉华，2021. 我国生鲜乳价格测度与风险管理研究 [D]. 保定：河北农业大学.

刘帆，李冬梅，2017. 浅谈巴氏杀菌乳冷链配送车辆选型分析 [J]. 中国乳业（9）：58 - 61.

刘佳丽，2018. 基于成本控制的河北省奶牛养殖竞争力研究 [D]. 保定：河北农业大学.

刘款，杨柳，赵懿真，等，2017. 河北省巴氏奶市场现状及问题研究 [J]. 当代经济（33）：50 - 52.

刘坤丽，韩纪琴，2013. 中国乳制品产业集中度的测度与分析 [J]. 中国奶业（5）：8 - 11.

刘娜，2017. 不良贷款约束下我国上市商业银行效率和全要素生产率测度 [J]. 宜春学院学报（11）：44 - 51，56.

刘彤，2020. 基于供应链视角的乳制品质量风险评价及预警研究 [D]. 石家庄：河北经贸大学.

刘威，2011. 我国原料奶生产演变和全要素生产要素研究 [D]. 郑州：河南农业大学.

刘希，2016. 河北省奶牛养殖场的经济效率研究 [D]. 保定：河北农业大学.

刘扬，2016. 潜江市农户购买小龙虾保险的意愿及影响因素分析 [D]. 南昌：江西农业大学.

刘宇鹏，李彤，2021. 河北省居民液态奶消费影响因素城乡差异分析——基于11市非平衡动态面板数据的实证研究 [J]. 河北农业大学学报（社会科学版）（1）：80 - 83.

刘宇鹏，赵慧峰，张艳新，2016. 河北省农村乳制品消费行为影响因素分析 [J]. 畜牧与兽医（11）：9 - 14.

刘禹彤，2018. "大数据"养殖提升乳品产量质量 [N]. 河北日报，05 - 08（11）.

路遥，李静娴，2018. 威县拉长产业链打造发展新格局 [N]. 邢台日报，08 - 17（3）.

路英俊，赵国华，刘永格，2018. 威县打造"世界级标准"君乐宝基地［N］. 邢台日报，
　　04-25（1）.

麻柱，2013. 简谈 SOP 管理在规模化奶牛场的应用［J］. 黑龙江畜牧兽医（12）：40-41.

马德元，2017. 安徽省畜牧业发展的金融支持探究［J］. 阜阳师范学院学报（自然科学
　　版），34（1）：91-97.

马嘉营，于宁宁，王雪纯，等，2020. 河北省"种养加"一体化模式调研及对策研究［J］.
　　中国乳业（12）：27-31.

马颖，2018. 河北省奶牛养殖场与乳品加工企业利益协调机制研究［D］. 保定：河北农业
　　大学.

马颖，张晓忠，2017. 河北省鲜奶吧发展现状及对策建议［J］. 中国奶牛（8）：60-63.

马颖，张晓忠，钟春泉，2018. 中央厨房——鲜奶吧产销模式探析［J］. 中国奶牛（8）：
　　56-59.

马颖，张晓忠，钟春泉，等，2018. 河北省奶牛养殖场与乳制品加工企业的利益博弈分析
　　［J］. 黑龙江畜牧兽医（22）.

马泽鹏，2019. 河北省智能化奶牛养殖场的成本效益分析［D］. 保定：河北农业大学.

毛文星，苏效良，张兴文，2009. 中国乳业变局与奶牛场的经济效益［J］. 中国草食动物，
　　29（6）：46-48.

农业部，2014. 中国奶业年鉴 2013［M］. 北京：中国农业出版社.

权聪娜，2014. 乳制品质量安全风险评价与监管研究［D］. 保定：河北农业大学.

冉庆国，2010. 黑龙江省奶业特色产业基地发展对策研究［J］. 哈尔滨商业大学学报（2）：
　　105-107.

邵壮，2018. 吉林省肉牛产业金融支持研究［D］. 长春：吉林农业大学.

石蒙蒙，2017. 乳制品生产企业质量安全风险控制研究［D］. 济南：山东建筑大学.

宋叙言，2015. 基于二元语义的生态工业园区多目标优化及评价研究［D］. 天津：天津大学.

宋叙言，沈江，2015. 基于主成分分析和集对分析的生态工业园区生态绩效评价研究——
　　以山东省生态工业园区为例［J］. 资源科学，37（3）：546-554.

苏宝财，2010. 茶农生产性投资的技术效率及其影响因素实证分析——以福建安溪为例
　　［J］. 林业经济问题，30（4）：346-350.

苏保全，李建国，高艳霞，2013. 河北省与国外先进奶业发展状况比较研究及奶业可持续
　　发展的战略思考［J］. 北方牧业（2）：16-17.

太玉鑫，2016. 奶牛养殖成本的构成分析——基于土默特左旗养殖户的调研［J］. 中国畜
　　牧杂志（14）：12-18.

王长宏，2013. 养殖业保险现状及发展［J］. 中国畜牧业（11）：20-22.

王衡，陈忠伟，顾仲朝，2011. 海岛地区小餐饮食品安全长效监管机制的探讨［J］. 中国
　　公共卫生管理，27（1）：40-42.

王红梅，杨玲，李文辉，等，2010. 河北省奶牛主产区现状调查及对策研究［J］. 黑龙江
　　畜牧兽医（9）：16-17.

王欢，2016. HS公司危机事件后消费者信任修复案例研究［D］. 大连：大连理工大学.

王建平，何梦齐，王帅宝，等，2013. 河南省奶业发展状况调查报告［J］. 中国奶牛
（10）：56－59.

王建平，雷海伟，李元晓，2011. 洛阳奶业发展情况调查［J］. 中国畜牧兽医，38（3）：
235－238.

王洁，高艳霞，赵慧峰，2014. 河北省奶牛养殖循环经济模式研究［J］. 黑龙江畜牧兽医
（6）：6－8，11.

王洁，李佳，赵慧秋，2015. 巴氏奶冷链物流现状及对策分析［J］. 畜牧与饲料科学，36
（10）：61－64.

王洁，李彤，张艳新，等，2020. 新冠肺炎疫情下河北省奶牛养殖业发展状况调研［J］.
黑龙江畜牧兽医（24）：33－36.

王洁，刘子旋，牛英杰，等，2017. 河北省乳制品加工业发展现状及对策研究［J］. 中国
乳业（8）：31－36.

王洁，马长海，王屹乾，2015. 河北省乳粉业发展现状及问题分析［J］. 畜牧与饲料科学，
36（11）：100－103.

王洁，杨江澜，刘款高，等，2018. 河北省巴氏奶消费市场调研分析［J］. 黑龙江畜牧兽
医（6）：14－18.

王洁，杨江澜，赵慧峰，2016. 河北省乳制品加工业发展政策研究［J］. 黑龙江畜牧兽医
（20）：33－36.

王洁，张进红，赵慧峰，2014. 河北省乳品企业竞争力分析［J］. 黑龙江畜牧兽医（16）：
4－7.

王林枫，2006. 我国奶业主产区奶牛生产效益与牛奶品质的调研分析［D］. 北京：中国农
业科学院.

王品，2016. 郑州市餐饮服务食品安全监管问题及对策研究［D］. 郑州：郑州大学.

王勤，2017. 江苏LS公司业务发展战略研究［D］. 南京：东南大学.

王伟，杨甜甜，刘磊，等，2013. 论政策性保险的内涵与外延［J］. 金融理论与实践（8）：
1－5.

王玺，2011. 农户技术效率差异及影响因素实证分析——基于随机前沿生产函数与果农微
观数据［J］. 经济问题（6）：72－77.

王秀芳，赵慧峰，高彦，2021. "全面推进乡村振兴"时期防返贫的畜牧产业金融扶持政策
实施建议［J］. 北方金融（3）：17－20.

王雪瑞，李翠霞，2015. 我国乳制品质量安全问题分析及对策［J］. 现代商业（3）：18－19.

王艳菲，2016. 京津冀协同发展背景下的河北省奶牛养殖业发展对策研究［D］. 保定：河
北农业大学.

王艳阳，2017. 生鲜乳生产的成本效益及影响因素研究［D］. 保定：河北农业大学.

王艳阳，李彤，2016. 河北省乳品加工业现状调查研究［J］. 中国畜牧杂志，52（22）：
24－27.

王艳阳，李彤，刘佳丽，等，2017. 中国奶牛产业发展现状与对策 [J]. 黑龙江畜牧兽医
　　（24）：23－26.

王艳阳，李彤，王玉娟，2017. 中美奶牛养殖成本效益比较研究 [J]. 黑龙江畜牧兽医
　　（16）：37－40.

王玉娟，2015. 奶牛养殖成本变动对生鲜乳价格波动的影响研究 [D]. 保定：河北农业大学.

王玉庭，杜欣蔚，王兴文，2018. 中美贸易战对我国奶业的影响 [J]. 中国乳业（8）：14－16.

王志青，王帅，李琳，2012. 天津市奶牛生猪养殖机械化发展及建议 [J]. 农机科技推广，
　　12（12）：35－35.

魏艳骄，李翠霞，朱晶，等，2016. 我国奶牛养殖业市场价格风险评估研究 [J]. 价格理
　　论与实践（2）：141－144.

吴纯仪，2013. 淄博中德汽车快修公司成长战略研究 [D]. 青岛：中国海洋大学.

吴大勇，2012. 政策性农业保险存在的问题及对策 [J]. 现代农业科技（17）：345，348.

吴亚芳，2013. 陕西省乳制品企业品牌竞争的 SWOT 分析 [J]. 经营管理者（5）：22－24.

吴燕，2010. 内蒙古牧区奶业发展研究 [D]. 呼和浩特：内蒙古大学.

熊安然，熊本海，蒋林树，2020. 奶牛数字化养殖技术研究进展 [J]. 中国乳业（11）：28－32.

熊艳，2009. 基于 SCP 范式的中国乳制品制造业产业组织研究 [D]. 沈阳：沈阳理工大学.

徐玥，吴梦婷，刘永馨，等，2019. 河北省奶业一体化经营模式研究 [J]. 畜牧与饲料科
　　学，40（6）：62－66.

薛强，刘子华，乔光华，等，2012. 基于转型视角的内蒙古奶业竞争力研究 [J]. 特区经
　　济（5）：271－273.

延爱丽，2015. "鲜奶吧" 亟待立法规范 [N]. 中国医药报，05－20（3）.

严明，尹义坤，曹莺歌，2015. 威县 42 枚公章变 1 枚，审批程序大提速 [N]. 河北经济日
　　报，02－17（1）.

杨蕙馨，2007. 产业组织理论 [M]. 北京：经济科学出版社.

杨佳佳，2019. 我国铁路运输业效率分析 [D]. 南昌：华东交通大学.

杨蓦，王静，2021. 基于 Copula－ECM－GARCH 模型的农产品期货套期保值绩效研究
　　[J]. 数学的实践与认识，51（1）：65－78.

杨文玲，2015. 金融支持江西省新农村建设效率评价 [D]. 南昌：江西财经大学.

杨晓彤，祝丽云，李彤，2021. 中荷奶牛养殖成本效益比较研究 [J]. 商业会计（8）：73－77.

杨秀云，朱贻宁，2013. 中国机场业的技术效率及其影响因素 [J]. 产业经济评论，12
　　（1）：104－121.

于康震，2015. "种养加一体化" 是现代畜牧业的发展方向 [J]. 中国乳业（7）：75.

张洪杰，2011. A 乳业股份有限公司冷链物流运营管理研究 [D]. 哈尔滨：黑龙江大学.

张军民，2010. 欧盟奶业合作社发展经验及对我国的启示 [J]. 中国乳业（5）：76－77.

张丽娜，2015. 吉林省畜牧业发展的金融支持研究 [D]. 长春：吉林农业大学.

张苗苗，2020. 云南 DBF 劳务分包有限公司发展战略研究 [D]. 昆明：云南财经大学.

张楠，齐晓辉，2013. 基于 SCP 范式的新疆乳制品产业组织问题研究 [J]. 科技和产业，

13 (7)：8 - 12，30.

张楠楠，2017. 中澳自贸协定对国产婴幼儿配方奶粉产业竞争力影响研究 [D]. 哈尔滨：东北农业大学.

张庆伟，2016. 河北奋力打造中国奶业振兴示范省 [N]. 人民日报，08 - 26.

张术丹，2011. 价值工程视角下的企业技术创新分析 [J]. 中国乡镇企业会计 (6)：88 - 90.

张艳新，李彤，赵慧峰，2019. 中美贸易战对中国奶业的影响研究 [J]. 中国畜牧杂志，55 (6)：147 - 150.

张艳新，李彤，赵慧峰，等，2019. 中美贸易战对河北省奶业的影响及对策建议 [J]. 黑龙江畜牧兽医，588 (24)：15 - 17.

张艳新，张云博，赵君彦，等，2021. 河北省中小规模奶牛养殖场发展现状、存在问题及对策研究 [J]. 黑龙江畜牧兽医 (2)：10 - 17.

张苊铭，2018. 广西区乳制品质量安全监管研究 [D]. 南宁：广西大学.

张永利，李开，2014. 河北省首个行政审批局在威县成立 [N]. 河北日报，11 - 18 (1).

张雨晴，于宁宁，杜嘉倩，等，2020. 奶业振兴背景下河北省乳制品加工业发展状况研究 [J]. 中国乳业 (3)：33 - 39.

赵慧峰，李彤，2019. 基于 SWOT 分析的河北省奶业振兴对策研究 [J]. 河北农业大学学报 (社会科学版)，21 (1)：73 - 77.

赵慧峰，权聪娜，于洁，2013. 原奶质量安全风险防控对策研究 [J]. 黑龙江畜牧兽医 (8)：15 - 17.

赵慧秋，祝丽云，邵丽玮，等，2018. 浅析河北省 2017 年奶牛养殖的重要变化 [J]. 北方牧业 (2)：15 - 16.

赵剑峰，高启杰，2008. 我国乳品制造企业技术创新现状及对策分析 [J]. 工业技术经济 (3)：15 - 18.

赵君彦，2012. 河北省农业保险发展问题研究 [D]. 保定：河北农业大学.

赵君彦，马长海，郭策，2017. 金融支持生猪养殖业发展的现状调研——基于河北省唐山市 50 家猪场调研 [J]. 黑龙江畜牧兽医 (8)：32 - 36.

赵梦珺，2005. 钻石模型分析中国奶业竞争力现状 [D]. 北京：首都经济贸易大学.

赵增群，2015. 平菇生产的经济效率及其影响因素分析——以唐县为例 [D]. 保定：河北农业大学.

中国奶业协会，2008. 欧盟奶业合作社发展经验对我国的启示 [N]. 中国畜牧兽医报，01 - 25 (6).

周佳鹿，2020. 网络餐饮食品安全监管问题与对策研究 [D]. 上海：上海师范大学.

朱满阳，2016. 北京市海淀区消费者对河北省品牌的乳制品购买行为分析 [D]. 保定：河北农业大学.

朱清杰，曹凯云，2018. 河北：2020 年底前将实现全省奶业数据信息采集与整合——全国数字奶业信息服务云平台河北省试点启动仪式在石家庄举行 [J]. 北方牧业 (7)：4.

朱庆武，张小盟，吴敏，2017. 基于三阶段 DEA 模型的我国大规模生猪养殖生产效率分析

[J]. 黑龙江畜牧兽医（2）：14-19.

祝丽云，李彤，张晓忠，等，2020. 河北省奶业供应链经济效益研究 [J]. 中国乳品工业，48（9）：37-46.

祝丽云，李彤，赵慧峰，2017. 全产业链视角下我国乳业竞争力提升研究 [J]. 黑龙江畜牧兽医（14）：9-14，288-289.

祝丽云，李彤，赵慧峰，2018. 环境约束下中国乳业供应链全要素生产率测算及其影响因素分析 [J]. 农业技术经济（10）：124-134.

祝丽云，李彤，赵慧峰，2018. 基于多元 Logistic 模型的河北省奶牛养殖场退出意愿研究 [J]. 中国畜牧杂志，54（11）：128-133.

祝丽云，李彤，赵慧峰，等，2020. 荷兰奶业补贴政策对我国奶业振兴的启示 [J]. 中国奶牛（12）：46-50.

祝珠芳，2003. 福建省纺织服装业国际竞争力及扩大出口的对策研究 [D]. 福州：福州大学.